早期中英关系史

以浙江为中心的研究

田 力◎著

ZHEJIANG UNIVERSITY PRESS
浙江大学出版社

图书在版编目(CIP)数据

　　早期中英关系史:以浙江为中心的研究/田力著
.—杭州:浙江大学出版社,2021.8
　　ISBN 978-7-308-21802-3

　　Ⅰ.①早… Ⅱ.①田… Ⅲ.①中英关系－国际关系史
－研究－浙江 Ⅳ.①D829.561 ②D827.55

　　中国版本图书馆 CIP 数据核字(2021)第 202600 号

早期中英关系史——以浙江为中心的研究
田　力　著

责任编辑	蔡　帆	
责任校对	吴　超	
封面设计	周　灵	
出版发行	浙江大学出版社	
	(杭州市天目山路 148 号　邮政编码 310007)	
	(网址:http://www.zjupress.com)	
排　　版	浙江时代出版服务有限公司	
印　　刷	杭州高腾印务有限公司	
开　　本	710mm×1000mm　1/16	
印　　张	20.75	
字　　数	362 千	
版 印 次	2021 年 8 月第 1 版　2021 年 8 月第 1 次印刷	
书　　号	ISBN 978-7-308-21802-3	
定　　价	68.00 元	

目　录

上篇　想象与现实

19 世纪以前中英的相互认识与接触——以浙江为中心

中篇　交流与碰撞

中英在浙江的早期贸易与交涉

下篇　战争与和平

从浙东战场到宁波开埠

绪　论

中国和英国都拥有悠久的历史和灿烂的文化,是东西方文明的重要代表,中英之间的交往源远流长。

约在 13 世纪蒙古西征时期,英国人就已经听说了中国。中世纪来华的欧洲旅行家如马可·波罗、鄂多立克、马黎诺利等人将有关中国的信息传播到欧洲,当然也影响到英国人,比如 14 世纪在该国出现的《曼德维尔爵士游记》就体现了英国对于中国"乌托邦"式的美好想象。在 15—16 世纪地理大发现时代开启之后,欧洲人纷纷梯航东来,虽然由于早期从欧洲取道好望角、麦哲伦海峡,进而通往东方的航路被葡萄牙、西班牙两国分别控制,但英国人依然执着地寻觅着通往中国的新航路。虽然最终没有成功,但在航海过程中不断地探索到达此前人类所未知的地区,促进了东西方之间的交流,也为日后不列颠的崛起和殖民扩张做了重要的准备工作。这些探险活动本身也成为西欧地理大发现这一重大历史事件的组成部分。

几乎与探索前往中国航道活动的同时,英国人也开始注意收集欧洲其他国家关于中国的记载,进行了较为出色的翻译和编辑出版工作,这些来自亲历者的信函、日记、游记、航海记、回忆录等等,所描述的许多内容都是根据自己的观察和体验,丰富翔实。而且有不少作者都是来华天主教传教士,他们在中国居住经年,甚至相当程度参与到当时发生的重大事件中去,所见所闻绝非普通旅行者对于中国浮光掠影的认识。这样的作品也让英国人关于中国的知识变得更加真实、准确、具象。17—18 世纪,已经有少数英国航海探险家来到中国沿海,对于中国和中国人民有了更加直观的观察与印象。

1637 年,威德尔船长率领的一支船队抵达中国,这标志着中英之间直接交往的开始。但该船队以武力闯入广州虎门,与明军兵戎相见,堪称两百年后鸦片战争之先兆。1600 年,英国的商人们合股成立东印度公司,并且获得政府的特许状,它对于"好望角和麦哲伦海峡之间"的英国贸易的垄断持续了两百多年的时间,活动足迹遍布整个亚洲,而中国是其重要的贸易对象之一。清初实行严厉的海禁政策,拒绝与外国通商,英国人先是在郑氏政权控制的台湾、厦门等地贸易。1683 年台湾郑氏政权投降清朝之后,海患平息。1664—1666 年,清政府在三年时间相继设立闽、粤、江、浙四大海关,分别管理各自所辖数十个通商口岸的对外贸易事务,英国东印度公司在广州、舟山等地的商贸活动也得到较为快速的发展。

从 1757 年(乾隆二十二年)直至 1842 年(道光二十二年),清朝统治者将中外贸易限定于广州一口,并且制定了一系列严格控制中外交往与贸易的政策,形成了既区别于传统朝贡贸易又不同于自由贸易的"广州体制",由行商垄断贸易,中外交往由行商居中转达,"以官制商,以商制夷"。随着时间的推移,英方对于这一体制愈加不满,为打破清政府的贸易壁垒,从 18 世纪晚期至 19 世纪初期,在英国东印度公司的资助下,英国政府曾三次遣使来华,欲与清政府谈判。其中,1792 年的马戛尔尼使团是第一个抵达中国的英国使团,肩负着"取得以往各国未能用计谋或武力获致的商务利益与外交权利"和使中国这个"庞大的帝国成为我们本土制造业和印度的市场"的重要使命,它的到来也标志着中英官方交往的开始。虽然这样的一场出使被后人称为"两个聋子的对话",中英之间由于巨大的文化差异与冲突,谈判失败。不过由于马戛尔尼使团的多位成员都写了出使报告、日志、笔记,他们对于中国形象的负面描写,在很大程度上改变了此前许多欧洲人对于中国的浪漫主义想象,成为 19 世纪欧洲关于中国新知识的起点。

1816 年(嘉庆二十一年)阿美士德使团访华失败之后,英国暂时放弃了通过外交方式突破广州贸易体制束缚的想法,不过工业革命后大量的英国商品需要更多的消费市场,而具有巨大潜力的中国市场让英商充满希望。1832 年,英国东印度公司派出"阿美士德勋爵号"商船沿中国海岸由南向北航行,进行商业调查,但同时还搜集有关中国政治、军事情报,是名副其实的间谍船。其侦查的结果,一方面使英国进一步确认了对华贸易具有广阔的前景,另一方面也切实感受到中国国力的衰退,搜集的情报为此后英国政府制定对华采取武力政策提供了重要依据。到了 19 世纪 30 年代,由于行商商欠问题、鸦片问题等,中英之间的矛盾日趋激化。1839 年,随着清朝禁烟运动的深入和在华英人对这场运动的抵制,中英关系处于极为紧张的状态,发生在九龙尖沙嘴的"林维喜事件"更加剧了双方的对抗情绪。终于,英国在 1840 年发动了侵略战争。仅仅半个世纪的时间,中英双方就经历了一段从外交协商到武力冲突的曲折过程。1842 年中英《江宁条约》签订后,双方终于恢复了和平,但中国的国门被英国用坚船利炮攻破,从此进入一个新的历史时期。

浙江,在中英关系数百年的发展历史中占据重要的地位。在文化交流上,它是英国认识中国的一个重要窗口,是英国有关中国知识与中国形象的重要来源地;在外交政治上,浙江是马戛尔尼使团在华展开外交活动的基地,是"阿美士德勋爵号"间谍船在华搜集军事和商业情报、打探中国官民对外态度的重要目的地;在商业交往上,英国一度视宁波、舟山为在华最为理想的贸易场所,17、18世纪之交的舟山甚至成为英国东印度公司在华商业的中心,马戛尔尼访华时提出多点关涉浙江的要求(如允许英国商人在舟山和宁波贸易、要求在舟山附近给予一小岛作为居留地),而在《江宁条约》中则规定开放宁波为通商口岸;在鸦片战争中,英军一开始就将占领浙江舟山视作在华行动的重要一环,除了军事目的,还要将舟山作为抵押,迫使清政府同意开放更多的口岸。到了1842年,英军二占舟山,又攻陷宁波、镇海、慈溪等地,威慑清政府。有关中英关系史在浙江的个案研究,就如同一个多棱镜,能够折射出早期中英关系中的多个层面。

到目前为止,学界对于中英关系史的研究依然缺乏足够的重视,学术成果较少。至于以某一区域为中心的中英关系史研究更是乏善可陈。这种情况对于作者来说,既是机遇也是挑战,从区域的角度来研究中外关系是一个有趣的议题。本书试图在全球史与中国史的双重背景下,深入考察以浙江为中心的中英关系史。

《四库全书总目提要·史部总叙》中称"史之为道,撰述欲其简,考证则欲其详",这也指出了史学研究当中最重要的两种表现形式:撰述与考证。本书力图将这两种形式较好地结合起来,即注重对于中英文史料的搜集、整理、拣选与整合,希冀在叙述史事时能够尽量还原历史现场、接近历史真相;对于一些至今存疑或者模糊不清的关键性问题加以辨析与考证。在运用史料、陈述观点时,作者采用"去中心化"的方式,尽量不偏颇一方,而是将中英双方的材料统合处理分析,对于一些重要史事进行交互参证的研究。或许这样的历史叙述和得出的观点和结论会更加公正、客观。

为了便于撰述和突出重点,本书分成上、中、下三大篇章,各自拟定主题,但篇章之间又相互关联,分别是:"想象与现实:19世纪以前中英的相互认识与接触——以浙江为中心"、"交流与碰撞:中英在浙江的早期贸易与交涉"、"战争与和平:从浙东战场到宁波开埠"。上篇以时间为纲,侧重于研究中英互识和对彼此的印象,力图展现在19世纪以前,中英两国从隔绝走向联通,从陌生转为熟悉的全过程,厘清中英双方交往的主要脉络;中篇以事件为目,侧重于描述英国东印度公司在舟山的贸易过程,分析洪仁辉事件与清政府从开放向闭关转变的对外政策的关系,讨论"阿美士德勋爵号"间谍船在浙江的活动及影响;下篇撷取鸦片战争中在浙江发生的两个重要事件

"第一次定海战役"和"释俘还地"以及中英双方在恢复和平后就宁波开埠所进行的谈判活动进行深入研究。总之,作者希望能够尽可能多地将遗留下来的碎片化的材料加以整合,采用复述重构的方式来书写一段中英交往的历史;将许多已经模糊不清甚至鲜为人知的历史细节一一厘订清楚,将考证辨析寓于历史撰述中;不仅关注历史事件的本身,更阐述其影响、意义及借鉴的价值。

上篇　想象与现实

19 世纪以前中英的相互认识与接触
——以浙江为中心

第一章　大汗之国

——中世纪西方人眼中的中国形象

中国与西欧分别位于亚欧大陆的两端,两地虽然相隔万里,但早在汉代,就已经通过陆上丝绸之路有了贸易往来。不过这种关系时断时续,直至13世纪,才有了新的发展。13世纪上半叶,统一蒙古诸部的成吉思汗和他的子孙们先后三次发动大规模的西征,一直攻打到亚得里亚海边,隔海遥望意大利的威尼斯。蒙古人征服了中亚、西亚乃至欧洲的大片土地,建立了东起日本海、西抵地中海、北跨西伯利亚、南至波斯湾的庞大帝国。为了保证交通畅通和信息传递便捷,还在帝国内部建立起发达的驿站系统,这也为中国与欧洲的交通创造了良好的条件,东西方的文化交流由此进入了一个空前繁荣的阶段。

据史料记载,英国人第一次听说中国,可能是在蒙古西征期间。1236—1237年,蒙古军队在成吉思汗的孙子拔都和速不台指挥下,向西进攻,侵入俄罗斯。第二年,信奉伊斯兰教的叙利亚的亦思马因人(Ismailians)派出使节,"第一次将蒙古人的可靠消息"通报给英法两国国王,[①]并且建议,基督徒和穆斯林结成大同盟,以反对"文明的"共同敌人。这时英王才听说了中国。不过亦思马因人没有获得西欧人的同情,英国温切斯特(Winchester)主教还幸灾乐祸地对英王亨利三世说,要"让这些狗互相摧毁"。[②]

虽然蒙古铁骑蹂躏了一些欧洲国家和地区,但处在中世纪的基督教欧洲认为其最主要的敌人是伊斯兰教世界。当时的西方还流传传说,在东方有一位约翰长老,正率领基督教军队与信奉伊斯兰教的摩尔人作战,西方也急欲派人去联络约翰长老。在此背景下,西方基督教世界不断地向蒙古帝国遣使。比如,发动第四次十字军东征的罗马教宗英诺森四世(Innocent Ⅳ)希望能够劝说蒙古君主接受洗礼归化并和基督教国家建立盟邦关系,共同抵御伊斯兰教扩张,于是在1245年派出方济各会士柏朗嘉宾的约翰(John of Plano Carpini,John of Pian de Carpine,Joannes de Plano,1185—1252)

---

①　Percy Sykes,*The Quest for Cathay*,1936,p.87.
②　刘鉴唐等主编:《中英关系系年要录》(第一卷),四川省社会科学院出版社,1989年,第7页。

携带书信出使蒙古。次年,使节在喀喇和林参加了蒙古贵由汗(元定宗)的登基典礼,不过贵由汗对教宗的劝词不以为然,在回信中加以拒绝。虽然此行无果,但柏朗嘉宾的约翰归国后写成的出使报告,却成为"西方第一部有关蒙古帝国和东方民族史与人类学的名著,书中囊括了当时西方所知道的有关蒙古人和东方的全部资料"。① 1253 年,法国国王路易九世(Louis Ⅸ of France,1214—1270,即圣路易)派遣其挚友、方济各会士鲁布鲁克的威廉②(Guillaume de Rubrouck,英文作 William of Rubruck,约 1215—1257)携带书信来华觐见蒙古大汗,要求其归化基督教。使节虽然在喀喇和林觐见了蒙哥汗(Mongka,1208—1259)并且居住数月,但却无功而返。蒙哥汗在致路易九世的回信中,不仅拒绝归化,还要求法王服从自己的命令。鲁布鲁克的威廉将自己的出使经历写成报告呈奏法王,题为《蒙古帝国行纪》(*Itinerarium fratris Willielmi de Rubruquis de ordine fratrum Minorum*, *Galli*, *Anno gratiae 1253 ad partes Orientales*),共有 40 章。第 1—10 章讲述作者对于蒙古和其风俗的观察,第 12—40 章记述此次出使的经历和事件。这份报告加深了欧洲人对于蒙古帝国的认识。鲁布鲁克的威廉回到巴黎后,曾和同一修会的英国哲学家罗吉尔・培根③(Roger Bacon,1214—1294)讨论他在东方的见闻,后者在用拉丁文撰写的《大著作》(*Opus Majus*)里就使用了他提供的资料。这或许是中国第一次出现在英国人的著作里。

除了天主教传教士被派到蒙古帝国,这一时期,欧洲的商人也通过陆路抵达东方,其中最有名的莫过于威尼斯人马可・波罗(Macro Polo,1254—1324)。他关于中国的记述是耶稣会士书简写就之前最为丰富的。1271 年,马可・波罗随父亲和叔叔动身来华,于 1275 年抵达元大都,受到元世祖忽必烈的接见,到过中国许多地方,直到 1291 年初,才从泉州出发,离开中国。在他之前,欧洲旅行者对于中国的介绍主要是被称为"契丹"(Cathay)的北方中国。而马可・波罗在华生活 16 年,畅游南北,见闻庞杂,除了契

---

① 耿昇:《从基督宗教的第三次入华高潮到西方早期中国观的形成》,朱政惠主编:《海外中国学评论》(第四辑),上海辞书出版社,2012 年,第 67 页。

② 威廉出生于佛兰德斯的鲁布鲁克,故而被称为鲁布鲁克的威廉。关于他的使节身份问题,学术界尚有争议,耿昇认为他是中法关系史上的第一位官方使者,但顾卫民等学者提出,他并非法王的正式使节。

③ 罗吉尔・培根是方济各修士、哲学家、自然科学家、炼金术士。他因为学识渊博而获得"奇异博士"(Doctor Mirabilis)的绰号,其著作涉及当时所知的各门类知识,对阿拉伯世界的科学进展亦颇为熟悉。他提倡经验主义,主张通过实验获得知识。在西方,有人认为是他首先发明了火药。

丹,他的游记中对于被称为"蛮子"(Mancy)的原南宋地区的风貌记录详实而具体,尤其是用了较多篇幅来介绍雄伟壮丽的"行在"(Quinsay,即杭州),盛赞它是"世界上最美丽华贵之天城"。

当马可·波罗父子还在中国时,一个元朝伊利汗国阿鲁浑汗(Mongol Khan Arghun,忽必烈的侄孙)派出的使团在 1287 年已经到达了罗马,团长是生长在北京的景教徒列班·扫马(Rabban Sauma,1225—1294)[①],他们此行的目的是与基督教世界商谈联合对抗西亚穆斯林的可能性。不过由于教宗和诺理四世(又译作洪诺留四世,Honorius PP. IV,1210—1287)刚刚去世,其位空缺,无人能够予以明确答复。扫马去了法国巴黎,拜见法王腓力四世(Philippe IV le Bel,1268—1314)。又在法国西南部的加斯科涅(Gascony)觐见英格兰国王爱德华一世(Edward I,1239—1307),这也可以称得上是中国与英国的首次外交事件。扫马用波斯文著有游记,原稿已佚。1887 年发现叙利亚文《大总管雅巴拉哈三世及拉班·扫马传》(*The History of Robban Sawma and Mar Yahbh-Allaha III*),摘译了游记中的部分内容,扫马旅行经历方为世人所知。扫马的游记展现了当时的东方世界是如何看待西方世界的,恰与处在同一时期的马可·波罗的游记相映成趣。

1288 年,列班·扫马在回程中见到了新任教宗尼古拉斯四世(又译作尼各老四世,Nicolaus PP. IV,1227—1292),向其递交了阿鲁浑汗的国书。1291 年,教宗尼古拉四世派遣专使、方济各会士孟高维诺(Giovanni da Montecorvino,1247—1328)来华。他于 1291 年抵达泉州港,1294 年来到元大都,适逢忽必烈驾崩,次年才觐见元成宗铁穆尔,此后在华生活 34 年,最终逝于中国。1307 年,罗马教宗任命其为汗八里(北京)总主教,他也是基督教在中国的首任主教。

鄂多立克(Odoric de Pordenone,1286—1331)是一位出生于波西米亚(今捷克)的方济各会士,于 1318 年经海路赴华,1325 年在广州登陆后,从南至北到达北京,受到大汗接见并见到了孟高维诺。在华游历三年,直到 1328 年才离开大都,从陆路经中亚回到西方。后来口述了旅行见闻和传教经历,由他人记录著成《鄂多立克东游录》。与鄂多立克结伴在东方旅行的还有三名同会修士,其中一人叫"爱尔兰的詹姆士"(James of Ireland),有学者认为

---

① 列班·扫马又被称为拉宾扫务玛、巴·扫马(Bar Sauma),13 世纪著名的旅行家,其足迹东起北京,西达巴黎。据叙利亚文献记载,他是畏兀儿人;而中国史籍则称其是汪古人。实际名为扫马,列班是叙利亚文"教师"一词的音译。

他是首位来华的爱尔兰人。不过其名并不见于游记中，或是"疏略之故也"。①

鄂多立克虽然是传教士，但其游历的目的不仅在于宗教，他对于中国市井烟火气的生活同样充满兴趣。他夸赞杭州的城市繁华，"是全世界最大的城市"，称其为"天堂之城"，他的根据很有可能是在中国听到过"上有天堂，下有苏杭"的说法。鄂多立克首次向西方人介绍中国人驯养鸬鹚在钱塘江上捕鱼的方法，还提到浙江的港口名城"明州"（元代称"庆元"，即今之宁波），并说"此城中的船只，恐怕比世上任何其他城市的都要好、要多"。② 相较于马可·波罗游记中充满着夸张吹嘘之语，鄂多立克东游录的内容显然更加写实。

1338 年，意大利方济各会士马黎诺利（Giovanni de' Marignolli，或 John of Marignolli，1290—约 1353）作为罗马教宗本笃十二世（Benedictus PP. XII，1280—1342）的特使来华，1342 年抵达北京，1345 年南下广州，或许途经杭州，在他的游记里也留下关于该城的描述，称杭州"最著名，面积最大，市街华丽、人民殷富，穷奢豪侈"。马黎诺利于 1353 年回到欧洲，此后再也没有返回中国。此时元朝已经日薄西山，他也成为欧洲中世纪最后一位赴华的著名旅行家。

1368 年，朱元璋建立明朝。在对外交往方面，明初采取了保守、消极的态度，实行严厉的海禁政策，阻碍了中国与外界的海上交通。而分布在中亚和西亚的众多国家，也隔断了中国与欧洲的联系。这一时期，西欧继续流传着马可·波罗等欧洲旅行者所塑造的中国形象，而且出现了一本综合那个时代的所有关于东方的传说和事实的奇书《曼德维尔爵士游记》（*The Travels of Sir John Mandeville*）。此书大概出现在 1357 年至 1371 年间，最早是法文本，作者自称是英国圣奥尔本（St. Albans）的约翰·曼德维尔爵士，于 1322 年从英国出发开始他的东方之旅，途经土耳其、波斯、叙利亚、埃及、印度、中国等地，来到传说中约翰长老的国土，最后经由约翰国东海外的伊甸园回到欧洲。1356 年，作者因病返乡并完成这部游记，记载自己的沿途见闻。实际上，关于作者的身份至今仍争议不断。除了约翰·曼德维尔以外，还有英国人让·布谷尼（Jean de Bourgogne，据称是曼德维尔的笔名）在欧陆撰写、英国人让·布谷尼（真名）在欧陆撰写、法国人让·勒朗（Jean Le Rond）在欧陆撰写③、本笃会修士法国人让·朗格（Jan de Langhe）

① 张星烺：《中西交通史料汇编》（一），中华书局，2003 年，第 339 页。
② 何高济译：《海屯行纪、鄂多立克东游录、沙哈鲁遣使中国记》，中华书局，2000 年，第 77—78 页。
③ Nicholas Koss, *The Best and Fairest Land*：*Images of China and Medieval Europe*，1999，pp. 145-149.

在欧陆撰写,以及曼德维尔实际上是英国散文始祖约翰·比尔德(John the Beard)的假托之名①等几种说法,现在更多倾向于作者是英国人的说法。作者也绝不可能来过中国,最远都没有走出过西欧,人称"座椅上的旅行家"。不过,直至18世纪,西方也没有人怀疑这部游记的真实性。19世纪下半叶,人们才逐渐认识到该书并非真实的游历记录,越来越多的证据表明这不过是一本根据别人的游记、信件加上一些神奇的传说材料的汇编之作。书中关于东方部分的内容,主要来自马可·波罗、鄂多立克等人的游记,以及13世纪法国学者博韦的文森特(Vincent of Beauvais)的《世界一览》(*Speculum Mundi*),亚美尼亚王子海屯(Hayton of Corycus)口授、尼古拉斯·法尔肯(Nicholas Falcon)所著《东方史之花》(*La Flor des Estoires d'Orient*)等书。到了20世纪,该书被定位为"幻想文学",如今"学界普遍认为这是一部虚构的散文体游记文学作品,也是英国世俗文学中最早的散文著作"。②

相比马可·波罗与鄂多立克的游记,《曼德维尔爵士游记》在当时的欧洲影响最大、流传最广。在1500年之前,该书就有了欧洲各主要语种的译本,保存至今的手抄本有300种左右,而《马可·波罗游记》只有143种,《鄂多立克东游录》有70余种。③ 该书的英文译本约完成于14世纪末或15世纪初,首个英文版本(Wynkyn de Worde版)于1499年在英国出版。至17世纪末,已有9个英文版本。④ 游记共九章,第五、六章涉及中国事情,分成两部分来介绍,即所谓的"蛮子"(南部中国)和"契丹"(北部中国)。作者介绍了"蛮子国"的广州、杭州、南京等地,他说杭州是天下最好的城市之一,人们叫它Cassay,意思是"天城",方圆大约50英里。城中住满了人,一个房子住着十户人家。城市靠湖并通海,像威尼斯。有十二个城门,城内有12000座桥,每座桥上都有坚固的塔楼并供着神,里面还住着卫兵,能保护城市抵挡大汗的侵犯。一条大河沿城而过,河畔住着基督徒和来自各国的商人,生活富庶,盛产美酒。蛮子国的国王还曾住在该城。在介绍完杭州的基本情况后,作者又描写了一件奇事:在一座庙宇的花园里,生长着各种奇珍异草,

---

① 张星烺:《中西交通史料汇编》(一),第339页。书中引亨利玉儿《古代中国闻见录》所称:"胡子约翰托名曼德维,亦诡称尝从鄂多立克东游,自著《曼德维记》。卷帙甚多。其实则窃取鄂多立克之记载及古代希腊地理家托雷美诸说,混合而虚构一书。"又见陈友冰:《二十世纪中期以前英国作家笔下的中国形象及特征分析》,《华文文学》,2008年第2期。

② 邹雅艳:《透过〈曼德维尔游记〉看西方中世纪晚期文学家笔下的中国形象》,《国外文学》,2014年第1期。

③ 王寅生编订:《西方的中国形象》(上),团结出版社,2015年,第12—13页。

④ 叶向阳:《英国17、18世纪旅华游记研究》,外语教学与研究出版社,2013年,第49页。

园子里还有一座小山,花园和山上有很多野兽,比如狒狒、猿、猴。僧侣们将剩饭拿到园中,摇动银铃,就会有三四千只动物跑过来,均为高尚人的灵魂化成,穿着穷人的衣服,僧人用银桶中的饭食喂给它们。旅行者问为什么要布施给动物而不是穷人。他们说城里没有穷人。①

其实经过对比就可发现,游记中有关杭州的材料基本上出自《鄂多立克东游录》。由于游记的中国部分内容大多来源于后者,所以有的游记版本甚至直接将《鄂多立克东游录》附上,并且将两部作品中文字一致的部分用斜体标出。

《曼德维尔爵士游记》《鄂多立克东游录》《马可·波罗游记》可以称得上是中世纪末期欧洲最著名的三部东方游记,它们的共同特点是以程式化的套话来赞颂中国的物产丰富和城市繁荣,建构出欧洲对于中国的一种集体想象,影响深远。游记所描绘的那片遍地黄金的东方热土成为许多欧洲人梦寐以求想要到达的地方,是 16 世纪新航路开辟的动因之一,哥伦布等航海家都受到它们的影响。

这些文学作品把中国描绘成一个神奇、富饶、高度文明的乌托邦式的国度,将传奇与历史交融,唤醒了西方对于遥远丝国的记忆,让当时的英国人心驰神往,艳羡无比。

中古时期英国文学中关于中国的内容极少。号称"英国诗歌之父"的乔叟(Geoffrey Chauce,1343—1400)只模糊提到鞑靼人。在其翻译的罗马哲学家波衣修斯的《哲学的安慰》中提到"赛拉斯之国"即"丝绸之国",被认为指的是中国,可以说是英国文学作品中最早提到的了。② 此外,还有一部 15 世纪初关于东方的选集《神奇集》(*Livre des Mervilles*)。中国瓷器也在 15 世纪传入英国,据载,原坎特伯雷大主教威廉·沃尔汉姆(William Warham)于 1502—1532 年间,遗留给牛津大学神学院一个中国青瓷碗,碗底是中国弘治年号,它被安置在一个花费约 1530 克银子的托座上,被公认为陶瓷艺术的杰作。该瓷器在当时被称作"沃尔汉姆碗"(又译作"瓦含碗")。③

这一时期,中国人对于英国还是一无所知。不过,这一推断仅是基于现有的史料,而中国人和英国人之间个别偶然的接触完全是有可能的。

---

① John Mandeville, *The Voiage and Travaile of Sir John Maundevile*, *Kt*, 1727, pp. 249-252.
② 周珏良:《数百年来的中英文化交流》,周一良编:《中外文化交流史》,河南人民出版社,1987 年,第 586 页。
③ 刘鉴唐等主编:《中英关系系年要录》(第一卷),四川省社会科学院出版社,1989 年,第 34 页。

第二章 通往"契丹"之路

——16—17 世纪英国人寻找来华海道的经过

《英国 16 世纪的航海业》中说:"探寻契丹确是冒险家这首长诗的主旨,是数百年航海业的意志。"[1]英国人从 15 世纪末起就试图寻找一条从海上通往中国的捷径。1500 年左右,西欧进入到地理大发现的时代。西欧人积极走向海外,进行远洋探险和殖民征服,伴随着新航路的开辟,东西方之间的文化、贸易交流开始大量增加,过去处于相对隔绝状态的各地区之间建立起直接的联系,世界开始连为一个整体。在这场轰轰烈烈的运动中,位于伊比利亚半岛的葡萄牙和西班牙最早开始航海冒险,因此也占尽先机。1492 年,西班牙王室赞助的航海家哥伦布航抵美洲,发现新大陆。1497—1498 年,葡萄牙航海家达伽马率领船队完成了人类史上第一次从西欧绕非洲到达东方(印度)的航行,开创了东西方之间最短的海上航路。1519—1522 年,葡萄牙航海家麦哲伦发现了向西航行通过太平洋到达亚洲的航路,他的船队还完成了人类史上第一次绕全球一周的航行。两个国家很快就走上了殖民征服的道路,并且因为新发现地区的主权归属问题发生冲突。1493 年,在罗马教宗亚历山大六世(Alexander Ⅵ,1492—1503)的仲裁下,以亚速尔群岛和佛得角群岛以西 100 里格的子午线为分界线,该线以西的一切土地归西班牙,以东的一切土地归葡萄牙。[2] 此后,葡萄牙人获得了绕道非洲到东方(印度)去的航路上的所有据点。1514 年,葡萄牙还获得教宗列奥十世(Leo Ⅹ,1513—1521)授予的在亚洲的保教权(Patronatus missionum)。因此,欧洲与中国之间的商业往来和信息交流主要是受到葡萄牙人的控制。西欧的其他国家在海外殖民扩张的道路上相较葡、西两国还是落后的,尤其是英国。其实,早在都铎王朝(1485—1603)亨利七世(Henry Ⅶ,1457—1509)统治时期,英国就已经积极扩展海外殖民地和贸易活动,开始组织向东方的远洋探险,以便与伊比利亚人争夺海上霸权,打破西班牙人对于新世界(New World)的贸易垄断。1496 年,亨利七世给热那亚航海家约翰·卡

---

[1] 方重:《英国诗文研究集》,商务印书馆,1939 年,第 1—2 页。
[2] 1494 年,西、葡两国又缔结托得西拉斯条约,将教皇子午线向西移动 270 里格。

伯特(John Cabot,1450—1499)和他的儿子签发了许可证,命令他们从英国出发,向西航行,寻找一条到中国和东印度群岛的航线。第二年,卡伯特父子从布里斯托尔港出发,向西航行,发现了纽芬兰岛(Newfoundland Island),又沿着北美的部分海岸进行了考察。嗣后宣告,在亚美利加地方,即自勒布拿多(Labrador)到佛罗里达(Florida),皆为英国属地。1498年,约翰·卡伯特之子色伯勋(Sebastian Cabot)继续从北美向东部探索,以期找到通往中国之路,但也没有成功。① 尽管卡伯特探险队已经发现了北美东岸,但由于此时西班牙占据着海上霸权,又依据教皇子午线将美洲及太平洋诸岛划入本国的势力范围。英国如果想向西航行而不与西班牙发生冲突,只能是寻找一条从北方通往中国和东印度群岛的道路。主要就是走西北航道(The Northwest Passage),即沿北美北部海岸穿过加拿大北极群岛,连接大西洋和太平洋(穿过北冰洋)的海路。而沿挪威和西伯利亚北极海岸的东线被称作东北航道(The Northeast Passage)。1508年,色伯勋再次航行去寻找一条西北航道,但未获成功。

1520年,麦哲伦率船队首次通过南美洲大陆最南端和火地岛、克拉伦斯岛、圣伊内斯岛合围而成的海峡,进入太平洋。后人为了纪念他的贡献,把这段海峡称为麦哲伦海峡(Strait of Magellan),此后在很长一段时间,这条海峡都是大西洋与太平洋之间的唯一通道,并且由西班牙人所控制。在当时欧洲人的眼中,海峡南岸的火地岛是一个南方大陆的北端,也没有其他路径可以西航。② 英国人只能继续寻找通往东方的北部航道。

1530年左右,布里斯托尔商人罗伯特·索尼(Robert Thorne)和地理学家罗杰·巴洛(Roger Barlow)向亨利八世提出直接穿过北极到达中国的计划,但没有引起国王的兴趣。爱德华六世统治时期(1547—1553),一群英格兰商人于1551年组建了一家名为"前往新世界的商人与探险家公司"(The Company of Merchant Adventurers to New Lands),采取股份制,当时掌政的诺森伯兰公爵(John Dudley, 1st Duke of Northumberland,1504—1553)是主要赞助人。公司最初的成员包括理查·钱斯勒爵士(Sir. Richard Chancellor,1521？—1556)、色伯勋、休·威洛比爵士(Sir Hugh Willoughby,1554年逝世)等航海家。他们计划探索一条通往中国的东北航道,来开拓英格兰的羊毛纺织市场。此举虽未成功,却建立了与俄罗斯之间长期的贸

---

① 刘鉴唐等主编:《中英关系系年要录》(第一卷),四川省社会科学院出版社,1989年,第31—33页。

② 所以在16世纪末利玛窦所绘《坤舆万国全图》中,地球南端有一个"墨瓦腊尼加洲",就是根据欧洲人"南方有大陆"的传说而杜撰的,不是实际存在。

易关系。① 公司于 1553 年注册,虽然资本只有 6000 英镑,但却是英国的首家特许公司(1555 年),并改组成为"莫斯科公司"(Muscovy Company 或 Russian Company),垄断了 1555 年至 1698 年间英国和俄罗斯之间的贸易②,直到现在依然作为慈善组织存在。1553 年 5 月 10 日,休·威洛比作为指挥官,率领三艘探险舰船沿挪威海岸航行,钱斯勒担任首席领航员和副指挥官。但是航行不顺,威洛比带领的两艘船迷失方向,在折返时于科拉半岛遭遇严寒,被困海岸,最终无一生还。钱斯勒所搭乘的"幸运爱德华号"(Edward Bonaventure)虽然遭遇风暴,但却幸运地找到白海的入口,在俄罗斯的阿尔汉格尔斯克附近登陆。沙皇伊凡四世(即伊凡雷帝,Ivan the Terrible)闻讯后将钱斯勒等人请至莫斯科宫廷。当时俄罗斯尚未取得波罗的海出海口,海上贸易的利益皆被瑞典、波兰立陶宛联邦、汉萨同盟等强权所控制。钱斯勒认为俄罗斯市场值得开拓,英格兰的羊毛可以交换俄罗斯的毛皮和其他商品。沙皇愿意赋予英格兰商人进入俄罗斯白海港口的贸易特权。钱斯勒于 1554 年夏季返抵英格兰,他的支持者诺森伯兰公爵已被玛丽一世女王处决,但钱斯勒未受追究。1555 年,新改组的"莫斯科公司"派遣其重回白海,他在俄罗斯待了一年,组织贸易,同时研究通往中国的路线。1556 年 7 月,钱斯勒启程返国,并与俄罗斯第一任驻英格兰大使奥西普·涅佩亚(Osip Nepeya)偕行。但船队在挪威海岸遇到风暴,钱斯勒搭乘的"幸运爱德华号"在暴风中失散,他本人也不幸丧命。涅佩亚却历经艰难于 1557 年 2 月抵达伦敦,作为首位访英的使节受到热烈欢迎,他在英国期间以及回程的费用都由莫斯科公司支付。玛丽一世赋予俄商在英自由贸易权,减免税费(海关税除外)等特权。1557 年 5 月,涅佩亚返俄,回程船队由莫斯科公司的代表安东尼·詹金森(Anthony Jenkinson,1529—

① 张轶东称,威洛比与张什勒尔率领的英国探险队向北航行。他们经过白令海峡到达亚尔干日尔,结果与俄国建立了商业关系。两种叙述应当同指一事。参见张轶东:《中英两国最早的接触》,《历史研究》,1958 年第 5 期,第 28 页。
② 1555 年,伊凡四世赋予莫斯科公司在俄自由贸易权和享受免税的优惠,尤其是免税权此后再也没有赋予过其他国家的商人,公司由此确立在俄国对外市场上的绝对优势;1567 年伊凡四世又赋予公司新特权。此后,莫斯科公司不仅获得在北方航线上的贸易垄断权,还取得经由俄国与中亚、西亚国家免税通商的特权。

1610 或 1611)①指挥。虽然已经建立了对俄罗斯的贸易,但莫斯科公司的商人们并没有忘记建立与中国之间商业联系的最初目标。1556 年,另一个探险队被派往白海以东海域探险,但到达瓦伊加赫岛(the island of Vaigach,俄罗斯北部沿海)后,由于航行条件危险,被迫掉头返回。正是由于这次海上任务的失败,导致人们对探索东部陆路航线的兴趣更加浓厚。②1558 年,詹金森在获得伊凡四世允许后,率队沿着伏尔加河向南旅行,经过喀山汗国、阿斯特拉罕等新被俄国征服地区,在穿越里海后继续向东南行,在钦察草原上的诺盖汗国旅行了几个月,在沙漠中击退土匪后抵达中亚的布哈拉(位于今乌兹别克斯坦)。在那里他得知从布哈拉到北京大约有九个月的路程。在和平时期,曾有中国商队到这里来进行贸易。但是由于詹金森来之前,那一带发生了战争,中国商队就不去了。所以此次想与中国商人进行直接贸易的尝试没有实现,③不过却打通了到波斯的商路。詹金森一行于 1559 年回到莫斯科,次年返回英国。在此次旅行中,他还绘制了一张俄罗斯和鞑靼的一些领土的地图,不过图中也有错误,比如认为咸海是里海的一个海湾。他的地图后来被收入到著名的奥特里乌斯地图集《寰宇全图》(Ortelius' atlas *Theatrum orbis terrarum*,又译作《地球大观》,该地图集被认为是世界首部现代地图集)中。此后,詹金森也一直积极参与寻找通往中国航道的活动。1565 年,他向女王指出了寻找一条通往中国的东北航道是可取的。④ 1576 年,他又成为三委员之一(其他两人为 William Winter 和 Michael Lock),筹备考虑弗罗比舍第二次航行所需的一切东西。⑤

　　在 16 世纪下半叶伊丽莎白一世女王统治时期(1558—1603),英国社会稳定、经济发展、宗教改革成果巩固,击败了西班牙无敌舰队、挫败了天主教徒的阴谋,一个统一、繁荣的英格兰逐渐成为西欧的大国,海外扩张的势头

---

① 安东尼·詹金森是早期英俄关系史上的重要人物,他具有非凡的外交才能,博得了沙皇伊凡四世的信任。在从事英俄交往事务的十多年里,大大推动了莫斯科公司在俄贸易的发展,公司的活动范围从俄国北方地区扩展到中南部的伏尔加河沿岸、波斯和中亚地区。他还曾受伊丽莎白一世的派遣,出使过奥斯曼帝国和波斯,促成英国和伊斯兰世界的贸易联系。另外值得一提的是,据说詹金森有一个私生女叫安妮·贝克(Anne Beck)或者沃泰利(Whateley),可能曾与莎士比亚订过婚。参见 William Ross, *The story of Anne Whateley and William Shaxpere as revealed by 'The sonnets to Mr. W. H.' and other Elizabethan poetry*, Glasgow, 1939, p. 122, p. 207.

② Lance Jenott Ed., *Explorations on the land route to China*, 1558—1560, 2001, Available at: http://depts.washington.edu/silkroad/texts/jenkinson/bukhara.html.

③ 刘鉴唐等主编:《中英关系年要录》(第一卷),四川省社会科学院出版社,1989 年,第 46 页。

④ *State Papers, Colonial: East Indies*(1513—1616), pp. 4-5.

⑤ Anthony Jenkinson, *Early Voyages and Travels to Russia and Persia*, Vol. 1, 1886, p. xcv.

进一步上升。著名的中英关系史学家普里查德(Earl H. Pritchard)指出：
"英国人民在伊丽莎白时代也许比18世纪中叶之前的任何时代都显示出
对中国更大的兴趣。文艺复兴的冒险精神、国内的经济发展、香料贸易的
可能性以及个人获取利益和荣誉的愿望结合在一起，在英国人当中产生
了一种探索马可·波罗曾经到过的那块神奇、陌生的土地及其财富的
欲望。"[1]

据说在1562年，航海家约翰·霍金斯(John Hawkins，1532—1595)率
领船队东航，寻找中国。中途因风受阻，停泊在非洲海岸。他在非洲贩运黑
奴到西印度群岛，开贩奴先河。[2]

1573年，威廉·伯恩(William Bourne，？—1583)发表《论海上霸权》
(*A Regiment of the Sea*)一书，这是英国第一部关于航海的著作。该书的
1580年版提出从英国到中国的五条可能的线路：其一，取道好望角，由葡萄
牙人开辟；其二，取道麦哲伦海峡；其三，西北航道；其四，途经俄罗斯的东北
和北部航道；其五，北极航道，很可能通过北极。[3] 实际上，前面两条航道已
经分别被葡萄牙人和西班牙人垄断，而鉴于此前多次探寻东北航道失败的
经历，实际上只有西北航道可供英国人尝试。航海家汉弗莱·吉尔伯特爵
士(Sir Humphrey Gilbert，约1539—1583)是西北航道的主要倡导者之一。
1566年冬，他和支持东北航道的安东尼·詹金森(曾航行到俄罗斯，穿越俄
罗斯到达里海)在伊丽莎白女王面前就极地航线(polar routes)的关键问题
进行辩论。吉尔伯特宣称，北极附近的天空因为持续的雾气而变得非常黑
暗，没人能够看得清，无法指挥船只、指引方向。吉尔伯特的主张赢得了支
持，伦敦商人迈克尔·洛克(Michael Lok 或 Michael Locke，1532—1621)[4]
在1576年主导筹备了一支由著名的航海家兼海盗马丁·弗罗比舍爵士(Sir
Martin Frobisher，1535 或 1539—1594)率领的探险队，寻找通往中国的西

---

[1] Earl H. Pritchard, *The Crucial Years of Early Anglo-Chinese Relations*，1750—1800，*in Britain and the China Trade*，1635—1842. Vol. Ⅵ. Selected by Patrick Tuck, 2000, p. 111.

[2] 刘鉴唐等主编：《中英关系系年要录》(第一卷)，四川省社会科学院出版社，1989年，第46页。

[3] 张轶东认为是1573年版，叶向阳依据外国学者劳瑞纳的研究，认为1580年版(该书第三版)才
有关于通往中国(Cathay，译作"契丹国"或者震旦)航海的论述。参见叶向阳：《英国17、18世纪
旅华游记研究》，外语教学与研究出版社，2013年，第42页。本文依据的是英国学者苏慧廉所
著《中国与西方》一书的内容，参见 W. E. Soothill, *China and West*，1925, p. 64.

[4] 英国商人，热衷于寻找通往中国的西北航道。在1577年3月"中国公司"成立后，他担任了6年
的公司董事。他的父亲威廉·洛克爵士(Sir William Lok，1480—1550)是著名哲学家约翰·洛
克(John Locke，1632—1704)的曾曾祖父。

北航道。① 伊丽莎白女王也对他们的探险活动加以鼓励,让人带话,表示"喜欢他们的作为",当船队于 6 月 7 日在布莱克沃尔(Blackwall)起锚沿着泰晤士河顺流而下时,女王从格林威治宫的窗户向船只挥手致意,鸣炮敬礼,人群欢呼。② 不过结果让人失望,探险队只到达了巴芬岛(Baffin Island),弗罗比舍带着当地的黑石作为发现新土地的证据回到英国。洛克找到侨居伦敦的意大利炼金术士乔瓦尼·巴蒂斯塔·阿涅洛(Giovanni Battista Agnello)检测,后者称矿石含金,③洛克将这一消息写信密告女王,④又利用评估结果来劝说投资者为下一次航行融资。⑤ 伦敦的商人们认为可以找到黄金并继续寻找通往中国的航道,于是在 1577 年组建了"中国公司"(The Cathay Company 或 The Company of Kataia),准备进行更大规模的探险。连女王都将 200 吨的皇家海军舰艇"艾德号"(Aid 或 Ayde)借给了(一说为卖掉)中国公司,并投资了 1000 英镑。⑥ 可是,弗罗比舍在 1577 年第二次探险和 1578 年第三次探险都失败了,他没有找到通往中国的西北航道,采集回来的大量黑石后来经过化验,被证明是一种毫无价值的角闪石。中国公司因此遭受巨大损失,洛克也数次被送进债务人监狱。⑦

　　伊丽莎白一世时期的英国和其劲敌西班牙展开了长达近半个世纪的斗争。当时的西班牙垄断了美洲殖民地的贸易,控制了美洲与西欧之间的制海权,西班牙还是一个对于天主教具有狂热信仰的国家,与信奉国教的英国之间存在宗教分歧。因此,从 16 世纪 60 年代开始,受到英国政府的支持,

① 弗罗比舍本人对寻找西北航道到中国非常感兴趣,他在 1574 年的时候向枢密院请求提供财政支持,让自己率领一支探险队去寻找一条通往被称为"南部海"(the Southern Sea)的太平洋的西北航道,然后从那里到达中国。枢密院的一些人对他的提议很感兴趣,但却谨慎地将他介绍到莫斯科公司。该公司在当时已经数次派人寻找挪威和俄罗斯北极海岸附近的东北航道,并且拥有前往东方经过任何一条北海航线的特许权。参见 Michael Householder, *Inventing Americans in the Age of Discovery*: *Narratives of Encounter*, 2016, p. 103. 以及 Stephen Alford, *London's Triumph*: *Merchants*, *Adventurers*, *and Money in Shakespeare's City*, 2017, pp. 142-143.

② Clements R. Markham, *The Lands of Silence*, 2014, p. 83.

③ 其实,洛克还将石头样品交给皇家化验师和另外两位化验专家检测,结果都说这种石头一文不值,不过是种白铁矿石,不含金。但是洛克故意隐瞒了这种说法。参见 McDermott, James, *Martin Frobisher*: *Elizabethan Privateer*, 2001, p. 154.

④ Kenneth R. Andrews, *Trade, Plunder and Settlement*: *Maritime Enterprise and the Genesis of the British Empire*, 1480—1630, 1984, p. 173.

⑤ McDermott, James, *Martin Frobisher*: *Elizabethan Privateer*, 2001, p. 54.

⑥ David Beers Quinn, "The Northwest Passage in Theory and Practice". In John Logan Allen (ed.). *North American Exploration*, I, 1997, pp. 311-312.

⑦ Thomas R. Dunlap, *On the Edge*: *Mapping North America's Coasts*, 2012, p. 85. 中国公司后来又组织了几次前往中国的探险,但都以失败告终。

英国海盗常常在大西洋上劫掠从美洲载运金银回国的西班牙船只,以此作为打击西班牙的手段。其中以德雷克和霍金斯这对表兄弟作为代表性的海盗,被称为"皇家海盗",因为他们都得到了女王的默许甚至鼓励,拿到了官方授权的劫掠许可证(Letter of Marque and Reprisal)。

1577 年 12 月,弗朗西斯·德雷克(Francis Drake)率领五艘船启程前往太平洋探险。1578 年 9 月,船队进入麦哲伦海峡遭遇风暴,只有德雷克的旗舰"鹈鹕号"(Pelican)通过了海峡,为了纪念此事,他将船改名为"金鹿号"(Golden Hind)。[1] 德雷克在这次航行中还发现了一段位于南美洲智利合恩角与南极洲南设得兰群岛之间的海峡,连接着南大西洋与南太平洋,是世界上最宽的海峡,但由于海相恶劣,最后并没有航经该海峡。不过后人依然用发现者的名字来命名它,即"德雷克海峡"(Drake Passage)。[2] 德雷克进入太平洋后扬帆北上,在南美洲西海岸一路抢掠西班牙人的船只,又继续沿着墨西哥西海岸和美国西海岸向北航行。在离巴拿马不远的海面上俘获一艘西班牙商船,上面有两个领航人和各种各样的航海图。这两个领航人被新西班牙总督派到巴拿马,目的是要引一个西班牙官吏到菲律宾去。德雷克在获得这两个领航人和航海图后,能够更加顺利地横渡太平洋。在危地马拉海岸又劫掠了一艘满载中国丝绸和瓷器的西班牙船只。[3] 德雷克于1579 年底到达摩嘉鹿群岛,在底那丹岛(Ternate)上见到一位自称 Pavsaos 的中国人,那人自称来自中国安徽省(Paghia),出身洪武家族(Hombu),这个家族在中国已经连续统治 11 代,长达 200 年的时间。当时的国王万历(Bonog)是在兄长从马上摔死后登基的,为第 12 代。那人说自己的年龄是22 岁,家中有母亲、妻子和一个儿子。[4] 因为被人诬以重罪,即将被处死时,万历皇帝准许他流亡海外,等等。他建议德雷克率探险队到中国去一趟,他本人愿为向导。并说如果这样,估计自己回国后能得到皇帝重赏。德雷克犹豫了一番最终没有答应,那人只得失望而去。此后,德雷克船队继续西行,绕过好望角,于 1580 年回到英国,完成了人类历史上第二次环球航行。

英国人继续寻找通往中国的西北航道。同样是在 1580 年,莫斯科公司

---

① 赞助人海顿爵士(Sir Christopher Hatton)的徽章盾牌上是一只金鹿。

② 据说德雷克并非第一个发现该海峡的人。早在 1525 年,西班牙航海家何塞西(Francisco de Hoces)已经发现了这条航道,亲自驾船经过了海峡,并将它命名为 Mar de Hoces,但此事鲜为人知。

③ Sir Francis Draket, *The World Encompassed by Sir Francis Drake*, London,1854, p.112.

④ Sir Francis Draket, *The World Encompassed by Sir Francis Drake*, London,1854, pp.146-148.

派出亚瑟·庇特(Arthur Pet)和查尔斯·杰克曼(Charles Jackman)继续寻找通往中国的西北航道。他们组成探险队,驾驶两艘商船从伦敦出发寻找中国,计划在马可·波罗所说的"行在"(Quinsay,即杭州)度过冬天,再去日本。但是此次航行又失败了。① 1582年,伊丽莎白一世给吉尔伯特一份文书,准许他探寻通往中国的西北航道。同年,中国公司进行了最后一次寻找通往中国航道的尝试,探险队由爱德华·芬顿(Edward Fenton,?—1603)②负责指挥,目的是绕过好望角航行至摩鹿加群岛和中国,他还被指示在不妨碍贸易活动的情况下获得任何有关西北航道的知识。不过舰队只航行到巴西海岸就遇到了强大的西班牙舰队,被迫回航,还损失了一艘船。1583年,航海家约翰·戴维斯(John Davis,1550—1605)向女王的秘书弗朗西斯·沃尔辛厄姆(Francis Walsingham)建议寻找西北航道。1585年,沃尔辛厄姆赞助了他的探险。戴维斯沿着弗罗比舍的路线到达格林兰岛,绕过法韦尔角(Cape Farewell),向西只到达巴芬岛。此后1586年、1587年两次探寻都没有成功。③

英国多次尝试从北方寻找通往中国的航道都以失败告终,有些人也开始尝试从陆路抵达中国。1583年2月,约翰·纽伯瑞(John Newberry)、拉尔夫·费奇(Ralph Fitch)、威廉·利兹(William Leedes)和詹姆士·斯托利(James Story)等商人乘坐"虎号"(the Tiger)前往叙利亚,再转陆路东行。他们还带着两封伊丽莎白女王分别致印度莫卧儿皇帝阿克巴(Akbar,或Echebar king of Cambaya)和中国皇帝(King of China)的信件。4月抵达的黎波里(Tripoli),从陆上到阿勒颇(Aleppo)、巴士拉(Basra),再到霍尔木兹(即忽鲁谟斯),在那里被葡萄牙人发现而逮捕,④后被送到果阿(Goa),一段时间后幸得耶稣会士交涉才被开释。⑤ 他们去了印度北方的阿格拉(Agra),⑥还宣称在1585年的夏天觐见了阿克巴。商人们在这里分道扬

① W. E. Soothill, *China and West*, 1925, p. 63.

② 英国航海家,与奴隶贩子、维多利亚时代三角贸易的开创者约翰·霍金斯(John Hawkins)是连襟。此次航海活动中霍金斯的侄子威廉·霍金斯(William Hawkins)也是舰队的副官(vice-admiral)。

③ A document archived by Library and Archives Canada, https://epe. lac-bac. gc. ca/100/206/301/lac-bac/explorers/www. collectionscanada. gc. ca/explorers/h24-1350-e. html.

④ Margaret Whiting Spilhaus, *The Background of Geography*, 1935, p. 222.

⑤ Jerry Brotton, *The Sultan and the Queen: The Untold Story of Elizabeth and Islam*, 2017, p. 119.

⑥ 最先到达印度的英国人并非他们,而有可能是托马斯·史蒂芬孙(Thomas Stephens)。他是耶稣会士,在1579年就到果阿担任沙里色特耶稣会学校校长,1619年在该地逝世。

镳,纽伯瑞不知所终,但是费奇却一度游历了孟加拉、缅甸、马六甲等地,在途中遇到很多中国人,对他们的习俗很感兴趣,直至 1591 年 4 月才返回英国。他后来向兰彻斯特提供了有关印度的、非常有价值的信息。① 费奇的这段冒险经历在英国流传很久,莎士比亚在 1606 年的戏剧《麦克白》(Macbeth)中还写到此事,剧中一个女巫提到某个水手的妻子,说:"她的丈夫是'虎号'的船长,到阿勒颇去了。"

德雷克环球航行的成功也鼓舞了更多的英国冒险家。航海家托马斯·卡文迪什(Thomas Cavendish,1560—1592)决定追随德雷克爵士,突袭西班牙在太平洋的港口和船只,环游世界。1586 年 7 月,他乘坐"欲望号"(Desire)带领另外两艘船从普利茅斯港出发,渡过麦哲伦海峡,在巴哈半岛圣卢卡斯角附近俘获了一艘 600 吨重的马尼拉大帆船(The Manila Galleon)"圣安娜号"(Santa Ana)。② 在被俘的船员中,卡文迪什挑选了两名日本水手(Christopher and Cosmas)、三名来自马尼拉的仆人(其中一人为黑人),一名熟悉中国的葡萄牙人(Nicholas Roderigo)和一名西班牙领航员(Alonso de Valladolid)与他继续同行。③ 其中那位葡萄牙人曾经到过中国和日本,从他手里还获得了一幅大而详细的中国地图。卡文迪什率领船队跨越太平洋,于 1587 年初抵达菲律宾群岛。他在这里打听到一些中国和日本的情况,还袭击了西班牙在伊洛伊洛定居地的首府阿雷瓦洛,这也是英国首次入侵菲律宾海域。他甚至想将菲律宾群岛从西班牙人手里夺过来,作为英国对华贸易的基地。卡文迪什船队后来沿着德雷克所航行的线路,经过摩鹿加群岛,绕过好望角,于 1588 年 9 月回到英国普利茅斯。④

1588 年 7 月,英国海军战胜了西班牙无敌舰队,沉重打击了西班牙的海上力量。此后,伊丽莎白一世改变防御政策,积极反对西班牙商业霸权与海上霸权,逐步夺得了大西洋航线的控制权,为向美洲扩张开辟了道路。同

---

① Ram Chandra Prasad, *Early English Travellers in India: A Study in the Travel Literature of the Elizabethan and Jacobean Periods with Particular Reference to India*, 1980, p.45.

② 这种马尼拉大帆船是 16 世纪下半叶至 19 世纪初的 200 多年间,航行于菲律宾的马尼拉与墨西哥的阿卡普尔科之间的货运船只,为木制帆船,一般载重量在几百到上千吨。由于马尼拉大帆船的货物主要来源于中国,以风靡世界的中国生丝与丝绸为主,所以墨西哥人直接称其为"中国船"。由于亚洲商品物美价廉,一度在美洲排挤西班牙同类型商品,菲利普二世曾下令每年到美洲的大帆船不得超过 2 艘,所以这些船通常会在菲律宾携带积累的所有货物,这些货物价值一年的交易白银。

③ Joyce E. Chaplin, *Round About the Earth: Circumnavigation from Magellan to Orbit*, 2013, p.61.

④ William Lytle Shurz, *The Manila Galleon*, 1939, pp.303-314.

时,英国再也不用顾忌西班牙(包括 1580 年被兼并的葡萄牙)对于通往远东航道的控制和贸易的垄断了。①

1591 年,劫掠船船长詹姆士·兰彻斯特(James Lancaster,1554—1618)率船队绕过非洲南端的塔布尔湾(又译作"桌湾",Table Bay),船行至马来半岛,于 6 月到达槟榔屿(Penang),在这里打劫商船数月,还到达过锡兰等地,后满载胡椒、中国瓷器、丝绸等回到英国。② 这支由三艘船组成的队伍也是最早前往东印度群岛③(The East Indies)的英国探险队。他的这次成功探险也成为英国东印度公司成立的一个动因。

1592—1593 年间,卡文迪什和戴维斯两人率船队渡过麦哲伦海峡后,在太平洋上分道扬镳,卡文迪什计划去中国,而戴维斯则要从太平洋上探索北美沿岸是否有通往中国的海峡。不过两人的航行均未能继续而中途折返,卡文迪什死于途中。1593 年,约翰·霍金斯之子理查德·霍金斯(Richard Hawkins,1562—1622)驾驶"精致号"(Dainty)西行,意欲前往日本、中国、菲律宾群岛和摩鹿加群岛,但渡过麦哲伦海峡后,仅及南美而返。④

1592 年,英国舰队在亚速尔群岛附近俘虏了一艘由印度开回欧洲的葡萄牙商船"圣母号"(Madre de Deus),⑤并且押送回达特茅斯。这艘船在当时堪称巨轮,长 50 米,重 1600 吨,可运载 900 吨货物。有七层甲板,除其他武器外还有三十二门炮,600—700 名船员,而货舱里装满来自东方的珠宝、金银币、各种香料、布料更让英国人大开眼界。船上还有一本用拉丁文撰写,于 1590 年在澳门出版的有关东方国家(包括中国)的书籍,其中还介绍了中国、日本、印度等地贸易的信息,对英人来说尤为珍贵。⑥ 这些财富进一步激发了英国人参与远东贸易的想法。

1596 年,英国商人理查德·艾伦(Richard Allen)与托马斯·布罗姆菲

① 1576 年,英国与葡萄牙签订协议,葡萄牙允许英国在葡萄牙所辖的任何港口进行贸易,这个规定第一次让英国与包括中国澳门在内的东方贸易,发生了直接和间接的联系。参见刘鉴唐等主编:《中英关系系年要录》(第一卷),四川省社会科学院出版社,1989 年,第 53 页。

② F. P. Robinson, *The Trade of the East India Company from* 1700—1813, 1912, p.5.

③ 东印度群岛一般是指印度次大陆以东地区,尤其是东南亚和部分东亚地区。从严格意义上来说,这是一个欧洲人的地理概念,尤其是指印度尼西亚群岛和菲律宾群岛。

④ Hugh Chisholm ed., "*Hawkins, Sir Richard*", *Encyclopædia Britannica*. 13 (11th ed.), 1911, p.99.

⑤ 虽然英葡之间早在 1373 年就签订条约(The Anglo-Portuguese Treaty of 1373),确认联盟关系。但葡萄牙已于 1580 年被纳入伊比利亚联盟(Iberian Union,1580—1640),此时正是英西战争期间,英国海盗照样劫掠葡萄牙船只。

⑥ John Ramsay McCulloch, *A Treatise on the Principles*, *Practice*, & *History of Commerce*, 1833, p.120.

尔德(Thomas Bromfield)想要尝试去中国通商,负责此次探险的是本杰明·伍德(Benjamin Wood,?—1598)①,他受罗伯特·达德利爵士(Sir Robert Dudley,1574—1649)委托,率领三艘船途经麦哲伦海峡和菲律宾群岛前往中国。② 探险队还带去了一封伊丽莎白女王致明朝万历皇帝的信件。以往学者的说法是,女王知道两位商人要去中国,就趁机让伍德作为使臣同去,并且带上自己致中国皇帝的信,由达德利爵士率领此次航行。此种认识显然有误。③ 但伍德没有按计划穿越海峡,而是沿着1591年兰彻斯特所走过的航线东行,一艘船在好望角(一说是在非洲之角)附近沉没,剩下两艘船一路沿着东非海岸航行,穿过印度洋到达印度东部,最终到达马来半岛。在马六甲海峡还曾遭遇一支葡萄牙舰队,在经历8天的激战后,许多英人战死,于是剩下的人都集中到较大的一艘船上,而焚毁了较小的船。1598年,这艘船继续向北驶向中国,却又在缅甸南部的马达班(Martaban)遭遇风暴沉没,最后只有一名法国水手幸存下来。因此,伊丽莎白致中国皇帝的信又未能送达中国。

1598—1600年,约翰·戴维斯在一艘前往东印度探险的荷兰船上担任领航员。这艘船到达位于今天印尼苏门答腊西北部的亚齐(Achin),这里在当时是马来群岛的贸易中心。戴维斯在亚齐见到了许多中国商人,他也是第一位报告此地情况的英国人。④ 1598年,英国航海家威廉·亚当斯(William Adams,1564—1620)⑤搭乘荷兰人的船只从鹿特丹出发,几经周折,于1600年抵达日本,他是第一位到日本的英国人,受到德川家康的赏

---

① 他也是伊丽莎白女王时代的一名经验丰富的航海家和劫掠者,曾在1589年丘德立(Chudleigh)探险队中担任"白狮号"(White Lion)船长,远航至麦哲伦海峡;还曾参与达德利爵士的1594—1595年的西印度远征航行。

② 张轶东:《中英两国最早的接触》,《历史研究》,1958年第5期,第28页。此后学者均沿袭这一看法,如高鸿志:《英国与中国边疆危机,1637—1912》,黑龙江教育出版社,1998年,第4页;张国刚:《从中西初识到礼仪之争:明清传教士与中西文化交流》,人民出版社,2003年,第131页,等等。

③ 达德利应该是赞助或者支持此次航行,但是没有证据表明他亲身参与。笔者猜测此次女王致信中国皇帝一事,达德利或许在其中起到了某种作用。因为他的父亲莱斯特伯爵罗伯特·达德利(1st Earl of Leicester)是伊丽莎白一世女王的密友和宠臣,他与女王的关系也非同一般。女王的信中对于任命伍德为使节一事只字不提,反而介绍了两位商人的名字,对于他们的个人情况、来华动机等都做了说明,看上去就像是一封介绍信,而非国书。如果她是派了达德利作为使节,这完全不合情理。

④ 这支荷兰探险队是 the Dutch squadron of Cornelius Houtmann,参见 Sir Clements Robert Markham ed., *Ocean Highways: the Geographical Review*, 1874, pp.181-182.

⑤ 他曾在英国皇家海军服役,为德雷克船长麾下。离开海军后,受雇于 Barbary 公司做领航员,参与沿西伯利亚海岸寻找到远东的东北航线,但无功而返。此次参与航行,是被荷兰人在东印度群岛的香料贸易所吸引。

识,担任其外交顾问,还被封为武士,获赐姓名"三浦按针",在日本和英国建立贸易关系过程中起到重要的作用。

虽然英国人已经可以从伊比利亚人开辟的航线前往东方,但是一些航海家似乎对于西北航道有着某种难以割舍的情结。时值 17 世纪初,英国人开始在北美东部和附近岛屿建立殖民地,同时借机寻找经北美通往中国的航道。1607—1611 年,亨利·哈德逊(Henry Hudson)先后受雇于莫斯科公司、荷兰东印度公司和英国东印度公司,数次寻找西北航道未果,但却成功勘探了加拿大部分地区,发现了哈德逊湾。1612—1613 年,皇家海军指挥官托马斯·巴顿爵士(Sir Thomas Button,约 1576—1634)率领两艘军舰去寻找西北航道,无功而返。① 1612—1619 年,威廉·巴芬(William Baffin,1584—1622)数次探寻,但只到达北美洲东北部的海湾,即以他名字命名的巴芬湾。航海家们在北美东部始终寻找不到可以进入太平洋的航道。

商人们对于寻找西北航道去中国已经没有太多的兴趣了,他们更多考虑的是如何利用葡萄牙人开辟的那条绕过好望角的航线,来开展对远东地区的贸易。1600 年,一个重要的商业组织出现了,这就是英国东印度公司(又译作不列颠东印度公司,British East India Company,缩写:BEIC),别名为"约翰公司"(John Company),它对于东印度贸易的垄断权长达两个世纪。它的成立也预示着英国人的海盗行为将会逐渐让位于正规的商业活动。毕竟,建立起一个合法的、常态化的贸易往来关系要远胜于那种容易引起国际争端、破坏正常商业秩序的劫掠活动。

就这样,英国人用了一百多年的时间来寻找通往"契丹"(中国)的航线,实践着所谓"契丹探险"(Cathay venture)的计划。无畏的航海家们前仆后继,探索东北航道与西北航道,②虽然最终都没有成功到达中国,但英国人因此而更加熟悉"契丹"一类的名词了。更重要的是,在航海过程中不断地探索到达之前人类所未知的陆地和岛屿,促进了东西方之间的交流,也为日后不列颠的崛起和殖民扩张做了重要的准备工作。这些探险活动本身也成了西欧地理大发现这一重大历史事件的组成部分。频繁的面向东方的航海活动,层出不穷的新发现不断地刺激着英国商业社会神经,让英国人对远东地区的商业利益充满着憧憬和期待。

---

① Robert Hood, C. Stuart Houston, *To the Arctic by Canoe*, 1819—1821: *The Journal and Paintings of Robert Hood*, *Midshipman with Franklin*. 1994, p.16.

② 英国的一些政界精英、商人也在背后予以支持,连伊丽莎白女王也参与其中,甚至参股投资远航。

第三章　从他人视角到亲自观察

——近代早期英国对中国的认识（1793 年之前）

　　几乎是与探索前往中国航道活动的同时，英国人也开始注意搜集欧洲其他国家关于中国的记载，进行了较为出色的翻译和编辑出版工作。在当时，由于教皇子午线的划分和保教权的赋予，葡萄牙人的势力范围遍及东方和远东地区。葡萄牙的商人、使节、探险家、传教士纷纷来到中国，他们关于中国的报道，也陆续传到欧洲。同时，西班牙人也在 1571 年侵占吕宋岛，建马尼拉城，并以此为据点开展对华活动。所以伊比利亚人在大航海时代开启之后最早接触中国，也最早向欧洲介绍中国，英国人也是从他们的著作里进一步认识中国的。正如劳端纳所指出的："在 17 世纪头 20 年英国在出版方面对欧洲关于亚洲的知识的贡献在数量上非常有限，在信息方面也是微不足道。"①16 世纪直至 17 世纪早期的英国，在有关中国的知识方面还只是接受方和被传播的对象。

　　1577 年，理查德·伊顿（Richard Eden）编辑的《东西印度旅行史》（*The History of Trauayle in the West and East Indies*）出版，书中关于中国的叙述，由威利斯（Richard Willis）翻译自葡萄牙人佩雷拉（Galeote Pereira）约写于 1553—1563 年间的《我所了解的中国》（又译作《中国报道》，*Algumas Cousas Sabidas da China*），讲述作者被中国官府囚禁于福建、广东两省期间所经历的事情和对中国的观察。这份报告是西人对明朝最早的报道之一，也是继马可·波罗之后，欧洲普通人（非传教士）关于中国的第一次详细观察。文中介绍了中国十三省的划分及中央和各省之间的驿差传递信息的方式，中国地方官制、科举制度，地方官的衣食、消遣、司法、祭祀活动，城市生活、司法状况、监狱条件，在中国的各类外国人，等等。② 书中提出中国人否定他们的国家叫"中国"（China），而叫"大明"（Tamen）。《东西印度旅行史》结尾的材料向读者宣扬前往中国的西北航道是很有利的。1579 年，弗兰普顿（John Frampton）翻译了西班牙人贝纳迪诺·德·埃斯卡兰特

---

① 叶向阳：《英国 17、18 世纪旅华游记研究》，外语教学与研究出版社，2013 年，第 74 页。
② 张国刚：《从中西初识到礼仪之争——明清传教士与中西文化交流》，人民出版社，2003 年，第 144 页。

(Bernardino de Escalante)的《葡萄牙人到东方各王国及省份远航记及有关中华帝国的消息》(*Discurso de la navegacion que los Portugueses hazen à los Reinos y Provincias del Oriente，y de la noticia q se tiene de las grandezas del Reino de la China*，1577 年)，英译本的名称是：*A Discourse of the Navigation which the Portugales Doe Make to the Realmes and Provinces of the East Partes of the Worlde，and of the Knowledge that Growes by Them of the Great Thinges which are in the Dominions of China*。① 该书出版后很快便有了多个欧洲语言译本，它也是西班牙人门多萨(Juan González de Mendza)《中华大帝国史》的主要来源之一。② 不过按照钱锺书的说法："17、18 世纪的英国作者很少或根本不采用以上两书。"③ 同样是在 1579 年，弗兰普顿翻译了《马可·波罗游记》(自西班牙文)，英文本名为：*The most noble and famous travels of Marco Polo*。1580 年，弗兰普顿又翻译了卡迪兹(Francisco Thamara of Cadiz)的《通过东北航道发现鞑靼、锡西厄、中国》(*A Discouerie of the Countries of Tartaria，Scithia，& Cataya by the North-east：With the maners，fashions，and orders which are vsed in those countries*)。弗兰普顿是一位 16 世纪的英格兰商人，曾在西班牙定居，这也使得他有机会接触伊比利亚人的旅华游记。不过由于受到西班牙宗教裁判所的迫害，他于 1567 年逃离加的斯(Cádiz)。他成为一名西班牙语作品译者，也是出于复仇的目的，所以在他的译作中有很明显的反西情绪。④

1588 年，帕克(Robert Parke)翻译了门多萨的 *The Historie of the great and mightie Kingdome of China*(1585)，中译名是《大中华帝国史》(全称《大中华帝国历史以及那里的形势：巨额财富、大城市、政治政府和新奇的发明》)。这是第一部对中国社会、文化、历史等各方面进行全方位介绍

---

① 埃斯卡兰特在里斯本时见到了不少从中国和东方返航回来的人，而且还看到了在那里的中国人，再结合博克舍与克路士的书，以及其他材料写成此书。参见张西平、胡文婷：《十七世纪汉字在欧洲的传播》，《文化杂志》，第 96 期；澳门文化司署编译：《十六和十七世纪伊比利亚文学视野里的中国景观》，大象出版社，2003 年，第 111 页。

② Donald Beecher，"John Frampton of Bristol，trader and translator"，in Biase，Carmine Di (ed.)，*Travel and translation in the early modern period — Volume 26 of Approaches to translation studies*，2006，p. 103，p. 109.

③ 叶向阳：《英国 17、18 世纪旅华游记研究》，外语教学与研究出版社，2013 年，第 60 页。

④ Donald Beecher，"John Frampton of Bristol，trader and translator"，in Biase，Carmine Di (ed.)，*Travel and translation in the early modern period — Volume 26 of Approaches to translation studies*，2006，p. 103.

的通史性质的著作,为英国人获得真实而详细的中国常识提供了最好的版本。① 还有一本对于塑造 17 世纪英国人的中国观具有重要影响的书籍是利玛窦(Matteo Ricci,1552—1610)、金尼阁(Nicolas Trigault,1577—1628)的《基督教远征中国史》(或译成《利玛窦中国札记》,*The Christian Expedition into China Undertaken by the Society of Jesus*)②,该书一出版就轰动欧洲,有多个欧洲语言译本,1621 年出版了英文摘译本。该书是第一部深入中国内地,详细描写中国宗教、文化与习俗的著作。有学者认为,马可·波罗之后,西方人真正了解中国的情况,是从这本书开始的。③

　　伊丽莎白时代的英国社会对于海上探险、殖民扩张和对外贸易具有浓厚的兴趣,一批迎合大众口味的航海探险著作也应运而生。当时不少前往海外探险的英国人都写有信函、日记、回忆录,这些资料经过编辑整理后被出版。其中影响最大的当属英国作家哈克里特(Richard Hakluyt,1522 或 1523—1616)④编辑的《英国航海、旅行和地理发现丛书》(*The Principle Navigations,Voyages and Discoveries of the English Nation*)。1589 年,该套丛书的第一版开始出版,篇幅约 70 万字,按地域分三大部分,即东方、东方与东北方、西方,编辑宗旨是记录英国的海外探险成就,所以哈克里特尽可能地避免收录非英国人的作品。收录的篇章大多为海外旅行者的陈述和信函,采取厚古薄今的策略。当时英国探险家的活动区域主要在美洲一带,因此“西方”部分比其他两个部分要大得多。关于东方尤其是中国则所涉有限。这主要是因为当时英国人能到达印度或远东的屈指可数,而该书又以西班牙“无敌舰队”覆灭前夕为选文下限。关于中国的内容其实仅有全

① 英文名称是:*The History of the Great and Mighty Kingdom of China and the Situation Thereof*。对于《中华大帝国史》在英国汉学上的地位,可以参见赵欣、计翔翔:《〈中华大帝国史〉与英国汉学》,《外国问题研究》,2010 年第 2 期。

② 陈垣先生还曾翻译为《中国开教史》。该书最初是利玛窦用意大利文所写的手稿,后由金尼阁整理扩充并翻译成拉丁文出版,1615 年首版于德意志奥格斯堡。

③ 李天纲:《中国礼仪之争:历史、文献和意义》,中国人民大学出版社,2019 年。另外,关于英文摘译本的出版年份有 1621、1622、1625 年等多种说法,另参见:Qiong Zhang, *Making the New World Their Own:Chinese Encounters with Jesuit Science in the Age of Discovery*,2015,p. 32;叶向阳:《英国 17、18 世纪旅华游记研究》,外语教学与研究出版社,2013 年,第 87 页。

④ 理查德·哈克里特曾入牛津大学学习,是一位神职人员,1577 年遇见过弗拉芒地理学家 Ortelius,1580 年与著名地理学家墨卡托(Mercator)通信。哈克里特对于伟大航海家和地理发现的生活和冒险充满浓厚兴趣,为了增进对这些问题的了解,他甚至学习了各种语言和航海技术。他于 1583 年随英国驻法国大使到达法国,在此期间搜集了当时英国海外探险家的信息和各种材料,为编辑丛书做了准备工作。他还曾积极鼓吹英国在北美等地建立殖民地,是向詹姆士一世请求授予特许状殖民弗吉尼亚活动的主要发起人。1848 年,英国成立的出版关于航海和旅行原始记录的学会为了纪念他,把学会命名为“哈克里特学会”(The Hakluyt Society)。

文选录的《曼德维尔爵士游记》和"仅包括中国省份的一个名单"的《摘自
1588年由托马斯坎德什带回的中国大地图的某些笔记或引文》(*Certain
Notes or References taken out of the large map of China brought home by
M. Thomas Candish in* 1588)。

　　1598年至1600年,哈克里特又出版了"航海全书"的第二版。这一版
的书名在 Voyages 后增加了 Traffiques(贸易)一词,在篇幅上获得很大扩
充,是第一版的三倍,共有三大卷,①收录的内容包括"使节报告、论文、特许
状、信件和其他观察"(the ambassages, treatises, priviledges, letters and
other observations)。时间跨度从原先的1500年延展至1600年,地域扩
大,包括:北方和东北方、南方和东南方、北美、西印度群岛(las antillas)、巴
西等地,尤其是加强了包括中国在内的东方内容。相对于第一版以英国人
的作品为主,第二版也补入了一些"国外的最佳最主要的旅行记"。比如:
1592年英国人在葡萄牙商船"圣母号"所截获的一本用拉丁文撰写,于1590
年在澳门出版的有关中国的对话录(*De Missione Legatorum Iaponensium
ad Romanam Curiam*)。据考证,该书是由桑德(Duarte Sande)所写,并且
是基于耶稣会士在澳门搜集到的信息,被编入丛书的"南方与东南方"部分,
最初来源是利玛窦和其他曾经深入中国的耶稣会士如范礼安(Alexandre
Valignani,1538—1606)、孟三德(Duarte de Sande,1531—1600)等人的报
告。从对话录的内容上看,作者对于中国有着较为深入的了解,不仅包括一
般旅行者所观察到的器物层面,还介绍了宗教、语言、教育、典籍制度等更深
层次的内容。很显然,英国人通过这样的书籍所了解的中国远比中世纪时
《曼德维尔爵士游记》里那个如同神话般存在的"契丹"要客观真实,英国人
获取的关于中国的知识正在变得更加准确。

　　从1613年起,英国牧师、旅行故事搜集家塞缪尔·珀切斯(Samuel
Purchas, 1577—1626)陆续出版了多本以《珀切斯的朝圣》②为题的巨册系
列游记,获得了极大的成功,是"该世纪前几十年里最畅销的第一手亚洲旅
游文学",作者对当时欧洲有关亚洲的资料相当熟悉,书中包含了大量地理、

---

① 叶向阳:《英国17、18世纪旅华游记研究》,外语教学与研究出版社,2013年,第69页。
② 中文译名全称是《珀切斯的朝圣,或从创世纪到目前在所有时代和所有被发现的土地上观察到
　 的世界和宗教记述》(*Purchas His Pilgrimage. Or, Relations of the World and of Rigious
　 Observed in all Ages and Places Discovered, from the Creation unto this Present*)。下文注释
　 中的书名均简写为 *Purchas His Pilgrimage*.

文化、历史信息。① 到 1626 年他去世的时候，已经有 4 个版本。如果说哈克里特的丛书是类似于文献或者资料集，那么《珀切斯的朝圣》则是作者对于原始文献整理编译后的提炼缩写。在该书的亚洲部分有较为丰富的关于中国的内容，比如第 11 章"鞑靼人和被他们征服的不同民族，以及他们原始的仪式"、第 12 章"续鞑靼人的历史，以及关于契丹（Cathay）是否就是中国（China）这一问题的讨论"、②第 13 章"鞑靼人和契丹人的宗教"、第 18 章"中国"、第 19 章"中国宗教"，等等，③所使用的材料既有中世纪旅行者如马可·波罗、鄂多立克等人的行纪，也有来华耶稣会士如利玛窦、金尼阁、龙华民、庞迪我等人的书信，克路士、门多萨、贝纳迪诺·德·埃斯卡兰特等人关于中国的著作。

　　1625 年，珀切斯又出版了篇幅巨大的《哈克里特后书或珀切斯的朝圣》（*Hakluytus Posthumus，or Purchas his Pilgrimes*），这套丛书被视为哈克里特"航海全书"的续编，里面还收录了一些他遗留下的手稿，共分 4 卷，4262 页；1905 年重印版有 20 卷，是当时最大型的英语著作。④ 虽然没有进行系统编排，但还是按照主题分成了四卷，分别是：第一卷，从所罗门王开始的古代君主，环绕非洲海岸到东印度群岛、中国和日本的记录和故事；第二卷，非洲、巴勒斯坦、波斯和阿拉伯；第三卷，寻找东北航道和西北航道的故事以及到鞑靼、俄罗斯和中国的旅行故事摘要；⑤第四卷，美洲和西印度。从卷目就可以看出，这一版丛书里有更多关于中国的内容。⑥ 实际上，在这一版中收录了所有的环球航海记，如先前提到的德雷克、霍金斯、卡文迪什等人，所有探索通往东方的东北航道和西北航道的尝试记述，所有到美洲的

---

① ［美］唐纳德·F.拉赫等著，许玉军译：《欧洲形成中的亚洲》（第三卷），第一册（下），人民出版社，2012 年，第 663 页。

② 通过讨论的结果来看，珀切斯或者说他那个时代的欧洲人，还是认为 Cathay 是在 China 的北部，两者不可混同。珀切斯说 China（中国）的疆域四至是：北抵契丹和鞑靼，南达交趾（Cauchin China），西起缅甸（Bramas），东到大海。中国也被称作大明（Tamen），全国有十五个省，其中六个临海，分别是广东（Cantan）、福建（Foquien）、浙江（Chequiam）、南京（Nanquin）、山东（Xantum）和北京（Paquin）。国王住在北京，但他的祖先在鞑靼人入侵这个国家之前住在南京，而南京（根据古代作家的说法）就是 Quinsay（行在）。参见 Samuel Purchas，*Purchas His Pilgrimage*，1614，p. 435.

③ Samuel Purchas，*Purchas His Pilgrimage*，1614，pp. 399-450.

④ ［美］唐纳德·F.拉赫等著，许玉军译：《欧洲形成中的亚洲》（第三卷），第一册（下），人民出版社，2012 年，第 665 页。

⑤ 从卷名来看，珀切斯仍错误的把北方的满族（鞑靼）生活区域当作独立于中国之外的政权，以致将两者并列。

⑥ H. G. Rawlinson，S. Purchas，*Narratives from "Purchas His Pilgrimes"*，1931，p. xiii.

航海报告,英国东印度公司远东航行的部分报告,重印了哈克里特编著中大部分中世纪关于东方的记述,收编、摘录、概述了来华耶稣会士和旅行家关于中国的书信和记述。[①] 虽然其中的很多文献都有过英译本,但是珀切斯第一次将它们串联编排,比较全面地展现在英国人眼前,让他们对于从中世纪一直到当前为止,西方人对于中国的探索与认知过程有一个系统的了解。

1634 年,英国人托马斯·赫伯特爵士(Thomas Herbert,1606—1682)在他出版的《大约开始于 1626 年的若干年旅行记》(*A Relation of Some Yeares Travaile,Begunne Anno* 1626)中谈到了中国本地的一些情况,虽然作者本人并没有到过中国,但他于 1627 年作为英国驻波斯大使东游,同年到达苏拉特(Surat,位于印度中西部),后抵达波斯,最后经印度的马拉巴尔海岸回国。他着重叙述的是波斯和他在那里的生活体验,但在归国途中经过印度的经历,引发他又描绘了锡兰、勃固、暹罗、北大年、苏门答腊、爪哇和中国。该书可能是第一部谈到中国本地的英国人的真实游记,其中一节"关于中国"(Of China),[②]虽然文字不多,但却较为集中地介绍了他对于中国的认识,比如国土面积、主要城市、人口,他说中国有 9 座城(cities),最小的一座也有 50000 户人家,其中的天城"行在"[③](heavenly citie Quinza)是大都市,在旧时约占地 100 英里,现在也没有缩小多少。另一座城市"北京"(Pazquin)是国王通常居住之地,一条九百英里长的城墙堪称奇迹。[④] 但是当谈论到中国人的性格特点时,却充满歧视,认为中国人是偶像崇拜者,诡计多端、狡猾懦弱、非常自大,倾向于伊壁鸠鲁主义(即享乐主义)、好赌、纵欲,有着怪诞的宗教意识和性行为。作者还在物质文明方面将中国与欧洲进行比较,认为中国在文字、大炮、绘画、种植、航海、住房等诸多方面均不如

---

① 珀切斯对于资料的搜集是不遗余力的,比如他的书中收录了 1618 年俄国赴中国使团斐德林(Ivan Petlin)和安德烈·曼多夫(Andrei Mandoff)的报告英译文,这也是首次出版的俄国人对中国的纪实性报告。还有阿诺德·布朗(Arnold Brown)的日记节选,此人曾于 1617—1623 年间在万丹、日本、菲律宾、中国沿海活动,日记中有关于 1622 年荷兰进攻澳门被击退的描写。[美]唐纳德·F. 拉赫等著,许玉军译:《欧洲形成中的亚洲》(第三卷),第一册(下),2012 年,人民出版社,第 666、677 页;叶向阳:《英国 17、18 世纪旅华游记研究》,外语教学与研究出版社,2013 年,第 76 页。

② 值得注意的是,赫伯特没有和他之前的旅行作者那样思考 Cathay 与 China 是否指代的是同一个国家的问题,而只关注 China,并且知道它是东方最伟大的帝国。

③ 作者指出行在的两种不同写法 Suntyen 和 Quinzay,说该城有个 30 英里大的湖,12000 座桥。他还提到南京(Nanquin)被三条坚固的城墙环绕,城内有 20 万户人家。参见 Thomas Herbert, *A Relation of Some Yeares Travaile,Begunne Anno* 1626, 1634, p. 137.

④ Thomas Herbert, *A Relation of Some Yeares Travaile,Begunne Anno* 1626, 1634, p. 206.

欧洲。实际上,书中关于中国的内容都是用别人的资料拼凑而成,作者似乎只是出于猎奇的心态,有意识地进行取舍,描绘了一个负面形象的中国。该书还配有多幅铜版画,图文并茂,在英国很受欢迎,被认为是 17 世纪最好的旅行作品之一,分别在 1638 年、1664 年和 1677 年刊行了第 2、3、4 版,尤其是 1638 年版里扩充了相当多的文字来描述中国。而最后一版的内容是 1634 年版的 3.5 倍,与其说是个人游历的记述,还不如说是"更加宏观的、间接的亚洲报告"。①

在英国内战和克伦威尔摄政时期(1642—1660),英国人的注意力都被吸引到国内事务中,很少再去关注遥远的东方。1650 年,一篇关于尤纽士牧师在台湾传教成就的英文报告出版。作者讲述在尤纽士牧师的努力下,5400 名台湾人改信基督新教的故事,在首位新教牧师干治士(George Candidius,1597—1647)抵台的 16 年后就有如此大的成果,在当时引起轰动。荷兰改革宗教会北荷兰省大会因此决议出版由 H. Jessei 撰写的拉丁文刊物来纪念此事。其中一份流入苏格兰被 Caspar Sibelius② 译成英文出版,不过文中并没有关于台湾本身或者其居民的描写。③

在 17 世纪中后期动荡的岁月里,还有几部关于亚洲的欧洲文献被翻译成英语,其中比较重要的有:

1.1653 年根特(H. C. Gent)所译费尔南·门德斯·平托(Fernão Mendes Pinto,约 1514—1583)的《远游记》(*The Voyages and Adventures, of Fernand Mendez Pinto, á Portugal*)。④

2.1654 年约翰·克鲁克(John Crook)出版了耶稣会士卫匡国(Martino Martini,英文作 Martin Martinius,1614—1661)讲述清军入关南下和江南

---

① ［美］唐纳德·F.拉赫等著,许玉军译:《欧洲形成中的亚洲》(第三卷),第一册(下),人民出版社,2012 年,第 681 页。

② 叶向阳将译者认作荷兰新教传教士,这显然不对,他可能是将译者错当成了作者。

③ 1624 年,荷兰人被中国军队从澎湖驱逐后,又窜至台湾西南部落脚,建立起热兰遮城,并开始在岛上拓展版图。与此同时,荷兰新教教会也派传教士来台湾宣教。1627 年,首位牧师干治士(Rev. Georgious Candidius)到达热兰遮;1629 年尤纽士牧师(Rev. Robert Junius)亦来协助。他们成功地在一些部落中传播基督教,并且也帮助该公司拓展其在台湾西南部的政治影响力。参见查忻:《1640 年代台湾荷兰改革宗教会策略之改变》,《台湾文献》第 60 卷第 3 期,第 63—88 页。

④ 据说平托在 1576 年写成游记,直至他去世后的 1614 年才在里斯本出版了葡萄牙文版本,该书在英国受到欢迎,分别于 1663 年和 1692 年再版。此外需要注意的是,由于这些书籍原文名称的副标题都很长,为了节约篇幅,一般只列出主标题,下同。

沦陷实况的《鞑靼战纪》(*De Bello Tartarica Historia*)英译本。①

3.1655 年约翰·克鲁克(John Crook)②出版了曾德昭(Alvaro Semedo)《大中国志》(*The History of that Great and Renowned Monarchy of China*)英译本。该书将《鞑靼战纪》修订本作为附录。③

4.1669 年苏格兰翻译家约翰·奥吉尔比(John Ogilby,1600—1676)所译纽霍夫(Joan Nieuhof,1618—1672)《荷兰东印度公司使团访华记》(*An Embassy from the East India Company of the United Provinces*)的英译本。④

5.1671 年奥斯玛主教、墨西哥总督胡安·德·巴拉费斯·依·门多萨(Juan de Palafox y Mendoza or Senor Palafox,Bishop of Osma and Viceroy of Mexico,1600—1659)的《鞑靼征服中国史》(*The History of the Conquest of China by the Tartars*)英译本。⑤ 虽然与《鞑靼战纪》一样都是讲明清鼎革之际的事情,但是前者的材料来自作者耳闻,而后者所述事情却多为卫匡国在华所亲见。

6.1675 年闵明我(Domingo Fernandez Navarette,1610—1689)的《关于中华帝国的记述》(*An Account of the Empire of China*)英译本。⑥

7.1676 年白乃心(Johann Grueber,1623—1680)的《中国和法国,或两篇专论。其中之一为中国现状》(*China and France*,*or Two Treatises.*

---

① 该书是卫匡国在 1653 年辗转从海路到达荷兰阿姆斯特丹的途中完成的一部记录明清鼎革的著作,原书为拉丁文,第一版于 1654 年在安特卫普出版,当年就有了英文版,足见传播之快。其英译本的名称很长:*Bellum Tartaricum*,*or*,*The conquest of the great and most renowned empire of China*,*by the invasion of the Tartars*,*who in these last seven years*,*have wholy subdued that vast empire*;*together with a map of the provinces*,*and chief cities of the countries*,*for the better understanding of the story.*

② 约翰·克鲁克并非译者,而是书商。所以在书的扉页上会标注"为约翰·克鲁克而印"及"在圣保罗教堂庭院内有船形标志的店中销售"等字样。(Printed for John Crook,and are to be Sold at this Shop at the Sign of the Ship in St. Paul's Church-yard),不过《大中国志》的印刷商是泰勒(E. Tyler)。

③ 该书原为西班牙文,1642 年第一版。英文版译者不详,仅介绍是由一位道德高尚之人(a person of quality)所译。《鞑靼战纪》修订本"增加了许多内容,而且订正了之前版本的许多错误"("致读者")。

④ 该书原为荷兰文,1655 年第一版。英文第一版发行于 1669 年,再版于 1673 年。

⑤ 该书原为西班牙文,1670 年第一版,同年就有了法文版。1671 年英译本第一版,1676 年第二版。

⑥ 在历史上有两个闵明我,第一个是西班牙多明我会神父,此后一名意大利传教士 Philippus Mria Grimaldi 在清初顶替了他的名字。本书是西班牙的闵明我所写,最初的西班牙文版是 1676 年在马德里出版,题名为:*Tratados historicos*,*politicos*,*ethicos*,*y religiosos de la monarchia de China*(《中国王朝历史、政治、伦理和宗教论》),此后有多个欧洲语言版本,但 1675 年英译本的翻译水准最高。

The One of the Present State of China）英译本。

8.1688 年安文思（Gabriel de Magalhāes，1610—1677）的《中国新史》（*A New History of China containing a Description of the most considerable Particulars of that Vast Empire*）英译本。①

9.1691 年柏应理（Philippe Couplet,1623—1693）的《中国哲学家孔子的道德箴言》（*The Morals of Confucius, A Chinese Philosopher*）英译本，该书是英国第一次出现的有关中国哲学的专著。②

10.1693 年菲利普·阿弗里尔（Philippe Avril,1654—1698）的《欧洲与亚洲各地之旅》（*Travels into Divers Parts of Europe and Asia Undertaken by the French King's Order to discover a new Way by Land into China*）英译本。③

11.1697 年李明（Louis-Daniel Le Comte,1655—1728）《中国近事报道》（*New Memoirs on the Present State of China*）英译本。④

12.1698 年亚当·布莱德（Adam Brand，1650—?）的《沙皇使节雅兰布 1693 年至 1695 年使华旅行记》（*A Journal of the Embassy from their Majesties John and Peter Alexievitz, Emperors of Muscovy etc. Over Land into China*）英译本。⑤

13.1699 年白晋（Joachim Bouvet,1656—1730）的《当朝中国皇帝康熙》（*The History of Cang-Hy, the Present Emperor of China*）英译本。⑥

---

① 该书原为葡萄牙文，但并未出版。安文思于 1677 年逝于北京，他的手稿被耶稣会士柏应理带回欧洲,1681 年被熟谙葡萄牙语的法国外交官克洛德·伯努(Claude Bernou,1638—1716)翻译成法文,1688 年出版。英译本是从法文本中译出,译者不详。

② 该书的法文本出版于 1688 年。事实上无论是英译本还是法译本都并非对孔子著述的翻译,书中相当详细地论述了《中庸》和《大学》,但对《论语》缺乏足够的重视,只将该书表现为 80 条短而无趣的"箴言",不能明确表现出孔子本人的个性。这两个本子都可视为 1687 年拉丁文的《中国哲学家孔子,用拉丁文解释中国人的智慧》一书的节选本,该书也是《论语》的最早西译本。书的编译者也非柏应理一人,还有殷铎泽、恩理格、鲁日满三位耶稣会士。参见顾蒪:《〈论语〉在海外的传播》,《国家图书馆学刊》,1999 年第 2 期。

③ 该书原为法文,又译作《阿弗里尔神父的东方之行》。

④ 又译作《中国现势新志》,该书原为法文,1696 年巴黎第一版,书名为 *Nouveau mémoire sur l'état présent de la Chine*。

⑤ 1693 年雅兰布(Evert Ysbrants Ides)奉俄国彼得大帝之命赴北京致书康熙皇帝,因信中彼得的名字列于康熙之前,康熙拒绝。1695 年回俄。该书原文为高地荷兰语,1698 年首版于汉堡,英文本直接从该语本译出,同样出版于该年。实际上,雅兰布本人也撰写了自己赴华的旅行记,1704 年在阿姆斯特丹出版,1706 年伦敦出版英译本,题为《从莫斯科经陆路到中国三年旅行记》(*Three Years of Travel from Moscow overland to China*)。

⑥ 该书原为法文版,1697 年在巴黎出版,书名为 *Portrait historique de l'Empereur de la Chine*,中文直译为《中国康熙皇帝传》。

　　而根据康士林的研究,在 17 世纪英国出版的 1 万余册书籍中,只有 10 本是专门介绍中国的,①多数为耶稣会士拉丁文或法文原版的英译本。用英语撰写的有关中国的作品只有三部,其中两部还是文学作品,即:1676 年出版的塞特尔(Elkanah Settle)《鞑靼人征服中国记》(*The Conquest of China, By the Tartars: A Tragedy*)和威廉·坦普尔(Sir William Temple)有关中国文化的散文集。另外一部则可称得上是历史语言学著作,即 1669 年出版的约翰·韦布(John Webbe)的《关于中华帝国之语言即可能为原初语言之历史考察》(*An Historical Essay Endeavoring a Probability That the Language of the Empire of China is the Primitive Language*)。

　　17 世纪翻译成英文的欧洲人游记、书信集、著作有一些共同的特点,比如作者都基本上到过中国,所描述的许多内容都是根据自己的亲眼观察和切身感受,丰富翔实。而且大多数人都是来华天主教传教士,他们在中国居住经年,甚至相当程度参与到当时发生的重大事件中去,所见所闻绝非普通旅行者对于中国浮光掠影的认识;作品中对于中国现状的介绍比较多,尤其是明清易代和前清史,这可能是身处在剧烈时代变革之下的作者们理所当然需要关心的内容,加之耶稣会士有报告传教地情况的传统,所以会产生这方面的特色;此外,著作中对中国的态度基本上是友好和肯定的,有的耶稣会士的作品甚至有过度赞美之嫌。试想,如果普通英国人阅读了上述英译本并受到影响的话,他们对于中国的印象应当不差甚至是美好的。而且这一时期的英国人也可以通过翻译的作品,明了那个马可·波罗等中世纪旅行者笔下的"契丹"与现实中的"中国"之间的关系。1601 年抵达北京的利玛窦真切地告诉他的欧洲朋友,北京就是马可波罗说的汗八里,契丹和中国,都是指他所在的大明。②

　　不过在这一时期,也出现了一位马可·波罗式的人物,那就是葡萄牙旅行家平托,他于 1537—1558 年间漫游东方,有着漫长曲折的冒险经历,中国沿海是他活动的重点区域。平托在晚年时写下记载自己东方探险经历的《远游记》,希望传示后人。该书共有 226 章,其中讲述中国的有 89 章,约占

---

① 参见[美]康士林:《向近代早期的英语读者介绍中国:17 世纪卫匡国〈鞑靼战纪〉的英译研究》,《比较文学与世界文学》,2015 年第 2 期。康士林的统计不够精确,但 17 世纪出版的有关中国的专门英文书籍确实是屈指可数。

② 其实早在 1575 年,曾在福建沿海活动的西班牙人拉达就已经明确指出:"通常被称为中国(China)的国家,曾被威尼斯人马可·波罗称为契丹(Cathay)。"

全书的三分之一，是见证东西方文明碰撞与交流的珍贵历史文献。《远游记》的手稿约成于 1576 年，1603 年提交宗教裁判所审查，直至 1613 年才获准印刷，1614 年葡语版问世。此后，这本书风行欧洲，出现了多种语言译本。1625 年就出现了英文摘译本、1653 年有了英文全译本。

不过游记自问世以来，一直饱受争议，许多学者认为其所述为"夸张之言"，如同"小说式的记录"，有人甚至直斥其为"天大的骗子""吹牛大王"。① 但实际上，平托游记虽非信史，但"从文学作品的角度为历史研究提供了不见于当时著名海外发现编年史作者笔下的许多宝贵史料"。② 在《远游记》中关涉浙江最多的、同时也是后来引起中外关系史学术界极大争议的，便是他关于 Liampo 的记载。在明代正德十六年（1521）中葡屯门之役和嘉靖二年（1523）西草湾之役后，葡萄牙人的主要贸易活动转移到闽浙海面，他们占领了浙江的 Liampo 作为据点，经过多年驻屯经营，该地以国际海上贸易走私港而闻名于世。中、日、葡等国商人在此频繁出入，贸易兴盛。按照方豪先生《中西交通史》的说法，Liampo 其实有三种不同的含义："一指浙江省，犹葡人亦以南京称江苏省也；一指宁波；一指浙江沿海若干葡人贸易地，而其中最著者为双屿。"③一般论者都认为，平托游记中的 Liampo 应当指的是双屿港，学界至今对该港的位置存在争议，但总归是在浙江。平托关于双屿港规模和最后覆灭的夸张描写更让后世学者觉得不可思议，但结合中文史料，其实基本史实是存在的，只是过于夸大其词而已，现节录如下：

> 我们行驶了六天后，来到了双屿门。谓门，实为两个相对的岛屿。距当时葡萄牙人的贸易点三里格远。那时葡萄牙人建立的在陆地上的村落，房屋逾千。有市政官、巡回法官、镇长及其他六、七级的法官和政府官员。那里的书记在公文的最后常常这样写道：本某，双屿城书记官，以我主国王的名义……给人的感觉是该城位于圣塔伦和里斯本之间某地。该城充满自信与骄傲。有些房屋的造价已高达三、四千克鲁扎多。……

① "平托《游记》Liampo 纪事考实"，汤开建：《澳门开埠初期史研究》，中华书局，1999 年，第 27—28 页。
② 金国平译注：《远游记》（上册），葡萄牙航海大发现事业纪念澳门地区委员会等，1999 年，第Ⅲ页。
③ 方豪：《中西交通史》（下册），上海人民出版社，2015 年，第 675 页。方豪的说法很有见地，汉密尔顿就将南京当成一个省。他说："紧挨着浙江的省份就是南京，南京城被认为是中国或许是世界上最大的城市之一。"参见：Alexander Hamilton, *A New Account of the East Indies*, 1727, p. 284.

　　按照双屿人的请求,安东尼奥·德·法里亚在此逗留的六天中,一直停泊在这两个小岛上。六天以后的一个星期天的凌晨,晴空万里,可以顺利进港。……在船队进港之前,六十艘不同的船只向安东尼奥·德·法里亚所在的那船驶来。只见那些船上张灯结彩,铺好了地毯,有三百身着盛装,披金戴银,按非洲习惯斜挎镶金宝剑的人来迎候他。所有的物品无不精美绝伦,令人赏心悦目,惊叹不已。……弥撒结束后,那双屿镇或称双屿城的四位主要官员走了上来。他们分别是:马特乌斯·德·布里托,兰萨洛特·佩雷伊拉,热罗尼莫·德·雷戈,特里斯唐·德·加。在共计千人左右葡萄牙人的簇拥下,他们把安东尼奥·德·法里亚带到了一所房屋前的大空场上。场的四周是茂密、枝头果实累累的栗子树林,如同森林一般。上面旌旗飞扬,下面装点着许多中国遍地可见的菖蒲叶、薄荷及红、白玫瑰。……

　　围观的人散去后,只剩下了来宾。除了安东尼奥·德·法里亚手下五十名左右的部下外,还有七十至八十来宾。众人入座后,开始由服饰华丽、容貌美丽的姑娘斟酒上菜。每上一道菜,都在乐器的伴奏下,吟唱伴客。光是安东尼奥·德·法里亚一人就有八个肤色白皙、妩媚的姑娘陪伴。她们都是富商的千金小姐,看在马特乌斯·德·布里托和特里斯唐·德·加面上,专程从城中来给贵宾陪酒。她们打扮成美人鱼的模样,在悦耳的音乐中婆娑起舞,给客人上菜敬酒。葡萄牙人个个看得目瞪口呆。看这一切是这样井井有条、和谐,无懈可击,个个都吃惊不已。一开始上酒,马上鸣笛奏鼓。宴会足足持续了两个钟头。席间还有文艺演出,一出中国戏,一出葡萄牙戏。

　　关于精美可口的菜肴,我不在此赘述。要一一叙说那些食品,三天三夜也说不完。但我可以毫不怀疑地讲,没有任何一个地方宴会可以与之相比。……该岛上各种动物遍地皆是。每逢星期六、节日,甚至周日中也常有丰盛的宴会。①

　　但最终这个"著名的、富有的村落"还是被明朝军队摧毁,平托在游记里讲述了双屿被摧毁的原因和被毁的惨状:

---

① 金国平译注:《远游记》(上册),葡萄牙航海大发现事业纪念澳门地区委员会等,1999 年,第192—193 页;第 196 页;第 202—203 页。

　　那里有一个出身高贵、正直的人,利马桥人氏兰萨罗特·佩雷拉。据说,此人赊给了几个不讲信用的华人价值一万克鲁扎多的次货。他们提走了货物,但未付钱,再也没有露面。所以他想从那些没有欠他钱的人身上挽回这笔损失,于是纠集了十五、二十个游手好闲、不务正业的葡萄牙人,甚至更差的人,于一个晚上袭击了距那里两里格远的一个名叫西帕通的村子。在那里抢劫了住在那里的十几家农户,抢了他们的妻子,毫无理由地杀死了十三个人。这件恶事第二天很快就在当地传开了,居民到主管法律的总兵那里去告状。为此立了专案,将民诉写了状子(当地话叫 macalixau)递呈到政府巡按御史。这一官职如同总督。他立即派了一位如同我们海军上将的海道,率领一支由三百艘中国大帆船及八十艘双桅帆船,六十万大军、在十七天内做好备战工作。一天清晨,这一艘队向葡萄牙人的村落发动了袭击。说实话,我才疏学浅,无能全面叙述事情的经过,任由人们去想象吧。我亲眼目睹了这一切。在这不到五个钟头的上帝对我们的严厉惩罚中,上帝以其万钧之力摧毁了一切,一切被付之一炬,夷为平地。基督徒死亡人数达一万二千人,其中八百名葡萄牙人。这些人分别在三十五艘大船和四十二艘中国帆船上被活活烧死。据说,仅在白银、胡椒、檀香、豆蔻花、核桃及其他货物上就损失了十五万金。这一切不幸都是由一个贪婪的葡萄牙人的不轨行为所引起的。[1]

　　文中所描写的双屿之繁华美丽颇让人有世外桃源之感,而最后的毁灭则令读者唏嘘不已,想必英国人读后也会啧啧称奇,浮想联翩。

　　除了平托传奇色彩的中国故事外,英国人对于同时期地球另一端的中国发生的时事似乎也抱有兴趣。1654、1655 年由同一位书商约翰·克鲁克连续出版了《鞑靼战纪》和《大中国志》(附录《鞑靼战纪》修订本)的英译本,[2]前者是讲述明清鼎革时期的中国历史,后者主要介绍明末清初中国社

[1] 金国平译注:《远游记》(下册),葡萄牙航海大发现事业纪念澳门地区委员会等,1999 年,第699—700 页。

[2] 康士林教授注意到了卫匡国和曾德昭作品英译本出版的政治背景。1654 和 1655 年正是克伦威尔担任"护国主"(1653—1658)最初的几年,在他的统治下,罗马天主教徒获得了更多自由。可能正是由于政府对于天主教徒的宽容态度使得出版商愿意出版耶稣会士的作品。不过在两个英译本的书名页上都没有指出卫匡国或曾德昭是耶稣会士,只简单说他们在中国生活了很长时间。书中没有出现译者姓名,亦没有常见的献词,说明出版这样的书是需要冒风险的。参见康士林:《向近代早期的英语读者介绍中国:17 世纪卫匡国〈鞑靼战纪〉的英译研究》,《比较文学与世界文学》,2015 年第 2 期。

会的情况。在英国宗教派别对立较为严重的时代,敢在两年内连续出版天主教人士的作品,尤其是第二部作品装订精良,这些情况不仅表明书商约翰·克鲁克有足够的人脉关系,敢于冒风险,更重要的则是表明《鞑靼战纪》出版后肯定是受到英国读者欢迎,并且获利较丰。由于卫匡国曾在杭州、宁波、金华等地生活,所以对清军①占领浙江的史事颇为了解,书中也着墨较多。比如讲述清军攻占杭州,监国的潞王朱常淓投降:

> 杭州是浙江省首府,城内有许多撤退至此的中国残兵,既有一般的士兵,也有不少高级官员,他们决定在此另立新帝,即潞王,出自古老的大明皇族。但是这位王子坚决不肯践帝位,只保留王的称号,他觉得这样比从帝位上摔下来要好,不会死得那么惨。后来他为了鼓舞军队的作战士气,终于许愿说,如果他们收复皇城,他将登上帝位。他即位不到三天(比这场悲剧中扮演皇帝的人时间还要短),鞑靼军到来,溃散的士兵趁危急之机,强求这个国王及守令发饷,不肯在领饷前打仗。在此关头,潞王不忍心看见百姓、臣子和全城被毁灭,做出欧洲所未见的仁道及爱民行为,他登上城头,跪着向鞑靼将官喊话,为子民乞命,(他说)"不要宽恕我,我愿替我的子民而死"。他说完这番话,立刻出城走向鞑靼军,并被拘留。他爱民的光辉证明,如遇上亚历山大或恺撒这样宽宏的精神,那么将不缺奖赏以表彰他的英雄行为。鞑靼人俘虏这个王子,立刻命令居民关闭城门,守护城池,防止他们自己及潞王的人都入城,同时他们攻击潞王的军队,残忍屠杀,但很多人淹死,而不是死于刀箭,因为大批人径直投入大钱塘江。这条江宽约一里格,从城旁流过。有些人跳上河里的船只,因超载使船迅速沉没;还有人恐惧慌乱,在江岸争先恐后,被无情地挤落水里。有几千人死亡。鞑靼人无船渡江,驱逐和屠杀敌军后,再凯旋入城,既没有在城里使用武力,也没有横施暴行。那座高尚城市因此得以保全。此城之雄伟、美丽和富庶,我将另加描述,我是眼见为实,不信传闻。我在该城住了三年,又从那里赴欧洲。这个城有一条运河,也就是渠道,经水路通向中国北部。这条运河,与我提到城南那条江之间,只隔一道高河堤,像一条大路。鞑靼在运河里找到许多船,越过河堤拖到钱塘江,靠这些船,他们渡过江,没有遇到抵抗,来

---

① 卫匡国将满族称为东鞑靼人。在 17 世纪的欧洲,人们关于中国的知识日益丰富,不再对"契丹""中国"混淆不清,但是新崛起的满族对他们来说还很陌生,所以作者也用了较多的篇幅对他们加以介绍。

到全中国最美的一个城，叫做绍兴，它轻易地屈服于他们胜利之师。①

按照卫匡国的说法，绍兴本来并未抵抗就投降了清军，但清军要求当地士民剃发，遭到强烈反抗，并且被赶回了江北。本来形势大好，但南明政权的唐王与鲁王内讧，被清军渔利，渡过钱塘江，迫使原先在绍兴的鲁王逃到舟山据守。他写道：

> 绍兴城（Xaoking）的幅员不及其他许多城，但整洁和秀丽则为诸城之冠，它四周清流环绕，乘船游河可饱览它的秀丽景色。城内街道整齐宽大，两侧铺设白方石，一条可航行的运河穿越城中。河岸有相同的铺设；市场、桥梁及牌楼也用同样的白方石筑成（我没有在中国别的地方看见这样的东西）。总而言之，我没有发现中国有比它更整洁的城。鞑靼人未遇抵抗就占领了它，他们本可以照样解决浙江省南部的城市，然而，当鞑靼人公告百姓剃发时，士兵和市民都拿起武器，为保护头发拼死战斗，胜过保御皇帝和国土，不仅把鞑靼人赶出城，还把他们赶到钱塘江边，甚至赶过江，杀死很多人。如果他们真追过江去，也许能够收复省城及其他城市，但他们没有乘胜追击，只满足于保住自己的头发，留在南岸对抗鞑靼人，在那里坚守。这样，鞑靼征服之旅被阻达一年之久。同时中国人需要一个首领，便推选大明王室的鲁王为帝，他却不愿称帝，只称为监国。鞑靼人这时从北京派出援军，想尽方法要渡过钱塘江，均未成功。中国垂危的局面又有了生机，他们征发更多兵力，企图获得更大胜利。可是他们的满腔希望因内部争权夺利而破灭。从浙江逃到福建省的将官和官员，带去大明朝的一个后裔，叫做唐王，在浙江相邻的福建省立他为帝。这个王子要鲁王移交权力与他，因为鲁王只控制几个城，而且从皇室血统说比他疏远。但鲁王声称军队拥立他在先，并取得几次对鞑靼人的胜利。鞑靼人从这场内讧中得利。两王互不相让，也不联军抗击鞑靼。小鲁王只控制八城，赋入不足支付军饷，所以他不敢贸然渡江，仅勉力自卫。鞑靼人则奋力渡江，但不敢使用船只，因为鲁王拥有不少战船，还有从海上运来的许多门炮。不过鞑靼人有运气，克服了困难。这是因为碰巧那年比往年干旱，这条江往南流穿

① Martino Martini, *Bellum Tartaricum*, pp. 121-126；Alvaro Semedo, *The History of that Great and Renowned Monarchy of China*, pp. 281-282. 译文参考［西班牙］帕莱福等著，何高济译：《鞑靼征服中国史、鞑靼中国史、鞑靼战纪》，中华书局，2008 年，第 371—372 页。

过高山,水位大大降低。鞑靼人发现可用骑兵过江。那一带山峦崎岖,足可作为天然屏障。因而未曾设防,鞑靼人发现那里无兵把守。当地村民看见有二十骑过江,立刻通知守军,守军却纷纷逃走。鲁王本人离开绍兴,不敢留在大陆,乘船逃往宁波(Nimpus)城对面的舟山(Cheuxan)岛,一直安全住到现在,仍保留他的王位。这个岛以前一直仅是渔民和乡民的避难处,现在却成为一个富庶之邦,因为很多人为保卫神圣的头发,从大陆投奔鲁王。岛上现有七十个城镇,还有一支强大守军,他们迄今还轻视鞑靼军队。等待时机收复中国的土地。鞑靼人乘机把浙江省所有城市置于自己统治之下。①

卫匡国还写到了清军在浙江的金华、衢州、温州等地的战事。作为亲历者与见证人,卫匡国在《鞑靼战纪》中所记载的内容具有重要的史料文献价值。而刚刚经历了内战创伤的英国人在书中看到中国明清易代时的社会动荡,或许也能够产生共鸣。

总的来说,17世纪的这些英文译作中关于浙江的内容较少,主要还是作者关于中国各地概况介绍中的一部分,而且他们获取知识的主要来源还是来华耶稣会士的记载。以《荷兰东印度使团访华记》为例,在刚开始就对中国各省情况加以介绍,提到浙江省有11个大城市(Prime Cities),"所有这些城市都不亚于一些省份,因为首府杭州都适合打造成为一个王国。11座大城下辖63座小城,这些小城也同样下辖城镇和城堡。此外,在乡村也人口稠密"。这11个大城市分别是杭州(Hangcheu)、嘉兴(Kiahing)、湖州(Hucheu)、严州(Niencheu)、金华(Kinhoa)、衢州(Kincheu)、处州(Chucheu)、绍兴(Xaohing)、宁波(Ningpo)、台州(Taicheu)、温州(Vencheu)。又列举了浙江的人口、赋税、对外贸易的统计数据,等等。②

第11章"关于河流、湖泊、水道、陆路、桥梁和船舶"中说:

> 浙江省的河流来自北方,由人工挖掘所成,非常有用,就如同自然形成的一样。有些地方挖掘的宽阔水道一直通到乡村(country),而且两旁都铺了石块,可以想象人们是付出了多少的劳动和心血才能完成

---

① Martino Martini, *Bellum Tartaricum*, 1655, pp. 126-132; Alvaro Semedo, *The History of that Great and Renowned Monarchy of China*, 1655, pp. 283-284.

② Johannes Nieuhof, *An Embassy from the East-India Company of the United Provinces*, 1669, pp. 15-16.

如此浩大的工程，真是非常值得钦佩，也是最值得赞颂的。在水道上有许多巨大沉重的水闸，架着一些桥梁，方便走陆路或水路的旅客通行。

在浙江的第九座城市——宁波，每条人工运河的两边，长达几英里的道路都是用石头砌成的。每一条运河的尽头都有一座水闸，所有的船只必须通过水闸才能进入。

在绍兴城的郊外，有一条人工运河向东流，大约 3 天航程的水道两旁都是用砖砌成，用以防止泥土流失，淤积河道。①

在第 12 章"关于河流、瀑布、湖泊等"中介绍了浙江（或者说之江），文中这样写道：

在浙江省，有一条江流经主要城市杭州（Hangcheu），根据它的流向，有时被称为之（Che），或者叫钱塘（Cientang），在有些地方还被称作新安（Cingan）。农历八月十八，江水在这座城市前都会兴起大潮，这也让中国哲人们感到困惑，不知是何意义，或者是什么原因。因为在那一天，水位比一年中任何时候都要高。正是因为这一天如此有名，乃至于在四点钟时，全城都会赶到江边去观看精彩的场景。②

在第 15 章"关于根茎、药草、花朵、芦苇、树木和果实"中，讲到关于浙江蚕丝的故事，在杜赫德的著作中也有类似的记载：

浙江有几片桑林，人们每年都要去砍伐，目的是让它们不要长得太高大。因为根据经验发现，下层树木的叶子喂蚕后，蚕所吐出的丝是最好的。因此，只有通过这种方法。所有养蚕的人都非常清楚如何区分第一次吐出的丝和第二次的，因为第一次吐丝是软嫩叶子的产物，叶子在春天长出来，然后被蚕吃掉；但是蚕在吃了坚硬而结实的夏叶后则产出第二种丝，同样的食物在不同的时节使得这些小虫子的工作产生了巨大的差异。这个省的丝绸产量是如此巨大，十套丝绸可能比欧洲的

① Johannes Nieuhof, *An Embassy from the East-India Company of the United Provinces*, London, 1669, p.229.
② Johannes Nieuhof, *An Embassy from the East-India Company of the United Provinces*, London, 1669, p.238.类似的描述文字也出现在卫匡国的《中国新图志》之十《浙江省》"第一省会城市"中，纽霍夫应当是参考了卫著。参见[意]路易吉·布雷桑编著，姚建根译，王红霞校：《西方人眼里的杭州》，学林出版社，2010 年，第 144 页。

一块布料更便宜。①

又说在浙江有种极为高大的树木,80 个人也合抱不住,一根树枝最起码能在上面容纳 40 个人。

第 19 章"关于中国和鞑靼的最后一场战争,鞑靼占领了整个中华帝国"中讲述了清军占领绍兴,强制推行剃发令因而遭到当地民众强烈反抗的史事,②不过这件事,作者应当是从《鞑靼战纪》中获知的。

这样一些关于浙江的人文史地知识颇为有趣,想必也能吸引英国读者的兴趣。李明的《中国近事报道》也是英国人认识中国的一个重要文本,曾经风行一时。③ 17、18 世纪的欧洲,尤其是法国,对于中国的兴趣与日俱增。法王路易十四(Louis XIV,1643—1715)统治时期,法王对于工艺品为代表的中国物品尤为爱慕,这也诱发了其进一步同中华帝国进行直接接触与沟通的愿望。1685 年 3 月,路易十四派遣法籍耶稣会士洪若翰(Jean de Fontaney,1643—1710)、白晋(Joachim Bouvet,1656—1730)、李明(Louis Le Comte,1655—1728)、张诚(Francois Gerbillon,1654—1707)、刘应(Claude Visdelou,1656—1737)和塔查尔(Guy Tachard,1648—1712)六人赴华,一行人于次年 9 月到达暹罗,并在那里居住 9 个月。塔查尔中途返回法国,其余五人于 1687 年 6 月 17 日搭乘广东商人王华士的船来华。为不落入葡萄牙人手中,他们避开经由澳门进入中国内地的习惯路线,直接驶往中国东部的港口宁波,并于 7 月 23 日在此地登陆。五名享有"国王数学家"身份的耶稣会士来华,后又成为路易十四派驻康熙宫廷的科学使臣,这可以说是中法外交关系的开端,而他们入华的第一站便是宁波。因为需要等待康熙的谕旨,五名耶稣会士只能暂居宁波。李明在他的《中国近事报道》里详细讲述了一行人在宁波长达数月的经历。宁波是他们了解中国的第一扇窗:

经过长时间的在礁石之间持续穿行之后,我们终于发现了一个名为定海的小城,意思是能够镇伏大海的城市。它位于一条江的入海口

① Johannes Nieuhof, *An Embassy from the East-India Company of the United Provinces*, 1669, p. 254.

② Johannes Nieuhof, *An Embassy from the East-India Company of the United Provinces*, 1669, pp. 314-315.

③ 直到 1735 年,英国《君子杂志》还评论说,英国人对那些不学无术的游历家在中国沿海口岸停留不到一两个月就写的无数报道一概接受,产生了上千个错误观念,比较可取的还是李明神父的《中国近事报道》。参见范存忠:《中国文化在启蒙时期的英国》,译林出版社,2010 年,第 66 页。

处,我们在涨潮时进入该江,并在上游三法里靠近宁波(Nimpo)的地方抛锚,这正是我们旅程的终点站。我们经历了一个又一个的危险,极端的酷热、饥饿、干渴以及船上的种种不适,经过三十六个日日夜夜的艰苦航行,终于到达宁波了。

当第一次看到我们多年来希望带给它福音光明的那片土地时,内心确有一种心潮澎湃的欢欣。……然而,尽管我们已经离宁波城咫尺之遥,但想要进城却并非易事。中国是一个手续繁琐的国家。所有的外国人,尤其是法国人,在这里都需要有足够的耐心。船长认为必须把我们藏匿起来,于是,将我们安置在船的底舱中。但此处的温度随着船接近陆地而陡升,还有其他多种多样的不便,这简直让我们陷入筋疲力尽当中。尽管我们采取了小心谨慎的措施,但最终还是被发现了:一位海关人员注意到我们。在对船只所载货物进行一番清点之后,他留下一个看守就离开我们去向上司报告。他的上司是由朝廷直接派遣的,因此在省里颇受尊重。这位官员下令将我们带到其衙门,那里有他的助手和许多下级官吏。数不清的百姓等着我们,他们希望看到欧洲人的那股子兴趣,比我们在这里看到中国人的好奇心更加强烈。我们一被带进衙门大堂,就有人提醒我们要下跪,行九叩首的礼,依照当地习惯向坐在首位的官员磕头。他在这种情况下就代表着皇帝。官员的表情非常严肃,让人心生畏惧。在我们看到其周围如同古罗马刀斧手一般的差役,更增加了自己的恐惧心情。差役中有些人手执镣铐棍棒,随时准备捆绑或鞭笞官员希望惩治的人。向其行礼之后,他问我们是何许人,来中国想做什么。

我们通过通事说:"老爷,我们在欧洲就听说,我们的一些兄弟,尤其是南怀仁神父为宣扬宗教的圣洁和真理,在中国工作得很出色。同样的热情使我们以他为榜样。……希望能好心地容纳我们。"……那位官员对我们说,皇上的确特别器重南怀仁神父,整个朝廷上下都了解其功绩,至于他本人,也愿意帮助我们。但他接着说:"我必须先向知府通报此事,一起研究看能为各位做些什么。但是你们现在得先回船上去,我会派人告知我们的决定。"几天后,在该城内外指挥一万五千至两万人的国民卫队将军(应当是指浙江提督——译者注)表示乐意接见我们,而且非常客气地招待了我们。他又派一名军官到知府那里,请知府友好地接待我们,并向其担保,我们也是非常诚实的人。知府表示理解,但是却说在为我们的事召集全城重要官员协商之前,他不会做任何决定。我们只得被迫再次回到船上。此时,这艘船对我们来说就如同是一座森严的监狱。①

浙江地方官员将"国王数学家"来华的情况汇报到北京,等待裁决。同时允许五名耶稣会士上岸,暂居宁波。不过当时浙江巡抚金鋐的态度并不太友好,李明说:"巡抚认为允许我们离船是错误的,决定将我们遣返。他给宁波知府写了一封措词严厉的威胁信。同时,也向在北京负责外国事务,且一直以反对基督教著称的一个大衙门(指礼部——译者注)报告我们的到来。尽管我们向他陈述了来中国的真实意图,但他在信中谈及我们时,却不怀好意地只是提五个欧洲人出于好奇或兴趣,无视法律,企图在浙江定居。于是这个衙门决定把我们驱逐出境,并依照惯例向皇帝呈送了决定,以便得到皇帝的确认。"洪若翰也赶紧写信告知北京的南怀仁和驻在杭州的耶稣会士殷铎泽,请求援助。

在等待康熙谕旨的日子里,李明认为:"在宁波的长时间停留使我们有机会认识中国,特别是对中国的官员有所了解。有些官员给我们送礼,另一些人请我们吃饭,所有的人都表示对我们特别尊重。"他们还通过殷铎泽向浙江的官员赠送望远镜和钟表等物,以示友好。李明对于宁波城的感观是这样的:

中国的第四个港口是宁波,位于该国的最东部海岸,就是我们停泊靠岸的港口。进入该港口是十分困难的,大船无法驶入。因为入口处有沙洲,即使是在大潮时,水深也不足十五法尺。但那里却从事大规模的交易,中国人从宁波出发,可以在很短的时间里到达日本长崎,只有两天的航程。他们运去丝绸、白糖、药材和白酒,并从那里换回铜、金、银。

宁波属第一类城市,其规模在过去很大。由于近期的战争,它已几乎被毁成废墟了。特别是由于中国海盗郑成功(国姓爷)助明抗清,使清政府于1662年决定从山东到广东沿海"靖边"。该城现在总是又能恢复过来。城墙处于完好状态,城区和郊区人口众多,驻军也不少。人们在大街上还可以看到大批古建筑,人称凯旋门。(中国人称之为牌坊或牌楼——作者自注)这在中国是司空见惯的。……②

---

① [法]李明著,郭强等译:《中国近事报道》,大象出版社,2004年,第28—31页。
② [法]李明著,郭强等译:《中国近事报道》,大象出版社,2004年,第95页。

李明的这段在宁波的经历和观察,相对于其他欧洲旅行家来说是独一无二的。经过南怀仁的积极斡旋,1687 年 11 月 2 日,李明等人接到了康熙帝命他们进京的谕旨:"洪若等五人内有通历法者亦未可定,着起送来京候用,其不用者,听其随便居住。"五人在地方官员的护送下,于 11 月 26 日从宁波启程先至杭州,在这里受到了礼遇。李明对杭州的评价极高,这其实也是延续了中世纪以来对于"行在"的美好印象,他写道:

> 浙江省首府杭州,也是帝国最富有、最大的城市之一。中国人认为其城周长有四法里。我认为他们的计算与实际相差不大。街道上行人与巴黎的一样多;另外,由于城市近郊广大,不计其数的船只在运河上航行,覆盖了水面。我不认为该城人口少于欧洲最大的城市。驻军一万人,其中三千人是汉军。杭州的运河水并不美,街道狭窄,不过商店看上去倒很清洁,商人被视为豪富之人。
>
> 杭州城东面濒临大海,有一条宽约 1 公里的河流在此注入大海。实际上,这条河并不长,只需要向上游走一段路就会发现这里不过是一条无用的山水,穿行在无数的山石间。在西边,杭州紧靠着一个大水塘,其周边最多不过二法里。湖水清澈见底,湖并不深,但足以承载中国人驾着如水上旅店般的大船游弋其上。富家子弟在船上大吃大喝,或玩乐。乘船游玩后,他们一般会登上一座湖心的小岛。中国人在岛上建了一座寺庙和其他供消遣的房屋。游记的记载将这个湖描写成一个迷人的地方。我读到说整个岸边都是华美的建筑物和宏伟的宫殿。这可能已为陈迹,但如果所写确系如此,则人们必须把这一切从记忆中消除。因此,如今已见不到任何往昔的繁华。如果只是因为人们把那些中国常见的木房子、柴泥房子也划在宫殿之列的话,那么,用不着岁月侵蚀,这些房子自己也会倒塌。再说,杭州城即使不以它的华丽建筑而著称,它的城市也值得注意。由于惊人的人口数量,四通八达的运河交通,以及世界上最美丽的丝绸的贸易,让杭州成为了帝国最美妙的地方之一。①

此后,路易十四的"国王数学家"又在杭州乘船沿京杭大运河抵达扬州,再改走陆路,于 1688 年 2 月到达北京,这也正式开启了中法科学交流的序幕。

---

① ［法］李明著,郭强等译:《中国近事报道》,大象出版社,2004 年,第 92—93 页。

　　上述内容,大概就是 16—17 世纪的英国人所能获得的关于浙江的信息了,其中有实地探访者所介绍的浙江人文史地知识,有同时代发生在浙江的重要事件,也有东方旅行者绘声绘色的夸张故事。但不论如何,传奇与事实的双重交汇可能更加增添了中国的魅力,吸引英国人的注意。

　　进入 18 世纪之后,大英帝国开始逐渐崛起,国内政治稳定、经济繁荣,率先走上了现代化之路,同时产生了一个庞大的中产阶级,他们有较多闲暇的时间来进行消遣,而阅读是一种很好的选择,那些讲述欧洲人在遥远而又神秘的东方(中国)的游记不仅是有趣的文本,同时也是文学家们进行创作的材料来源。

　　一些迎合普通人口味的游记选集进入到英国人的视野当中。本世纪最早的一部游记选集是 1704 年丘吉尔兄弟(Awnsham & John Churchill)合编的《航海记与旅行记选集》(A Collection of Voyages and Travels)。该书最初是四卷本,辑录、摘选了一些 17 世纪关于中国的重要作品,书中还配有地图和版画,可读性和趣味性都较强。① 比如第一卷收录的首部作品是闵明我《关于中华帝国的记述》,该书堪称 17 世纪欧洲关于中国最丰富、全面、独到的著作之一,篇幅宏大,分为 7 篇,将中国方方面面的情况都详实地展现给欧洲读者。作者曾在清初活跃于福建、浙江等地,所以书中第 13 章专述他本人在浙江的经历(My journey to Che Kiang, and stay there till the persecution);第 33 章是作者为卫匡国《鞑靼战纪》一书做的评注(Notes upon F. Martin Martinez bis Treatise de Bello Tartarico),也是前 6 篇的最后一章;第 7 篇是文献汇编,有关"礼仪之争"问题罗马教会发布的裁定与通谕。第二卷收录纽霍夫《荷兰东印度公司使团访华记》(Mr. John Nieuhoff's remarkable Voyages and Travels into Brazil, and the best Parts of the East-Indies),还有两部使华行记的简要记述。② 第四卷还有

---

① 1732 年再版时又增至六卷;1744—1746 年出版了第三版;1748 年将托马斯·奥斯本(Thomas Osborne)编辑的两卷本《航海记与旅行记选集》增补为第七、八卷;1752 年出版了第一—六卷,是为第四版。

② 1654 年至 1656 年间,沙皇阿列克谢米哈伊洛维奇(1629—1676)派遣以费尔多·伊斯科维奇·巴伊科夫(Feodor Iskowitz Backhoff)为首的使团来华;1653 年,扎卡赖亚斯·维根涅尔(Zacharias Wagenaer,1614—1668)率领荷兰东印度使团到广州希望中国打开贸易大门但也失败。两位使节都留有讲述访华经历的作品。尤其值得一提的是,俄国使团此来最先遇到了叩头这一礼仪难题。清廷要求巴伊科夫等人觐见顺治皇帝时必须行叩头礼,但被俄使婉拒,最后未能见到皇帝被礼送出京。而 1656 年,又一个荷兰东印度公司的使团到达北京,却从一开始就答应顺从叩头仪节,觐见了顺治。此次使得荷兰成功登上大清的正式朝贡名单,清廷允准荷兰国每八年一贡,乾隆五十九年(1794)加推恩典,准其五年一贡。

意大利那不勒斯旅行家热梅利·卡勒里（Giovanni Francesco Gemelli Careri）①的《环球航海记》中涉及中国的内容。

1705年，约翰·哈里斯（John Harris，1667？—1719）出版了两卷本的《航海和旅行记全集》（*Navigantium atque Itinerantium Bibliotheca，or，A complete collection of voyages and travels*），书中也收录了与中国相关的丰富内容，包括：鲁布鲁克的威廉旅行记，菲利普·阿弗里尔游记选文，托马斯·赫伯特旅行记选文，李明的《中国近事报道》，安文思的《中国新史》，伊丽莎白一世时期航海家寻找通往中国的西北、东北、北极通道的日志与纪行，欧陆国家访华使团记录，荷兰人有关台湾的介绍，等等。书中提到了《曼德维尔爵士游记》，但并没有收录。②

可以看出，上述两部选集的共同特点是，编者希望向读者们展示的是靠近他那个时代的欧洲人前往中国的旅行和探索以及获得的经验与知识。中世纪的相关资料或许是因为在英国已经获得了相当的流行度，又或是因为这些游记知识过于陈旧，无法满足当时人们对东方世界真实性知识的渴望和理性探索，故而受到冷落。

1708年至1710年间，约翰·史蒂芬（John Stevens）选编的《新航海、旅行记选集》（*A New Collection of Voyages and Travels，Into Several Parts of the World，none of them ever before Printed in English. 7 parts*）③收录了欧洲人在东印度航行和活动的作品，其中还包括英国海盗航海家威廉·丹皮尔（William Dampier，1651—1715）的环球游记。这是目前已知英国本土作者有关中国的真实游记最早一次被收入英国游记选集中。

1735年，法国出版了一部关于中国的百科全书式的著作，题名为《中华帝国全志》，全名为《中华帝国及其所属鞑靼地区的地理、历史、编年、政治和博物之记述》，该书被誉为"法国汉学三大奠基作之一"④。作者是法国神父杜赫德（Jean-Baptiste Du Halde，1674—1743），他虽然终身未到中国，但由于曾经负责编纂《耶稣会士书简集》，掌握了大量关于中国的一手资料。虽然他的书在内容上部分取材《耶稣会士书简集》，但他将各种纷乱杂陈的原始资料重新编排整理，使之成为一个完整的具有逻辑性的体系，对中国的历史、文化、风俗人情都做了比较翔实可信的介绍。全书共分四卷，第一卷是

①　此人于1693—1699年间环游世界，其游记对东南亚地区、广州、澳门都有所记述。

②　编者认为无需再多提他的东方旅行事迹，因为其撰写的游记还存世。

③　由伦敦出版商 James Knapton 出版，1711年又再版，为两卷本。

④　计翔翔：《西方早期汉学试析》，《浙江大学学报（人文社会科学版）》，2002年第1期。

有关中国的史地概况,包括地理方位、行政区划、自夏朝至清朝历代王朝的更替和大事记;第二卷讲述中国的政治、军事、司法制度、经济结构、城市建筑、工匠技艺、礼仪风俗、语言文字、教育、科举制度等社会生活的方方面面;第三卷介绍中国的宗教、哲学、音乐、文学、戏剧、医药、博物等内容;第四卷是对中国的少数民族和周边国家的研究与介绍。① 该书一经出版就轰动了欧洲,伏尔泰在《路易十四时代》里称该书是"由一位从未离开过巴黎的人所编著的目前为止关于中国的最好的书"。②

英国出版家在当年就已开始关注该书,并准备将它译成英文。爱德华·凯夫(Edward Cave)和约翰·瓦茨(John Watts)分别组织翻译、出版工作,结果瓦茨的节译本率先完成,由布鲁克斯(R. Brookes)翻译,于 1736 年刊行,书名《中国通史》(*The General History of China*),共分四卷,在英国颇为畅销,1741 年已经印至第三版修订本。凯夫的全译本分别在 1738 年和 1741 年分两卷印好,题名为《中国通志》(*A Description of the Empire of China and Chinese-Tartary*)。18 世纪的英国作家在自己的作品涉及中国内容时,大多会参考《中华帝国全志》和《中国近事报道》。

《中华帝国全志》中关于浙江的内容较为丰富,仅以节译的《中国通史》为例,在第一卷的分省介绍里,评价浙江(Tche kiang)是中华帝国最富庶、商贸最发达的省份之一,居民性情和蔼可亲、机智聪慧、彬彬有礼。又分别介绍了各府:第一城,首府,杭州府(Hang tcheou fou);第二城,嘉兴府(Kia hing fou);第三城,湖州府(Hou tcheou fou);第四城,宁波府(Ning po fou);第五城,绍兴府(Chao hing fou);第六城,台州府(Tai tcheou fou);第七城,金华府(Kin hoa fou);第八城,温州府(Kia tcheou fou);第九城,严州府(Yen tcheou fou)和 Men tcheou fou;第十城,衢州府(Quen tcheou fou);第十一城,处州府(Tchu tcheou fou)。③ 各府的内容有多有少,其中以宁波的介绍最为丰富,杭州次之,可见西方人对于这两城比较熟悉。在宁波一节的末尾还特意提到了舟山(Tcheo chan),说该岛离宁波有 18—20 里格,港口很好但是贸易空间不大。英国人第一次登岛是因为在浙江海面的岛屿中找不到通往宁波的航路,偶然间发现了该岛。④

---

① 邹雅艳:《13—18 世纪西方中国形象演变》,南京大学出版社,2016 年,第 190—191 页。

② Adrian Hsia, *The Vision of China in the English Literature of the Seventeenth and Eighteenth Centuries*, 2014, p. 121.

③ Jean-Baptiste Du Halde, *The General History of China*, 1736, pp. 191-203.

④ Jean-Baptiste Du Halde, *The General History of China*, 1736, p. 199.

在第一卷里还收录了五名"国王数学家"从宁波到北京的行程纪事,题名是《白晋、洪若翰、张诚、李明、刘应从宁波港到北京的行程纪事》,内容翔实,均出自当事者的日记。在浙江部分讲述了五人自 1687 年 11 月 26 日从宁波(Ning po)出发,一路乘船,经绍兴(Chao hing)过钱塘江,抵达杭州(Hang tcheou),在稍作停顿并受到当地官员接见后,又从这里走京杭大运河北上经嘉兴等地,又进入江苏。纪事文字平实,不仅对一路上所见之事物进行客观描述,也注意介绍一些当地的特色,比如宁波附近的乌桕树(tallow tree)、杭州的西湖(Si hou)等等。①

1745 年至 1747 年间,约翰·格林(John Green)编译了一套四卷本的《新航海、旅行记选集》(A New General Collection of Voyages and Travels),主要收录的是大航海时代以来西方人在非洲和亚洲的旅行记、日志和航海记,特别是还包括了英国人前往东印度探险的原创真实游记,书中配有大量的地图和版画。关于中国的部分主要集中在第三卷和第四卷,选集重点整理编排了 17、18 世纪欧洲外交使节和来华传教士的作品,对于中世纪的游记只选了最经典的几部,对于少量来华英国旅行者的记载几无关注。第三卷收录 1655 年至 1722 年间欧洲人的几部旅华游记,包括荷兰东印度公司 1662 年由杨·范·甘沛(Jan Van Kampen)和康斯坦丁·诺贝尔(Constantine Noble,中文史籍里作:老磨军士丹镇)领队出使福建和 1663 年彼得·凡·虹恩(Pieter Van Hoorn,又译作范胡伦)领队第三次出使中国的记录,闵明我、白晋、洪若翰、宋君荣、热梅利·卡勒里等人的游记,俄国分别于 1693 年和 1717 年派出的雅兰布使团和朗格使团的赴华游记,②1720 年罗马教宗特使嘉乐的侍从兼告解司铎费尼亚(P. Viani)的《嘉乐来朝日记》英译本,③第 8 章题为《1687 年五名法国耶稣会士从宁波府到北京的游记》(The Travels of five French Jesuits from Ning-po fu to Pe-king, in 1687)。第四卷整理编辑了多部欧洲人关于中国的著名作品,比如金尼阁、利玛窦的《基督教远征中国史》,曾德昭(又名谢务禄)的《大中国志》以及卫匡国和安文思的著作,④但并非简单收录英文译本,而是按照主题分类摘录。在第 3 篇中收录了柏朗嘉宾、鲁布鲁克的威廉、马可·波罗这几位中世

① Jean-Baptiste Du Halde, *The General History of China*, 1736, pp.72-78.
② *The Travels of Everard Isbrand Ides, the Russian Ambassador, in China*, 1693 和 *The Travels of Laurence Lange, the Russian Envoy, in China*, 1717.
③ 原书为意大利文,此为该书首个英译本。
④ 杜赫德《中华帝国全志》里的那些耶稣会士的游记为编者编写中国的内容提供了丰富的素材。

纪著名东方旅行者的著作,伊斯兰教征服者帖木儿之子沙阿·罗赫(Shah Rokh)于1419年派至明朝使团的记录,①法国耶稣会士张诚的在华游记,等等。该套选集由伦敦著名的游记出版商托马斯·艾斯利(Thomas Astley)出版,他希望能够在珀切斯、约翰·哈里斯、丘吉尔兄弟等人出版的同类型选集中有所突破,事实上他也做到了,艾斯利出版的游记合集在当时很受欢迎,还被译成德文和法文。

在18世纪下半叶,英国人编纂的航海记、旅行记选集中,一般说来,只要是与亚洲相关的,都或多或少会有涉及中国的内容,这其实也表明这一时期的中国对西方人来说,越来越成为一个客观真实的存在,关于她的资料愈发的充实丰富,作为东方的重要组成部分,已经无法被忽视,所以才会出现"言必称中国"的情况。②

17—18世纪,已经有少数英国航海探险家来到中国沿海,对于这个国家和她的人民有了更加直观具体的印象,并且留下了宝贵的游记、日志、航海记等作品,为我们理解那个时代英国人的中国观提供了很好的研究素材。比较具有影响力的有以下几种:

彼得·芒迪(Peter Mundy,约1596—1667)的《彼得·芒迪欧亚旅行记:1608—1677》(*The Travels of Peter Mundy*,*In Europe and Asia*,1608—1667)。③ 芒迪是商人和旅行作家,早年间在欧洲、印度等地旅行和经商。他后来参加英国科腾商团组织的远洋航行,于1637随威德尔船长一同抵达广州,负责调查广州的商业贸易,不过并未进入羊城,仅在珠江沿岸的村庄逗留过,虽然此次航行未达目的,但芒迪详细记载了他的这次中国之行,并留下不少素描画,这些关于中国的内容都收录在旅行记中的第三卷第一部分(Vol. Ⅲ,Part1:Travels in England,Western India,Achin,Macao,and the Canton River,1634—1637)。旅行记中除了作者对于广州、澳门等地人文风俗的观察外,还记载了威德尔舰队闯入珠江后与明军之间发生冲突的详情。他对中国基本上抱有一种赞美的态度,认为中国有"古老的传统、辽阔的疆域、丰富的物产、富足健康的生活。总体上看,其生产技

---

① 该作品本为波斯文,后译成法文,据说这是首次被译成英文。

② 叶向阳在其著作中还列举了18世纪下半叶英国出版的多部涉华旅行选集,他认为这一时期是英国游记文学的繁荣期,又恰好与英国的"中国热"鼎盛期同步,故而在选集中占有重要地位的中国游记对英国的"中国热"起到了推波助澜的作用。参见叶向阳:《英国17、18世纪旅华游记研究》,外语教学与研究出版社,2013年,第218—220页。

③ 虽然作者的游记写于17世纪,但是被整理出版却是在20世纪初,编者是英国东方学家坦普尔爵士(Sir Richard Carnac Temple,1850—1931)。

艺与治国之术在世界上是其他任何国家所无法媲美的"。值得一提的是,芒迪还被认为是第一位记录中国人喝茶的英国人。

　　威廉·丹皮尔(William Dampier,1651—1715)的《新环球航行记》(*A New Voyage Round the World*,1697),该书是 18 世纪前英国出版的唯一一部有关中国的真实游记。作者丹皮尔是一位航海家,同时也是一名海盗,曾三次环游世界。也正是丹皮尔的环球航行激发了笛福(Daniel Defoe)创作出《鲁滨孙漂流记》(*Robinson Crusoe*)①和斯威夫特(Jonathan Swift)创作出《格列佛游记》(*Gulliver's Travels*),笛福在 1730 年还出版了一本与丹皮尔的著作同名的《新环球航行记》,里面也有不少关于中国的内容,体现了作者的对华认识。而斯威夫特甚至将其小说中的人物取名为丹皮尔。1683年,丹皮尔横渡太平洋,到过东南亚的苏门答腊、马六甲,中国的台湾、广东附近岛屿以及澳大利亚等地,回到英国后出版了《新环球游记》②,记述作者于 1679 年至 1691 年间的海外冒险经历。全书有 20 章,关于中国的内容集中在第 15 章,讲述了 1687 年 6、7 月间丹皮尔在广东的上川岛、台湾澎湖列岛等地的游历经过。作者以上川岛上的居民作为观察对象和典型代表,介绍了他眼中的中国人形象和他们的性格特点、宗教信仰、风俗习惯、生产方式、居住环境等等;在澎湖列岛,地方官员两次登船询问情况,双方进行了友好交涉,甚至互赠了礼物。游记的一个重要特点是,作者并不就事论事,甚至显得有些随心所欲。他本是介绍上川岛的居民,但又延展开来,讨论中国的物产,比如被称为"中国根"(Chinese Root)的药材;又提到 Tea 在中国被大量出口,但也在当地普遍饮用,被称为"茶"(Chau)。在东南亚地区,茶是普通饮品,连最穷的人都能喝上一杯,不过就他个人体验来说,品质上没有中国的优良。③ 他还提到中国女人裹小脚、男人被迫剃发,等等。这种写法或许有些"跑题",但却使得作者能够尽可能全面地展现出他所了解到的中国情况。从作者的行文中看不到海盗的暴戾,反而透露出博物学者追求真实知识的执着精神和科学主义的态度。一百多年以后,年轻的英国博物学

————————————

① 在 1708—1711 年的环球航行中,丹皮尔在智利附近一个荒岛上,救助了一名身着羊皮的野人,这位名叫亚历山大·塞尔柯克(Alexander Selkirk)的苏格兰人就是《鲁滨孙漂流记》主人公的原型。

② 该书应当有好几个版本,据载首版为 1697 年。笔者目前只见到 1699 年至 1703 年间,出版的一套三卷本的航海记,题名分别为:第一卷,《新环球航行记》(*A New Voyage Round the World*)(1699 年);第二卷,《游记和描述》(*Voyages and Descriptions*)(1699 年);第三卷,《新荷兰游记》(*A Voyage to New Holland, &c. in the Year*,1699)(1703 年)。

③ William Dampier, *A New Voyages Round the World*,1697,p. 409.

者达尔文(Charles Darwin)登上皇家海军舰船"小猎犬号"(Beagle)出发,开始了他为时五年的科学考察之旅,而他随身带着的就是丹皮尔的航海记。

1727年,亚历山大·汉密尔顿(Alexander Hamilton)的《新东印度纪事》(A New Account of the East Indies)在苏格兰爱丁堡第一次出版,分为两卷,讲述其于1688年至1723年间从非洲的好望角往东至日本之间各地的航行和经商的经历。汉密尔顿可能是那个时代有记载的来华旅行次数最多的英国人,曾于1693、1697、1700、1703—1704年四度来华,在东南沿海的广州、澳门、厦门等地逗留,主要在厦门附近活动。① 书中关于中国的部分集中在第二卷,作者观察中国的主要坐标是在厦门、广州和澳门,也涉及东部沿海的一些地方,不过他的描述对象却是整个中国,所以在书中关于中国的第一章标题就是"有关中国的宗教、法律、风俗、商业、财富、城市、庙宇、神祇、僧侣、军事力量、物产和制造等的描述"。以本人旅行之有限经验为依据来总结提炼中国和中国人的一些普遍性特征确实是有"以偏概全"之嫌,不过用这种方式所创作的关于中国的著作直至晚清都层出不穷。

书中关于浙江的介绍主要是在第53章"讲述中国的珍稀物种和皇帝的税收和公共支出"。作者提到,浙江(Chequiam)的主要城市是宁波(Limpoa),有些人也将其称作Nimpoa,还有些人称其为Ning poo。宁波是一座大城市,这里开展着大型的贸易活动,葡萄牙人也曾在此居住。② 关于Limpoa(又写作Liampo)的问题,众说纷纭,但在汉密尔顿眼中,Limpoa就是宁波这座港口城市,但从其后描述的故事来看,实是指葡人所占据之双屿,位置约在"佛肚山与六横之间"③。文中这样介绍葡萄牙人占据双屿岛,又被驱逐的事情:

> 尽管中国人是他们自己国家的主人,但是海上来的葡萄牙人,据说有1000户家庭却定居在宁波,并在这里实行他们本国的法律。他们通过中国和日本进行贸易,用船将货物运到印度和中国,这让他们暴富起来,但也由此而变得奢侈放纵。最后导致他们被从宁波驱逐。
>
> 他们(指葡萄牙人——笔者注)开始强夺妇女,常常跑到乡间,采用

---

① 汉密尔顿是一位苏格兰商人,在1688—1725年间,他主要活动于印度洋和南中国海,最初作为东印度公司的编外海员,后来成为一名"私商"(private trader),从事对好望角以东东印度地区的贸易。

② Alexander Hamilton, *A New Account of the East Indies*, 1727, p. 283.

③ 此为方豪的看法,认为Liampo位于佛肚山(今佛渡岛)与六横岛之间。

暴力手段将年轻的少女从她们父母身边掠走,肆意蹂躏这些少女之后,又将她们送回去。虽然有很多对于葡萄牙人的控告,但却没有采取任何补救措施。最后,当一批少女猎手到乡下作恶时,受到当地农民的攻击,所有人都被杀掉。

这场大屠杀让葡萄牙人疾声抱怨,要求伸张正义、惩罚农民。但农民也同样对葡萄牙人加以控诉,并希望将案件交给皇帝审理。而皇帝真的这样做了,命令葡萄牙人清理他们犯下的罪行,但葡萄牙人没能这样做,因此就被驱逐出宁波。①

葡萄牙人所占双屿岛的被毁原因有好几个版本,16 世纪葡萄牙人克路士和平托都有详细的记述。克路士说葡人与中国海盗勾结在附近大肆劫掠,引起公愤,被明朝军队打败赶走;平托的说法前面已述。可以看出,汉密尔顿讲述的是另一个新版本。虽然三个版本内容不同,但是叙事内核都是简单一致的,即葡人行为不端激怒中国人而被赶走。

物产方面,文中提到,所有的省份都出产丰富的茶叶,但唯独南京(江苏)和浙江所产品质最佳。作者还听传教士说在离宁波不远的地方曾看到一种树,其所结出的果实外壳极为坚硬,但内有肥浆,在空气中曝露一段时间就成为品质上佳的白色油漆,使用广泛,而且不会弄脏手和衣物。②

作者又结合明末清初的史事以及英人在华贸易介绍了舟山:

中国沿海有许多岛屿,但大多无关紧要,除了这座位于宁波出海口的舟山岛(the Island Chusan)。它第一次出名是在鞑靼战争期间,当时有许多汉族大人物携家带口逃到岛上,以为在那里找到了安静的隐居之所。但是他们想错了,厦门的国姓爷(Coxinga,指郑成功——笔者注)和鞑靼人不断地在那里交战,互相骚扰。直到一群鞑靼人的守军在岛上驻扎,才又恢复了法律秩序。

1700 年,新英国东印度公司的那位之前提到的 Allan Catchpole 先生在舟山设立了商馆(factory),不过由于鞑靼官员的反对以及公司忽视未能运来足够的钱进行贸易,Catchpole 先生只能在 1703 年初将商

---

① Alexander Hamilton,*A New Account of the East Indies*,1727,pp. 283-284.
② Alexander Hamilton,*A New Account of the East Indies*,1727,p. 288.

馆搬离到以前关注过的昆仑岛(Pullo-condore)。①

1711 年,洛克耶(Charles Lockyer)的《在印度贸易纪事》(*An Account of the Trade in India*)出版。此人于 1704 年随伦敦公司(London Company)商船来到远东,一段时间后,商船从昆仑岛(位于今天的越南)的补给站出发,前赴广州。8 月 7 日,船抵澳门;18 日赴黄埔;9 月 8 日在广州开展贸易,直至同年 12 月回程。洛克耶在中国逗留了约 4 个月的时间,在他的书中,有不少关于中外贸易的数据资料,比如广州一口的货物价格;也有与中国的行商、通事、下级官员等人打交道的描述;还有外国人在华做生意的经验总结。这些资料其实对于研究当时中外贸易具有重要的史料价值,但普通的英国读者或许不一定会感兴趣。

1748 年,《安逊环球航行记》(*A Voyage Round the World*,*in the Years* MDCCXL,Ⅰ,Ⅱ,Ⅲ,Ⅳ. *By George Anson*,*Esq*)②出版,该书在英国受到普遍欢迎,到 1790 年已经有九个版本。此外,还被多部英国编纂的游记选集收录,启蒙运动时期的思想巨擘伏尔泰、孟德斯鸠等人都引用过其中有关中国的内容,成为 18 世纪欧洲人理解现实中国的一个重要文本。航行记的主人公乔治·安逊(下文简称安逊)是英国皇家海军将领,在"詹金斯的耳朵战争"(War of Jenkins' Ear,1739—1748)期间,他于 1740 年率领一支舰队袭击南美的西班牙属地,却遭遇一系列的灾难,最后乘坐仅剩的一只船"百总号"(Centurion)越过太平洋,在菲律宾附近俘获西班牙运送财宝的商船 Nuestra Señora de Covadonga,船上有 1313843 枚西班牙银元。他将财宝在广州卖掉,获利 40 万英镑。而"百总号"也是进入中国水域的第一艘英国皇家海军军舰。安逊于 1744 年 6 月 15 日返抵英国,此后还两度出任海军大臣。这部航海记是"百总号"随船牧师理查德·沃特(Richard Walter,1717—1785)根据安逊的手稿记录整理而成,并由其授权而出版。全书共 35 章,其中关于中国的部分篇幅不大,仅 4 章,但却具有非同凡响的意义。虽然安逊主要在广东沿海活动,接触的也不过是当地的贩夫走卒、商人通事和下级官吏,但他却从具体事例出发,以小见大,从而生发出对于中国国民劣根性的认识和批判,也猛烈抨击中国政府腐败,这在 17—18 世纪英国旅华游记中是极少见的,可以说是第一部对于中国持完全批判态度的游记,给

---

① Alexander Hamilton,*A New Account of the East Indies*,1727,p. 298. Pullo-condore 一般写作 Pulo Condore。

② 该书的全称应该是:《乔治·安逊阁下在 1740,41,42,43,44 年的环球航行记》。

当时英国乃至欧洲的中国文化仰慕者和"中国热"都浇了一盆冷水,也给批评中国的人提供了难得的材料。① 比如,该书传入法国后,当时为中国和中国人辩护的似乎只有伏尔泰一人。他在《风俗论》和《路易十五简史》里批判安逊等人的观点,说光在一个港口看了一些人和事,怎么能对一个伟大的国家这样放言高论呢?②

不论安逊传递的中国形象是否客观真实,但毕竟从他开始,英国作为欧洲有关中国形象的被动接受者和受传播者的地位发生转变,开始主动参与欧洲中国形象的塑造,对于西方同时代及后世的中国观影响巨大。

苏格兰医生贝尔(John Bell,1691—1780)于1714年来到俄国圣彼得堡。1715—1718年,随新任俄国驻波斯大使阿尔特米·沃伦斯基(Artemy Volynsky)使团前往西亚。此后四年又参加俄国赴华使团,担任随团医生(medical attendant)。从1720年9月至1721年3月,使团在华近半年时间,其中在北京居停三个半月。贝尔在行程中坚持记日记,不过在当时并没有出版,而是等到四十多年之后的1763年,才在格拉斯哥刊印,书名为《从俄国圣彼得堡到亚洲各地的旅行记》(*Travels from St. Petersburg in Russia to various parts of Asia*)。③ 游记主要是关于作者在中国北方的旅行经历和对沿途自然与人文景观的描述,尤其难得的是对北京城的风貌和城中形形色色的人物的细致观察,自中世纪以来,英国极少有旅行者能够如贝尔一样有机会到中国的首都一探究竟。该书出版后在英国也受到欢迎,1767年约翰·诺克斯(John Knox,1720—1790)出版的七卷本《航行记、发现和旅行记新选集》(*A New Collection of Voyages, Discoveries, and Travels*)也收录了该游记和《安逊环球航海记》。英国政府在筹划派遣首个官方来华使团——卡思卡特使团一事上也受到贝尔游记的激励,他们了解到贝尔"在1719、1720、1721年跟随沙皇彼得一世的一位特使往见中国皇帝,皇帝当即准予俄罗斯商人在北京城内建立一座商馆,而且可以推测仍然继续给从俄罗斯领土继续前往的商队以便利和保护"。英国人得出结论:"皇帝本人是可以接近的,北京接待外国人是有礼的,该处对于鼓励对外贸易的政策是有认识的。"④

还有一点值得注意的是,这一时期无论是航海记、游记的汇编选集,还

---

① 叶向阳:《英国17、18世纪旅华游记研究》,外语教学与研究出版社,2013年,第239页。
② 范存忠:《中国文化在启蒙时期的英国》,译林出版社,2010年,第59页。
③ 据说贝尔在写作这本书时是以《格列佛游记》作为模板。参见 *Quarterly Review*,1817,pp. 464-465.
④ [美]马士著,区宗华译:《东印度公司对华贸易编年史(一六三五——一八三四年)》(第二卷),广东人民出版社,2016年,第182页。

是那些东方旅行作者的记录,都热衷于在题名上标榜"新"(New)字。编者和作者似乎都在努力向英国读者们表达,他们传播的是关于东方(尤其是中国)的最新的、而且是不断更新的知识。

除了上述知名度较高、被多次重印或者收录在选集中的游记外,还有一些在18世纪中后期出版的航海记,如:查尔斯·弗里德里克·诺贝尔(Charles Frederick Noble)的《1747—1748年间东印度地区航海记》(*A Voyage to the East Indies in 1747 and 1748*)(1762年出版),该书分成两个部分,第一部分记述作者在圣赫勒拿岛(Saint Helena)、爪哇、巴达维亚的旅行经历以及荷兰殖民统治的情况;第二部分是对中国尤其是广州地区的介绍,以及中国人的宗教仪式、行为方式和风俗习惯的情况。该部分占了全书篇幅的三分之二,内容丰富翔实,实际上也是马戛尔尼使团访华之前英人游记里有关中国内容最长的,对广州乃至整个中国的介绍和描绘最全面、最系统的一种。① 作者对于中国的评价有褒有贬,较为公正客观,既非安逊笔下完全负面的中国形象,也不同于耶稣会士向欧洲人所塑造的那个美丽的乌托邦。此外,这一时期英国人有关中国的游记作品还包括:威廉·希基的《威廉·希基回忆录》(*Memoirs of William Hickey*)、②詹姆士·金的《太平洋航行记》(*A Voyage to the Pacific Oceans*)(1784年出版)、托马斯·吉尔伯特的《1788年从新南威尔士到广州航行记》(*Voyage from New South Wales to Canton, in the Year 1788. With Views of the Islands Discovered*)(1789年出版)、约翰·米勒斯(John Meares)的《1788—1789年间在中国和美洲西北海岸航行记》(*Voyages Made in the Years 1788 and 1789 from China to the North-West Coast of America*)(1790年出版)、乔治·莫蒂默上尉(Lieut. George Mortimer)对于广州的观察。③

由于上述游记关于中国的篇幅都不多,在当时的英国也没有产生较大影响,故仅列书名,不做赘述。

---

① 叶向阳:《英国17、18世纪旅华游记研究》,外语教学与研究出版社,2013年,第270页。
② 此人于1769年抵达中国,不过他的游记却是在1919年才首次出版。
③ 关于以上五本书的涉华内容介绍可以参看叶向阳:《英国17、18世纪旅华游记研究》,外语教学与研究出版社,2013年,第287—300页。

第四章　马戛尔尼使团与浙江

一、文本:马戛尔尼使团成员的访华记录

　　"间年外域有人来,宁可求全关不开,人事天时诚极盛,盈虚默念俱增哉。"①此诗是乾隆皇帝在他统治中国的第 52 个年头(1787 年)所写,在他看来,当前虽然国力鼎盛,但日后将有盈虚损益,对外交往也会增加危险,给王朝安全带来不稳定的因素,因此宁可闭关不开,以为保全良策。然而,这只是乾隆一厢情愿的打算而已。在广州一口通商体制下,英国的对华贸易仍然继续增长。1764 年(乾隆二十九年),西欧国家对华输入总值银 1910000两,英国占 63.3%;自华输出总值 3640000 两,英国占 46.7%。可以说英国在当时的中欧贸易中独占鳌头。到 18 世纪末,英国对华输入值和自华输出值分别占欧美国家两项总值的 90% 和 70%。1787 年(乾隆五十二年)英国驶往广州的商船总计 62 艘,至 1826 年(道光六年)上升至 85 艘。②

　　随着商业贸易的日益发展,中英交往更加频繁,但是商业矛盾也在不断加剧。应东印度公司的要求,1787 年,英国政府终于决定派遣卡思卡特中校(Lt.-Cot. Charles Cathcart)为特使出访中国,他的主要使命是"调整有关不列颠与该国贸易上产生的困难问题","能够从中国皇帝那里得到一块居留地"。③ 但遗憾的是,卡思卡特中校在 1788 年 6 月 10 日航经印尼邦加(Banca)海峡时逝世,使团其他成员只能返回英国,此行半途而废。英国政府只好再策划另一访华使团,但在挑选合适的使节人选方面颇费周折,最后选定马戛尔尼勋爵(Lord George Macartney,1737—1806),此人为爱尔兰贵族,曾任驻俄大使、国会议员、格林纳达总督等职,曾主持签订过对英国极为有利的英俄商务条约,所以可以称得上是一位卓越的外交人才。马戛尔尼使团是以庆贺乾隆皇帝八十寿辰的名义被派遣来华的,其规模浩大,正式文职成员有 95 人,为防止卡思卡特使团因使节出缺而无人替补的局面再度出

---

① 《乾隆御制诗》五集卷二十八,丁未二《上元灯词》。

② 何新华:《中国外交史(从夏至清)》(下册),中国经济出版社,2017 年,第 859 页。

③ [美]马士著:区宗华译:《东印度公司对华贸易编年史(一六三五——一八三四年)》(第二卷),广东人民出版社,2016 年,第 176 页。

现,特别任命斯当东爵士(又称"老斯当东",Sir George Leonard Staunton, 1737—1801)为副使,此外,使团成员还包括商人、画家、制图员、会计、乐手、技师、医生、翻译、天文学家、物理学家、冶金学家、植物学家、哲学家,以及士兵、水手等随行人员,共计 800 余人。① 1792 年 9 月 25 日,使团人员分别乘坐 64 门火炮的皇家战舰"狮子号"(Lion)和东印度公司货船"印度斯坦号"(Hindoston)和运输船"豺狼号"(Jackal)从英国的朴茨茅斯港出发,使团还携带有 600 余箱礼品,价值一万五千多英镑,这些礼品是"一些能够代表欧洲现代科学技术进展情况及确有实用价值的物品",使团的全部费用都由东印度公司支付。② 虽然从明朝开始,葡萄牙、荷兰、俄国等欧洲国家都向中华帝国派遣过使团,但马戛尔尼使团是第一个真正抵华的英国使团,肩负着"取得以往各国未能用计谋或武力获致的商务利益与外交权利"和使中国这个"庞大的帝国成为我们本土制造业和印度的市场"的重要使命,它的到来也拉开了中英官方交往的序幕。

早在 1792 年 4 月,东印度公司的特派员已经从伦敦出发,并于 9 月 20 日抵达广州,向中国方面递交了东印度公司董事长佛兰西斯•培林(Francis Baring,中文作"百灵")爵士致两广总督的信件,告知英王派遣全权特使马戛尔尼勋爵赴北京为乾隆补祝八十寿辰的消息。③ 署两广总督郭世勋将此事上奏皇帝,还附上了他在广州找通事根据照会的拉丁文和英文原件各译出的中文一件;后来军机处又找在京的天主教传教士根据拉丁文原信重译了一遍,几个译件一比对得出"大概相同"的结论。但是两种译文均将原信中的语气和内容加以修改,比如"全权特使代表"改为"贡使"、"礼物"改为"贡物";船队也成了"贡船",④将英国要求平等交往的外交辞令篡改成朝贡国才有的谦卑辞令,乾隆"阅其情词,极为恭顺恳挚",龙颜大悦,不仅允许英

---

① 关于使团来华人数亦有约 700 之说,本文依据定海镇总兵马瑀的报告,他曾到使团船上与马戛尔尼交谈,"并验明各船内随来大小官五十员,舵水跟役等八百余人"。参见中国第一历史档案馆编:《英使马戛尔尼访华档案史料汇编》,国际文化出版公司,1996 年,第 34 页。

② [英]斯当东著,叶笃义译:《英使谒见乾隆纪实》,上海书店出版社,2005 年,第 270 页;[美]马士著,区宗华译:《东印度公司对华贸易编年史(一六三五——一八三四年)》(第二卷),广东人民出版社,2016 年,第 246 页。

③ [法]佩雷菲特著,王国卿等译:《停滞的帝国:两个世界的撞击》,生活•读书•新知三联书店,2016 年,第 4 页。

④ 百灵信件原文和译文之间的差异,可以参看斯当东著,叶笃义译:《英使谒见乾隆纪实》,上海书店出版社,2005 年,第 22 页;中国第一历史档案馆编:《英使马戛尔尼访华档案史料汇编》,国际文化出版公司,1996 年,第 216 页。使团到达中国后,英国也了解到中国方面将其作为贡使,但并没有反对,而是默许。

使赴京而且还颇为重视,谕令沿海各省督抚"如遇该国贡船到口,即将该贡使及贡物等项,派委妥员,迅速护送进京,毋得稍有迟误"。① 乾隆帝甚至考虑到使团"或于贡船之便,携带货物前来贸易,亦事之所有",但他不仅没有反对,甚至还替英国人着想,认为"若在福建、江、浙等省口岸收泊,该处非若澳门地方,向有洋行承揽之人,可为议价交易,且该国来使与内地民人语言不通,碍难办理"。所以传谕浙江、福建、江南三省督抚,并且先期行文广东省,令"将该处行头通事人等,拣派数人预备。如该国贡船,于该三省进口时,带有贸易货物,即飞速行知广东,令将豫备之人,派员送到,以便为之说合交易"。又担心英国人语言不通,在与华人交易讲价时可能会吃亏,还谕令督抚告知英使,"以浙江等省向无洋行经济,诚恐该国使人,不晓内地言语,讲论价值,不能谙悉,或有亏折之处。特调取广东澳门洋行熟手,为之经理,公平交易。俾其得沾余润,以示怀柔体恤之意"。② 可以看出,乾隆帝确实是被英国人不远万里"航海向化之诚"所感动。但他或许已经忘了,33年前那位为了要求来浙江贸易被拒而赴天津投呈告御状、被他圈禁三年的洪任辉,也是英国人。而令他更想不到的是,这个英国使团来华的真实目的竟然与当年的洪任辉是一样的,即要改变清政府广州一口通商贸易的政策。

马戛尔尼使团沿大西洋南行,经佛得角,穿过赤道,再绕过非洲南端的好望角,进入印度洋,沿邦加海峡至南海,于1793年6月21日行驶至万山群岛的珠克珠岛。按照清朝的规定,外国船只须在广州收泊,但此次使团在来华之前就已计划要沿海北上至天津上岸。百灵的信中也给出了理由,"因贡物极大极好,恐由广东进京,水陆路途遥远,致有损坏,令其遥赴天津,免得路远难带",③乾隆"俯允所请"。使团于7月3日到达舟山,7月8日由定海青龙港放洋北上,于7月25日抵达天津大沽口,后转陆路,于8月21日到达北京,前往圆明园;9月2日,离开北京到热河;9月14日首次觐见乾隆;9月17日,万寿节,第二次觐见乾隆;9月26日,返抵北京;10月7日,离京赴浙江,走京杭大运河;11月9日,到达杭州,至14日离杭,沿富春江、衢江至江西玉山,从玉山坐船至鄱阳湖,再一路周转直到12月19日抵达广州;1794年9月5日,马戛尔尼勋爵返抵伦敦。

使团出访时间长达两年,在华逗留五个多月。虽然此行在商业与外

---

① 《清高宗实录》卷一四一五,乾隆五十七年壬子十月乙酉。
② 《清高宗实录》卷一四二三,乾隆五十八年癸丑二月甲申。
③ 中国第一历史档案馆编:《英使马戛尔尼访华档案史料汇编》,国际文化出版公司,1996年,第216页。

交上几乎一无所获,但有多位使团成员在归国后先后撰写并且出版了关于这次访华的游记、日记和回忆录,极大丰富了英国乃至欧洲对于中国的认识。① 目前比较常见的有:

1."狮子号"炮舰第一大副埃涅阿斯·安德逊(Aeneas Anderson)于1795年出版的《1792—1794年英国赴华使团纪事》(A Narrative of the British Embassy to China in the Years 1792, 1793, and 1794)。同时该书还出了删节本,以《马戛尔尼赴华使团纪实》(An Accurate Account of Lord Macartney's Embassy to China)出版,该书为日记体,翔实记述了使团的来华路线和沿途见闻,并叙述了乾隆接见马戛尔尼的经过。后来被费振东译成中文,并于1963年出版,题名为《英使访华录》;2001年再版,被更名为《英国人眼中的大清王朝》。安德逊不是使团核心成员,所以无法了解到两国谈判中的一些重要问题,不过该书作为最早出版的使团成员著作,一问世即在英国受到热捧,由于最初的四开本出版后销量剧增,作者又以"比较廉价的版本发行新版",以"更广泛地满足对充满着新颖事务的访华使团的好奇"。② 该书至1797年已重印8次,1795年美国也刊行了原版翻印本。

2.1797年,使团副使乔治·斯当东出版《大不列颠国王遣使中国皇帝实录》(An Authentic Account of an Embassy from the King of Great Britain to the Emperor China),此书对派遣源起、筹备工作、经费、人员构成、航行路线、沿途见闻、与中方的交涉、谒见乾隆帝的细节、回国的全部经过以及路上的考察情况都进行了翔实的描述。他所做的"带有英国官方色彩的关于中国的权威著作"③,在欧美广泛流传,并被翻译成德、法、意、俄、丹麦、波兰等多种欧洲文字重新出版,中文版本有叶笃义于1963年出版的《英使谒见乾隆纪实》,至今仍是记录使团情况最为权威的著作。

3.1804年,使团的主计员,回国后任马戛尔尼私人秘书的约翰·巴罗爵士(Sir John Barrow, 1764—1848)出版其著作《中国游记》(Travels in China)。巴罗堪称这次使团的"历史学家",他在回国后还整理了马戛尔尼的一系列报告、日记等,并且协助斯当东完成《英使谒见乾隆纪实》一书。

---

① 关于马戛尔尼使团成员留下的西文文献,黄一农、欧阳哲生等学者做过非常详细的统计,至少有14人记录或出版了相关的日志、传记或报告。参见黄一农:《龙与狮对望的世界——以马戛尔尼使团访华的出版物为例》,载于《故宫学术季刊》,第21卷第2期;欧阳哲生:《鸦片战争前英国使团的两次北京之行及其文献材料》,张西平主编:《国际汉学》(第25辑),大象出版社,2014年。

② [英]爱尼斯·安德逊著,费振东译:《英国人眼中的大清王朝》,群言出版社,2001年,第5页。

③ 耿相新:《汉籍西传记》,中国书籍出版社,2018年,第91页。

《中国游记》里不仅记录了使团活动和其本人的来华见闻,还对使团的其他史料进行了研究,也被视为英国汉学研究中具有里程碑意义的学术著作,对改变 19 世纪英国人的中国印象具有重大影响。该书有法文、德文、荷兰文等多个欧洲译本,2007 年出版了李国庆等人的中译本,题名为《我看乾隆盛世》。2013 年又出版了何高济、何毓宁的中译本《巴罗中国行纪》。

4. 1962 年,英国学者克莱默尔·比恩(J. C. Cranmer-Byng)编辑整理的《一个访华使团:1793—1794 年马戛尔尼勋爵率团出使乾隆皇帝期间所写日记》(*An Embassy to China : being the Journal Kept by Lord Macartney during his Embassy to the Emperor Ch'ien-lung* , 1793—1794),此书系马戛尔尼本人出使中国的全部日记和《基兰医生记中国的医学、外科和化学》,1966 年在香港出版了秦仲龢的中译本,但"间有删节"。2013 年又出版了何高济、何毓宁的中译本《马戛尔尼勋爵私人日志》。[1]

5. 1798 年,使团卫兵塞缪尔·福尔摩斯(Samuel Holmes)所记《塞缪尔·福尔摩斯日志》(*The Journal of Mr. Samuel Holmes*)出版,这本日志是福尔摩斯在途中随时所写,从一个士兵的角度来观察当时的中国,作者在归国后也没有对日记进行加工整理,此书可以称得上是关于此次出使的第一手史料,有德文、法文、意大利文等多个译本。

6. 1908 年,海伦·H. 罗宾斯(Helen H. Robbins)编辑出版的《我们第一位赴华大使:马戛尔尼生平纪事》(*Our First Ambassador to China : An Account of the Life of George Earl of Macartney*),该书来自马氏手稿,史料价值亦高。其中的第 10 章至第 12 章是马戛尔尼本人出使中国的日记,有刘半农出版于 1917 年的节译本《乾隆英使觐见记》。[2]

此外,还有温特博瑟姆(William Winterbotham, 1763—1829)、赫脱南(Johanm Christian Hüttner)、丁慰狄(James Dinwiddie)、小斯当东(George Thomas Staunton, 1781—1859)等使团成员的作品。

法国的阿兰·佩雷菲特(Alain Peyrefitte, 1925—1999)院士对于使团文献做过系统整理,在他 1989 年出版的名作《停滞的帝国:两个世界的撞击》一书的"序言"里,就分别从"英国人的看法""传教士的观点""中国人的见解"三方面介绍关于此事的原始文献,该书的附录部分也详细罗列了所使

---

[1]　《马戛尔尼勋爵私人日志》与《巴罗中国行纪》被合为一本出版,题名为《马戛尔尼使团使华观感》,2013 年由商务印书馆出版。

[2]　欧阳哲生:《鸦片战争前英国使团的两次北京之行及其文献材料》,张西平主编:《国际汉学》(第 25 辑),大象出版社,2014 年。

用的原始文献和未刊档案。① 佩雷菲特运用大量第一手史料对马戛尔尼使华这一重大历史事件进行了出色的还原,描述了整个过程中形形色色的事件,迪过文献来重拾缺失的历史细节。因此,该书虽为研究著作,但也具备重要的文献价值。

除了文字记述,还有常常被后世误认为是随团画师,但实为制图员的威廉·亚历山大(William Alexander,1767—1816)所绘制的有关中国的自然和人文社会景观的丰富图像,是此次使团来华的重要视觉记录。② 他在回到伦敦后,以其现场速写为基础创作了不少水彩画,被作为书籍插图或者艺术品展售。当然,真正让他的作品产生影响力还得依靠印刷。在 1797 年出版的《英使谒见乾隆纪实》里就收录了亚历山大一组作品;1800 年出版《中国风俗》(The Custom of China);自 1798 年起,他开始每三个月发表四幅一组的使华图像,并于 1805 年将这些作品结集出版,题为《中国服饰》(The Costume of China)。以他名义出版的还有另外两本,一本是 1798 年出版的《1792—1793 年沿中国东部海岸旅行途中各海角、岛屿之景貌》(Views of Headlands, Islands etc., Taken during a Voyage to, and along the Eastern Coast of China, in the years 1702 & 1793),另一本是 1814 年出版的《中国装束与风貌的如画再现》(The Picturesque Representations of the Dress and Manners of the Chinese),但据史家考证,前者所收录的大多为技术性绘图,后者可能并非出自他手。③ 近年来,亚历山大的大部分作品都已出了中译本。19 世纪初期,亚历山大有关中国的绘画风行欧洲,以单张、选本、全本等多种形式出版。尤其值得一提的是,1843 年,在英国出版了著名的《中国:系列图画中展现的那个古老帝国的风景、建筑和社会风俗》(China, in a series of views, Displaying the Scenery, Architecture, and Social Habits of the Ancient Empire),这是一本图文并茂的中国通俗读本,曾在欧洲广为流传,里面收录了 128 幅钢版画插图,其

---

① 作为在法国政界和学界都颇具影响力的人物,佩雷菲特为写作此书,从 1980 年至 1988 年曾六次访华,参观了马戛尔尼使团走过的主要地方,搜集了 1.2 万多页原始资料。为了能让第一历史档案馆将所藏的全部有关档案影印出版,他说服法方承担 60%的出版费用,终于促成《英使马戛尔尼访华档案史料汇编》的刊印,极大地方便了相关研究者。参见张芝联:《法国史论集》,生活·读书·新知三联书店,2007 年,第 143 页。

② 亚历山大有一千多幅作品保留下来,其中的 870 幅收藏于大英图书馆。他的勤奋与使团的官方画家托马斯·希基(Thomas Hickey,1741—1824)的无所作为形成鲜明对比,后者在三年的时间里仅完成了区区几幅作品。

③ [美]巫鸿著,肖铁译:《废墟的故事:中国美术和视觉文化中的"在场"与"缺席"》,上海人民出版社,2017 年,第 112 页。

中绝大多数都是画家托马斯·阿罗姆(Thomas Allom,1804—1872)根据亚历山大的画稿进行改绘并制作成的。亚历山大的画作以写实风格描绘中国的风景、人物、服饰、风俗、建筑、生活场景等,正如巴罗所称赞的:"只要是中国的东西,从人的面容和外貌到最不起眼的植物,亚历山大先生都用水彩画和素描画优美而忠实地记录下来。"①

而在有关马戛尔尼使华的中文史料方面,清朝档案中有非常详细的记载,包括完整的奏折和上谕,但是负责接待的官员对此似乎都没有私人记录。尤其是松筠,此人时任军机大臣、户部侍郎,曾陪同马戛尔尼一行从北京到杭州,费时一月有余,可在他的著作里完全见不到对此事的记载,甚为奇怪。尽管关于马戛尔尼的中文史料档案甚多,但是基本都没有关于英国的知识,这种情况表明,清人对遣派马戛尔尼来华的那个遥远国度并不感兴趣,他们关心的可能只是"叩头"而已。

在18世纪中后期,曾经风靡欧洲的"中国热"开始降温,对于中国的理性思考开始逐渐取代盲目崇拜和感性赞叹。马戛尔尼使团的访华报告在很大程度上改变了欧洲的中国形象,打破了欧洲许多人关于中国的浪漫主义想象。客观来讲,马戛尔尼使团成员关于中国的作品并没有刻意歪曲丑化中国,基本上能够如实地详细记录下自己对于中国的观察,这也使得我们今天得以较为放心地使用这些材料去研究那一时期英国人在浙江的活动和他们以浙江为窗口对中国的认识。

二、中国的威尼斯、女人的小脚

> 观此芸芸之众生兮,叹造物之神奇;朕人类之美且大兮,吾乐乎新世界之自居!
>
> ——《暴风雨》(莎士比亚)

此颂词乃出自莎翁晚年创作的传奇戏剧《暴风雨》,是女主人公米兰达在故事结尾时所发出的赞叹,如果用白话文来表达,即是:"神奇啊!这里有多少好看的人!人类是多么美丽!啊!新奇的世界,有这么出色的人物!"②这与哈姆雷特赞颂"宇宙之精华,万物之灵长"遥相呼应,两者都是关于人的赞歌,体现了理想主义和乐观自信的精神。

---

① [美]巫鸿著,肖铁译:《废墟的故事:中国美术和视觉文化中的"在场"与"缺席"》,上海人民出版社,2017年,第110页。

② [英]莎士比亚著,朱生豪译:《莎士比亚全集》(第1卷),人民文学出版社,1978年,第79页。

马戛尔尼大使到达天津白河口后,看到"一些年轻女子沿着河岸轻快地奔跑,她们的脚都无损完好","妇女多束其粗黑之发于头顶,压之以金质之针;小儿则露体者居多,亦有袒露其上体者;男子多雄伟有力,四股筋肉突起,无萎靡不振之相"。① 于是情不自禁地吟诵出上面这段颂词。其实,对于刚刚来到中国这个新世界的马戛尔尼来说,一切都是新鲜的。他的情绪热烈而乐观,对于使团将要去北京觐见乾隆帝,顺利完成出访使命,充满希望。

马戛尔尼使团在中国的活动、对中国的观察始于浙江。对于英国人来说,已经有三十多年没有来过浙江了。不过这个地方对于他们来说并不陌生,18 世纪上半叶中英之间在浙东的贸易曾经两度繁荣,还有 1759 年洪任辉赴宁波贸易被拒后北上投呈的惊人之举。马戛尔尼当然也知道洪任辉,但对他的行为似乎颇为不屑:"一个人只带很少一点人,在没有安全通行证的情况下驾一条小船去告发广东巡抚的不法行径能会有什么结果呢?"这次,马戛尔尼有着"世界上最强大的"君主做后盾,有着合法的甚至是受到中国欢迎的理由,乘坐着大型战舰来浙江。毫无疑问,他们此行不会受到任何的阻碍。

从澳门北上浙江的航路也不难走,因为浙海关通商期间,英国人已经趁机在浙东沿海实地测绘了几幅地图,此外还有东印度公司商船的航海日志,这些都是使团可以参考的资料,但是再往北就没有航海图了,洪任辉到天津所乘坐的那艘"成功号"小船是之前"到过南京以北的中国海岸的唯一英国船",②所以使团必须在舟山找到领航员。1793 年 7 月 2 日,使团船只抵达韮山群岛(Que-san Islands)的青龙港(Patchcock)。次日,船只起锚向舟山进发。英国人惊讶地发现,周围估计至少有三百艘小船包围着"狮子号"。"停在此处的大约有一千艘各种大小的船,很多的在打渔,大一点的船在装运木材和其他货物。有些船并成一列,有些绑在一起装运巨大的木材。所有这些船的帆都是席子编织的,不是用帆布做的。船上用的人比欧洲装载同等数量货物的船所用的人多。"英国人得出结论:"整个情况说明这里的商业发达,或者说明这里的人口众多。"③

"印度斯坦号"找了一艘小船上的中国人领航,半个世纪前东印度公司

---

① [英]马戛尔尼原著,刘半农原译:《1793 乾隆英使觐见记》,天津人民出版社,2006 年,第 24 页。
② [美]马士著,区宗华译:《东印度公司对华贸易编年史(一六三五——一八三四年)》(第二卷),广东人民出版社,2016 年,第 180 页。
③ [英]斯当东著,叶笃义译:《英使谒见乾隆纪实》,群言出版社,2014 年,第 220 页。

在舟山的航海日志依然发挥了重要作用,比如穿越韮山群岛时,英国人知道唯一的危险是涨潮时藏在水面下的一块礁石,这是英国东印度公司派到宁波的"诺曼顿号"(Normanton)于 1736 年首次发现;还有一块被命名为"霍尔德内斯"(Holderness)的礁石,是因为 1755 年东印度公司的商船"霍尔德内斯伯爵号"在此触礁而得名。连"印度斯坦号"上的中国领航员都不知道这块石头的存在。"狮子号"泊于牛鼻山(Buffalo's Nose Island)和布老门岛(Ploughman)之间,"印度斯坦号"在树顶岛(Tree-a-top)之南抛锚,而斯当东和巴罗则带着翻译和另两位使团成员乘坐"克拉伦斯号"(Clarence)前往定海,请当地官府帮助寻找两位能够去天津的领航员。

　　"狮子号"是海军部为马戛尔尼大使特意选派的座舰,这艘配有 64 门火炮的皇家战舰体积庞大、建造华丽,还专门配备了轻装步兵和野战炮以供检阅之用,英国人有意借此向中国人展示它的军力和强大。它的到来也确实造成了轰动,"人们停止工作前来观看,甲板上挤满了人,但还有更多的人拥挤着等候上船。为了满足大家的好奇心,不得不排出次序来,先到的先参观,看过以后走开腾出空地来让后来的人参观"。这时,一个让英国人感到诧异的现象出现了,"当一些人进入到'狮子号'官舱,看见墙上挂着一张中国皇帝的画像,他们立即伏在地上,非常恭敬地在地皮上几次亲吻"。① 马戛尔尼如果看到这个场景,他或许会感到很有趣,可是正如佩雷菲特所说,"英使见到的第一批中国人的行为已向他表明了英国使臣今后必须对付的主要困难"。② 这张画像上的皇帝就是乾隆,据说是在二十多年前,英国国王得自西洋人之手。③

　　"克拉伦斯号"在前往定海的途中遇到落潮,只能在六横岛附近抛锚稍停,在等候潮水的间隙还上岸"对中国领土进行第一次的观光",据说此地人口繁盛,有将近一万居民。斯当东看到一块小平原上种着稻米,耕作很是精细,又有水从附近山上引下来,可以灌溉整块土地。可他还没来得及欣赏这异域的乡村景色,却又发现,"人粪熏臭了中国农村",他指出在这些"令人作呕的粪便里","农民精心地浸泡种子。种子经过播种前的这番处理后容易

---

① 原文如此,实际上应当是在叩头。参见[英]斯当东著,叶笃义译:《英使谒见乾隆纪实》,群言出版社,2014 年,第 223—225 页。

② [法]佩雷菲特著,王国卿等译:《停滞的帝国:两个世界的撞击》,生活·读书·新知三联书店,2016 年,第 51—52 页。

③ 中国第一历史档案馆编:《英使马戛尔尼访华档案史料汇编》,国际文化出版公司,1996 年,第 37 页。

生成,并能防止虫害".① 中国的农耕文化当然与欧洲的有所不同,英国人在一开始就感受到不同文化的冲击。

此后,该船继续前往定海,傍晚时至崎头角(Ku-to point)之南泊停,这时一艘中国驳船开到,上面的官员告知会在次日清晨领英船航行。7 月 4 日拂晓,"克拉伦斯号"和"那艘难看的中国船一起顺风航行",令英国船员感到惊奇的是"中国船竟然和我们漂亮的克拉伦斯号一样航行良好"。在顺利抵达舟山港后,斯当东对这里的交通和贸易优势赞赏有加。

在船抛锚后,中方的几位文武官员商船询问,还带来一位翻译,此人是一名商人,当年还曾与来舟山的英国商船做过生意,至今还会说几句英语。他还记得有过贸易往来的菲茨休与贝文,这两人应当是在 1756 年乘坐东印度公司商船"格里芬号"到过舟山。这位商人还表示,希望有一天清政府能再度允许英国人来此做生意。定海镇总兵马瑀在知道"克拉伦斯号"到港口后,不敢怠慢,赶忙派人送来各种礼物,并于第二日接见了英国人。

实际上,在 6 月 21 日(五月十四日),马瑀已经见过一艘英国船,该船是由英国东印度公司派来打探使团船只是否已经到中国的消息的。在中文史料上没有该船的名字,只说:"系英吉利国差来管兵官名全波罗嗒,带有通事一人,名安顿。据称上年八月内,英吉利国差正使马戛尔尼驾船三只,补祝大皇帝万寿,进献贡物。该国王不放心。九月内又差管兵官全波罗嗒给予路引执照,令其探询贡船曾否到京。"② 这艘船是双桅帆船"勉励号"(Endeavour),派它来的当然不会是英国国王,而是东印度公司广州商馆成立的"秘密与监督委员会",根据董事部的训令,成立这个委员会的目的就是"毫无保留地为特使的工作服务"。③ "勉励号"的使命是在舟山水路上巡逻,以便中途拦截"狮子号",将各种函件交给特使。马瑀上船查验后允许该船进口,并率同定海县知县张玉田于次日至定海县衙头港暂行停泊。6 月 23 日,"在天后宫宣布圣恩,摆设筵宴,复酌给猪羊米面等物"。英国探船于 6 月 26 日由总兵护送放行。"勉励号"后来在海上与北上的"印度斯

---

① [法]佩雷菲特著,王国卿等译:《停滞的帝国:两个世界的撞击》,生活·读书·新知三联书店,2016 年,第 52 页。

② 中国第一历史档案馆编:《英使马戛尔尼访华档案史料汇编》,国际文化出版公司,1996 年,第 33 页。

③ [美]马士著,区宗华译:《东印度公司对华贸易编年史(一六三五——一八三四年)》(第二卷),广东人民出版社,2016 年,第 245—250 页。

坦号"相遇。①

关于英船到定海一事，马瑀虽然向浙江巡抚长麟发过咨文，但是在未接到巡抚指示的情况下，擅放英船。长麟遂向乾隆上奏折，要求将马瑀和随同准令开行之宁波知府克什纳"交部严加议处"。但乾隆却认为两人"固有未报该抚应得之咎，尚非大过"，因此只交部察议而已。乾隆其实在数月之前已经下过谕令，因为"海洋风信靡常，该贡使船只，或于闽、浙、江南、山东等处，近海口岸收泊，亦未可定"，要求相关省份督抚"如遇该国贡船进口时，务必派员弹压稽查，列营摆队，以示严肃"，②但他又认为"外省习气，非失之不及，即失之太过"，担心这些督抚会"办理过当，迹涉张皇"。③ 或许在他看来，长麟此举即是如此，而且长麟还将此事通报了江南、山东、直隶各省巡抚，若"各海口纷纷截查，致令该夷官疑为盘诘拘孥，心生畏惧，成何事体？"因此，乾隆严令，在"该国探船"经过时，"行止听其自便，不得稍涉张皇，致令外夷心生疑惧，此为最要"。④ 据此也可看出，乾隆不仅重视贡使的到来，甚至还关心英国人的感受。

马瑀在斯当东等人面前只字不提之前有英国探船来过的消息，但是对英国人予以隆重接待，巴罗描述了第一次和总兵交涉的场景：

> 行过老一套烦琐的问候礼，看来这是中国礼貌不能省的，例如问来客的健康，其父母及亲人，而特别是每人的姓名年龄，我们则向他说明我们来访的目的，同时表示希望尽快让领航员上船。这位老官员看来对我们如此着急感到惊异，反而大谈他准备招待我们的戏剧、筵席和娱乐。不过，他说领航员已准备好负责把船只沿海岸带到邻省，再找别人

① 实际上，英国东印度公司对于马戛尔尼使华一事始终抱有积极的态度，广州的秘密委员会甚至在使团到中国后还要提供金钱，但是斯当东认为没有必要接受。但是马戛尔尼向委员会表示，在与中国的交涉过程中，会"经常将他认为对你们的工作有利的消息通知你们……加入他把他认为对东印度公司有利的计策送来，你们必须按特使的劝告和要求去做"。参见［美］马士著，区宗华译：《东印度公司对华贸易编年史（一六三五—一八三四年）》（第二卷），广东人民出版社，2016年，第250—251页。
② 从亚历山大所绘的中国士兵形象来看，均为全副武装，军容整齐。乾隆皇帝的目的应该说已经达到了。
③ 《清高宗实录》卷一四二三，乾隆五十八年癸丑二月甲申。
④ 葛剑雄：《读万卷书：葛剑雄自选集》，鹭江出版社，2018年，第199页。在讨论这一问题时，葛文将英国探船来定与之后的马戛尔尼使团船队来定混为一谈。而佩雷菲特提到此事则认为，马瑀受到了乾隆谕旨的谴责，"应严处"。其实他可能理解有误，是长麟认为应当严处，而乾隆则想宽宥。参见［法］佩雷菲特著，王国卿等译：《停滞的帝国：两个世界的撞击》，生活·读书·新知三联书店，2016年，第53页。

领船前行。当被告知这种航行方式完全适用于英国大船,而且此类领航员对我们无用时,他请求让他在当天余下的时间另找他人。我们不认为在中国一个最好和最繁忙的港口找领航员有什么困难,当时那里有几百艘停泊。①

总兵还派人到"狮子号"上去请马戛尔尼上岸,说这里已经做好隆重接待准备。不过斯当东等人告诉他,为了早日到京谒见皇帝,不得不谢绝其对特使的邀请。其实在停泊舟山期间,马戛尔尼一直待在船上,并未登陆与地方官员见面。

为了解决领航问题,"克拉伦斯号"一行人不得不在此地耽搁下来,他们利用这个时间去定海县城里参观了一番。这应该是英国人第一次进入该城,也是第一次如此近距离的接触中国的一座城池和它的居民。因为即使在浙海关开放的时候,英国商人也只能到定海城南门外衢头的红毛馆居住。

斯当东等人由定海南门入城,他对城门观察细致,说"城墙高三十呎,高过城内所有房子,整个城好似一所大的监狱。城墙上每四百码距离即有一方形石头碉楼。胸墙上有枪口,雉堞上有箭眼。除了城门口有几个破旧的熟铁炮而外,全城没有其他火力武器。城门是双层的。城门以内有一岗哨房,里面住着一些军队,四壁挂着弓箭、长矛和火绳枪,这就是他们使用的武器"。② 亚历山大也对这座城门印象深刻,作为画家,他对图纹和造型更加敏感,"城门上方部分的屋脊上装饰有动物,如龙等。建筑的边缘、横梁的尽头染了多种颜色。拱门上的黄色木板是中国独有的,通常写着城市的名字和城市的级别"。他还看到"正在进城的四轮马车上有厢式的轿子,人可以坐在里面。中国的马车还没有使用弹簧,不如欧洲的二轮马车效果好"。③他绘制了一幅题为"舟山港:定海的南门"(South gate of the city of Ting-hai: in the harbor of Tchu-san)的水彩画,非常逼真地记录了他所看到的场景。

定海城外运河环绕,城内沟渠纵横,河道上架着陡窄的桥梁,桥面上下俱用台阶,斯当东认为"定海非常近似欧洲的威尼斯,不过稍小一点"。新奇的事物显然让英国人有些目不暇接了:

---

① [英]乔治·马戛尔尼、约翰·巴罗著,何高济、何毓宁译:《马戛尔尼使团使华观感》,商务印书馆,2013年,第145—146页。
② [英]斯当东著,叶笃义译:《英使谒见乾隆纪实》,群言出版社,2014年,第231页。
③ [英]威廉·亚历山大著,赵省伟等编译:《中国衣冠举止图解》,北京理工大学出版社,2016年,第96页。

街道很窄,好像小巷,地面铺的是四方石块。房子很矮,大部分是平房,这点同威尼斯大不相同。这里的建筑物上独对于房顶特别注意。椽上的瓦抹上灰泥使其不致在大风雨中刮掉。屋脊的建筑好像帆布帐篷,上面用泥、石头或铁做成许多奇怪的野兽或其他装饰模型。

城内服装店、食品店和家具店很多,陈列布置得相当讲究。棺材店把出售的棺材都漆成鲜明强烈的颜色。供人食用的家禽和四足动物等大都是出售活的,狗在这里也被认为是可以吃的动物。鱼在水桶里,鳗在沙土里,都是活着出售。供庙里烧的锡箔和香烛店非常多,说明这里人民相当迷信。男女都穿松宽的衣裤,就是男人头戴草或藤制的帽子。男人除了一绺长头发外,前额的头发随时修剪。女人的头发整个盘成一个髻在脑后门,在有些古代妇女铸像上还可以看到这种装束。

这里距赤道只有三十度。整个城市充满了活泼生动的气氛。为了生存的需要,人人都必须做工。事实上人人都在劳动,无人过着寄生的生活。我们看到男人们忙碌地走在街上,女人们在商店里购货。①

当然,这种异国情调是双向的。就在英国人在定海城里东张西望来满足自己的好奇心时,他们本身也成为当地民众惊异注视的焦点。尽管有总兵派出的士兵陪同,但斯当东发现,人们"并不惧怕军队","争先恐后地把我们包围起来","紧紧地跟随着我们,他们彼此之间没有争吵和喧闹"。当警卫们设法驱赶包围着的民众时,英国人发现"他们的态度是文雅的,对群众没有使用粗暴的方法"。②由于围观的人实在太多,天气又炎热,英国人只好躲到一座寺庙里,和尚们有礼地用茶、水果、糕点招待他们,斯当东还发现"庙里面供的是一些凶恶古怪的据说是保卫地方的神像"。后来英国人还是在官吏的劝说下乘轿返回,但轿夫因为人群拥挤时时停下来,满足人们的好奇心,有人把头伸进轿窗,笑嘻嘻喊道:"红毛(Hung-mau)!"患病中的巴罗显然对中国人的异样热情感到厌烦,他写道:"失望而非满意!"③

在定海,对英国人的视觉最具冲击力的莫过于女子的小脚,远远看到的中国女子的双脚都是残废的:

① [英]斯当东著,叶笃义译:《英使谒见乾隆纪实》,群言出版社,2014年,第231—232页。
② [英]斯当东著,叶笃义译:《英使谒见乾隆纪实》,群言出版社,2014年,第235页。
③ [英]乔治·马戛尔尼、约翰·巴罗著,何高济、何毓宁译:《马戛尔尼使团使华观感》,商务印书馆,2013年,第146页。

看上去好像她们的脚的前半段被切断,只剩下后半残部,将残肢裹绑起来。……她们从小就裹起,大拇脚趾不动,把其余四个脚趾硬弯到脚面下,逐渐使骨头折断,藏在下面不能分开。

虽然在幼年时代人的骨头比较软,但是强迫使它不按自然的规律发展,总要经过一段痛苦难忍的过程。小孩子不了解脚裹小了能使人羡慕,这就需要母亲随时注意防止女儿设法放松脚上的绑带。绑带长时间绑在脚上,最后把它裹成很匀称的小脚。这样的裹脚使得年轻的妇女们在一个相当的时期中,除了受人搀扶外自己不能走路。以后她自己走起路来,永远用脚后跟蹒蹒跚跚移动。

裹脚的风气如此根深蒂固,同行的中国翻译还告诉英国人,"同一个家庭的姊妹二人,其他的条件完全一样,假如一个人是裹脚而一个人是天足,后者即被全家所看不起,永远低人一头"。斯当东很好奇这种奇怪习惯的来源,"男人们为什么把它强制性地在妇女中推行?假如男人的目的是把妇女们关在家里不让他们出去,那么,他们尽可以用其他方法做到这点,而不必残忍地损害到妇女的身体机能"。当然,他还是想通了,采用了一种恰如"文化类比"的方式来加以理解:

假如我们想想英国妇女们束胸的痛苦,但大家在这方面互相竞争,我们对她们的裹脚就不会大惊小怪了。身材和四肢的苗条纤细一向是爱美妇女的追求目标,男子的爱慕对象。但任何一两个人的号召和提倡,无论她的地位多么高,绝不能驱使全国妇女这样不顾痛苦来摧残自己。全国妇女,无论那一个阶层,都在这上面竞争媲美,损害健康在所不顾,这种风气世世代代继续相延,实在是积重难返了。

斯当东的结论是,女子由于脚小而得到的一些魅力远远不能抵偿由于裹脚痛苦而损害的健康。无论如何,女子的优美最终在于她的相貌,而不在于她走路的步法。① 不过马戛尔尼却不那么绝对,"也许我们的习俗没有弄到中国人那种程度,可是就只拿鞋子来说吧,我们不也是欣赏高跟鞋吗?"② 亚历山大除了关注到妇女的缠足外,还关注到她们的发型和嘴里叼着的长

① [英]斯当东著,叶笃义译:《英使谒见乾隆纪实》,群言出版社,2014年,第234—235页。
② [法]佩雷菲特著,王国卿等译:《停滞的帝国:两个世界的撞击》,生活·读书·新知三联书店,2016年,第55页。

烟杆，并且绘制了一幅素描画。

英国人初访定海城，就观察到了日后被西方人视作中国文化低劣、落后的标志、民族劣根性的代表——辫子和裹脚，不过在他们那里，我们看不到后来那样的批判，斯当东等人试图将本民族的文化现象与异域的文化现象加以比附，获得理解，并没有做出中西文化优劣、高下之分，我们似乎能在中英文化交流初期捕捉到英方某些难得的东西，比如平和与宽容。当然，本书没有使用"平等"一词，因为马戛尔尼使团这批人对于自身的文化是具有强烈的信心和优越感的，或许让他们感到有些沮丧的是，在定海就首次遭到"黑发"人发出的"红毛"的哄笑，他们知道这样的称谓其实是带有贬义的，与"野蛮人"没有多大区别，但后来走到哪里都引起这样的哄笑。佩雷菲特评价说，英国人"以为自己是作为世界的主人来中国的，也正是在中国他们发现自己成了嘲笑的对象"。①

次日清晨，英国人又赶到总兵指定的聚会地点，来得过早，总兵还没有到。他们发现这是一处很大的房子，"坐落于一个铺石的庭院的尽头，四周有回廊，大厅上成行的柱子和所有的梁椽都漆成红色，在横梁和柱子上用丝绦悬挂着非常多的各种式样灯笼，灯笼上面装饰着各色流苏"。斯当东显然对这些灯笼很感兴趣，他进行了仔细观察，"有的灯笼是细丝纱做的，里面有精细木架，上面绣着各式花鸟、昆虫和水果。有些是角制的，细薄透明，看上去好似玻璃"。他还从当地人那里了解到角制灯笼的制作工艺：

> 把羊角放在滚水里煮一下，然后把它切开弄平，很容易地撕为两三层薄片。接连这些薄片的时候，首先把它们放在热蒸片上蒸软，然后非常仔细地把边缘刮薄，两张接连在一起，用铗子夹紧。这样两张就自然连在一起，接缝地方并不显，做到天衣无缝。这样的做法可以把角任意拼凑多大。制作方法非常容易，但很少其他地方懂得这门手艺。②

这是马戛尔尼使团与中国人的首次工艺技术交流，发生在浙江定海。

英国人对大厅内的几盆结有果实却又矮小的松树、橡树和橘子树产生了兴趣，这其实就是中国人所喜爱的盆景。它们"没有一株超过二呎高，但看上去都显得非常苍老。盆子里面的土上点缀了几堆小石头，同这些矮树

---

① ［法］佩雷菲特著，王国卿等译：《停滞的帝国：两个世界的撞击》，生活·读书·新知三联书店，2016年，第55页。
② ［英］斯当东著，叶笃义译：《英使谒见乾隆纪实》，群言出版社，2014年，第236页。

相比,可以称为岩石了。在这些盆景中并故意在树上弄出一些蜂窝孔,加上一些绿苔,使它老气横秋"。斯当东认为"制造盆景是园丁技术的一部分,是中国人的创造",还不厌其烦地在书中记录下盆景的制造方法,他认为园丁在制造盆景上"一切依靠技巧和耐心,帮助自然生育,而不是违反和戕贼自然"。①

正当英国人对大厅的一切新鲜事物加以观察时,总兵携一位文官到场,此人可能是宁波知府克什纳。文官希望说服英国人"沿海岸逐省逐省地航行,是中国一向的航行惯例,最好这次也不要更改这样的航法。舟山是一个小港,不同于宁波,实在无法找到英国人所需要的可以直接领到北方口岸的领航人"。英国人的答复是,英国船大,构造不同,自当采取和过去不同的航行办法,既然舟山找不到合适的领航人,而宁波可以找到,那他们马上就要开到宁波去找。

马总兵显然被英国人的回答吓到了。他说,如果英国人从宁波北上而不是由舟山,皇帝会认为是这里的接待工作没有做好,很可能会罢他的官,一边说还一边用手指他帽上的红顶子。马瑀说的是实话,他刚因为擅放英船的事情被上司长麟参奏。

"因为害怕丢官,总兵派人满城寻找去过天津的人",但派出的士兵带回来"一些搜罗来的可怜虫。他们趴在地上回答问题。他们中有些人去过天津,但从未当过水手;还有一些人虽是水手,但从未到过天津港"。于是,总兵下令再次搜寻,终于抓到两个符合条件的男子,不过他们表示久不出海了,"跪着哀求放掉他们……徒劳地诉说,如他们离开,生意会失败,还给他们妻儿和家人带来苦难"。斯当东觉得情形虽然可怜,但是他们为了安全到达目的地,也没有办法帮助免除这两人的服役。总兵对他们说,这是皇帝的旨意,圣命难违。

巴罗也同样为这两名男子鸣不平,认为"长官的专横态度说明其政府无公道、仁义可言,更谈不到对百姓应有的保护。除专制政府外,任何国家都不允许违法和强暴地把一个老实做生意的人从家里抓出来,叫他去做有损他事业的工作。但专制下的百姓不知什么法律,只能屈从独裁者的命令"。巴罗的这段对于专制制度的批评可谓是振聋发聩。难得的是,他并没有就此认为专制是中国(或者东方)的专利,还颇有一种反省的精神,说"不过当时我们仍在大帝国的一个偏僻岛上,远离权力中心,而且知道各个国家都有

---

① [英]斯当东著,叶笃义译:《英使谒见乾隆纪实》,群言出版社,2014年,第237页。

官员滥用手里权力的事,所以我们宁肯相信,目前发生的事是那个老官急于求成的结果。此外,如果中国人知道我们紧急征召海军的方式,同样可能产生对我们政府的不良印象"。①

使团在舟山所经历的这一切,或者都可以视作是一种异国情调。这样的情调让英国人在某些方面感到不适,但并非不可接受,甚至可以去试图理解。马戛尔尼使团的这些"理性主义者",他们对中国的文化似乎是有着某种"宽容的"态度,当然这仅限于旁观者的角度,若让他们加以认同并施之己身,那定然是不可容忍的,比如"叩头"。

7月8日(六月初一日),使团终于离开舟山前往天津。根据中国史料的记载,马瑀在7月4日(五月廿七日)发现使团船只后,立即咨报浙江巡抚长麟,他报告说"据贡使马戛尔尼称,因大船笨重不能收口,即欲开行,前赴天津"。乾隆在得知英使船只到浙江的消息后,于7月6日、7月8日连降谕旨,令沿海督抚妥为接待护送。据长麟7月12日(六月初五日)奏报:"马瑀、克什纳即传知该夷,以该国贡使到境,奉大皇帝恩旨,应赐筵宴。据马戛尔尼回称,我们国王补祝大皇帝八旬万寿,心甚虔诚。务令于本年八月初间赶到,不敢迟误。且我们船大不能进港,惟有叩恳代谢大皇帝天恩等语。"浙江官员评价马戛尔尼"言词恭顺,向阙情殷"。而当把备办的日常用品送上船后,"马戛尔尼叩头领受,并验明各船内随来大小官五十员,舵水跟役等八百余人"。② 马瑀描述的场景似乎显示他真的经历过一样,可真正的情况是,他只到停泊在舟山港的"克拉伦斯号"上回访过一次,并没有见过马戛尔尼,怎么会看到他叩头,又怎能验明使团有800多人。关于使团的信息无非是得自与其交涉的斯当东等人,而马戛尔尼叩头一说只能是他的"合理想象"了。马总兵就这样糊弄了他的上司乃至皇帝,乾隆认为马瑀"巡哨时见有夷船远来即能探询明确,迅速咨报,尚属留心",因此"免其察议,其知府克什纳著一并宽免"。③

三、南望浙江归国路

马戛尔尼使团由浙江外海普陀山放洋北上,于7月20日(六月十三日)

---

① ［英］乔治·马戛尔尼、约翰·巴罗著,何高济、何毓宁译:《马戛尔尼使团使华观感》,商务印书馆,2013年,第147页。

② 中国第一历史档案馆编:《英使马戛尔尼访华档案史料汇编》,国际文化出版公司,1996年,第34页。

③ 《清高宗实录》卷一四三〇,乾隆五十八年癸丑六月庚午。

至山东登州庙岛洋面经停。登州知府蓝嘉瓒等人上船与马戛尔尼和斯当东见面,告知其皇帝正驻跸热河(今承德),已经简派大臣在天津照料起岸护行。斯当东认为这位知府大人既有礼貌又从容大方,又结合之前在舟山与当地官员会谈的情况,认为"过去大家都认为中国人严肃成性,其实这只是他们在下级面前的表现"。知府还与定海知县一样邀请特使上岸设宴招待并看戏,并说是为体现皇帝的隆重接待精神而行的,但被马戛尔尼婉拒。一路上所受到的礼遇让英国人产生了一个积极的设想,"中国人对于皇帝是无限尊敬的,皇帝对使节团的招待这样重视,它会给中国人民一个很深的印象。从此以后,他们对英国将会改变观感,而东印度公司也将要从中得到益处"。① 当然,后来的事实证明,这只是英国人的错觉而已。

在舟山找的领航人原先推荐使团在庙岛停泊,但是在"克拉伦斯号"探水调查后发现此地并不适宜,像"狮子号"与"印度斯坦号"这样的大船根本无法开进去。于是又派出"豺狼号"赴天津探水,该船于 7 月 23 日(六月十六日)进入天津海口,长芦盐政徵瑞亲赴该船查看。船上的哈特诺先生对此事也有记载,称有一位官员带着几位随从来到"豺狼号"上,问了许多关于特使和所携带礼品的问题,而且是长时间站在甲板上询问使节团的每艘船只的大小、载重量、人数、炮位数等具体问题,随从人员中一个人始终不停地作记录。官员还告诉英国人,接奉皇帝谕旨,好好地接待使团,供应任何所需要的东西。由于"豺狼号"要等到第二天涨潮才能出海口,所以又邀请哈特诺和卡姆培尔上尉上岸,设宴招待,实际上依然是在反复盘诘。这位官员其实就是徵瑞,他在了解情况后向乾隆奏报:"该国王差辅国大臣马戛尔尼输忱纳贡大船二只、小船二只,续又差官全波罗嗒探船一只,亦会聚一处,共船五只。大小官匠役作跟役舵水人等,共有七百余人。本月十三日行抵山东登州之庙岛地方。本管大臣因船身过大,吃水三丈余尺,恐天津海口不能收泊,令该头目先来探量水深丈尺。现探得内洋水浅,大船不能进口,只好在庙岛停泊等语。"②在中文史料里没有详细罗列过这五艘船的名字,其实就是从英国派出的"狮子号""印度斯坦号""克拉伦斯号""豺狼号"和东印度公司在广州的商馆派出的探船"勉励号",其中前两艘是大型船只。不过徵瑞从英国人口中所获知的英国使团要在庙岛停泊的消息是过时的,因为就在"豺狼号"出发后不久,登州方面向使团派来一位领航人,此人说"在天津口

---

① [英]斯当东著,叶笃义译:《英使谒见乾隆纪实》,群言出版社,2014 年,第 256 页。

② 中国第一历史档案馆编:《英使马戛尔尼访华档案史料汇编》,国际文化出版公司,1996 年,第 35—36 页。

外白河六哩左右有一很好的港口,可以容纳任何大船",于是使团船只便向渤海湾开进。① "豺狼号"也于 7 月 25 日从天津开船,准备回庙岛,于途中遇到使团船队。乾隆在接到徵瑞奏报后,极为重视,即谕令山东巡抚吉庆、直隶总督梁肯堂等亲赴料理,在得知英船赴津后,又令梁肯堂速赴天津,与长芦盐政徵瑞妥为接待英使。

英使船只于 7 月 27 日(六月二十日)到达天津外洋,徵瑞向乾隆汇报,他"与天津道镇等,连日乘船探量水势,设法将大船二只、小船三只,一并引至进口,有拦江沙一道,足以依靠,使风浪无虞,夷人得以放心",并于 7 月 29 日停泊定妥,准备换船至通州起旱。按理说,此时负责接待的钦差大臣徵瑞本应上英船查看,与英使见面。但是徵瑞却因为礼节问题并没有去,只派了天津道乔人杰、通州副将王文雄上船"向特使致敬",因此还受到了乾隆的批评。徵瑞奏报道:

> 查外藩使臣与奴才等相见仪注,向例总持以陪臣之礼。前奴才拟赴该船时,先行告知仪注,该正贡使马戛尔尼、副贡使肋可那尔乐斯,自以品级尊崇,须平行相见。奴才窃思英吉利国原非安南、缅甸之比,其贡使稍示优礼,未为不可。但彼既以品级自居,若奴才先往见,有失体制。(朱批:又太过了,竟不敢向汝等发谕矣。)是以令同出海口之天津道乔人杰、通州副将王文雄过船内,谕以钦差出海查看表文、贡单,令我等过船来取,以示专崇。②

乾隆看到奏折后,批评徵瑞"妄自尊大,与远人斤斤计较。……试思该使臣向徵瑞行叩见礼亦无足为荣,即不行叩见礼,亦何所损。……岂可以此等相见礼节与之较论,殊非怀柔远人之道"。此时的乾隆对于英人不愿行叩见礼表现得极为宽容。

斯当东的书中也记载了此事,不过他说徵瑞"骄傲自尊而天性又极为怕水,因此不敢到海上来,自己留在岸上等候特使上岸之后再来相会",③看来此时的英国使团还不能完全理解礼仪问题在清政府外事活动中的重要性。不过是否要行叩头礼的矛盾却因为乾隆帝的一个奴才的傲慢而首次浮现出

---

① [英]斯当东著,叶笃义译:《英使谒见乾隆纪实》,群言出版社,2014 年,第 260 页。
② 中国第一历史档案馆编:《英使马戛尔尼访华档案史料汇编》,国际文化出版公司,1996 年,第 36—37 页。
③ [英]斯当东著,叶笃义译:《英使谒见乾隆纪实》,群言出版社,2014 年,第 268 页。

来,只是双方都不太在意。

此后,英国使团又在清方官员的陪同下,换乘中国船只从天津行至通州再登岸,由陆路抵达北京,乾隆正在承德避暑山庄,所以使团又转而赴赴承德。经过冗长烦琐的交涉,尤其是关于是否以三跪九叩礼仪觐见的问题,马戛尔尼等人终于在 9 月 14 日(八月初十)见到了乾隆,并且向其呈递了装在镶有珠宝的金盒子里的英王书信。之后又在 9 月 17 日(八月十三日),马戛尔尼随同王公大臣至澹泊致诚殿"行庆贺礼",又参加了一系列的活动。在"万寿节"过后,马戛尔尼使团于 9 月 21 日先行离开承德回京。9 月 30 日,乾隆回銮,马戛尔尼按照清廷要求,又去参加郊迎之礼。实际上在英使离开承德的第二天(9 月 22 日),军机处即给札徵瑞,传达乾隆旨意:"该使臣代伊国王递表进贡之事,俱已完竣,而颁赐国王及赏给使臣之件,亦经节次给发。该使臣等亦更无余事耽延,不过令其料理行李,收装赏件,数日后,即可于九月初五日(即 10 月 9 日)以前起程回国。"①及至英王来信译出之后,才知事情并非递表进贡这般简单,除敕谕驳斥不准外,又恐英王"心怀觖望""借词生事",故特命新任两广总督长麟先事防范,如使臣有所干求,一概不允。

马戛尔尼当然不知道乾隆的安排,他于 10 月 2 日②在圆明园向负责接待的和珅还提出一系列有关贸易的要求,并明确提出他此次奉英王之命来华"非为暂时的联络感情计,实欲与贵国永远共敦睦谊计",拟"久驻北京";并且表示,如果中国愿意选派使臣赴英,则"尤为鄙国所欢迎",甚至愿意承担"所有船只一切以及到英国后种种供给之物……以极尊荣之敬礼待此使臣"。他还告诉和珅这种互派使臣之法,是目下欧洲各国间通行之惯例。③马戛尔尼又"概况地把准备商谈的几个问题非常委婉地点出来,尽量避免露出不高兴的神气"。而和珅"始终保持一种置若罔闻的态度,故意东拉西扯,而于特使所提出的问题则一字不答"。④ 他当然不能进行答复,必须有乾隆的旨意才行。

在英使访华期间,乾隆皇帝向马戛尔尼赐予过两道重要的敕书。第一

① 郭廷以:《近代中国史》,上海书店出版社,1989 年,第 237—238 页。
② 佩雷菲特根据小斯当东的日记指出,马戛尔尼和斯当东去圆明园见和珅是在 10 月 1 日。但不知道为什么会出现这样的偏差。
③ [英]马戛尔尼原著,刘半农原译:《1793 乾隆英使觐见记》,天津人民出版社,2006 年,第 144 页。
④ [英]斯当东著,叶笃义译:《英使谒见乾隆纪实》,群言出版社,2014 年,第 460 页。

道的颁发时间是在 9 月 23 日（八月十九日），10 月 3 日送抵使团住处。① 该敕书对乔治三世国王信件中"以照料买卖，学习教化为辞"要求派使节驻居北京的请求加以拒绝，并且详细解释了原因。其实在同一天乾隆下达给军机大臣的谕旨中将理由讲得更加直白，"伊等贸易远在澳门，即留人在京，岂能照料。至于天朝礼法，与该国风俗不相同，即使留人观习，伊亦岂能效法。且向来西洋人惟有情愿来京当差者，方准留京，遵用天朝服饰，安置堂内，永远不准回国。今伊等既不能如此，异言异服，逗留京城，或其心怀窥测，其事断不可行"。② 乾隆的结论是"看来此等外夷，究属无知"。

第二道敕书在 10 月 5 日颁发，10 月 7 日送达使团住处。③ 在敕书中，乾隆先是给出了结论："昨据尔使臣以尔国贸易之事禀请大臣等转奏，皆更张定制，不便准许。"④接着又对马戛尔尼提出的六条要求逐条加以驳回：

第一条，要求开放宁波、舟山和天津贸易。驳：该处未设有洋行，尔国船只到彼亦无从销卖货物；该处无通事，不能谙晓尔国语言，诸多不便。皆不可行。

第二条，要求准许仿照俄罗斯人之例，在北京设馆贸易。驳：在恰克图贸易之前，不过暂行给屋居住而已，设立恰克图以后，不准俄罗斯人在京城

---

① ［英］马戛尔尼原著，刘半农原译：《1793 乾隆英使觐见记》，天津人民出版社，2006 年，第 155 页。根据清宫档案记载，最早有关乾隆颁发给马戛尔尼使团的是军机处于 1793 年 8 月 3 日（乾隆五十八年六月二十七日）的一份奏片，此时使团尚在天津外海。该奏片上写明"臣等谨拟写英吉利国敕谕一道进呈，俟发下翻写清字西洋字进呈，再行敬谨缮写，俟该贡使回国时照例颁发谨奏"。有好几位学者都认为这道 8 月 3 日准备好的敕谕就是 9 月 23 日（八月初十）乾隆正式颁发给使团的敕谕，比较具有代表性的是佩雷菲特，他还由此推论，"使团的失败并不仅仅是因为拒绝叩头。这早就策划好了"。在他们觐见乾隆之前，皇帝的立场早已确定。但是佩雷菲特的认识是完全错误的，因为 9 月 23 日的敕谕中皇帝拒绝英国派驻官员居住英国的要求，"至尔国王表内恳请派一尔国之人住居天朝，照管尔国买卖一节，此则与天朝体制不合，断不可行"，而这一要求是乔治三世国书中提出的："求与中国永远平安和好必得派一我国的人代我的权柄住在中国地方，以便弹压我们来的人，有不是罚他们，有委屈亦可护他们。"（中国第一历史档案馆编：《英使马戛尔尼访华档案史料汇编》，国际文化出版公司，1996 年，第 163 页。）国书是马戛尔尼于 9 月 14 日在热河万树园亲自呈递乾隆，所以可以看出，8 月 3 日的敕谕与 9 月 23 日的敕谕并非同一道。佩雷菲特等人出现这一认识上的错误，其原因在于其依据的中文史料《掌故丛编》"英使马戛尔尼来聘案"的编辑上出现问题。《掌故丛编》在辑录的"六月二十七日军机处奏片"后加一按语"按：此敕谕系六月二十七日拟进八月十九日颁给"，紧接着又将 9 月 23 日的敕谕编入。这就直接导致了一些学者认为，9 月 23 日颁发的敕谕就是 8 月 3 日拟写的一份，并由此得出各种推论，自然也就不正确。
② 《清高宗实录》卷一四三五，乾隆五十八年癸丑八月乙卯。
③ ［英］斯当东著，叶笃义译：《英使谒见乾隆纪实》，群言出版社，2014 年，第 468 页。
④ 其中"昨"指的是 10 月 3 日，马戛尔尼原计划于该日在同和珅的会面中提出要求，但他因为抱病在身，和珅说可以用书面形式提出，于是马戛尔尼赶紧在当天下午给和珅写信，提出使团的具体要求。因此可以断定敕文是在 10 月 4 日完成。

居住已数十年。尔国欲在京城立行之事必不可行。

第三条,要求获得在相近珠山(即舟山)地方小岛一处,商人到彼即在该处停歇,以便收存货物。驳:珠山地方既无洋行,又无通事,尔国船只已不在彼停泊,要此海岛地方亦属无用;天朝尺土,俱归版籍,疆址森然,即岛屿、沙洲亦必划界分疆,各有专属。此事尤不便准行。

第四条,要求拨给广州附近一处地方供英商居住或准令澳门居住之人出入自便。驳:今欲于附近省城地方另拨一处,给尔国夷商居住,已非西洋夷商历来在澳门定例;至于夷商等出入往来,悉由地方官督率洋行商人随时稽察,若竟毫无限制,恐内地人民与尔国夷人,间有争论,转非体恤之意。

第五条,要求自广东下澳门,由内河行走货物或不上税或少上税。驳:纳税皆有定则,应照例公平抽收,与别国一体办理。

第六条,确定船只关税条例,照例上税,不额外加征。驳:船钞税款应仍在粤海关按例缴付。①

在敕书中还有驳斥英使请求任听夷人传教一事,但没有迹象表示马戛尔尼曾经提过这个问题,或许是在朝廷的天主教传教士加入的。

可以看出,在马戛尔尼所提出的六条中,第一条与第三条都与浙江直接相关,这也表明英国人对于开放浙江贸易的渴望。马士将马戛尔尼所提出的这些要求称为"对英吉利最适度的《权利宪章》(*Charter of Rights*),它于1793年提出,在1842年用武力获得"。② 细读之下,这六条要求确实像是中英《江宁条约》的一个雏形。

毫无疑问,这些要求被中国全部驳回,意味着马戛尔尼使团此次出使使命的彻底失败,但后世对于失败的原因却有着诸多的解释,其中最具影响力的说法是:关于叩头的礼仪问题造成中英双方的不快与隔阂,并导致了一系列的严重后果。1840年美国总统亚当斯(John Quincy Adams)就将鸦片战争的主因当成是叩头问题;而在佩雷菲特看来,"最为奇怪的是一件表面上微不足道的小事导致马戛尔尼最终的失败:他拒绝叩头……没有比违反他人的习俗礼仪更得罪人的事了,因为这总是蔑视他人的一种标志。天朝被得罪了。皇帝缩短了使团逗留的时间。两国关系破裂引起了悲剧性的连锁反应:两个民族的对抗;中国的崩溃;19世纪英国在东南亚的统治;20世

---

① [英]马戛尔尼原著,刘半农原译:《1793乾隆英使觐见记》,天津人民出版社,2006年,第149—153页。

② [英]马士著,区宗华译:《东印度公司对华贸易编年史(一六三五—一八三四年)》(第二卷),广东人民出版社,2016年,第255页。

西方与第三世界因仇恨引起的误解"。① 还有不少学者指出,当时的中国所实行的叩头礼仪是和欧洲所遵循的主权平等原则相对立的,中国没有"平等外交"的观念。而"天朝物产丰盈、无所不有,原不借外夷货物以通有无,特因天朝所产茶叶、瓷器、丝绸为西洋各国及尔国必需之物,是以加恩体恤,在澳门开设洋行,俾得日用有资并沾余润。今尔国使臣于定例之外多有陈乞,大乖仰体天朝加惠远人、抚育四夷之道"。这段乾隆的话则被认为表明了这位皇帝以中国为世界的中心,傲慢拒绝英王扩大通商的要求,导致中国错失主动打开国门走向世界的机会。

可是,马戛尔尼以三跪九叩的礼仪觐见乾隆后,就能获得自己想要的权益吗?答案是否定的,但不是因为乾隆(或者说以他为代表的清王朝)的妄自尊大、对世界形势的茫然无知,更不是因为中国拒绝与西方贸易。而是因为英人的要求并不符合清王朝对外贸易管理制度的原则,乾隆说得很清楚,"天朝统驭万国,一视同仁",而英国所要求的权益只不过是针对其一国的特殊优待而已。英国的一些要求,如划舟山附近一岛作为英人居留地,与殖民并无二样。清政府将对西方的贸易统归于广州,对洋商加以限制,主要也是出于防止民夷勾串、维护社会稳定的考虑。还有,当时与清朝有贸易往来的"不仅尔英吉利一国,若俱纷纷效尤,以难行之事妄行干渎,岂能曲徇所请",乾隆的考虑不无道理,若英国的要求获允,其他欧洲国家也依法炮制,何以处之?所以,英人的请求确实是"与天朝体制不合"。

不仅马戛尔尼使团向清政府提出的要求与浙江紧密相关,使团在访华的整个过程中都与浙江保持着联系。这是因为使团大部分人到了天津海口后,并没有随马戛尔尼使团赴京,而是回到了舟山待命;使团的回程路线也是先到浙江,再转赴广州。

当初,"狮子号"与"印度斯坦号"因为系大船,吃水深,无法开进白河口内,也"不能长期放在没有任何掩护的海口外面"。因此在8月5日(六月二十九日),马戛尔尼在天津海口的海神庙与梁肯堂、徵瑞会面时,就已经提出让英船先回浙江的请求,梁肯堂向乾隆汇报了英使的请求:"原来船只未能久泊天津洋面,拟先回浙江宁波、珠山地方湾泊,恳求大皇帝命地方官指给空地一块,俾伊等支立账房,将船内患病之人,送至岸上,暂行栖息。并求禁止居民勿上彼船。伊亦禁止船内之人不出。指出地界之外,并求臣梁肯堂

① [法]佩雷菲特著,王国卿等译:《停滞的帝国:两个世界的撞击》,生活·读书·新知三联书店,2016年,第2—3页。

先给船户印照一纸,以便开船前去等语。臣等当许其代为奏请。因原船即须开行,随给与印照一纸,令其收执。"①乾隆同意英使所请,"可听其自便",而且提出等到英国使团在热河"瞻觐叩祝、诸事完竣后,即令回浙。贡使一到,原船便可开行。其在宁波珠山地方不过暂时湾泊"。于是传谕浙江巡抚长麟"妥为协理,并饬地方官留心照料,固不必过于优待,亦不可稍任欺侮"。②乾隆想得很是周到,考虑到英国使团回国时口粮缺乏,令梁肯堂传旨"赏给来役一年口分米石",本来计划从北仓动给,又担心北仓"即有余存,恐不敷用",最后决定"该国船只于起卸贡物后,即欲回至浙江宁波停泊,莫若即于浙省就近仓贮米石内给予,更为省便"。③后来梁肯堂上奏,"已在天津两次传旨犒赏,并赏给米六百石,面二千余斤,尽足敷用,毋庸再于浙江补给",乾隆谕令"著该抚酌量,若其回洋时,仍需米石,即传旨赏给"。④

马戛尔尼的计划显然与乾隆设想的不一样,他命令东印度公司船只"印度斯坦号"赶赴广州载运货物返回欧洲,"在从天津到广州的途中,希望能路过舟山靠岸,假如中国能给他一个护照在舟山进货,在那里购买丝茶比在广州便宜得多"。为此,英使带上该船船长马金托什到北京,希望借此机会亲自请求中国政府的批准。同时计划在马金托什觐见过皇帝后,就让他回到"印度斯坦号",途中还可"调查一下若干中国货物的制造方法",因为东印度公司急于获得这方面的材料。⑤"狮子号"等船则在8月7日收到通知,要求他们回到舟山,在那里等候以后的命令。⑥马戛尔尼原先准备带上"狮子号"船长高厄爵士到京谒见乾隆,如果皇帝"垂询有关英国海军的事项,高厄爵士将是最适宜回答这类问题的"。将两艘二桅船中的一艘留在天津白河供高厄爵士在京觐见完毕后返回"狮子号"船之用。他还希望之后立即离开中国,在第二年5月以前再回来,在此期间去一趟日本,在江户上岸,向日本国王呈递特使信件。⑦不过高厄爵士"因为他对水手们的职责",拒绝了与特使同去北京的建议,而是带领"狮子号"去完成马戛尔尼下达的任务。

这两艘船于8月8日开出渤海湾,12日经过庙岛,并得到登州府的各种

---

① 中国第一历史档案馆编:《英使马戛尔尼访华档案史料汇编》,国际文化出版公司,1996年,第38页。又可参见《清高宗实录》卷一四三一,乾隆五十八年癸丑六月庚寅。

② 《清高宗实录》卷一四三二,乾隆五十八年癸丑秋七月甲午。

③ 《清高宗实录》卷一四三一,乾隆五十八年癸丑秋六月辛卯。

④ 《清高宗实录》卷一四三二,乾隆五十八年癸丑七月丙申。

⑤ [英]斯当东著,叶笃义译:《英使谒见乾隆纪实》,群言出版社,2014年,第276—277页。

⑥ [英]爱尼斯·安德逊著,费振东译:《英国人眼中的大清王朝》,群言出版社,2002年,第53页。

⑦ [英]斯当东著,叶笃义译:《英使谒见乾隆纪实》,群言出版社,2014年,第278页。

物资供应。"狮子号"于 8 月 15 日前往企望澳调查,虽然在这里过冬非常安全,但由于船上病号增多,就地补给也有困难。所以决定开往舟山,英国人认为"舟山到天津是世界所有海程中危险性最小的一段"。① 高厄爵士在离开庙岛前请当地官员转交一封信给马戛尔尼,询问该船到舟山后,是静候特使一同回国,还是遇北风顺利先行回国。8 月 24 日,这封信由负责陪同使团的吏部尚书金简转交给马戛尔尼。次日,英使复信。金简刚好也在,坚持询问信中的内容。马戛尔尼认为"此种问题万非吾英人所能问,然以两国风俗性质不同之故,不能厚违其意",还是告诉金简,"狮子号"上众人水土不服,勿须在浙等候,可令先行回国。②

其实关于此事,马戛尔尼也曾询问过徵瑞,但对方却认为,"夷船无先回之理",并向乾隆请示"应否敕下浙江抚臣,令管船夷官,即在定海县停泊,静候同回"。乾隆阅后,很是生气,斥责徵瑞"所奏糊涂已极,竟是该盐政无福以致识见如此昏愦"。让人想不到的是,乾隆竟然是从节约费用的角度来考虑的,"试思贡船之内所留官员兵役及舵水人等,尚不下六七百人,在浙久驻,供应浩繁。伊既情愿先回,岂不所省实多。徵瑞何计不及此"。乾隆赶紧采取补救措施,他让徵瑞据实覆奏是否已向英人说了自己的主张,如果没有的话,"尚属徵瑞之幸",迅速告知浙江巡抚长麟,让他"传知该国管船夷官,听其先回本国"。③ 有趣的是,乾隆在"反复思维"之后,次日又下了一道谕旨:

> 该贡使等航海远来,献贶祝嘏,固应加之体恤。其在浙停留船只,如该贡使自欲等候,自不便强令先回。今该贡使因船内人众不服水土,欲令先回本国,正可听其自便,何必转相阻止。可令金简、伊龄阿、徵瑞三人同向贡使传知,以徵瑞不令尔到浙贡船回国一节,业已奏闻大皇帝,以徵瑞所言不合,加以严饬。尔等既因船内人众不服水土,自应先回本国,不必在浙停泊久候,此系汝晓事。所言甚好。大皇帝闻之,甚以为当如是,明白谕知,并令该贡使即将令贡船回国覆信写就,交与金简等转奏,以便由驿饬交长麟,转给遵照,先行回国。④

---

① [英]斯当东著,叶笃义译:《英使谒见乾隆纪实》,群言出版社,2014 年,第 327 页。
② [英]马戛尔尼原著,刘半农原译:《1793 乾隆英使觐见记》,天津人民出版社,2006 年,第 65 页。
③ 《清高宗实录》卷一四三三,乾隆五十八年癸丑七月乙卯。
④ 《清高宗实录》卷一四三三,乾隆五十八年癸丑七月丙辰。

他还说:"该国船内,官员兵役人等,如前已俱到京城居住,以见人数众多,不令先回,尚属有因。今贡船业已到浙,即有数万人,亦与京师无涉,徽瑞此举,实令人索解不得。"

作为一个专制独裁者,乾隆生平好大喜功、铺张粉饰、讲求威仪。或许是因为他觉得第一道谕旨讲得太过直白,暴露了自己的真实想法,但似乎又有些缺乏"大国风范",补救之计亦不够磊落,所以才又下了第二道谕旨。

马戛尔尼到热河之后,仍然不允依中国仪式,行三跪九叩礼觐见皇帝,致令乾隆"深为不惬",说英使"妄自骄矜"。在其 9 月 9 日(八月初五)的上谕中提到"将来伊等回国,应令由内河水路前抵江南,即由长江至梅岭起旱,再由水路前往广东,陆路尖宿供顿俱可照例预备(朱批:不可过于丰厚)……不得踵事增华,徒滋烦费,此等无知外夷亦不值加以优礼"。① 可以看出,乾隆已经安排好马戛尔尼使团的回程路线。

乾隆在避暑山庄第一次接见马戛尔尼一行后,命和珅等大臣陪同他们在御花园游览。在游园时,和珅告诉马戛尔尼,他接到报告,"狮子号"和"印度斯坦号"都已经到达舟山。英使趁机说,马金托什船长现在既已见到皇帝,留滞此间无所事事,拟令彼回船料理。但遭到福康安的强烈反对,说中国万万不能允许外国人个人随便往来内地。当时只能作罢。② 过了几日,马戛尔尼又就此事写就一封说帖,请一位中国人翻译成中文后递交给和珅。在中文史料里,马金托什的译名是吗庚哆嘶,乾隆对于英使的这一请求予以拒绝,认为:"吗庚哆嘶虽据该贡使禀称系专管船只夷官,但船上官役人等甚多,尽可照料管理,况该国船只自天津开行至浙江,吗庚哆嘶并未同往,其船只已安行抵浙,岂有自浙回其本国又必须吗庚哆嘶一人前往弹压之理?所禀并非实情,且亦不值为吗庚哆嘶一人又复派员沿途伴送,致劳烦费,实不可行。此时若准其所请,恐该贡使等恳求无厌。"但他考虑的极其周到,9 月21 日(八月十七日),以廷寄(即秘密谕旨)的形式告诉升任两广总督但仍留在浙江的长麟,针对可能出现的两种情况,做出如下安排:

> 前此该贡使寄给该夷官复信内若并未提及欲令吗庚哆嘶回船弹压之事,伊在船之人并未言及此时固属甚善,即着长麟于船只到齐后作为

---

① 中国第一历史档案馆编:《英使马戛尔尼访华档案史料汇编》,国际文化出版公司,1996 年,第148 页。

② [英]斯当东著,叶笃义译:《英使谒见乾隆纪实》,群言出版社,2014 年,第 420 页;[英]马戛尔尼原著,刘半农原译:《1793 乾隆英使觐见记》,天津人民出版社,2006 年,第 113—114 页。

已意传知该夷官等,以伊等船只业经奉旨准令回国,并有尔贡使复信,伊等即应遵照办理,克日开船,并将其船只开行日期迅速驰奏,俟奏到后即可谕知该贡使等船只业已开行,已属无及,吗庚哆嘶应不必再行赴浙,该贡使等更无可渎恳;若其复信内提及欲令等候吗庚哆嘶回船再行开行之事,该夷官等或禀请在船等候,长麟即当明白晓谕,以伊等船只业经奉旨准令先行回国,不便久泊,贡使等在京宴赉尚须时日,亦并无此话,不必等候,且汝之正使已有信令汝等先行回国,何必在此等候?长麟即勒令刻日放洋,仍即将开行日期迅速具奏,以便晓谕该贡使等知悉。①

可以看出,乾隆就是想要让停泊在舟山的英船早日回国。但他也设想到"若该夷官等再四恳求,必欲等候吗庚哆嘶到船方可开行"的情况,则"即着长麟迅速驰奏,计奏到时该贡使等在京宴赉各事宜亦经完竣,竟当饬令该贡使等即由京前往浙省回其原船,与该夷官等一同回国,无须绕道广东,更为简捷"。马戛尔尼曾请求在浙江购买茶叶等物,乾隆同意,并着长麟"传知该夷官速行购买,以便料理起身,仍饬地方官传知各铺户,令其公平交易,毋致苛刻,并将所买茶叶等物已经奉旨加恩免其纳税之处谕知该夷官,令其倍加感激"。②

9月23日(八月十九日),乾隆又有上谕廷寄长麟、调任浙江巡抚吉庆和广东巡抚郭世勋,指示他们"此次英吉利贡使回国,如其船只尚在珠山等候,贡使等应由京赴浙上船开行,若其船只业已先回,则该贡使等须由长江,亦当由浙江起旱前赴广东澳门,附该国买卖便船回国,是该贡使行走两路不出浙江、广东地方,长麟于贡使经过时所有饭食等事自应照例供给,俾无乏缺,至于礼貌一切总宜自存体统,示以威重,伊等如妄有干请,即当词严义正严加驳斥,不可过事有容,以致启其冒渎无厌也"。③

马戛尔尼从热河回到北京后,觉察到清廷已经流露出希望英使早点回国的意思。他原来希望能够在中国待尽可能长的时间,但鉴于主人的态度,决定等过了明年2月庆祝中国元旦之后马上离开。在此期间,"将尽力同中国谈判,谋求解决两国之间一切重大事宜,奠定基础使两国之间今后友好往

---

① "英使马戛尔尼来聘案",《清代档案史料选编·乾隆朝(下)》,上海书店出版社,2010年,第661页。
② "英使马戛尔尼来聘案",《清代档案史料选编·乾隆朝(下)》,上海书店出版社,2010年,第661页。
③ 《清高宗实录》卷一四三五,乾隆五十八年癸丑八月乙卯。

来频繁"。① 10 月 2 日,和珅约马戛尔尼等人到圆明园谈话,见面后向英国人出示了几封高厄爵士从舟山发来的信件,这些信都通过邮驿系统带至北京,主要内容是说,高厄爵士拟将"狮子号"从舟山开出,而"印度斯坦号"则非等马金托什船长回船不能开驶。马戛尔尼将这些情况告诉了和珅,他在听罢后,对于"狮子号"即将开走表示很惊讶,对马戛尔尼说:"你那'狮子号'船可以不必离开,等在舟山,你们大家一同回国。皇帝听说你部下的人到中国以后死了几个,你自己身体也不好。他想是北京天气太冷,与你们洋人体质不合。将来交了霜降,天气要突然冷得紧。替你们设想,还是在河水上冻之前及早回去的好。陆路启程既不舒服也不方便。我们天朝的宴会礼节,元旦和万寿差不多。贵使既然在热河参加了万寿典礼,也就不必再等着参加庆祝元旦了。"②

10 月 3 日,英使收到乾隆致英国的复信和礼物。中国方面没有规定一个日期让使团归国,但乾隆在圆明园关于使团的最后一句话是"以后不要再见面了,这就等于命令归国"。即便是这样,马戛尔尼仍然希望能多留一天就多留一天。不过在此期间,他收到广州东印度公司代理人于 7 月份写的一封信,促使他改变主意,及早离开。信中称,法国或法兰德斯的军舰就要在海上攻击英国商船,如若护航的英国军舰不能及时赶到远东护送广州的英国商船返英;在此种情况下,英使当前最重要的任务是用"狮子号"护送英国商船回国。而广州的商船返英的时间一般都在 3 月份,在此之前,他还有足够时间去日本走一趟看看有无可为。马戛尔尼急忙托和珅设法送信通知舟山,叫"狮子号"等候英使不要离开。他认为清廷既然想让使团早日返国,和珅肯定乐意送达这样一封信。但直到马戛尔尼一行到达通州坐船离开时,陪同他们的户部侍郎、钦差松筠才告知,和珅没有送出这封信,原因竟然是,找不到一个合适的人将信译成中文,和珅无法知道除了英使向其口头讲述的内容外,是否还有其他不适当的内容或者危险性的指示给高厄爵士,所以信件被他扣住不发。③ 这也足见清方对英人的戒备与防范。松筠在了解到信件的内容后,答应马戛尔尼会奏报给乾隆,要求立刻将信寄出。但在 10 月 29 日,松筠告诉马戛尔尼,接到北京转来的消息,"狮子号"已离开舟

---

① [英]斯当东著,叶笃义译:《英使谒见乾隆纪实》,群言出版社,2014 年,第 440 页。
② [英]斯当东著,叶笃义译:《英使谒见乾隆纪实》,群言出版社,2014 年,第 459—460 页。
③ [英]斯当东著,叶笃义译:《英使谒见乾隆纪实》,群言出版社,2014 年,第 474 页。

山,"印度斯坦号"尚未启碇,认为其只能乘坐该船前往澳门。① 但马戛尔尼回复,"印度斯坦号"为商船形制,能多载货物但不能多搭客,现部下人员甚众且不惯拥挤,若齐挤该船势必致病。松筠同意立即写信至北京,请他们妥筹办法。11 月 7 日,通知马戛尔尼,"顷奉朝廷明谕,吾等同至杭州后即由新任两广总督长大人导护贵使同往广东",而马金托什为"印度斯坦号"船长,即听其前往舟山,回原船办事。②

实际上,马戛尔尼早在离京的时候就已经确定了回程方案,即先直接到杭州,届时假如高厄爵士还在舟山,就搭"狮子号"走;假如他已经离开,那马戛尔尼等人就从杭州南下到广州,在广州设法搭船回国。③ 而且事情在当时仍有一线转机,因为高厄爵士在离开舟山前一天,写信报告马戛尔尼,由于"船中病者甚多,医生、大副亦病,而又无药,不得已,只可开往广东江口购药,以苏同人之困。一俟药物购置完备后立即当返棹北旋,迎钦使于珠山原地"。④ 马戛尔尼又于 11 日往谒长麟,⑤他写就一封短信,嘱托高厄爵士在澳门守候,不必复开至舟山,请长麟派人送出。⑥

马戛尔尼说在 11 月 12 日,长麟又复来拜见一次,"二人情谊因此益形亲密"。但这不过是表面上的和谐罢了,乾隆派他和松筠以及接护各提镇大员,本是为了"催趱弹压","于严切之中,仍寓怀柔"。而且英国人不知道,长麟对他们可谓是竭力防范,他在浙江查出一位郭姓当地人,"从前曾经勾结夷商,今已病故。伊子郭杰观,略省夷语,已经严行管住"。乾隆谕旨:"郭姓曾有勾结夷商之事,伊子又能略通夷语,虽现无勾串情弊,然此人留于浙江,究不可信。著即派妥员伴送,由别路进京备询。"皇帝知道"伊系无罪之人",因此开恩"不必令带刑具,但沿途务须留心防范,毋致脱逃"。他还担心此事被英国人知道,特别提到"起解时,并不可令英吉利国人闻知遇见,想该抚等

---

① ［英］马戛尔尼原著,刘半农原译:《1793 乾隆英使觐见记》,天津人民出版社,2006 年,第 182 页。不过斯当东的书中却说是在 11 月 9 日抵达杭州以后才知悉高厄爵士已经于 10 月 16 日随"狮子号"离开舟山。参见［英］斯当东著,叶笃义译:《英使谒见乾隆纪实》,群言出版社,2014 年,第 518 页。
② ［英］马戛尔尼原著,刘半农原译:《1793 乾隆英使觐见记》,天津人民出版社,2006 年,第 187 页。
③ ［英］斯当东著,叶笃义译:《英使谒见乾隆纪实》,群言出版社,2014 年,第 467 页。
④ ［英］马戛尔尼原著,刘半农原译:《1793 乾隆英使觐见记》,天津人民出版社,2006 年,第 190 页。该信从舟山发出,到北京后又被清廷压搁了一段时间才转寄给英使。
⑤ 长麟因为已被提升为两广总督,本已在赴粤途中,但乾隆于 10 月 11 日下旨:"长麟未经赴粤则已,若接奉前次令其赴粤谕旨,已将抚篆迎交吉庆,即从衢州一带赴粤,于何处接奉此旨,即于该处转回。与松筠、吉庆一同办理,此为最要。"所以长麟又返浙迎接马戛尔尼等人。参见《清高宗实录》卷一四三六,乾隆五十八年癸丑九月丁酉。
⑥ ［英］马戛尔尼原著,刘半农原译:《1793 乾隆英使觐见记》,天津人民出版社,2006 年,第 191 页。

自能办妥"。① 郭杰观可能从来都没有见过英国人,只因为他的父亲曾与夷商做过生意,而他本人会几句洋泾浜英语,就被清廷当作罪犯一般管制,甚至被押送北京讯问。作为一个生活在专制王朝的老百姓,命运何其不幸!

由于受到交通技术水平的限制,朝廷与地方之间信息传递都有"时间差"。即便是"六百里加紧"的驿传,一道从北京颁发的谕旨,也需六日左右的时间才能到杭州,某些重要信息不能及时传递,也会产生问题。乾隆本来在9月28日(八月二十五)已经谕令江南、浙江各督抚:"英吉利贡使瞻觐事竣,拟于九月初三日即令起身,在通州坐船由水路前赴浙江,仍坐原船开洋回国。所有经过水程地方前已降旨,令地方官只须照常供应,不可过于丰厚。"另一方面,长麟在收到朝廷9月21日的廷寄后,立即命令宁波官府调查,获知英船五艘已先后到定海收泊,不过据船上夷官说,他们俱要先行回国。因广州、澳门地方常有该国商船往来,将来贡使可以在粤附船回国。乾隆知悉后,于10月1日(八月二十七日)向粤、江、皖、赣等省督抚颁发上谕,说该国既已开洋先回,"其贡使等自当令其由水路取道长江,前赴广东到澳门附船回国",沿途各省务遵前旨妥办。这其实已经更改了使团的回程路线。

但是长麟奏报的消息不准确,清廷从英船上寄给马戛尔尼的书信中了解到,先行放洋回国的只有四艘船,另一艘"印度斯坦号"要等其船长马金托什到船后方开行。乾隆批评长麟未经亲自查看,听信地方官员的不实消息。于10月2日(八月二十八日)令他查明究竟是五艘船全部开行还是留下了一艘,查实后即行六百里迅速复奏。若尚有一艘在浙江逗留,则务必严行晓谕:"以尔等患病,准令在宁波地方医治,系属天朝格外恩施,优加体恤。今病已痊好,且贡使来信已令尔等先行回国,岂容托故耽延。如此辞言义正,饬令速速行开放旋国。"② 10月4日的上谕说,英国使团"于九月初三日即令起程,由内河水路前赴广东澳门,附该国贸易船只放洋回国,已派侍郎松筠沿途照料",所有经过各省(直隶、山东、江南、江西、广东)须派大员管领兵弁接替护送。③ 从这道谕旨来看,英国使团不会回浙江。但是事情又起了变化。长麟经过查验后,复奏乾隆,因英船尚有船员患病未痊,恳请在定海暂停,故贡使等来时乘坐原船五艘俱未开行。此时英国使团已经离京了。乾隆于10月11日(九月初七)又下谕旨,"该夷船五只,俱未开行。松筠正可

---

① 《清高宗实录》卷一四三六,乾隆五十八年癸丑九月丁酉。
② "英使马戛尔尼来聘案",《清代档案史料选编·乾隆朝(下)》,上海书店出版社,2010年,第672页。
③ "英使马戛尔尼来聘案",《清代档案史料选编·乾隆朝(下)》,上海书店出版社,2010年,第674页。

护送该贡使，径由水陆赴浙。到定海上船旋国，实为省便。著松筠于途次面谕该贡使，以原船五只，尚在定海停待，尔等正可仍至定海上船，较之到粤路程，可少大半，并可省行走大江及起岸经过梅岭之烦"，而且之前要求先回定海船上的马金托什船长，正好趁此机会一同前往，"岂不更为省事"。①

此后情况又有变化。新任浙江巡抚吉庆上奏，原来停泊在定海的英船小船一艘、大船三艘已经于 10 月 12 日、13 日先后开行。② 行前，定海总兵马瑀晓谕该夷官等，"以业经奏准等待贡使，必须候旨遵行"。但对方回答，"原欲等候贡使，今因病体沉重，难以久留"。如果贡使不久即到，他们可留下一艘大船和舵手 120 余人在此等候。吉庆得知，立即飞咨马瑀，让其留下那艘大船并派员看守，不令开行。乾隆看过奏折，颇为不悦，在 10 月 26 日（九月二十二日）的上谕中说，先前英船到定海，因为船上患病人多，恳留调治；现在又借口病重，要求先行，"固属夷性反复靡常"。不过，既然现在留下的一艘船甚为宽大，足供贡使乘坐之用，于是著传谕松筠，"即向该贡使谕知，仍赴浙乘坐原船归国"。他还担心英国人会借口船少而迁延观望，倘若如此，则"应严辞斥驳，谕以此系尔等夷官不肯停待，自欲先行，并非浙江地方官饬令开船。今已留大船一艘，足敷乘坐，自应速赴浙江登舟，毋得托故逗留，别生枝节"。③ 英人留下的这艘船就是"印度斯坦号"。

马戛尔尼等人在松筠、长麟等人的陪同下到达杭州后，即加以安排：所有以前搭"印度斯坦号"由欧洲前来的人员仍旧搭原船回去。英王送给皇帝的礼物是由该船运来的，中国皇帝赠送英王的礼物也应当由该船运回。将使团成员分成两部分，大部分随马戛尔尼前往广州，由长麟陪送；其余一部分人以本松上校为首，包括马金托什船长、制图员亚历山大等赴舟山搭乘"印度斯坦号"，由松筠陪送。

原先马戛尔尼曾请求在浙江购买茶叶等物，乾隆认为这一要求"自属可行"，但是给出了具体的方法："此等物件亦毋庸该夷官自行购买，只须将伊等需买茶叶等件开具清单，写一信字呈明大人们，由驿递去，不过数日可到浙江，即可令浙江巡抚将伊信字交给船上夷官，其需买物件亦即令浙江巡抚派人同该夷官照单购买，公平交易，不令吃亏，买得后即可随船带去，其应上税课并可传知该处免其纳税。"本来这种方法可以说是简易可行，因为奉了

① 《清高宗实录》卷一四三六，乾隆五十八年癸丑九月丁酉。
② "狮子号"应当也在其中，不过按照斯当东的说法，该船是在 10 月 16 日离开舟山。中英文史料记载上有差异。
③ 《清高宗实录》卷一四三七，乾隆五十八年癸丑九月壬子。

圣旨,且有官府从中协助购买,英人不会吃亏,但是马戛尔尼却很客气地加以婉拒:"蒙大皇帝格外体恤,准我购买茶叶等物,并免纳税,我等实在感激无地。至茶叶一项,我们船上有一专管之人,止须求大皇帝传谕浙江该管大人准令购买,他就自能料理,便是恩典,我们可以不必寄信与他。"①乾隆对此请求也予以准行。

不过马戛尔尼在浙自行买茶等物的要求其实另有深意,这个谜底直到使团在杭州分成两路人马分赴舟山、广州的前夕才得以揭晓。松筠先在 11 月 7 日与马戛尔尼谈及,此次马金托什前往舟山,若因时间仓促或别种缘故不能收买土货,那就不妨去广东收买。他可以代为招呼广东官吏免其上税,以示优待。并请马戛尔尼告知马金托什此一想法。9 日抵杭后,长麟又对马戛尔尼说,松筠大人马上要陪马金托什船长往舟山(珠山)去上船,不过他到那边去,若说到购买货物一层颇有些困难之处。马戛尔尼回复说,倘大人以为他去时有什么困难,不妨叫他来,当面同他讲讲。因传马金托什至,长麟对他说:"广州的中国商人和洋人来往很多,珠山的情形则与广州不同,你到了那边不特各种货物全须用现银购买。且恐该处出品未必既适于洋人之用,倒不如索性往广东去买的好。"又"复力言外洋人不便在该处购买货物之情形甚详"。马戛尔尼终于在日记里道出了他的真实想法:"吾初意拟令甲必丹麦金吐司(即马金托什船长)在该处买卖货物者,心中为希望中国政府准吾英人在该处经营商业起见,故欲借此次之便开其先端。"原来,马戛尔尼指望清政府能够批准开放浙江贸易,所以故意要求在浙购买土货,作为突破清政府一口通商政策的一种尝试。不过此时,由于他的通商要求已经被乾隆拒绝,所以即使在浙江"有一回之交易似亦无足轻重,故长大人既力言珠山不便买货,吾亦即不与争辩,好在珠山可以免税,广州亦可以免税也"。②根据斯当东的记载,及至马金托什等人到舟山后,这里的官员严格遵守了乾隆的旨意,豁免英人所购货物的一切税收。虽然此处的丝茶价格比别处便宜很多,不过由于舟山市场太小,无法满足 1200 吨位的"印度斯坦号"的需要;同时,该船所出售的英国商品适合大城市需要,在当地市场推销不动,加之购货需要现金,而马金托什并没有准备,因此决定将船开至广州,反正同样可以豁免纳税。③

---

① "英使马戛尔尼来聘案",《清代档案史料选编·乾隆朝(下)》,上海书店出版社,2010 年,第659—660 页。
② [英]马戛尔尼原著,刘半农原译:《1793 乾隆英使觐见记》,天津人民出版社,2006 年,第 190 页。
③ [英]斯当东著,叶笃义译:《英使谒见乾隆纪实》,群言出版社,2014 年,第 565 页。

11 月 13 日(十月初十),松筠、吉庆陪同马金托什等人前往宁波,"自渡钱塘江后,沿途换船盘坝",于 11 月 19 日抵达镇海;此后,转由宁波知府克什纳等地方官员伴送至定海,11 月 30 日,"印度斯坦号"启碇开行前往广州。另一方面,11 月 14 日,马戛尔尼一行自杭州出发,取道江西,翻越梅岭(即大庾岭)到广东,于 1794 年 1 月 2 日(乾隆五十八年十二月初一日)抵达广州,1 月 8 日在黄埔登上"狮子号",1 月 10 日启碇开行,到澳门休整二十余天后,径航返英。① 中英间的第一次正式的官方交往最终以马戛尔尼的失望离去而结束。

以往研究多关注英国使团在承德避暑山庄和北京的活动,中英双方因为觐见礼仪问题所引发的烦琐纠纷,自由贸易、殖民扩张与清廷拒绝使团通商要求之间的复杂关联与冲突,从礼仪制度、地缘政治、翻译等角度阐发交流失败的原因,使团对于中国的印象与认识以及对于欧洲中国观的影响,等等,却少有人注意到这样一个事实:马戛尔尼使团多达七八百人,除了其中将近 100 人有机会能随马戛尔尼前往北方觐见皇帝外,其余绝大部分的人都被留在了浙江舟山,前后长达 4 个月的时间。英国使团初抵中国是在舟山,而回程亦以浙江为重要节点。可以说,浙江是马戛尔尼使团在华展开外交活动的基地。尤其值得注意的是,中英双方的交涉中有不少是关于浙江的,比如英使向清廷提出允许英国商人在舟山和宁波贸易、要求在舟山附近给予一小岛作为居留地,在浙英船是否先行离开,马金托什船长是否可以先回舟山船上,是否允许英人在浙购买土货,英使从北京出发回程是否先到浙江再转道等问题,借由双方围绕这些问题展开的交锋以及各自的考量和观点,我们可以对马戛尔尼访华这一重大历史事件有更多层次的认识。

马戛尔尼使华在浙江还留有一个副产品值得一提。被乾隆帝夸赞为"所办甚为周到,可嘉之至"的浙江巡抚觉罗长麟在目睹了英使船只强大的武器装备后,有所担心,他说:"臣思水师所恃者弓矢枪炮,而夷船亦复枪炮具备。似宜另筹一制胜之道,俾其所知凛畏。"那么在中英双方势均力敌的情况下,他想到的制胜方法是什么呢?

长麟得意洋洋地告诉乾隆:"臣于本年夏间访知宁波府素有疍民能在海水数丈之下寻觅什物。此等人若能招募为兵,虽无别技可用,即其入水锯舵,俾匪船不能转动而攻取操纵,悉惟我用。"疍民是中国东南沿海地区以舟

---

① 中国第一历史档案馆编:《英使马戛尔尼访华档案史料汇编》,国际文化出版公司,1996 年,第 44 页。

楫为家、从事渔业的水上居民。原来,长麟是要招募一些水性好的蛋民当兵,日后若与英国发生战事,可以派这些人潜入水下,锯掉英人船舵,以此作为制胜的法宝。真是"妙计"! 不过乾隆收到奏折后,似乎不以为然,但又不想挫伤这位封疆大吏的积极性,于是朱批,"备而不用可也,想不必如此"。长麟真的去准备了,但是发现"似亦水师制胜一端,臣屡次谆嘱知府克什纳设法招募,惟此等人情愿入伍食粮者甚少,缘伊等捕渔较入伍食粮之利多"。乾隆朱批,"自然"。但长麟没有放弃,提高待遇继续招募,"但以臣愚昧之见,水师营内果得此兵,是一兵,即可作数兵之用。每招募一人即给予双份战粮"。乾隆终于没有耐心了,在上谕中否定了这一计划:

> 据长麟奏,招募采取蛋鱼之人,于有水师各省,拨给一二十名,分派赏给双分战粮,以备制胜夷船之用等语。所虑未免过当。英吉利夷性狡诈,此时未遂所欲,或致寻衅滋事,固宜先事防范。但该国远隔重洋,即使妄滋事端,尚在二三年之后,况该贡使等目睹天朝法制森严,营伍整肃,亦断不敢遽萌他意。此时,惟当于各海口留心督饬,严密巡防,以期有备无患。若即招募蛋户备用,此等于营伍技艺,本不谙习,若令伊等舍其本业,入伍食粮,即赏给双份战粮,亦恐不副其愿。①

近半个世纪之后,清王朝的另一个宗室、乾隆皇帝的曾孙——奕经,在鸦片战争收复浙东三城的战役中,采取所谓"五虎制敌"的策略,即在壬寅年壬寅月戊寅日甲寅时,以属虎之人为主将,进攻英军,寓意虎能吃羊(洋),此战必胜。虽然他的制胜之道与长麟这位前辈大不相同,但两人的思想着实具有惊人的共通之处,那就是:愚昧和荒唐。

---

① 《清高宗实录》卷一四三七,乾隆五十八年癸丑九月壬子。

第五章　鸦片战争前中国人眼中的英国

一、谙厄利亚——耶稣会士介绍的英国

相较英国人在大航海时代开启之后对中国的巨大兴趣，中国人直到 17 世纪初对英国仍然一无所知。最早将有关英国的知识介绍给中国人的是来自欧洲的耶稣会士。

1601 年（万历二十九年），中国天主教事业的开拓者、意大利籍耶稣会士利玛窦（Matteo Ricci，1552—1610）来到北京，自称来自大西洋，礼部官员不知该地。利玛窦呈《万国全图》，言天下有五大洲，欧罗巴洲为其中之一，洲中有七十余国家，统名曰大西洋。① 翌年，他绘制出了一幅精美的中文世界地图，即《坤舆万国全图》，并将其献给万历皇帝。在这幅地图中，利玛窦将 Scotia（英文：Scotland）译为"思可齐亚"（今译为"苏格兰"），将 Anglia（英文：England）译为"谙厄利亚"（今译为"英格兰"），并辅以文字说明，称"谙厄利亚无毒蛇等虫，虽别处携去者，到其地，即无毒性"。② "谙厄利亚"即为英国最早的中文译名。

1623 年（天启三年），《职方外纪》在浙江杭州刊刻，这是第一部系统介绍世界地理知识的中文著作。《明史·艺文志》地理类书目中仅列入欧人专著两种，其一便是《职方外纪》五卷，可见该书在明末清初地理著作中的地位。③ 该书作者、意大利籍耶稣会士艾儒略（Giulio Aleni，1582—1649）博学

---

① 《明史》卷三百二十六《意大里亚传》。
② 《利玛窦坤舆万国全图》第 16 张，禹贡学会 1936 年影印。
③ 另一种是庞迪我（Diego de Pantoja，1571—1618）编著的《海外舆图全说》二卷，但该书已散佚。

多识、精通汉语,有"西来孔子"的美誉。① 他在书中卷首的附图上延续利玛窦的译法,将 Scotia 和 Anglia 分别称作"谙厄利亚"与"思可齐亚",在正文中将 Irlanda②(英文:Ireland)创译为"意而兰大"(今译为"爱尔兰")。《职方外纪》第二卷"西北海诸岛"一节,主要介绍不列颠三岛情况。内称:

> 欧逻巴西海迄北一带至冰海,海岛极大者曰谙厄利亚、曰意而兰大,其外小岛不下千百。意而兰大,经度五十三至五十八,气候极和,夏热不择阴,冬寒不需火。……谙厄利亚,经度五十至六十,纬度三度半至十三。气候融和,地方广大,分为三道,共学二所,共三十院。

所谓"三道"当指大不列颠岛(Great Britain Island)所分英格兰、苏格兰、威尔士三部。"共学二所"则是指剑桥大学与牛津大学。书中对于英国的风俗民情介绍甚少,却津津乐道于奇闻异事:

> 其地有怪石,能阻声,其长七丈,高二丈,隔石发大铳,人寂不闻,故名聋石。有湖长百五十里,广五十里,中容三十小岛。有三奇事:一,鱼味甚佳,而皆无鳍翅;一,天静无风,倏起大浪,舟楫遇之,无不破;一,有小岛无根,因风移动,人弗敢居,而草木极茂,孳息牛、羊、豕极多。近有一地,死者不殓,但移其尸于山,千岁不朽,子孙亦能认识。地无鼠,有从海舟来者,至此遂死。又有三湖,细流相通,然其鱼绝不相往来,此水鱼误入彼水辄死。傍有海窨,潮盛时,窨吸其水而永不盈,潮退即喷水如山高。当吸水时,人立其侧,衣一沾水,人即随水吸入窨中;如不沾

---

① 艾儒略在自序中称:"吾友利氏赍进《万国图志》,已而吾友庞氏又奉翻译西刻地图之命,据所见闻,译为图说以献。……但未经刻本以传。……(儒略)偶从蠹简得睹所遗旧稿,乃更窃取西来所携手辑方域梗概,为增补以成一编,名曰《职方外纪》。"艾氏明确指出《职方外纪》的底本是庞氏(庞迪我)所译西刻地图图说稿本。但是《四库全书》的编纂者却理解有误,在提要中说艾儒略"自序谓:利氏赍进《万国图志》,庞氏奉命翻译,儒略更增补以成之。盖因利玛窦、庞迪我旧本润色之,不尽儒略自作也。"这就让后世误认为《职方外纪》的底本是利玛窦进献明朝的《万国图志》,而且随着《四库全书总目提要》的广泛传播,此说也影响深远。关于《职方外纪》一书的成书过程和版本谱系可以参见王永杰:《〈职方外纪〉成书过程及版本考》,《史林》,2018 年第 2 期,第 100—110 页。

② [意]保罗:《17 世纪耶稣会士著作中的地名在中国的传播》,张西平、杨慧玲编:《近代西方汉语研究论集》,商务印书馆,2013 年,第 258 页。据龚缨晏教授考证,利玛窦将爱尔兰译为"喜百尼亚",艾儒略在《职方外纪》卷首附图也采用同样的译名。参见龚缨晏:《求知集》,商务印书馆,2006 年,第 329 页。本书认为,"喜百尼亚"当译自拉丁名称 Hibernia。

水,虽近立亦无害。①

艾儒略或许是希望通过讲述异闻来激发中国人的好奇心,引起他们对外部世界的兴趣。但在中国的知识分子看来,《职方外纪》"所述多奇异,不可究诘,似不免多所夸饰"。②

入清之后,比利时籍耶稣会士南怀仁(Ferdinand Verbiest,1623—1688)于1674年(康熙十三年)仿利玛窦所绘之《坤舆万国全图》,刊印成屏风样式的世界地图,名为《坤舆全图》,并编印了文字说明《坤舆图说》。在《坤舆全图》上,英格兰被标注为"昂利亚",苏格兰和爱尔兰分别写作"斯可齐亚"与"意而兰大"。但《坤舆图说》还是将英格兰译为"谙厄利亚"。而在内容方面,对于英国的描述与《职方外纪》几乎如出一辙,没有进一步的发展,并不如南怀仁自己所称其书"多加后贤之新论"。③

相较对西班牙(以西把尼亚)为"天下万国",法国(拂郎察)"国土膏腴,物力丰富,居民安逸",意大利(意大理亚)"地产丰富,物力十全"的盛赞,④及对上述诸国的风俗人情、政治制度、宗教文化、地理特产较为详尽的描述,耶稣会士在他们的书中论及英国时却只谈些自然奇观。这种明显的差别反映出在当时的欧洲,英国尚未成为一个主要的强国,并且在基督宗教信仰上也与其他的天主教国家不同,故而不受重视。

此外,艾儒略的《西方答问》、利类思(Lodovico Buglio,1606—1682)等人的《御览西方要纪》等耶稣会士介绍世界地理的书中均没有关于英国的记载。⑤ 既然作为欧洲知识最早传播者的耶稣会士如此态度,中国人通过他们的作品也不可能对英国有深入的了解。

---

① [意]艾儒略:《职方外纪》卷二,文渊阁四库全书本。
② (清)纪昀:《〈职方外纪〉提要》,文渊阁四库全书本。
③ [比]南怀仁:《坤舆图说》卷上,文渊阁四库全书本。
④ [比]南怀仁:《坤舆图说》卷下,文渊阁四库全书本。
⑤ 《海外舆地说》是庞迪我根据奥特里乌斯(Abraham Ortelius)绘制的世界地图集《地球大观》(Theatrum Orbis Terrarum,又译作《万国图志》)和其他材料所编译的一部世界地理概述书籍。艾儒略的《西方问答》刻于1637年(明崇祯十年),分为上、下两卷,是明清之际介绍西方物产民情最为详尽的一本书;1668年(清康熙七年),利类思、安文思、南怀仁三人因康熙帝询问西洋风土国俗,于是节录《西方问答》,撰成《御览西方要纪》,该书流传甚广,以至于后世多知有《西方要纪》,而不知有《西方答问》。参见方豪:《中西交通史》(下册),上海人民出版社,2015年,第707页;邹振环:《晚明汉文西学经典:编译、诠释、流传与影响》,复旦大学出版社,2011年,第262页;邱克:《闭关时代中国人的西方知识——鸦片战争前中国人对英国的认识》,《暨南学报(哲学社会科学版)》,1988年第2期,第52页。

二、从红毛国到暎咭唎(英吉利)

中国人主要是凭借与英国人的直接交往,才获得关于这个国家更多的信息,而且经历了知识不断修正和完善的过程。

大航海时代开启之后,率先东来的是葡萄牙人,明人根据回教徒对欧洲人的通称而将这些"长身高鼻,猫睛鹰嘴,卷发赤须"的陌生人称为"拂郎机"。① 另外,占据吕宋的西班牙人在明代也被归为"拂郎机"。荷兰人在 17 世纪初也来到中国,最早与这些人进行接触并留下记载的是时任杭州知府王临亨,他于 1601 年(万历二十九年)奉命到广东审案,根据途中见闻撰成《粤剑编》四卷,该书卷三之"志外夷"记载:"辛丑九月间,有二夷舟至象山澳,通事者亦不知何国人,人呼之为红毛鬼。其人须发皆赤,目睛圆,长丈许。……香山澳夷虑其以互市争澳,以兵逐之。"② 除了"红毛鬼",在明末清初的中文文献里,还常将荷兰人称为"红毛番""红毛夷",或者简称"红毛""红夷",但对荷兰人的来历一直不甚清楚。③《东西洋考》记载,红毛番与佛郎机接壤,自古不通中华,自称"和兰国"。④《明史》亦曰:"和兰又名红毛番,地近佛郎机,……其人深目长鼻,发眉须皆赤,足长尺二寸,欣伟倍常。"⑤虽然时人大多认为荷兰与佛朗机邻壤,而佛郎机又在爪哇附近,这也就意味着荷兰位于东南亚地区。也有少数人认识到,荷兰当在万里之外,但仍然无法讲清其具体位置。比如,天启初年,福建巡抚南居益率师将荷兰人(红夷)赶出澎湖,曾两度担任内阁首辅的叶向高在讲述此事时,说"和兰其地去中华数万里"。⑥ 崇祯朝任兵部尚书的熊明遇与入华欧洲耶稣会士多有接触,他在《文直行书诗文》中先是引述其他几种关于红毛来历的说法,

① 《明史》卷三百二十五《拂郎机传》。

② (明)叶权、王临亨、李中馥著,凌毅点校:《贤博编·粤剑编·原李耳载》,中华书局,1987 年,第 92 页。据考证,书中所记之荷兰船队为雅各布·凡·内克(Jacob Van Neck,1564—1638)所率领的荷兰"老牌公司"船队。1598 年,这支船队从荷兰出发前往东印度,在攻击澳门葡人之前,刚在香料群岛被葡人击败。参见董少新主编:《感同身受——中西文化交流背景下的感官与感受》,复旦大学出版社,2018 年,第 128 页。

③ 曾任福建布政使司分守建南道右参政的浙江归安(今浙江湖州)人茅瑞徵就说:"其人深目碧瞳,长鼻赤发,闽人因呼为红毛番,又称红夷。"参见(明)茅瑞徵:《皇明象胥录》卷五,(台北)华文书局,1968 年据台大图书馆藏明崇祯刻本影印,第 281 页。广东南海人郭棐在其纂修的《广东通志》(成书于 1602 年)中称:"红毛鬼不知何国,万历二十九年冬,二三大舶顿至濠镜。"参见(明)郭棐主修:《广东通志》卷六十九"外志四·番夷",万历三十年刻本。

④ (明)张燮:《东西洋考》卷六"外纪考",清惜阴轩丛书本。

⑤ 《明史》卷三百二十五《和兰传》。

⑥ (明)叶向高:《苍霞余草》卷一"中丞二太南公平红夷碑",明万历天启间递刻本。

"或云罗斛别部，赤眉之种；或云唐贞观中所为赤发绿睛之种；或又云即倭属岛外所称毛人国也，俱无定考"。① 接着提出他认同的说法，即红毛乃是"大西洋之番"中的一种，被译为"和兰国"，其"负西海而居，地方数千里，与佛狼机、干丝蜡并大"，但熊氏似乎并不清楚"西海"的位置。清初流亡日本的浙江余姚人朱舜水说："和兰在中国之西北，南蛮、红毛三国鼎足而居，由海道，不由中国。"而且他所说和兰在中国的"西北"，是比汉代匈奴、大宛等陆上丝绸之路可通的"西北"更远的地方，只能走海路。②

　　根据明人的描述，西班牙人、葡萄牙人与荷兰人在长相上没有重大差别，但却有佛郎机与红毛番两种不同的称呼，可能外貌并非划分的主因。由于荷兰人在来华之初便表现出与葡人的对抗，③双方在中国人面前也着意强调彼此间的不同，这也让中国人明白新来的这群夷人不是佛朗机国人，因此需要一个不同的名称。至于为何采用"红毛番"，其中可能存在偶然因素。总之，这种新的称呼适用于区分两国人的需要，所以流传开来。④

　　17 世纪上半叶，正当荷兰人与葡萄牙人在东亚海域激烈竞争之时，另一个刚刚崛起的海上强国——英国也悄然而至。早在 16 世纪，英国人就已经开始努力寻找一条前往中国的新航路，但直到 1637 年（崇祯十年），威德

---

① （明）熊明遇：《文直行书诗文》文选卷之十三，清顺治十七年熊人霖刻本。据严从简《殊域周咨录》卷八"暹罗"条载："暹，古名赤土；罗斛，古名婆罗刹也。……隋大业初，曾遣使常骏自南海道往赤土，人遂讹传赤土为赤眉遗种云。后改曰'暹'，元元贞初，暹人常遣使入贡，至正间暹降于罗斛，合为一国。"据《资治通鉴》卷一百九十八"唐纪十四"载："结骨自古未通中国，闻铁勒诸部皆服，二月，其俟利发失钵屈阿栈入朝。其国人皆长大，赤发绿睛。""结骨"汉名坚昆，唐时又名黠戛斯，居阿尔泰山与杭爱山之间，贞观时，其酋长失钵屈阿栈入朝。唐人称该国人赤发绿睛；据《宋史》中的"外国传七·日本国传"载日本的位置："其地东西南北各数千里，西南至海，东北隅隔以大山，山外即毛人国。"
② （明）朱之瑜：《舜水先生文集》卷二十三，日本正德二年刻本。
③ 雅各布·凡·内克的船队中有 3 艘船在驶往北大年的途中被风吹至中国沿海。1601 年 9 月 27 日，这些荷兰人抵达澳门海域后，曾两次试图上岸，但第一次派去的两名船员被葡人杀害，第二次擅入澳门内港的双桅木船又遭到葡船围攻，20 名俘虏中大部分人被绞杀，尽管这些人为了活命在死前都皈依了天主教。博克塞（C. R. Boxer）认为，葡人之所以如此匆忙而又残忍地处决荷兰俘虏，显然是担心中国官方在得知此事后可能会要求引渡荷兰人并最终释放他们，甚或同意他们居留贸易。而这是葡人无法容忍的。作为报复，1603 年，荷兰人又在柔佛海峡俘获了从澳门开往马六甲和果阿的一艘葡船，并从战利品海关获得 350 万荷兰盾的巨额收益。此后荷兰人常常在东南亚海域猎捕葡船。参见李德霞：《17 世纪上半叶东亚海域的商业竞争》，云南美术出版社，2009 年，第 126—127 页；C. R. Boxer, *The Great Ship from Amacon: Annals of Macao and the Old Japan Trade*, 1555—1640, Lisboa: Centro de Estudos Históricos Ultramarinos, 1963, p. 63.
④ 张国刚：《胡天汉月映西洋——丝路沧桑三千年》，生活·读书·新知三联书店，2019 年，第 177—178 页。

尔(Capt. John Weddell)率领的船队才首次从英国开抵中国,①于 6 月 27 日到达澳门。虽然为了利用英人的海上力量牵制荷兰人,果阿的葡萄牙总督在 1635 年已与英国东印度公司达成协议,同意英人前往澳门从事贸易,但占据此地的葡人并不乐意分享他们的贸易特权,拒不执行果阿方面的指示并多加阻拦。交易无门的威德尔船队便转至广州虎门,"具道通商意"。当地官员先答应代为向上级请示,后又"发兵开炮逐之",威德尔一怒之下,竟率船队攻占了炮台,此后又与中国方面发生多次冲突与交涉,直到 11 月底才离开广州。明朝官员不知道这些人来自何处,只是根据形体特征,将他们与荷兰人概视之,统称为"红毛番"。清初编纂的《明史·和兰传》记载了此事,也认为 1637 年侵扰广州的是荷兰人。此后,如(嘉庆)《大清一统志》、(道光)《广东通志》、《海国图志》,甚至连成稿于光绪初年的《国朝柔远记》等官私文献均沿袭此说。唯有夏燮在其初刊于 1865 年(同治四年)的《中西纪事》中对照英人伟烈亚力(Alexander Wylie)口译、王韬笔录的《华英通商事略》一书内容,才澄清崇祯十年攻打虎门的"红毛"是英国人。

"红毛国"(或者称"红毛")在明末清初的一段时间里都被认为是荷兰的专称。但是随着来华贸易的英船逐渐增多,中国人开始对英人有所了解。记郑芝龙、郑成功、郑经三世史事的《闽海纪要》载:康熙十四年(1675)六月,"英圭黎及暹罗贡物于郑经,乞互市,许之"。② 人们也开始明白,英国与荷兰并非同一国家。康熙五十七年(1718),原任广东碣石镇总兵官陈昂在其条奏中指出:"而红毛一种,奸宄莫测。其中有英圭黎、干丝蜡、和兰西、荷兰大小西洋各国,名目虽殊,气类则一。"③也即是说,红毛乃是欧洲各国家人种之统称,正如后世夏燮所言:"红毛即大西洋之种类也,英吉利之与荷兰同在大西洋,即同得红毛之称。"④陈昂之子陈伦炯在据其亲身见闻所撰《海国闻见录》中不仅说"红毛者,西北诸番之总名",还正确指出了英、荷等国的地理位置:

---

① 此说法为学界固有之认识。汤开建先生在《明代中西关系汉文史料的发掘与利用》一文中,根据明人灯士亮《心月轩稿》之《粤东铳略》等史料考证出,1620 年(万历四十八年),英国东印度公司商船"独角兽号"(Unicorn)在广东阳江海面遭遇飓风沉没,中国地方政府迅速组织抢救打捞,一批英国船员获救上岸,受到中国政府安置,后转至澳门与万丹。地方政府又从船上打捞出大炮 36 门和西洋布、胡椒等货物,并将其中 22 门大炮转运至北京和辽东前线进行军事防御。这才是"中英双方第一次真正的接触"。参见任继愈主编:《国际汉学》(第 14 辑),大象出版社,2006 年,第 160—161 页。

② (清)夏琳撰,林大志校注:《闽海纪要》,福建人民出版社,2008 年,第 97 页。

③ 《清圣祖实录》卷二〇一,康熙五十七年戊戌二月丁亥。

④ (清)夏燮著,欧阳跃峰点校:《中西纪事》,中华书局,2020 年,第 15 页。

　　　　荷兰者,噶喇吧之祖家也。西邻佛兰西,沿佛兰西而至西北,皆临
　　大海。北面隔海对峙英圭黎,东邻黄旗,南接那吗,由荷兰北海而至黄
　　旗。黄旗者,均系红毛种类,素未通中国。近有舟楫来粤营生。……吝
　　因者,西北海之国,亦系红毛种类,素未通中国。西南隔海与英圭黎对
　　峙。英圭黎一国悬三岛于吝因、黄旗、荷兰、佛兰西四国之外海。①

　　陈伦炯清楚地知道英国是一个岛国,孤悬于吝因(丹麦)、黄旗(德国)、
荷兰、佛兰西(法国)四国之西北海。而且还介绍了该国的宗教信仰与特产:
"而尊天主者,惟干丝腊、是班牙、葡萄牙、黄旗为最。而辟之者,惟英圭黎一
国。产生银、哆啰呢、羽毛缎、哔吱、玻璃等类。"②他还对英人在东印度的殖
民活动有所了解:"戈什塔东之沿海,地名有三:曰网礁腊,系英圭黎埠头;
……西之沿海地名有二:曰苏喇,曰网买,皆英圭黎埠头。"③书中所称网礁
腊(孟加拉)、苏喇(苏拉特)、网买(孟买)三地在17世纪遭到英国侵略。④
　　与陈伦炯同一时代的福建学者蓝鼎元在《鹿洲初集》一书中甚至提到英
国等欧洲列强的坚船利炮,并对他们的侵略性质有所警觉,他说:"极西则红
毛、西洋,为强悍莫敌之国,非诸番比矣。红毛乃西岛番统名,其中有英圭
黎、干丝蜡、佛兰西、荷兰、大西洋、小西洋诸国,皆凶悍异常。其舟坚固,不
畏飓风,炮火军械精于中土,性情阴险叵测,到处窥觇,图谋人国。统计天下
海岛诸番,惟红毛、西洋、日本三者可虑耳。"⑤
　　还有一种认识是将英国作为荷兰的属国。如成书于1751年(乾隆十六
年)的《澳门纪略》称:"贺兰,明曰和兰,又名红毛蕃,地近佛郎机。……今又
析其名曰'英吉利',曰'瑞',曰'琏'。"⑥《皇清职贡图》说:"英吉利,亦荷兰
属国。"⑦《舟车闻见录》称:"英吉利:《明史》之丁机宜,《职方外纪》之谙厄
利,《海国闻见录》之英机黎,以图舆核之,即英吉利。盖对音翻译,无一是之

---

① (清)陈伦炯撰:《大西洋记》,《海国闻见录》,嘉庆艺海珠尘本。
② (清)陈伦炯撰:《大西洋记》,《海国闻见录》,嘉庆艺海珠尘本。
③ (清)陈伦炯撰:《小西洋记》,《海国闻见录》,嘉庆艺海珠尘本。
④ 李长傅:《李长傅文集》,河南大学出版社,2007年,第361—362页。
⑤ (清)蓝鼎元:《鹿洲初集》卷三《论南洋事宜书》,文渊阁四库全书本。文中所称干丝蜡、大西洋、
　　小西洋分别是指西班牙、葡萄牙和葡占果阿。而与红毛、日本并称的"西洋"当指西班牙。因为
　　后文还提到:"噶啰吧(即雅加达)本巫来由(即马来)地方,缘与红毛(即荷兰)交易,遂被侵占,
　　为红毛市舶之所。吕宋亦巫来由分族,缘习天主一教,亦被西洋占夺,为西洋市舶之所。"显然
　　指的是荷兰人和西班牙人在东南亚占领殖民地。
⑥ (清)印光任、张汝霖:《澳门纪略》下卷"澳蕃篇",乾隆西阪草堂刻本。
⑦ 《皇清职贡图》卷一,文渊阁四库全书本。

字也。其国本在欧逻巴之西,为荷兰属国,后渐富强,与荷兰构兵,遂为敌国。"①在鸦片战争爆发前夕完成的《粤海关志》沿袭了这一说法:"英吉利……其国在欧逻巴之西,为荷兰属国,后渐富强,与荷兰为敌国。"②甚至到了光绪年间,仍有这样的认识,《红毛番英吉利考略》中说:"红毛番英吉利居西北方,……故荷兰属国也。"③

　　17 世纪 50—70 年代,英国为了争夺殖民地和海上霸权,同荷兰进行了三次战争,并最终摧毁了荷兰的殖民和商业优势,逐步掌握了海上霸权。到了 18 世纪,英国成为世界上最大的殖民国家,同中国的交往也最为密切。因此,"红毛国"也越来越多地指代英国,比如 1699 年(康熙三十九年),闽浙总督郭世隆奏称,"红毛国英圭黎被风飘至夹板船,请遣送回本国",④又如康熙年间任定海县令的缪燧说:"红毛即英圭黎国"。⑤ 1792 年(乾隆五十七年)英国东印度公司董事长佛朗西斯·培林(Francis Baring)爵士致信署两广总督、广东巡抚郭世勋,告知马戛尔尼使团奉命访华一事,信件用英文和拉丁文各写一份。郭世勋将"嗼咭唎原禀件二件"呈送北京,清廷让在京的欧洲传教士翻译。传教士不通英文,但熟悉拉丁文,并且告知"该国即系红毛国,在西洋之北,在天朝之西北,该国与西洋向不同教,亦无往来"。⑥ 到了嘉庆时期,有些中文文献甚至以"红毛"专指英国。比如王大海《海岛逸志》"和兰"条说,和兰"与红毛、和兰西三国鼎峙"。而在"红毛"条又载:"膺吃黎氏,华人呼为红毛,居于西北海之隅,与和兰相邻近"。⑦ 可以看出,此处的"红毛"特指"膺吃黎"(即英国),而将荷兰以及其他欧洲国家都排斥在外。

---

① 林雄主编:《明清广东稀见笔记七种》,广东人民出版社,2010 年,第 291 页。

② (清)梁廷枏撰,袁钟仁点校:《粤海关志(校注本)》,广东人民出版社,2014 年,第 453 页。作者在文中称"英吉利一名英圭黎,《明史》作丁机宜,《职方外纪》作谙厄地,《海国闻见录》作英机黎"。"丁机宜"之说显然有误,因为《明史》所称丁机宜位于东南亚,"爪哇属国也,幅员甚狭,仅千余家"。梁廷枏自己在记述这段文字时也心存疑虑,他说:"按《舟车闻见录》丁机宜即英吉利,然据《明史》所称别为一国矣。"不过梁氏在当时并没有将其考证清楚。此后他有机会阅读到一些翻译的西人著作,终于明白"据《海国闻见录》,丁机宜在南海。不过音偶相似。其称英机黎者,在西海,方为今之英吉利"。所以在鸦片战争后著成的《兰仑偶说》中加以纠正。参见(清)梁廷枏:《海国四说》,中华书局,2013 年,第 118 页。

③ (清)汪文泰:《红毛番英吉利考略》,中研院近代史研究所编:《近代中国对西方及列强认识资料汇编》第一辑,乙编,中研院近代史研究所,1972 年。

④ 《清圣祖实录》卷二〇一,康熙三十九年庚辰十月丙寅。

⑤ 雍正《浙江通志》卷八十六《榷税》,第 1596 页。

⑥ "英使马戛尔尼来聘案",《清代档案史料选编·乾隆朝(下)》,上海书店出版社,2010 年,第 618 页。

⑦ (清)王大海:《海岛逸志》卷三,嘉庆丙寅年刊本。

从乾隆时代开始，在当时的文献上用"嘆咭唎"来指称英国已经较为普遍。如 1743 年（乾隆八年），广州将军策楞等上奏"本年六月初六日，有嘆咭唎国夷目安心遣三板小船赴省"；①1759 年（乾隆二十四年），乾隆谕旨称"嘆咭唎国商人以迩年在粤贸易有负屈之处特赴天津呈诉"；②1793 年（乾隆五十八年），郭世勋上奏"西洋嘆咭唎遣使来京纳贡"。③"英吉利"三字均加上"口"符汉字可能并非表示对于夷人的蔑视，④只是一种造字记音，⑤为了要在同音词之间制造写法上的区别，防止产生无关的联想或者歧义。而且这种造词方法的使用较为随意，乾隆时期也有不少官私文献用"英吉利"译称英国，比如《澳门纪略》《皇清职贡图诗》《钦定皇朝文献通考》《钦定皇朝通典》等书。

有时也出现将红毛与嘆咭唎并用的情况。比如，乾隆皇帝的御制诗题为《红毛嘆咭唎国王差使臣吗嘎喏呢等奉表贡至，诗以志事》。⑥ 在中国民间，直到鸦片战争爆发前夕，人们常用"红毛国"来称呼英国。1832 年，"阿美士德勋爵号"在中国沿海航行探查时，胡夏米就发现"极少见过有中国人知道英国除了被称作'红毛国'外，还有别的名号"。⑦

根据徐继畬的统计，关于英国有"英吉利""英圭黎""膺吃黎""英伦的""谙厄利"和"及列的不列颠"等数个名称。此外，尚有"英吃黎""英机黎"⑧"英吃黎"⑨昂吉凌⑩等译名。正如梁廷枏所称"译音无定字也"。"谙厄利"

① "广州将军策楞等奏闻英国被风哨船飘至澳门已令移泊四沙折"，参见中山市档案局编：《香山明清档案辑录》，上海古籍出版社，2006 年，第 712—713 页。

② 《清高宗实录》卷五八九，乾隆二十四年己卯六月戊寅。

③ 《清高宗实录》卷一四二一，乾隆五十八年癸丑正月癸丑。

④ 有不少学者都认为，"口"在汉语中有计数牲畜之意，故可引申为野兽。清人在外国人和外国国家的名字旁加口字，这是一种贬义词书写，用来表示蔑视。可以参见邹振环：《疏通知译史》，上海人民出版社，2012 年，第 361 页。也有人认为是为了不让外国及其人物的中文译名具有积极和美好的联想，这是传统"夷夏观"的直接反应。参见王中江：《近代中国思维方式演变的趋势》，四川人民出版社，2008 年，第 28—29 页。

⑤ 这种方法其实早在明末，来华耶稣会士就已经开始使用。参见王铭宇：《外来文化涌入下的西词汉译用字问题》，周荐等著：《西词汉译的形和义》，吉林大学出版社，2016 年，第 39—41 页。

⑥ 《清高宗御制诗五集》卷八四，清内府刻本。

⑦ Hugh Hamilton Lindsay and Karl Friedrich August Gützlaff, *Report of Proceedings on a Voyage to the Northern Ports of China in the Ship Lord Amherst*, London: B. Fellowes, 1833, p.32.

⑧ （清）梁廷枏：《海国四说》，中华书局，2013 年，第 118 页。

⑨ （清）印光任、张汝霖：《澳门纪略》下卷"澳蕃篇"，乾隆西阪草堂刻本。

⑩ 蕴端、多尔济从库伦奏称，"俄罗斯固毕尔纳托尔遣略必坦瓦什里口禀，西洋之昂吉凌国王遣使于广东等处求地通商"。乾隆已经很清楚地知道"昂吉凌国即系嘆咭唎国"。详见《清高宗实录》卷一四二一，乾隆五十八年癸丑正月癸丑。

基本上沿用了耶稣会士"谙厄利亚"的译法,"及列的不列颠"应当是 Great Britain 的音译,其余则是对 English 一词的音译,但该英文单词并没有国家的含义,[①]有人认为这样的情况是"邦国称名之误":

> 英吉利之称,译言英国所有也,(或以为英伦之称,非。)若英国总称则曰白立敦,或译作比利敦(《万国史记》),或译作被列地(《华盛顿传》),即徐志所载异名之及列的不列颠也,及列的译言大也。徐氏不以此为英国总称,乃以英吉利为其总称,名实有乖,后之译书者均沿其误。迩来西士所译诸书乃改称大英,稍得其实。[②]

也就是说,"英吉利"原本对应的 English 是形容词,意为"英国所有也"。而徐继畬却以此名为英国的总称。实际上,这并非徐继畬一人之误,由于世界知识有限,在鸦片战争之前,清人对上述词汇是不做区分的。

三、清朝官方文献中的英国形象

在鸦片战争之前,清代官方文献中有关英国的记述并不多,比较具有代表性的有《大清一统志》《皇清职贡图》《钦定皇朝通典》《钦定皇朝文献通考》等书,现略作介绍。

《大清一统志》是清代官修地理总志,该书编修时间长,参与人员多,从 1686 年(康熙二十五年)至 1842 年(道光二十二年)150 余年的时间里历经三次编修,每次续修都是对前本的增补完善。1784 年(乾隆四十九年),第二部《大清一统志》完成,可这部书关于欧洲的记述,基本沿袭了明末清初利玛窦、南怀仁等耶稣会士著作的说法,虽然摘录了利玛窦"天下有五大洲"之说,却评价"其说甚相矜夸"。以"西洋"作为欧罗巴洲之代称,介绍了西班牙(以西把尼亚)、意大利(意大里亚)、法国(拂郎察)等国家。甚至补充了一些欧洲国家在康雍乾三朝遣使来华的记录,如 1753 年(乾隆十八年)"尔都噶尔国王若望复遣使奉表进贡"[③],即是记述该年葡萄牙国王派使臣巴哲格觐见乾隆帝一事。但是这部一统志中有不少错误的认识,如不清楚"博尔都噶

---

① 实际上,清人在使用"红毛"一词时也是如此,常常将其作为国家的名称。

② (清)徐继畬:《瀛寰志略》(近代文献丛刊),上海书店出版社,2001 年,第 312—313 页。文中评论出自该书附录的《〈瀛寰志略〉订误》。

③ 乾隆《大清一统志》卷四百二十三《西洋》,文渊阁四库全书本。"尔都噶尔国"应作"博尔都噶尔国"。

尔国"就是葡萄牙(佛郎机),反而认为佛郎机"在西南海中,近满剌甲……风俗好经商奉佛教",①而荷兰"在西南海中",又"相传在西洋中,其地近佛郎机",②等等。让人不解的是,尽管英国已经来中国沿海贸易多年,且在官方文书中有所记载,但是在这部书中只字未提英国的情况。始编于 1751 年(乾隆十六年),完成于 1757 年的《皇清职贡图》③同样是一部官修地理著作,却赫然绘有"英吉利国夷妇""英吉利国夷人"的形象,并对英国加以简单介绍,称"英吉利亦荷兰属国,夷人服饰相似,国颇富。男子多著哆啰绒,喜饮酒;妇人未嫁时束腰,欲其纤细,披发垂肩,短衣重裙。出行则加大衣以金缕合贮鼻烟自随"。④ 可以看出,该书关于英国的介绍极为粗陋且有错误,但在对世界地理的认知上,此书却略胜于刊印于二十余年之后的第二部《大清一统志》。实际上,早在雍正年间刊印的《海国闻见录》已经对英、荷关系和地理位置有了正确的认识,但遗憾的是,该书也没有吸收。

这也表明当时中国人的知识更新速度过于缓慢,对世界局势少有关心。

约于 1787 年(乾隆五十二年)纂成的《钦定皇朝通典》(后名《清朝通典》,以下简称《通典》)和《钦定皇朝文献通考》(后名《清朝文献通考》,以下简称《通考》)皆有关于英吉利的记载,且两书均由三通馆奉敕编修,⑤只是由于体裁不同,"大抵《通典》主于简要,《通考》主于周详"(《凡例》)。因此《通考》作为记载清代中前期典章制度的资料汇编,比《通典》记载的内容要更加详尽。后者"英吉利"条如下:

> 英吉利,一名英圭黎,红毛番种也,距广东计程五万余里。王姓名世系,远者不可考。其近者名弗氏京也治,传子昔斤京也治,又传子非立京也治。⑥ 康熙间英吉利始来通商,后数年不复来。雍正七年后,互市不绝。乾隆七年十一月,英吉利巡船遭风飘至澳门海面,广东抚臣赀给回国。二十二年,禁英吉利商舶,不准于浙贸易。自是,皆收泊广东。

---

① 乾隆《大清一统志》卷四百二十四《佛郎机》,文渊阁四库全书本。
② 乾隆《大清一统志》卷四百二十三《荷兰》,文渊阁四库全书本。
③ 1757 年(乾隆二十二年)完成 7 卷,至 1763 年续成 1 卷,合卷首共 9 卷。
④ 《皇清职贡图》卷一,文渊阁四库全书本。
⑤ 三通馆为清代修书馆名,1767 年(乾隆三十二年)开设。以大学士、尚书等任正副总裁官,翰、詹人员充任纂修官,编纂《续通典》《续通志》《皇朝通典》《皇朝通志》,并修订增辑《续文献通考》和《皇朝文献通考》。
⑥ 文中所称"弗氏京也治""昔斤京也治""非立京也治"应该是 First King George(乔治一世,英国汉诺威王朝首任君主,1714—1727 在位)、Second King George(乔治二世,1727—1760 在位)和 Third King George(乔治三世,1760—1820 在位)。

其土产有大小绒哔叽、羽纱、紫檀、火石及所制玻璃镜、时辰钟表等物，精巧绝伦。二十七年，夷商白兰等求仍照前通市。两广总督苏昌奏请照东洋铜商丝斤搭配绸缎之例酌量配买，奏可。自是，英吉利来广互市每船如额配买，岁以为常。所属有亚齐国。①

《通典》对于英国自身的情况介绍极少，主要简述了英国来华贸易的几件事情。相比之下，《通考》的内容丰富许多。比如提到英吉利"居西北海中、南近荷兰"，"国中土地平衍，宜麦禾果豆。有一山名间允，产黑铅，民为开采，输税入官。国人出入处，左有那村，右有加厘皮申村，皆设立炮台，二村中皆有大海，驾船往来。海边多产火石。王所居名兰仑，有城距村各百余里"。② 杨宪益先生认为，"间允"是指英国北方湖区 Keswick 附近的 Borrowdale，当时这里的产铅量为欧洲之冠，而"那村"和"加厘皮申村"则可能分别是指 Lancashire（今译兰开夏郡）和 Hampshire（今译汉普郡），并且认为该段记载当来自到过英国北方的某位广东水手所述。③《通考》还介绍了英国的宗教信仰、婚姻、服饰、礼仪、丧葬等社会风俗情况：

> 其俗信奉天主，每七日一礼拜，诵经，不食斋，不理事。男女不问年少长，以相悦而成婚姻，或有以媒合者。女率赘男而居，妇亡，则更赘于女，不置妾媵。男戴三角帽，具鞋袜，衣制窄小。男下体著裤。女则施裙而已。色以红绿白为吉，青为凶。相见脱帽握手为礼。多佩刀，饮食用金银器。人有丧，即日营殡葬，所亲送葬，相与掩土而归。男女闭户号泣，不设位，断烟火，所亲馈之食则食。七日后，始开门举火。④

《通考》所记中英通商的事情与《通典》中的完全一样，只是更加详尽，比如有关清政府禁止丝斤出口以及此后有所变通的情况，并且附有官员奏疏与乾隆谕旨内容：

---

① 《皇朝通典》卷九十八《边防》二，文渊阁四库全书本。
② 《皇朝文献通考》卷二百九十八《四裔考》六，文渊阁四库全书本。
③ 杨宪益：《十八世纪关于英国的中国记载》，《译余偶拾》，生活·读书·新知三联书店，1983 年，第 391—392 页。又有陈华等提出，间允是 Cumbrian Mts.，即坎布连山脉；那村是 Tibury，即提布里；加厘皮申村是 Gravesend，即格雷夫森德。参见（清）魏源撰，陈华等点校注释：《海国图志》卷五十三，岳麓书社，2021 年，第 1469 页。
④ 《皇朝文献通考》卷二百九十八《四裔考》六，文渊阁四库全书本。

我朝康熙间,英吉利始来通市,后数年不复来。雍正七年后,互市不绝。初,广东碣石镇总兵陈昂奏言:臣遍观海外诸国,皆奉正朔,惟红毛一种奸宄莫测,其中有英圭黎诸国,种族虽分,声气则一。请饬督抚关部诸臣设法防范。乾隆七年十一月,英吉利巡船遭风飘至澳门海面,遣夷目至省城求济。广东总督策楞令地方官优给赀粮,修整船只,令俟风便归国。先是,其互市处所,或于广,或于浙。二十二年,部议英吉利不准赴浙贸易。于是皆收泊广东。每夏秋交由虎门入口。其土产则有大小绒哔叽、羽纱、紫檀、火石及所制玻璃镜、时辰钟表等物,精巧绝伦。二十四年,方严丝斤出洋之禁。两广总督李侍尧奏:近年英吉利夷商屡违禁令,潜赴宁波。今丝斤禁止出洋可抑外夷骄纵之气。惟本年丝斤已收,请仍准运还。奏入,报可。是年,英吉利夷商洪任辉妄控粤海关陋弊。讯有徽商汪圣仪者,与洪任辉交结,擅领其国大班银一万三百八十两。按交结外国,互相买卖,借贷财物例治罪。二十七年,英吉利夷商白兰等求仍照前通市。两广总督苏昌请照东洋铜商搭配绸缎之例,酌量配买。得旨,每船准买土丝五千斤,二蚕湖丝三千斤。其头蚕湖丝及紬绸绫缎匹,仍如旧禁止,不得影射取利。自是,英吉利来广互市,每船如配额买,岁以为常。其明年,并准代绸缎成匹者二千斤。所属有亚齐国。①

魏源《海国图志》辑录《皇清四裔考》中关于"英吉利"的介绍与《通典》《通考》中内容相近,应当来自同一材料源,区别只在于,《海国图志》中所记详于《通典》而略于《通考》。姚莹《康輶纪行》对于《海国图志》多有参考,在其书中也辑有《皇清四裔考》"英吉利"内容,但比魏著更加详细,与《通考》中文字几无二致。②《皇清四裔考》或许就是《钦定皇朝文献通考·四裔考》之别称。

上述官方文献基本上反映了清政府在鸦片战争之前对英国的了解程度。等到 1793 年马戛尔尼使团访华之时,清朝乾隆皇帝和中央政府才与英国人有了直接的接触,但只不过是将他们当作又一个"倾心向化",前来朝贡的番邦。

为了展示英国的科技和工艺实力,马戛尔尼使团带来了大量的科学仪

---

① 《皇朝文献通考》卷二百九十八《四裔考》六,文渊阁四库全书本。
② 三书在文字表述上唯一一个分歧之处在于,《通考》中"二村中皆有大海,驾船往来"一句,在魏、姚二人书中则是"二村中皆有海港,通大海"。

器,希望引起清朝重视,但却被清政府一概目为"奇巧淫技",对英国在器物上的先进性视而不见。乾隆在阅览过使团的贡品清单后认为英国人"张大其词",并说:"此盖由夷性见小,自为独得之秘,以夸炫其制造之精奇","至尔国所贡之物,天朝原亦有之。"马戛尔尼邀请名将福康安检阅英国炮队演练新式火炮,福康安却傲慢地表示:"看亦可,不看亦可。这火器操法谅来没有什么稀罕。"英国进贡的马车、榴弹炮、军舰模型等也都被封存在圆明园东库,直至第二次鸦片战争英法联军洗劫圆明园时才被意外发现,这些器具零件俱全,似乎从未被使用过。

当乾隆见过马戛尔尼,并且阅读了国书,知悉使团来华的真正目的后,他对英国人的负面看法在其上谕中显露无疑,如称"其人(指马戛尔尼)心志诡诈""英吉利夷性狡诈""此等外夷,究属无知""夷性反复靡常""外夷贪狡好利,心性无常"。① 乾隆对英国的扩张与侵略也有所警觉,上谕说"英吉利在西洋诸国中较为强悍。且闻其向在海洋有劫掠西洋各国商船之事,是以附近西洋一带夷人,畏其恣横",②"但观该国(指英国)如此非分干求,究恐其心怀叵测,不可不留心筹计,预之为防"。③ 但他对英国军事力量几乎没有了解,竟然认为英军"便于水而不便于陆",英船"在大洋,亦不能进内洋",因此只要"口岸防守严密"就可使英人"不能施其伎俩"。一个国家的最高统治者竟然如此短视,清王朝也即将在数十年后的鸦片战争中自食苦果。

清政府的档案中详细记载了马戛尔尼使团在华的活动,但是其中几乎没有关于英国的知识。这可能说明,当时的清人对马戛尔尼使团所来自的那个遥远岛国没有兴趣。对清政府来说,马戛尔尼使团来华所体现的最大政治价值在于,朝贡国的名单中增加了一个名为"暎咭唎"的海外番国。在嘉庆朝开始修纂的清朝第三部一统志《朝贡各国》中加入"暎咭唎"条。其中关于英国的概况介绍主要来自《钦定皇朝文献通考》,并且补充叙述了1793年马戛尔尼使团来华、1808年(嘉庆十三年)英国兵船入侵澳门、1818年阿美士德使团来华以及1794年(乾隆五十九年)、1796年(嘉庆元年)英国两次"附进表贡"等史事。

在清朝"天朝型模的世界观"(殷海光语)中,中国不仅是文化中心,也是政治中心,"万方来朝,四夷宾服"是题中之意,所以对周边藩属国的最核心

---

① 中国第一历史档案馆编:《英使马戛尔尼访华档案史料汇编》,国际文化出版公司,1996年,第62—63、67—68、159、187页。

② 《清高宗实录》卷一四三五,乾隆五十八年癸丑八月戊子。

③ 《清高宗实录》卷一四三六,乾隆五十八年癸丑九月辛卯。

要求是"恭顺""受抚",而对来华欧洲人也抱有同样的态度。嘉庆初年,英国尚被清政府看作是一个"恭顺"的番邦。1804年(嘉庆九年),四艘英国护货兵船抵达广州港,并带来英王表文贡品,向清帝通报与法国的战争,表示"遇有别项事情,要我出力,我亦十分欢喜效力"。[①] 清廷特颁敕谕给英王,嘉奖其"献表输诚,呈进方物"的恭顺行为。地方官员对英人在广州的活动也多有褒语,如两广总督倭什布奏称:"本年该国亦有护送货物兵船四只来广,随即护送货船回国,并无丝毫滋事。其贸易夷船,英吉利国货物最细,较别国买卖殷厚。该国夷目夷商,均称恭顺。"[②] 不过到了1808年,英国的"恭顺"形象被打破。在欧洲,拿破仑的法国军队占领了葡萄牙全境,葡王室甚至在英舰援救下流亡南美洲的巴西。由于葡萄牙自身难保,对其远在东方的殖民地就更难顾及。在英国东印度公司的怂恿下,英印总督明托勋爵(The Lord Minto)以防备法国侵略为借口,乘机派遣海军少将度路利(W. O. Drury)率兵前赴澳门意图占领。并于当年9月11日驶抵虎门外鸡颈洋面停泊,于21日强行登陆,抢占战略要地。两广总督吴熊光没有认识到问题的严重性,迁延不报,仅派行商劝谕英人撤离,英人不听,遂于10月5日下令封舱,欲以停止贸易逼其就范。但度路利不为所动,反而变本加厉,于10月20日、21日,分遣3艘战舰闯入虎门,进泊黄埔。11月11日,度路利甚至率兵直达广州城外,求见总督,"逼令让住(澳门),并妄冀恳求允准"。14日,又有英军至广州,向十三行装取伙食。守卫珠江的碣石镇总兵黄飞鹏命令开炮轰击敌船,英兵死伤4人,被迫退回黄埔。在英军入侵40多天后,吴熊光才于10月23日向清廷奏报。[③] 嘉庆帝知悉情况后,斥责吴熊光"所办太软",命其立即统兵剿办。[④] 吴熊光接旨后,遂采取强行措施,调兵驻扎黄埔和澳门,与英军对峙。由于此时中方态度强硬,加之东印度公司担心长此以往会严重影响贸易,最后度路利只得妥协退兵。12月20日,英军全数撤

① 《清仁宗实录》卷一四〇,嘉庆十年乙丑二月辛酉。
② "粤督倭关延奏片稿",(清)魏源撰,陈华等点校注释:《海国图志》卷七十七,岳麓书社,2021年,第1911页。
③ 萧致治主编:《鸦片战争史》(第二版),上册,福建人民出版社,2017年,第194—195页。
④ 黄鸿钊:《香山商澳:镜海风云》,广东人民出版社,2019年,第5—9页。

回。次年3月离澳。① 经此一事,清政府开始对英国殖民者的侵略性质有所了解。同时,中英之间的贸易问题也在愈演愈烈,特别是鸦片走私和行商商欠的恶性发展,也让清政府对英国的经济侵略有了更加切身的体会。此后,清朝君臣对英国的印象也开始转为负面,称其是"诸番中最为桀骜""于西洋诸国中最为狡黠,负强鲸窟,肆侮邻夷""狡险叵测""向称狡诈""桀骜不恭""贪狡牟利""夷情狡诈""素性强横奸诈""贪狡多疑",等等。②

1816年,英国又派出阿美士德使团(Amherst Mission)来华,希望谈判解决中英两国间存在的商业纠纷,在华攫取更多的利益,但由于礼仪问题,阿美士德使团甚至没有机会觐见嘉庆帝,此次出使也毫无所获。此后,英国政府也逐渐放弃了通过外交途径解决双方矛盾的努力,转而走上用武力改变现状的道路。而直至鸦片战争前夕,清政府对英国都缺乏足够的重视。

---

① 英人在嘉庆年间曾两度试图占领澳门,第一次发生在1802年,当时法国和西班牙的军队侵入了葡萄牙,英人以保护澳门免遭法人入侵为名占领澳门。澳葡理事官委黎多十分忧惧,请求广东政府给予保护。在中方的压力下,同时也由于英法之间缔结了《亚眠和约》,英军攻占澳门的理由已不成立,因此英国兵舰陆续开回印度,还遣人告知中方,因为"法兰西欲侵澳门,故举兵来护,讹言请勿轻信"。参见(清)王之春著,赵春晨点校:《清朝柔远记》,中华书局,2008年,第146页。由于两广总督吉庆未将英人入侵一事报告给中央政府,澳葡还联络在北京钦天监任职的葡萄牙籍耶稣会士索德超(Joseph Bernardus d'Almeida,1728—1805)、方济各会士汤士选(Alexander de Gouvea,1751—1808)等人,请他们寻找途径使嘉庆帝悉知此事。后内务府大臣苏楞额转奏了索德超等人的呈文,文中特别强调了英人的侵略野心:"外洋到广交易诸国中,有英吉利者,其在西洋素号谲诈。近数十年来常怀蚕食之志,往往外假经商之名,遂其私计。……前于乾隆五十八年时曾遣巨舶进贡,多所求假,不惟便其通商,且求海屿一所作久留计。幸蒙高宗纯皇帝洞其隐曲,未遂其私,怅怅而去。渠因未得所求之故,终不撒手,每有窥伺之意。……今英吉利于其所占小西洋地方特发六大战船,劲兵数千,满载兵械炮具,借辞称预防佛郎西来抢澳门,其实乃窃窥澳门,欲得高宗纯皇帝所不允之事。……英吉利之凶狡,在西无人不知。伊前于小西洋假买卖为由,已曾图灭一大国,名曰蒙告尔。初亦借一小地存驻,后渐人众船多,于嘉庆三年竟将此国吞噬!……若容此辈在迩,殊非久安之策。"嘉庆知晓后命粤督吉庆查报此事,得到的回复是英国护兵船确实来过澳门外湾,离澳甚近,但当他饬令离开后,英吉利各兵船均已陆续开行护货回国,即便是停泊澳门外湾时也"并无滋事"。因此清政府认定英军欲占澳门是葡萄牙人的"讹传"。有趣的是,因为国家利益和宗教信仰等原因,索德超素来仇视英人,马戛尔尼使团来华时,索氏正担任钦天监副,由于通晓拉丁文和中文,被乾隆任命为负责迎接使团的主要翻译。但索氏在接待中多有作梗,蓄意增加中英双方的误会与障碍。马戛尔尼对索氏也印象恶劣,称"此人非处处防范,必为所陷"。索氏呈文中对英国殖民者侵略性质的认识并没有错,只不过清政府并未注意到,反而认为英人"当知畏法,不敢滋事"。参见方豪:《中西交通史》(下册),上海人民出版社,2015年,第611页;[英]马戛尔尼著,刘半农原译:《1793乾隆英使觐见记》,天津人民出版社,2006年,第57页;王宏志主编:《翻译史研究(2018)》,复旦大学出版社,2020年,第105—108页。

② 龚缨晏:《求知集》,商务印书馆,2006年,第345页。

四、嘉道间中国人对英国的认识

嘉庆时期，清政府关于英国的知识并无多少进步。但在中国民间倒是出现了一本根据亲身见闻所撰关于英国的书籍——《海录》。口述此书者名为谢清高，是广东嘉应（今梅州）人，早年间随外国海船航行于东南亚、南亚乃至欧洲等地，后来在澳门定居。1820年（嘉庆二十五年），举人杨炳南在澳门遇到这位同乡，"与顷谈西南洋事甚悉，向来志外国者，得之传闻，证于谢君所见，或合或不合"，将谢清高的见闻笔录下来，形成《海录》一书。该书近两万字，分成上、中、下三卷，共记录90多个国家和地区，遍及亚、非、欧、美、澳五大洲，其中，英国是谢清高所游历的国家之一，相关记述也较其他国家详细一些。据他观察，英国是一个岛国，"人民稀少而多豪富，房屋皆重楼叠阁"，其人"急功尚利，以海舶商贾为生涯，海中有利之区，咸欲争之，贸易者遍海内，以明呀喇、曼达喇萨、孟买为外府"；同时它也是一个国小兵强的国家，"民十五以上则供役于王，六十以上始止。又养外国人以为卒伍，……海外诸国多惧之"。谢清高将首都London译为"论伦"（今译"伦敦"），称其是"国中一大市镇也，楼阁连绵，林木葱郁，居人富庶"，还着意描述了城市自来水设施："桥各为法轮，激水上行，以大锡管接注通流，藏于街巷道路之旁。人家用水，俱无烦挑运，各以小铜管接于道旁锡管，藏于墙间。别用小法轮激之，使注于器。王则计户口而收其水税。"此外还介绍了英国的风俗、土产与海上善政。[①] 此书是中国人在海外亲身经历而写成的一部珍贵文献，它向国人展示了西方——特别是英国，在海外拓展殖民地和设立商埠的情况，对中国人认识当时的英国和西方具有重要价值，可惜在成书后的20年里少有知识界的关注。[②] 1839年，在广东查禁鸦片的林则徐将此书推荐给道光皇帝，称"《海录》一书……所载外国事颇为精审"。[③] 在鸦片战争之后，该书

① （清）谢清高口述，杨炳南笔录，冯承钧注释：《海录注》卷下，中华书局，1955年，第73—74页。
② 但有少数关注外国史地的文人对该书尤为重视，比如江苏阳湖（今武进）人李兆洛（1769—1841，字申耆），嘉庆进士，学主经世，辑著有《皇朝文典》《大清一统舆地全图》《养一斋文集》等。他从嘉应人吴兰修处得到《海录》，盛赞此书"所言具有条理，……又于红毛荷兰诸国吞并滨海小邦、要隘处辄留兵戍守，皆一一能详，尤深得要领者也"，将《海录》略加整编，列图于首，更名《海国纪闻》，末附其所辑录外国史地资料《海国集览》。这两本著作均未刊。另外，李兆洛从其所得《海录》是由吴兰修笔录，与杨炳南录本有所出入，也未刊。后汪文泰《红毛番英吉利考略》所引《海录》之文系吴兰修本改编而成的《海国纪闻》而来。参见胡逢祥、张文建：《中国近现代史学思潮与流派（1840—1949）》，上册，商务印书馆，2018年，第64页。
③ 中山大学历史系中国近代史教研室编：《林则徐集·奏稿》（中册），中华书局，1965年，第680页。

也得到魏源、徐继畬等人的重视,并在他们的著作中作为重要资料被加以辑录引用。

道光以来,中英两国的贸易纠纷愈加激烈,尤其是日益猖獗的鸦片走私更是引起了有识之士的关注。在鸦片战争前,一些提倡经世致用的先进知识分子已经开始从注意海疆形势、重视"夷情"的角度撰写了一批有关英国的著述,其中比较具有代表性的包括:何大庚的《英夷说》,颜斯综的《海防余论》与《南洋蠡测》,萧令裕的《记英吉利》(一作《英吉利记》)与《粤东市舶论》,叶钟进的《英吉利国夷情纪略》,汤彝的《嘆咭唎兵船记》与《绝嘆咭唎互市论》,梁廷枏的《粤海关志》等。① 另有《英国论略》②一文,虽然其作者不是本土华人,但却是当时关于英国简略而较为全面的中文文献,颇为罕见。综合来看,这些作品关于英国的内容主要包括以下几个方面:

---

① 其中萧令裕的《记英吉利》和叶钟进的《英吉利国夷情纪略》两文对英国的介绍较为详细,反映了鸦片战争前中国人对英国等西方国家的认识水平,均被收入魏源的《海国图志》。萧令裕(字梅生,或作枚生),江苏清河(今淮阴)人。嘉庆后期,为淮榷使幕僚。道光初年,赴粤为两广总督阮元幕宾,兼办粤海关事务,对当时的中外贸易情况较为了解。他于 1832 年撰成《记英吉利》一文,该书述及英国名称、地理位置、海外殖民、英人体貌特征与性格、婚姻风俗、宗教信仰、文字、东印度公司在粤情况、军事力量与船炮、中英贸易历史、历次入贡情况、中英间的冲突,等等,并且对中英关系提出自己的见解。叶钟进(字蓉塘),安徽歙县人,曾客居粤中,所著《英吉利夷情纪略》分为上、下篇。上篇讲述英国地理位置、宗教信仰、风土人情、教育制度、赋税制度、工艺技术、饮食服饰、社交礼仪、刑名律法等情况,下篇介绍英国东印度公司在广州的商馆和对华贸易情况、伦敦风情、英美战争、英国在南洋的殖民侵略活动、嘉道间中英在广东的交涉事件、对东印度公司解散后的形势加以分析并提出应对之策,尤其强调应留意探阅来华西人出版的新闻纸,以便了解各国情况,加强边防。参见马廉颇:《晚清帝国视野下的英国——以嘉庆道光两朝为中心》,人民出版社,2003 年,第 30—31 页;赵少峰:《西史东渐与中国史学演进(1840—1927)》,商务印书馆,2018 年,第 63—64 页。除了这些专门性的文章外,嘉道间的著名经世学者如阮元、包世臣、林则徐、姚莹、魏源、俞正燮、李兆洛等人都表达过自己对于英国和中英关系的认识,详见下文。

② 自清末开始,有不少学者都认为该书的作者名为"息力",比如徐兆玮(字少逵,1867—1940)在其日记中称读"何大庚《英夷说》,一页;息力《英国论略》,二页;萧令裕《英吉利记》,六页",将息力与何大庚等作者名并列。参见徐兆玮著,李向东、包岐峰、苏醒标点:《徐兆玮日记(1)》,黄山书社,2013 年,第 513 页。实际上,息力根本不是某人的姓名,而是新嘉坡(今译"新加坡")的旧称。清代李钟珏《新嘉坡风土记》中说的很清楚:"旧名息力,又称石叻,华人或称新州府。"《英国论略》是收录于《小方壶斋舆地丛钞》(再补编)中的一篇文章,该文的署名上明确标记"息力…著",意即新加坡无名氏所著。另外,在魏源《海国图志》卷五十一辑有《英国论略》的文字,不过作者被标注为"新嘉坡人所撰"。将该辑文与"息力…著"的文章相对照,内容一致。此一印证也可以支持本书的观点。而且在笔者看来,这个"新嘉坡人"受在东南亚一带活动的欧洲新教传教士的影响很深。理由有二:一是作者行文之中对于基督教有崇敬之情,且介绍的相关知识都较为正确,这在当时介绍西方的华人著作中基本没有;二是文中的一些内容与普鲁士传教士郭实猎的《万国地理全图集》中关于英国的介绍有近似或雷同之处,比如介绍英国政府,郭实猎说女王"尚少年,聪慧英敏",《英国论略》则称"年尚少,聪慧英敏",两文对中央十二位大臣的官衔称谓也极为相近。这也表明两作之间应当是有渊源的。

　　(一)史地知识。比如《英国论略》称:"英吉利国,乃海中二方屿也。其南大岛曰伦墩国,北岛曰苏各兰国,两国共名英吉利。又有小岛称为倚耳兰,鼎足环峙。南及英海峡,隔佛兰西国,北及大北海,西至大西洋海,东距荷兰国不远。英岛延袤二十六万一千方里,户千有五百万口;倚耳兰岛延袤九万六千方里,户七百万口。"又简介英国历史:"当中国汉朝时,英民犹未向化,游猎林中。值罗马国兵来侵,降服大半。东国野族蜂起攻击,土人逃匿山林。英地尽为各国所据。渐奉耶稣教,始知风化。宋朝年间,有邻部那耳曼者,渡海力据英境,强役土民。不及二百年,两族合成一国,勤劳速兴。当明之季,英百姓尽崇正教,通文字,自弃旧俗,权势益增。民人敢作敢为,兵船出巡四海,屡拒退外国之兵。"①文中略述了古罗马人征服、盎格鲁-撒克逊人(古日耳曼人中的一支)入侵、基督教传入、诺曼底征服等重要史事。为了便于中国人理解,作者特意使用中国历史上的朝代纪元。

　　(二)政治制度。比如关于英国中央政府的组成情况,《英国论略》中写道:"目前王后主国,年尚少,聪慧英敏,众民悦服。贵臣共十二人,为管国帑大臣、审办大臣、持玺大臣、户部大臣、内国务宰相、外国务宰相、管印度国务尚书、水师部大臣、贸易部大臣、兵部大臣。此外尚有议士协办大臣等,皆理政事者也。"该文还介绍了英国的议会制度:"设有大事会议,各抒己见。其国中尊贵者曰五爵,如中国之公、侯、伯、子、男,为会议之主;且城邑居民,各选忠义之士一二,赴京会议。国主若欲征税纳饷,则必绅士允从;倘绅士不允,即不得令国民纳钱粮;若绅士执私见,则暂散其会,而别择贤士。如有按时变通之事,则庶民择其要者,敬禀五爵、乡绅之会。大众可则可之,大众否则否之。"②可以看出,作者将 Parliament(今译"议会")意译为"大事会议",将 House of Lord(今译"议会上院")意译为"五爵之会",House of Commons(今译为"议会下院")意译为"乡绅之会"。

　　(三)经济制度。比如以英国东印度公司为例介绍公司制度,叶钟进说:"公司者,国中富人合本银设公局,立二十四头人理事,于粤设总理人,俗谓大班、二班、三班、四班,外有茶师、写字、医生及各家子弟来学习者,共数十人。每年七八月,夷船到时,始至十三行夷馆,许雇唐人买办食用。年终事毕,船归各夷,仍往澳栖止。"公司开始在华进口的茶叶、生丝有限,但随后数

---

① 息力…:《英国论略》,(清)王锡祺辑:《小方壶斋舆地丛钞》(再补编)第十一帙,杭州古籍书店1985年影印。
② 息力…:《英国论略》,(清)王锡祺辑:《小方壶斋舆地丛钞》(再补编)第十一帙,杭州古籍书店1985年影印。

量大增,"其茶叶收赋极重,约埒中国买价,又禁他人不得置,即船主、伙长等人置者,到日交公司酌领价值,由是富强日盛,有大、二、三、四等头人以治政事"。① 公司虽然实行的是股份制,但没有影响其垄断性质。萧令裕称:"凡他国互市,皆船商自主。独英吉利统于大班,名曰公司。其国中殷富,咸入赀居货,虽王亦然。岁终,会计收其余羡。"②

《英国论略》介绍英国的保险制度:"虞船货之存失不定,则又约人担保之,设使其船平安抵岸,每银百两给保价三四圆,即如担保一船二万银,则预出银八百圆;船不幸沉沦,则保人给偿船主银二万两。"③又简略提到金本位制,即以金为硬通货,每金三两,分作银价二十二块,其银再分铜钱,兼用银票。纸币钞票与金银同价。

叶钟进介绍英国的土地赋税制度,"土地皆属于王,荒土呈官,注籍往垦,以三十年为期。满则归官,出示招投,各书愿出价目封贮,定期开看,多者得,将价呈缴,始听耕作。期未满亦听转投,已满亦许接投,以是无地税"。国家赋税主要来自商税,房屋亦需纳税,"以架为额,高广不计,窗棂外向亦赋之"。赋税用途主要在四个方面:"一归王,一设巡逻兵分段瞭守,一养瞽目废疾,治兵再赋。"他还谈到英国的专利制度:"能出一奇物,得专利三十年,他人学作有禁。"④

(四)军事制度与技术。英国国民 15 岁以上、60 岁以下均须服军役,还有外国雇佣军,以印度最强。"军法五人为伍,伍各有长;二十人为一队。战舰逾百,胜兵十余万,号令严整,无敢退缩。"《记英吉利》对英国的船炮精利描绘地尤为详细,称:"夷性沉鸷,多巧思,所制钟表仪器,中土所重,而船炮尤至精利。船以铁力木厚一二尺者为之,底皆二重。大者三十余丈,宽六七丈,入水、出水均二丈有奇。入水之处用铜包,不畏海水咸烂。其帮樯灌以松脂、桐油,坚硬若铁。船面四平,大者三桅,小者两桅,前后左右,俱有横桅

---

① (清)叶钟进:《英吉利国夷情记略》,(清)魏源撰,陈华等点校注释:《海国图志》卷五十三,岳麓书社,2021 年,第 1451 页。

② (清)萧令裕:《记英吉利》,(清)魏源撰,陈华等点校注释:《海国图志》卷五十三,岳麓书社,2021 年,第 1469 页。

③ 息力…:《英国论略》,(清)王锡祺辑:《小方壶斋舆地丛钞》(再补编)第十一帙,杭州古籍书店 1985 年影印。

④ (清)叶钟进:《英吉利国夷情记略》,(清)魏源撰,陈华等点校注释:《海国图志》卷五十三,岳麓书社,2021 年,第 1449—1450 页。此处的"专利"应当仍为"专其利"之意,但已经明显与现代意义上所指的"法律保障创造发明者在一定时期内由于创造发明而独自享有的利益"相联系,当为现代汉语中"专利"一词的源头。参见黄河清编著:《近现代辞源》,上海辞书出版社,2010 年,第 986 页。

以挂帆。帆用白布,上阔下仄,望如垂天之云。随风增减,一帆无虑千百组,番人理之皆有绪。……舱皆以窗眼为炮眼,平时上嵌玻璃。三舱之船,安大炮八十余门。……大炮重五六千斤,轻者二三千斤。或以铜,或以精铁。……大炮门子四十余斤,小亦二十余斤。每一发火,崩石摧山。又其发时以铳尺量之、测远镜度之,无不奇中。"①

(五)文化教育。叶钟进谈到英国的教育,称:"国立大学,郡中学,乡小学,延师以教读。字横列不直行,笔以铅锥为之。分科以习书、医。士各有字,彼此不相通晓。商之子女,皆习书算。"②萧令裕说英文"字体旁行斜上,相传为马逻可所遗,用二十六字母谐声比附以成,谓之拉丁字,亦谓之拉体纳"。③《英国论略》中称:"国中无论男女,皆习文艺,能诗画,兼工刺绣","学者无不通习文艺,如国史、天文、地理、算法不晓者,则不齿于人。"④

国中普通教士如同中国塾师,需要学习三四国语言,"通经能文、精历法、明测验推步",然后才能教人。无论是学医还是法律,都必须通过考试才能执业。画家"画山水林泉及塑像,皆以逼真为贵",与中国传统的白描写意画法不同。⑤

(六)宗教信仰。叶钟进知道英国等欧洲国家都信奉基督宗教,"造礼拜寺,供十字架。自郡国至乡间,在在皆有。男女七日一礼拜。无跪拜仪,以除帽为大礼。礼拜日,停工作,许嬉游"。⑥ 可是他并不了解新教与天主教之间的区别。萧令裕说"西洋国皆奉天主耶稣教",并且从《海国闻见录》中得知"世传英吉利辟天主教",但看到英人在马六甲、新加坡等殖民地出版的书中称"多尊信耶稣"。这让他感到疑惑,"殆属藩之地,本非英吉利部落,仍其旧俗,故有纷歧? 抑濡染日久,其王亦从而和之耶?"⑦这说明萧令裕也不

① (清)萧令裕:《记英吉利》,(清)魏源撰,陈华等点校注释:《海国图志》卷五十三,岳麓书社,2021年,第1470页。
② (清)叶钟进:《英吉利国夷情记略》,(清)魏源撰,陈华等点校注释:《海国图志》卷五十三,岳麓书社,2021年,第1449页。
③ (清)萧令裕:《记英吉利》,(清)魏源撰,陈华等点校注释:《海国图志》卷五十三,岳麓书社,2021年,第1469页。
④ 息力…:《英国论略》,(清)王锡祺辑:《小方壶斋舆地丛钞》(再补编)第十一帙,杭州古籍书店1985年影印。
⑤ 息力…:《英国论略》,(清)王锡祺辑:《小方壶斋舆地丛钞》(再补编)第十一帙,杭州古籍书店1985年影印。
⑥ (清)叶钟进:《英吉利国夷情记略》,(清)魏源撰,陈华等点校注释:《海国图志》卷五十三,岳麓书社,2021年,第1449页。
⑦ (清)萧令裕:《记英吉利》,(清)魏源撰,陈华等点校注释:《海国图志》卷五十三,岳麓书社,2021年,第1468—1469页。

清楚英国的新教信仰。只有《英国论略》对英国的基督宗教信仰为了解,称:"庶民惟拜天主,尽绝道、释,不奉异神。其教有二:一曰洗礼,一曰圣餐。城邑乡里,各派教主,每七日一礼拜,老幼男女,聚集殿堂,唱诗赞美教主耶稣之德,祈福忏罪,而后听教。教主尊若官府。"①

(七)衣食住行。《英吉利国夷情记略》描写英国男子服饰"男短衣,色尚青白,冬呢夏羽,居常以布,悉单无棉夹,裘大衣长,其后两幅,愈贵愈长,甚至丈余者,数人在后提挈以行,称为礼服。富者以金线缘帽及领袖以自表"②,《英国论略》称女子服饰"用绸缎及各洋布,随风俗、依时式,百变千式,首戴大帽,面挂薄帕,身衣长衫三四重。最好洁。首饰珠宝,不计价值"。在食物方面,英国人一日三餐,"早饮茶、加菲等暨面包、饼饵、牛乳油;午后大餐牛、羊、鸡、豚、鱼、菜。惟荷兰薯甲乎各国",③"饭则麦面。饱后始饮酒,食水果。不以箸,用刀叉匙器,用金银玻璃为上"。④ 当时一些外来食物的译名与今日不同,比如:加菲现译为咖啡,牛乳油即为牛奶,荷兰薯则是马铃薯。

关于城市居所,英国首都伦敦"跨海汉造桥,上行车马,下过舟航。富贵家皆有苑囿,春秋佳日,礼拜之期,听男女游玩。夜则街巷遍悬油灯,行者无庸烛,其费出于仁会",英人房屋"以白石为墙壁,木为梁栋,高垒五六层以避贼,次用砖,下用土。以白灰垩壁,使极光明",⑤"墙贴华纸,板铺花毡,户垂帷帐,周悬山水之图"。英人"最好花园、果林,五爵皆有猎场。冬月则盖暖室,内排各种蔬菜果树及远方异种草木,温养发芽,故四时常有异果名花"。⑥

(八)工艺技术。19 世纪上半叶,经历了工业革命洗礼的英国已经进入到蒸汽时代,从生产到交通,由蒸汽机提供动力的机器生产越来越普及。当

---

① 息力…:《英国论略》,(清)王锡祺辑:《小方壶斋舆地丛钞》(再补编)第十一帙,杭州古籍书店 1985 年影印。
② (清)叶钟进:《英吉利国夷情记略》,(清)魏源撰、陈华等点校注释:《海国图志》卷五十三,岳麓书社,2021 年,第 1450 页。
③ 息力…:《英国论略》,(清)王锡祺辑:《小方壶斋舆地丛钞》(再补编)第十一帙,杭州古籍书店 1985 年影印。
④ (清)叶钟进:《英吉利国夷情记略》,(清)魏源撰、陈华等点校注释:《海国图志》卷五十三,岳麓书社,2021 年,第 1450 页。
⑤ (清)叶钟进:《英吉利国夷情记略》,(清)魏源撰、陈华等点校注释:《海国图志》卷五十三,岳麓书社,2021 年,第 1452 页。
⑥ 息力…:《英国论略》,(清)王锡祺辑:《小方壶斋舆地丛钞》(再补编)第十一帙,杭州古籍书店 1985 年影印。

时的中国人也对英国的先进技术有所了解,《英国论略》中提到英国的机器纺织与火车轮船:"机房织造,不用手足,其机动以火烟,可代人力。以羊毛与棉花纺成洋布、大呢、羽毛,皆自然敏速。……其广推贸易之法,有火轮船航河驶海,不待风水。又造坵辘路,用火车往来,一时可行百有八十里。"① 叶钟进对于蒸汽机船有更为详细的描述:"火轮船者,中立铜柱,空其内烧煤,上设机关,火焰上即自运动,两旁悉以车轮自转以行,每一昼夜,可行千里。自该处至粤,仅三十七日。据夷人云,道光初年始创造,不能装货,以通紧急书信而已,斯一奇也。"②

(九)法律制度。《英国论略》提到英国的婚姻家庭继承制度:"婚姻必男女自愿,然后告诸父母,不用媒妁。惟拜教主,祈上帝,婚则以戒指插新妇之指,即为夫妇。因上帝原初止造一男一女,故不能娶二妇,亦不许出妻。多有男终身不娶、女终身不嫁者。父母产业男女均分,不能男多女少。嫁则婚受其赀焉。倘违禁娶两女者,其罪流。"③《英吉利国夷情记略》则载,英国对于罪犯,不施笞杖肉刑,只铐其手足,禁闭于暗室,视犯罪轻重判定刑期,期满释放,富人可以用钱赎。重罪犯被流放到蛮荒之地屯垦,死罪者以绳吊颈绞杀。大逆不道者,"则有拳如鼓状,内藏锋刃,纳人置于通衢,过者蹴使滚,此为极刑"。④ 此外还有在英国长期流行的司法决斗,"有深怨不解者,各请证人,至广场架鸟枪于肩,约药力所及,背立,发火互击,中不中皆息"。决斗兴起于西欧封建时代,最初是被当作一种司法手段,属于神明裁判之列。后来也广泛盛行于西方上流社会,在决斗者看来,荣誉的价值胜过生命。自1066年至1819年,决斗一直是英国正式的司法程序。⑤

(十)礼仪风俗。婚姻方面,英国自国王至于平民,都实行一夫一妻制。婚姻自由,大约男子三十岁、女子二十岁之后,自相择偶,临时议婚。男女关系上,重女轻男,贵女贱男,"不分内外,妇亦与人往还",甚至"男受女制"。

---

① 息力…:《英国论略》,(清)王锡祺辑:《小方壶斋舆地丛钞》(再补编)第十一帙,杭州古籍书店1985年影印。

② (清)叶钟进:《英吉利国夷情记略》,(清)魏源撰,陈华等点校注释:《海国图志》卷五十三,岳麓书社,2021年,第1454页。

③ 息力…:《英国论略》,(清)王锡祺辑:《小方壶斋舆地丛钞》(再补编)第十一帙,杭州古籍书店1985年影印。

④ (清)叶钟进:《英吉利国夷情记略》,(清)魏源撰,陈华等点校注释:《海国图志》卷五十三,岳麓书社,2021年,第1450页。

⑤ 邵慧峰:《中西法律文化新论》,知识产权出版社,2018年,第47页。

子女长大后即分业别居,自谋生计,也有终身不娶不嫁者。① 有土地俸禄的贵族,都传付长子。临终时将财产登记于簿,立下遗嘱。或者施入"仁会"(即慈善机构),或者分给亲戚、朋友、子女,均不会产生争执。

慈善机构在各地设立贫院(贫民院)、幼院(孤儿院)、病院(医院),由公正之人董理,"故通洲无鬻子女者"②,也禁蓄奴婢。士、农、工、商,各世其业。朋友相见,只问候对方妻子而不及父母,珍爱儿童,却并不敬重长者,"知俯育,不知仰事"。父母逝世后三日即"除服",不知祭祀。"凡病死,医者不得其故,则剖其脏腑头颅,考验病之所在,著书示后。盖以既死则无所惜。"③

"交易铸银为钱,大小不等,以便市鬻。尺曰码,每码约中国二尺四五寸,各国不一。斤曰磅,约十二两零。随身带笔簿,遇异闻异事则记。然诺以拉手为定,亦登于簿,无遗忘,无翻悔。"④"国人相接,除帽示敬,尊坐卑立。惟跪拜上帝,即见国王亦不拜也。"⑤

上述关于英国的知识,有些内容是袭用了《澳门纪略》《海录》等前人书中所记。比如:萧令裕描述英人使用望远镜,称"登桅照千里镜,见远舟如豆则不及;若大如拇指,即续长其桅而楔之,益左右帆而追之。数百里之遥,一时许达矣",这原是取自《澳门纪略》中荷兰的相关介绍。但还有不少内容是通过作者的悉心访采和从来华西人的中文出版物里获取的新知,叶钟进就特意提到澳门印行所谓的"新闻纸"(即报刊),当时的西方各国皆出,其登载的都是"事之新奇及有关系者",如果能够留意探阅,"亦可觇各国之情形,皆边防所不可忽也"。萧令裕在《记英吉利》中说:"麻六甲者,《明史》之满剌加也,不知何年建华英书院,凡英夷学汉字者居之。又于新嘉坡建坚夏书院,凡弥利坚夷学汉字者居之。……月刊书一种,谓之《每月统纪传》,或录古语,或记邻藩,或述新闻,或论天度地球,词义不甚可晓。"⑥实际上,在新教

---

① (清)叶钟进:《英吉利国夷情记略》,(清)魏源撰,陈华等点校注释:《海国图志》卷五十三,岳麓书社,2021年,第1449—1450页。

② 这里应当不仅指英国,而是整个欧罗巴洲。

③ (清)叶钟进:《英吉利国夷情记略》,(清)魏源撰,陈华等点校注释:《海国图志》卷五十三,岳麓书社,2021年,第1451页。

④ (清)叶钟进:《英吉利国夷情记略》,(清)魏源撰,陈华等点校注释:《海国图志》卷五十三,岳麓书社,2021年,第1450页。

⑤ 息力…:《英国论略》,(清)王锡祺辑:《小方壶斋舆地丛钞》(再补编)第十一帙,杭州古籍书店1985年影印。

⑥ (清)萧令裕:《记英吉利》,(清)魏源撰,陈华等点校注释:《海国图志》卷五十三,岳麓书社,2021年,第1469页。

入华之前,基督教传教士曾长期在东南亚、澳门、广州等地活动,他们不仅开办学校和印刷所,还用中文撰写、出版了不少关于英国和世界的书籍,这也为当时一些关注域外情况的中国人提供了知识来源。比如文中所称华英书院(通常称为"英华书院")和坚夏书院是由新教传教士分别在马六甲和新加坡开设。两所书院都有印刷机器,也出版了不少书籍,特别是坚夏书院,在短短的 8 年时间(1834—1841)里刊刻了 90 种中文出版品,其中包括郭实猎的《大英国统志》《古今万国纲鉴》《犹太国史》和裨治文的《美理哥合省国志略》等介绍西方史地知识的书籍。① 《每月统纪传》的全名是《东西洋考每月统记传》②,该刊于 1833 年 8 月 1 日在广州由普鲁士传教士郭实猎创办,是中国境内最早用中文出版的近代期刊,③也是由坚夏书院刊刻,该刊内容丰富、通俗易懂,包括西方的宗教、历史、地理、天文、科技、新闻、政治、法律、经济等各个方面。这些报刊书籍应当是叶、萧等经世学者们有关英国乃至世界知识的重要来源。

这些作品中描绘的英国可谓是"人烟稠密,户口繁滋","文艺大兴,博览经典、法术、武艺,不可胜数"。虽然形貌绝异,言语不通,行为举止亦绝不类中国,但却不是野蛮落后的"化外蛮夷",而是与中国一样拥有着悠久历史和繁荣文化。需要注意的是,这样的描述倒并非表明作者真的将英国与中国平等视之,很重要的原因在于,作者所引关于英国的知识多是来自诸如《东西洋考每月统记传》这样由来华西人出版的作品,而此类刊物本身就具有很强的目的性。例如,郭实猎针对中国人的妄自尊大,"自称为天下诸民族之首,并视其他所有民族为蛮夷",因此他编纂刊物的原则就是要证明"我们确实不是蛮夷,并用展示事实的手法,使中国人相信他们仍然有许多东西需要学"④,从文化平等的角度出发,来说服中国人接受西方的异质文化。

① 庄钦永:《新嘉坡坚夏书院及其中文书刊对晚清经世学者之影响——以梁廷枏〈海国四说〉为例》,复旦大学历史系、出版博物馆编:《历史上的中国出版与东亚文化交流》,上海百家出版社,2009 年,第 463—468 页。

② 《东西洋考每月统记传》又作《东西洋考每月统纪传》,在杂志中两名兼用。其实还有名为《察世俗每月统记传》的刊物,也可以被简称为《每月统记传》。该刊由英国伦敦会传教士米怜于 1815 年在马六甲创办,以"阐发基督教义为根本要务",次为伦理道德,再次为科学,介绍天文、地理知识,世界各洲国家情况等。不过由于叶钟进在文中提到《每月统记传》"每月皆有市价篇,取入口、出口各货,分别等差,而详其价目焉",而只有《东西洋考每月统记传》自道光甲午(1834)正月号开始,连续 5 期专门开辟"市价篇",在期刊末尾刊登广州"省城洋商与各国相交买卖各货现时市价"。因此本书断定叶钟进所说乃是《东西洋考每月统记传》。

③ 爱汉者等编,黄时鉴整理:《东西洋考每月统记传·导言》,中华书局,1997 年,第 3—5 页。

④ Roswell S. Britton, *The Chinese Periodical Press* 1800—1912, Shanghai: Kelly & Walsh, 1933, pp. 24-25.

　　这些作品的问世并非为了"存广异闻",其根本目标在于治事、救世,解决实际问题,有益国计民生。因此除了介绍英国的情况外,其讨论的中心问题在于当时的中英关系。尤其是对英国殖民侵略的认识以及由此而产生的对中国海疆安全的隐忧,并且筹划抵御外患的方略。英国自 18 世纪中叶开始在中国周围的东南亚、南亚等地不断进行殖民活动,而且在很长一段时间里,获得贸易垄断权的东印度公司都是英国在东方侵略扩张的重要工具。叶钟进明确地知道这点,从而指出:"其在东印度各国采买,亦设大班诸人。遇有可乘隙,即用大炮兵舶占踞海口,设夷目为监督,以收出入税。先后得孟剌甲、新埠及新加坡等处。……其用兵饷费,出于公司各港所征税。公司得收三十年。期满始归其国王。凡用兵,只禀命而自备资粮,以故到处窥伺。"[1] 颜斯综也说英国人"其俗谋夺人地,非必出自国主之意,……三五富人群居谘议,欲占据某国之某地,告知国主,许往凑合钱粮,即抽拨各处之兵船,令往攻取。若战胜得地,其地利益,国主与出资之人均分,自有章程"。[2] 正如汪晖所认识到的,无论是公班衙或是公司的译名均突出了"公"的特点,而所谓"公"的概念与"官"的概念、合伙的概念都有微妙的关系。[3] 东印度公司在英国政府的支持下,采用军事手段将商业力量转化为殖民地的政治力量,因此颜斯综评价:"古今以兵力行商贾,以割据为垄断,未有如英夷之甚者。"[4]

　　萧令裕对英国人的殖民侵略活动有更为具体的讲述,他说:"国俗急功尚利,以海贾为生,凡海口埔头有利之地,咸欲争之。于是精修船炮,所向加兵。其极西之墨利加边地,与佛兰西争战屡年始得。又若西南洋之印度及南洋濒海诸市埠与南海中岛屿,向为西洋各国所据者,英夷皆以兵争之,而分其利。乾隆末已雄海外,嘉庆中益强大。凡所夺之地,曰彻第缸,曰茫咕噜,曰唵门,曰旧柔佛,曰麻六甲,此二地今为新嘉坡。此皆南洋濒海之市埠也。曰新埠,曰亚英,曰旧港,国之文都,曰苏门达拉,曰彼古达里,曰美洛居,曰葛留巴,此皆海中岛屿也。曰孟呀剌,曰孟买,曰曼达喇萨,曰马喇他,

①　(清)叶钟进:《英吉利国夷情记略》,(清)魏源撰,陈华等点校注释:《海国图志》卷五十三,岳麓书社,2021 年,第 1452 页。
②　(清)颜斯综:《海防余论》,(清)魏源撰,陈华等点校注释:《海国图志》卷五十三,岳麓书社,2021 年,第 1457 页。
③　汪晖:《现代中国思想的兴起·帝国与国家》(第二部上卷),生活·读书·新知三联书店,2008 年,第 670 页。
④　(清)颜斯综:《南洋蠡测》,(清)王锡祺辑:《小方壶斋舆地丛钞》(再补编)第十帙,杭州古籍书店 1985 年影印。

曰盎几里,曰唧肚,此皆印度之地也。分兵镇守,岁收其贡税。……英夷在粤自称辖天竺国五印度地。其东印度之来粤懋迁者,又名为港脚国。粤人知港脚,不知即东印度也。印度与后藏、缅甸相邻,距英吉利之本国绝远,而奉其命惟谨。”①

英人在中华帝国周边地区的殖民侵略活动让一些中国人开始对本国的海防感到担忧。何大庚在《英夷说》中指出:“英吉利者,昔以其国在西北数万里外,距粤海极远,似非中国切肤之患。今则骎骎而南,凡南洋濒海各国,远若明呀喇、曼哒喇萨、孟买等国,近若吉兰丹、丁加罗、柔佛、乌土国,以及海中三佛齐、葛留巴、娑罗诸岛,皆为其所胁服而供其赋税。其势日南,其心日侈,岂有餍足之日哉!”②在 1824 年英国占领新加坡之后,这种忧患意识更为明显。颜斯综在谈到此事时说,英国“恃星忌利坡离粤不远,彼国虽隔数万里之遥,今则无异邻境。……其志盖欲扼此东西要津,独擅中华之利,而制诸国之咽喉”。③ 萧令裕和叶钟进都在各自的著作中详细回顾了英人来华贸易的历史,认为英人久有垄断中西贸易之心,而在广州多受制约,艳羡葡人得居澳门之利,在其提出对中国领土的非分要求被拒绝后,④一再在东南海疆寻衅。1808 年(嘉庆十三年),英兵船突入澳门,意欲强占。道光初年,参加第一次英缅战争的英国兵船来粤取饷,碇泊广东零丁洋面,“有兵上岸滋事,用鸟枪击毙数人”。⑤ 鉴于这些史实,萧令裕在致其朋友、著名经世学者包世臣的信中预言,英国对华侵略,“十年之后,患必中于江浙,恐前明倭祸,复见于今日”。⑥

此外,时人对于英人在中国沿海的鸦片贸易也感到担忧。一方面是认为鸦片流毒有伤人心风俗,比如姚莹在嘉庆末年购得《海岛逸志》一书,并据书中内容指出“英吉利蓄心叵测,制为鸦片烟土,以毒中国,既竭我之财,又

① (清)萧令裕:《记英吉利》,(清)魏源撰,陈华等点校注释:《海国图志》卷五十三,岳麓书社,2021年,第 1467—1468 页。
② (清)何大庚:《英夷说》,(清)王锡祺辑:《小方壶斋舆地丛钞》(再补编)第十一帙,杭州古籍书店1985 年影印。
③ (清)颜斯综:《南洋蠡测》,(清)王锡祺辑:《小方壶斋舆地丛钞》(再补编)第十帙,杭州古籍书店1985 年影印。
④ 马戛尔尼使团来华时曾向清政府请求给予珠山(即舟山)附近一小岛、广东省城附近一小地,供英国商人定居,遭到乾隆帝的拒绝。
⑤ (清)叶钟进:《英吉利国夷情记略》,(清)魏源撰,陈华等点校注释:《海国图志》卷五十三,岳麓书社,2021 年,第 1455 页。
⑥ (清)包世臣:《答萧枚生书》,《安吴四种·齐民四术》卷十一,光绪十四年重校本。

病我之人"。① 汤彝在《绝嘆咭唎互市论》中认为"雅片一物于人心风俗陷溺至深,尤不可不亟谋禁革"。② 另一方面,也认识到鸦片泛滥造成大量的白银外流,从而导致银贵钱贱、物价上涨、民生凋敝的危机。包世臣认为鸦片泛滥,造成本末并耗,白银外流,国贫民穷,其害不异于鸩毒。③

面对英国的威胁,这些经世学者依据"古已有之"的经验来提出具体的应对策略。但由于受到根深蒂固的传统"华夷观念"的束缚,他们轻视英人,将中英间的贸易仅仅看作是天朝上国怀柔远人、抚恤外夷的一种政策和手段,所以他们的主张也多不切实际。萧令裕称"英吉利恃其船炮,渐横海上,识者每以为忧",而英人"素贪,无远略",类于汉代的匈奴,他说:"《汉书》谓:匈奴贪,尚乐关市,嗜汉财物。英吉利正其伦比,诚如汉之庙略,通关市不绝以中之,则驽马恋豆栈,即穹庐贤于城邦,毡罽美于章绂。古所云匈奴安于所习,乐不思汉,是以无窥中国者。英夷亦殆有然矣。"所以,中国只要"驭以诚信,无相侵渔,番舶交易,斯百年无虞诈",但如果对英商在关税常例之外另行求索,或因细枝末节而与其计较,则"蛮夷桀骜,挺险易动,不可知也"。而对于鸦片问题,在萧令裕看来,"鸦片流行,自嘉庆十年以后。其人精通织作,商粤东已数十年,呢羽罽布之货走天下。初非全资于鸦片,故中土之人无吸食,彼亦莫能为也"。④ 似乎在作者眼中,本来属于外部压力的鸦片问题,反而成了一个中国自身的问题。若按此逻辑,则会出现类似黄爵滋的"难防者不在夷商而在奸民"之说,操纵鸦片贸易的西方势力反倒成了无关紧要的因素。其思想根源还是对域外世界的了解极为有限。

包世臣在 1820 年写就的《庚辰杂著二》中说,英人"屡次骄蹇,皆洋商嗾之,而边镇文武和之……反张夷威以恫喝中外"。⑤ 在他眼中,广州十三行的商人大多是挟洋自重、垄断鸦片贸易的汉奸,英人在广东的侵略行径都是由他们教唆。但这并"不足患",只要"裁撤各海关","关撤则洋商罢,夷目无汉奸为谋主,自必驯贴"。他担心的是有人会像明代的汪直、徐海那样将中国海盗组织成"倭寇",借英人之名袭扰沿海。1825 年,包世臣应两广总督阮元之邀前往广州任其幕僚。在粤期间,他对英国的侵略有了更多的了解,

---

① (清)姚莹著,施培毅、徐寿凯点校:《康輶纪行、东槎纪略》,黄山书社,1990 年,第 285 页。
② (清)汤彝:《盾墨》,中国野史集成续编委会、四川大学图书馆:《中国野史集成续编》(27),巴蜀书社,2000 年,第 811 页。
③ (清)包世臣:《庚辰杂著二》,《安吴四种·齐民四术》卷二,光绪十四年重校本。
④ (清)萧令裕:《记英吉利》,(清)魏源撰,陈华等点校注释:《海国图志》卷五十三,岳麓书社,2021 年,第 1471 页。
⑤ (清)包世臣:《庚辰杂著二》,《安吴四种·齐民四术》卷二,光绪十四年重校本。

在 1828 年致广东按察使姚亮甫的信中，明确指出："夷舶通市，止粤海一关，而厦门、兰台、宁波、乍浦、上海各关，皆有闽、广鸟船抵关转输洋货。新埔客民虽降服英夷，并未改从服色，是到各关之鸟船，未必无新埔客民在其中，以分散烟土于各省，而交结其匪民。英夷虽未至江浙，其党羽实已钩盘牢固。……英夷去国五六万里，与中华争，势难相及。而新埔则近在肘腋，易为进退。况内地既有谋主，沿海复多胁从，英夷亦难保其不生歹心。"①包世臣认为英人在征服新加坡后，侨居当地的华人会与其合作，很容易深入中国内地销售鸦片、结交奸民。因此他的方案是派人密至新加坡，调查情况。赦免迁居该地华人之前所犯之罪行，将他们"悉徙之内地，仍前封禁"；甚至提出主动出击的建议："或驱逐英夷，而设重镇郡县如台湾，庶可销逆萌以弭边衅也。"东南沿海是清朝统一较晚的地区，防范与猜疑是统治者的"痼疾"，清政府尤其担心海外反清势力与沿海居民相勾结，造成"内忧外患"。可以看出，包世臣也深受这一思想影响，他虽以经世之学名于时，但此等御侮之策延续的仍旧是杜绝"民夷勾结"、闭关自守的思路。

英国政府于 1833 年废止了东印度公司对华贸易垄断权，并派遣苏格兰贵族律劳卑勋爵（William John Napier, 9th Lord Napier）到广东担任首位英国驻华商务监督。1834 年 7 月，律劳卑抵粤，很快就与中国地方当局发生了激烈冲突，两广总督卢坤宣布"封舱"，②中止与英国商人的贸易。律劳卑不甘示弱，于 9 月命两艘英舰闯过虎门要塞，进抵黄埔，直逼广州。虎门清军曾竭力对英舰开火，却仅毙英方 2 人，伤 7 人；己方的损失却相当惨重。③卢坤调集水陆各军，加强珠江防御。此时，律劳卑身患疟疾，同时也没有得到本国政府动用武力的许诺，加之贸易旺季将至，一些英国商人开始与广州政府谋求妥协。失去本国商人支持的律劳卑最终黯然退回澳门，10 月 11 日病死该地。此事是鸦片战争前中、英双方发生的最为严重的一次外交冲突。卢坤在向道光帝汇报时，吹嘘自己的功绩："该夷兵船等见前路水面木排横亘，枪炮如林，大小师船，排列数里，陆路亦处处驻兵，声势联络，军威严整……该夷胆怯，呈求恩准下澳，兵船即日退出，求准出口……第我皇上怀

---

① （清）包世臣：《致广东按察姚中丞书》，《安吴四种·齐民四术》卷十一，光绪十四年重校本。

② 此为鸦片战争前，清朝海关对外国商船货舱封闭加印、禁止起卸货物的措施。此举原是在外国商船抵港前未办清纳税手续前，例由海关人员将货舱舱口锁闭加封，以防私卸逃税。后来也成为清政府惩罚不法外商的一种手段，封舱也就意味着停止贸易。

③ 茅海建：《虎门大战》，虎门镇人民政府编：《虎门文史》（第三辑），广东人民出版社，2015 年，第176 页；[美]费正清、刘广京编，中国社会科学院历史研究所编译室译：《剑桥中国晚清史：1800—1911 年》（上卷），2007 年，第 168 页。

远以德,抚驭外夷,仁义兼尽,玩则惩之,服则舍之,从不为已甚之举,所以宽其一线,函令出口。①《嘆咭唎兵船记》的说法就更显中国之威武:"英人大惧,请退出,不许;律劳卑请给小船下澳,不许。番商数千人,合词乞命,乃许。律劳卑既出,虑归国以生衅伏法,遂仰药死。"②道光帝对卢坤的说法深信不疑,也满意地表示"玩则惩之,服则舍之,该督等办理此案,尚合机宜"。③ 在鸦片战争前,道光君臣就是这样照搬历史上中原王朝羁縻外夷的传统方法来对付英国,即:如英人不遵守天朝法度,则封舱绝市,临之以兵,使其屈服;若驯服遵命,则不继续给予惩罚追究,并且恢复贸易以示天朝恩德,正所谓"使畏且怀,制夷之道也"。后来林则徐被道光任命为钦差大臣赴广东禁烟,其实也是沿用这种"制夷之道",④只是彼时英国的对华政策已经明显改变,遂有刻舟求剑之谬。嘉、道间曾任两广总督的阮元曾谓叹道:"闻此后惟林少穆督部亦守此法,而情事顿殊,为之慨然而已。"⑤

这些经世学者们对于中华帝国的实力有着盲目的自信。首先,他们将商业贸易作为驭夷的政治手段,正所谓"以商制夷"。这其实基本上也是当时朝野上下的一个共识。1815 年,嘉庆皇帝召见两广总督孙玉庭,问英国富强否? 孙答曰:"其富由中国,彼以所有易茶叶,转鬻于附近诸夷,故富耳! 然一日无茶则病,禁之则穷,又安能强?"⑥1831 年,工科掌印给事中邵正笏奏称:"臣伏思汉夷交易,系属天朝丕冒海隅,以中原之货殖,拯彼国之人民,非利其区区赋税也。"⑦汤彝说:"夫番土百货非中国不可缺,而中国之茶药则为番土所必须。"因此,如果外夷不服从天朝体制和法度的话,只要禁绝贸易,就可迫使对方就范:"中国之御四裔也,来则抚之,贰则绝之,此不易之道也。"尤为荒谬的是,时人多认为茶叶、大黄是外夷日常生活之必需,"番人性

---

① 中国社会科学院考古研究所编辑:《夏鼐文集》(下),社会科学文献出版社,2000 年,第 291 页。
② (清)汤彝:《盾墨》,中国野史集成续编委会,四川大学图书馆:《中国野史集成续编》(27),巴蜀书社,2000 年,第 811 页。
③ 中国第一历史档案馆编:《鸦片战争档案史料》(第一册),上海人民出版社,1987 年,第 164 页。
④ 比如在逼迫英商缴纳鸦片时就采取封舱、封商馆、撤仆役、断食粮、停贸易的手段。
⑤ 道光初年,英国护货兵船进入伶仃山,与当地百姓发生冲突,用枪击死山民二人。阮元命行商与英国大班交涉,要求他们交出凶手,但英人坚决不交,于是下令封闭英船货舱,停止贸易,态度强硬。后来虽同意恢复贸易,但规定"以后兵船不许复来"。自是,"道光三、四、五、六年,此种兵船皆不复来粤"。阮元认为他的学生卢坤成功处理律劳卑事件也是仿照其意行之,因而得到道光帝的褒奖。参见(清)梁章钜:《英夷》,《中国近代文学大系》总编辑委员会编:《中国近代文学大系(1840—1919)》卷九,小说集 7,上海书店出版社,2012 年,第 493—494 页。
⑥ 《金壶七墨》,中国史学会主编:《鸦片战争》(二),神州国光社,1954 年,第 608 页。
⑦ 中国第一历史档案馆编:《鸦片战争档案史料》(第一册),上海人民出版社,1987 年,第 74 页。

嗜乳酪,胶结肠腹,唯大黄茶叶荡涤称神,一不得食,立致困病".[1] 后来被正史斥为对英投降派的琦善对此说深信不疑,他在 1836 年的一份奏折上称,西洋各国"地土坚刚,风日燥烈,又日以羊、牛肉磨粉为粮,食之不易消化,大便不通立死。每日食后,此为通肠之圣药",而且由于物土异宜,夷人购种移植均不能成功,琦善认为"此实造物予中土以制外夷之大权也",[2] 可以在禁止中外贸易直至鸦片断绝之后,仍准通商,然后规定茶叶、大黄出口,外商必须以纹银交易,不得滥用番银及以货换货,以进一步吸引白银入口,最终可达到阻止白银外流的恶劣现象。有趣的是,即便是被历史学家范文澜誉为"睁眼看世界的第一人"的林则徐也抱有类似的看法,他在粤禁烟之初就认为"茶叶大黄,外夷若不得此,即无以为命",[3] 将其作为迫使英商呈缴鸦片的砝码。1839 年 8 月 3 日,在他与两广总督邓廷桢、广东巡抚怡良会衔发布的《拟谕英吉利国王檄》中宣称:"中国所行于外国者,无一非利人之物……况如茶叶、大黄,外国所不可一日无也。……而外来之物,皆不过玩好,可有可无,既非中国所需,何难闭关绝市。"[4]

其次,轻视英人的武力,对战争爆发的可能性估计不足。包世臣关于中英实力对比的判断是:"通商各国以英夷为强,然其地其民,不足当中国百一。"[5] 在他看来,土地人民的多少才是国力强弱的标准。叶钟进称英人"目不能远视,故不能挽强命中,脚又无力,上岸至陆地,则不能行,制梃专折其足,则皆毙矣"。[6] 这种认为欧洲人小腿不能弯曲的观点在当时也极具代表性,但也有人提出质疑,萧令裕就说:"或谓番舶在洋,日与海波上下,一履平地,即簸荡无主。又或谓夷以布缚两胯,屈伸不便,所曳革履,尤蹇于步,夷登陆则技穷。然广州商胡出游,登山亦殊矫捷,涉浅水则一纵即过,此所目验也。"[7] 显然他的话更符合实际,可是偏见一旦形成就很难打破,连"时常探访夷情"的林则徐都认为洋人腿直,不能转弯,故而不习陆战。他说:"夷兵除枪炮之外,击刺步伐俱非所娴,而其腿足裹缠,结束紧密,屈伸皆所不

① (清)萧令裕:《粤东市舶论》,(清)魏源撰,陈华等点校注释:《海国图志》卷七十八,岳麓书社,2021 年,第 1917 页。

② 《溃郁流毒抄本》,中国史学会主编:《鸦片战争》(一),神州国光社,1954 年,第 516 页。

③ 《谕各国商人呈缴烟土稿》,中国史学会主编:《鸦片战争》(一),神州国光社,1954 年,第 242 页。

④ (清)林则徐:《林文忠公政书·使粤奏稿》卷四,中国书店,1991 年,第 135 页。

⑤ (清)包世臣:《庚辰杂著二》,《安吴四种·齐民四术》卷二,光绪十四年重校本。

⑥ (清)叶钟进:《寄味山房杂记》卷一,载于方东树:《病榻罪言》,见任访秋:《中国近代文学大系(1840—1919)·散文集》,上海书店出版社,1991 年,第 100 页。

⑦ (清)萧令裕:《记英吉利》,(清)魏源撰,陈华等点校注释:《海国图志》卷五十三,岳麓书社,2021 年,第 1469 页。

便","一至岸上则该夷无他技能,且其浑身裹缠,腰腿僵硬,一仆不能复起。"直到鸦片战争爆发前夕,林则徐还上奏称:"臣等细察夷情,略窥底蕴,知彼万不敢以欺凌他国之术窥伺中华。"①颜斯综在《海防余论》中分析了英人的侵略行为,但认为这种事情在中国不可能重演:"彼之伎俩,专务震动挟制,桅上悬炮,登岸放火,占据各处地方,多用此法。然未敢尝试于大国之边疆,恐停贸易,则彼国之匹头,港脚之棉花,何处销售?茶叶等货,何处购买?彼之国计民生,岂不大有关系?"②可以看出,时人对于英国的了解远远不够,而对清朝的强大则有着一种盲目自信。

此外,萧令裕在《粤东市舶论》中还曾明确提出"以夷制夷"的思想,他认为"夷国"之间因为争利而存在种种矛盾,英国不仅与占据澳门的葡萄牙不和,与美、法等国也是"夙与仇雠"。因此,可以沿用古代中原王朝对付"夷狄"的方法,利用外国矛盾,"使相攻击,以夷攻夷,正可抚为我用"。③ 林则徐在鸦片战争前也提出过类似的主张,他说英国"在外国最称强悍,诸夷中惟米利坚及佛兰西尚足与之抗衡,然亦忌且惮之"。"自英夷贸易断后,他国颇皆欣欣向荣,盖逐利者喜彼绌而此赢;怀忿者谓此荣而彼辱,此中控驭之法,似可以夷治夷,使其相间相睽,以彼心之离心,各输忱而向内……用诸国以并拒英夷,则有如踏鹿"。④ 魏源在鸦片战争后又进一步发扬了这一思想,除了"以夷攻夷,以夷款夷",还要"师夷长技以制夷"。

嘉道时期,经世学者群体的共同特征在于能够稽察历代治乱得失,深究天下利病,致力除弊兴利,关心国计民生。他们关注现实,务实致用,同时特别善于从儒家伦理道德和传统政治智慧中汲取经验和养分,也就如龚自珍所说的"何敢自矜医国手,药方只贩古时丹",努力从原先的思想武库中寻求补救时弊之方。所以,无论是"以商制夷"还是"以夷制夷"都是中国古已有之的驭夷经验,而非这些经世学者的创见。只可惜"古时丹"解决不了新问题,英国不是中国所熟知的"番邦蛮夷",而是当时世界上最强大的资本主义国家,面对如此强劲的对手,这些堪称先知先觉的有识之士却仍津津乐道于因循了数千年的"制夷之道"。鸦片战争前,中国人在对外思想上的迂腐僵

---

① 中国第一历史档案馆编:《鸦片战争档案史料》(一),天津古籍出版社,1992年,第673—674页。
② (清)颜斯综:《海防余论》,(清)魏源撰,陈华等点校注释:《海国图志》卷五十三,岳麓书社,2021年,第1457页。
③ (清)萧令裕:《粤东市舶论》,(清)魏源撰,陈华等点校注释:《海国图志》卷七十八,岳麓书社,2021年,第1917页。
④ 中山大学历史系中国近代史教研室编:《林则徐集·奏稿》(中册),中华书局,1965年,第796页。

化可见一斑。

　　叶钟进、萧令裕等人所撰写的文章,虽然落脚点是在分析介绍"夷情",提醒当政者警惕外来势力的威胁,积极筹划抵御外患的经略方法,但关于英国等西方国家粗浅零散的介绍,仍可为处在闭目塞听状态下的中国人提供一些新鲜的域外知识,拓展其视野。不过令人唏嘘的是,这些作品在当时朝野上下万马齐喑的历史氛围中并没有引起重视,国人对于世界状况仍旧盲然无知,"徒知侈张中华,未睹瀛寰之大"。[①] 所以当英国兵船叩关之时,绝大多数人对英国的底蕴仍然一无所知,乃至于不得不靠审讯"白夷"战俘来获得有关英国的一些常识。[②] 而身为最高统治者的道光帝竟然连英国的位置也不清楚,还在询问该国有无陆路可通,是否与俄罗斯接壤。因循守旧、封闭自大的清政府终究会因为自己对于世界的无知而付出惨痛的代价。

---

① (清)魏源撰,韩锡铎、孙文良点校:《圣武记》卷十二,中华书局,1984 年,第 498 页。
② 姚莹在台湾根据被俘英人颠林口供编写《英吉利国志》、《英吉利纪略》;魏源在镇海亲询英俘安突德(初译"晏士打喇打厘"),据其口供并旁采他闻写成《英吉利小记》;宁波府教授冯登府从知府邓廷彩处获得安突德口供稿,撰写《英吉利考》;江苏江都人陈逢衡据安突德供词及图说写成《英吉利纪略》。

中篇　交流与碰撞

中英在浙江的早期贸易与交涉

第六章　明清之际的中英贸易

　　欧洲与东亚之间,通过陆路进行商贸活动的历史源远流长。但在 1453 年土耳其人攻陷君士坦丁堡、拜占庭帝国灭亡后,形势陡变。奥斯曼帝国所占领的君士坦丁堡(后改名伊斯坦布尔)堪称锁钥,钳制欧洲、亚洲交通的必经之路,而他们对西方人的态度并不友善,因而原来的陆上贸易路线中断。为延续自身商业利益,葡萄牙、西班牙、荷兰等欧洲各国相继组织远洋船队,向海路发展,探索通往东方的航线,这是欧洲迈入大航海时代的重要契机,也可被视为西欧各国日后梯航万里,来华贸易的时代背景。

　　开辟绕过好望角直达印度新航线的葡萄牙人率先在远东地区进行颇为活跃的商业活动,同时还企图在中国建立据点,曾占据广东屯门,浙江双屿,福建浯屿、走马溪等地,但都被明军驱逐。约在 1553 年,葡萄牙人通过贿赂明朝地方官员,获准在澳门居住,此后一度垄断了与中国、日本的贸易,获利丰厚。而西班牙人也在 1565 年占领菲律宾,1571 年控制马尼拉。1580 年,葡西两国合并,伊比利亚联盟继续控制着欧洲在远东的贸易。

　　16 世纪末,一个新崛起的国家——荷兰联省共和国(Republic of United Provinces)也介入到远东贸易。荷兰所在的尼德兰地区原属西班牙统治(Spanish Nederlands),是西欧商业发达地区,造船技术和造船业兴盛。16 世纪 90 年代,刚刚独立不久的荷兰①开始积极拓展海外贸易,派舰队寻找通往亚洲的航路,在巴西和印度洋进行香料贸易,直接与伊比利亚人竞争。不过鉴于远东航行成本昂贵,风险性高,民间独立船队如远方贸易公司(Compagine van Verre)、老牌公司(de Oude Compagine)等无力单独对抗伊比利亚人的势力,荷兰国家议会遂决定联合各家公司船队,于 1602 年 3 月 20 日正式成立"荷兰东印度公司"(Vereenigde Oostindische Compagnie,简称 VOC),资本 660 万盾,并且获得了特许状。该公司进入东方后,除了袭击葡萄牙与西班牙的据点之外,也积极寻找可以设立商馆的地方。1603 年,公司派出的 14 艘武装齐备的船队,将葡萄牙人从蒂多雷岛(Tidore)和

---

① 尼德兰革命持续的时间较长,1566 年革命爆发,1609 年,腓力三世与荷兰共和国签订《十二年休战协定》,事实上承认共和国的独立,尼德兰革命在北方获得胜利;但直到 1648 年签署的《威斯特伐利亚和约》,荷兰才被欧洲各国正式普遍承认。

安汶岛(Amboyna)两地赶走,在班达(Banda)建立城堡以防葡人反攻。在卡利卡特、坎那努尔(Kananur)、万丹和安汶岛建立商馆。此后数年间,荷兰人在南纬 10 度以北,从阿拉伯海到太平洋一带,建立了许多具有战略意义的据点。[①]

1604 年,荷兰舰队司令韦麻郎(Wybrandt van Waerwijck)率领一支舰队到达广东沿岸,准备侵略澳门,[②]但遇上台风,舰队被吹至澎湖列岛一带。韦麻郎买通福建税监高采和后,于 8 月 7 日占领澎湖作为贸易据点。之后韦麻郎派人到福建请求互市,但明朝当局无意跟荷兰进行贸易,在得知澎湖被占领后,派都司沈有容率军与韦麻郎会面谈判,迫使其离开澎湖,事后立"沈有容谕退红毛番韦麻郎等"碑以表彰沈氏功绩。虽然荷兰东印度公司未能成功在中国设立据点,但于 1607 年从葡萄牙人手中夺下安汶并设置商馆,英国人也紧随其后。荷兰人虽然暂时放弃了进行直接贸易的努力,但在一些与中国帆船贸易的地方,如日本的平户,爪哇的万丹,卡利卡特和苏拉特等地购买中国商品。[③] 1609 年荷兰与西班牙签订了安特卫普协议,同意长达 12 年的休战,直至 1621 年届满,荷兰因而暂缓对澳门发动攻击。1622 年,爪哇巴达维亚荷兰总督扬·彼得斯佐恩·库恩(Jan Pieterszoon Coen, 1587—1629)命令荷兰东印度公司高阶商务员雷理生(又译作雷尔生, Cornelis Reyersen,?—1625)率领舰队攻打澳门,6 月 24 日被葡军成功击退,后该日被定为澳门"城市日"。荷兰败军转而攻占澎湖列岛,雷理生又亲去台湾岛探勘港口,发现中日两国商人多年来会在大员地区(今台南市安平区)进行贸易,但最终还是决定据守澎湖,在风柜尾(荷兰人称为"教堂湾")建立城堡。[④] 1623 年 11 月,福建巡抚南居益在厦门借谈判设局囚禁荷兰代表团,并烧毁了 1 艘荷兰战舰。1624 年 2 月发兵围攻风柜尾城,其间又令在日华商首领李旦从中调停,荷兰人迫于压力于当年 8 月毁城撤离占领两年的澎湖,转而侵占台南,以此作为对华贸易的基地。除了在澳门的失败外,荷兰人在东印度地区与葡萄牙人的竞争中不断取得胜利。1641 年占领马六甲,将葡人赶走;1658 年控制了整个锡兰(Ceylon)岛;1660 年,控制了香

---

① [英]马士著,区宗华译:《东印度公司对华贸易编年史(一六三五——八三四年)》(第一卷),广东人民出版社,2016 年,第 4 页。

② 其实早在 1601 年,荷兰战船"阿姆斯特丹号"和"戈乌达号"就已经试图攻击澳门,但被葡萄牙人击退,数名荷兰人被俘后被处死。

③ [英]马士著,区宗华译:《东印度公司对华贸易编年史(一六三五——八三四年)》(第一卷),广东人民出版社,2016 年,第 5 页。

④ 汤锦台:《大航海时代的台湾》,如果出版社,2011 年,第 108—110 页。

料群岛的贸易,独占了日本的贸易,荷兰人逐渐占领了葡萄牙人一个又一个的据点,最终建立起它在远东的殖民帝国。①

　　差不多同一时期,英国人也开始了对于远东的贸易活动。1599 年 9 月 22 日,101 名伦敦商人集会计划组织对于东印度群岛的远航贸易,并且认筹了 30133 英镑的资金。两天后这些商人又开会并且决议上书女王,请求其支持。虽然最初未获成功,但仍继续筹募资金并购买船只。1660 年 12 月 31 日,女王正式批准由第三代坎伯兰伯爵乔治·克里福德(George, Earl of Cumberland,1558—1605)、215 位爵士、高级官员和商人共同组成的“伦敦商人对东印度贸易公司”(The Governor and Company of Merchants of London Trading into the East Indies)②成立,并颁发特许状(Royal Charter),允许它在 15 年内垄断好望角以东与麦哲伦海峡以西之间,英国与所有国家和地区之间的贸易,并赋予公司在这一区域制定法律、受理行政和建立贸易据点的特权。任何未获得公司许可而在此地区从事贸易活动者即被视为违反特许状,其船只和货物将被没收(一半归国王,一半归公司),并被监禁。③ 公司由一名总督(governor)和 24 名董事(director)组成董事会(the Court of Directors),是公司最重要的组织,他们皆由全体经营者委任,并要向全体经营者定时汇报,董事会下辖 10 个委员会。这个公司采取股份制,建立的初衷主要是为了打破荷兰人对于东印度香料贸易的垄断,④可以说是一个跨国企业,在其创立之初并不起眼,⑤甚至还保留着中世纪欧

---

① ［美］马士著,区宗华译:《东印度公司对华贸易编年史(一六三五——一八三四年)》(第一卷),广东人民出版社,2016 年,第 4—5 页。

② governor 一词有多个含义,适用于指代在殖民地地区代表特许公司(如英国东印度公司或荷兰东印度公司)行使权力的行政官员们,这些公司在殖民地通常拥有自己的武装力量,就如同国家一般。

③ John Shaw, *Charters Relating to the East India Company from* 1600 *to* 1761, Madras: Printed by R. Hill, at the Government Press, 1887, pp. 1-15; “Early European Settlements”, *Imperial Gazetteer of India*. Ⅱ, 1908, p. 454.

④ 比如格林堡在其著作《鸦片战争前中英通商史》中称:“1599 年,一群伦敦商人所以集议组织一个对东印度群岛贸易的组合,就是因为荷兰人已经将胡椒的价格从每磅三先令提到每磅八先令六便士的缘故,同时也是为了控制中国的丝绸及南洋的胡椒等一大批货物。”参见:Michael Greenberg, *British Trader and the Opening of China*, 1800—1842, Cambridge University Press Library Edition, 1951, p. 2.

⑤ 其垄断权在初期缺乏保障,比如在斯图亚特王朝时期,詹姆士一世就于 1604 年和 1607 年分别许可米奇本和本克维尔(Penkevell)前往远东贸易,虽然在 1609 年再度颁给东印度公司特许状,但是在查理一世时期又被破坏。马克思认为东印度公司直到 1702 年在威廉三世统治时期才获得议会承认。参见:《马克思恩格斯全集》(第九卷),“东印度公司,它的历史与结果”,1853 年 6 月 24 日星期五于伦敦。

洲商业机构色彩,公司每航行一次,就聚集一次资本,每完成一宗贸易,就结账和分账。当然,股份制对于东印度公司的发展至关重要,因为单靠个人或者合伙人公司是无法与相隔万里的远东地区做生意的。而股份制却允许投资者仅以其出资额来承担风险,这极大地增强了投资者的信心和胆量,也在必要时可以募集更多的资金。随着大英帝国的崛起,公司的地位也发生了巨大的提升。英国政府通过特许状的形式赋予了东印度公司多项垄断权力,帮助其快速成长。18 世纪中叶的七年战争,使得英国确立了海上霸权,也让东印度公司开始"由一个商业强权变成一个军事的和拥有领土的强权。正是那个时候,才奠定了现时的这个东方不列颠帝国的基础"①。1757 年对孟加拉的普拉西战役(Battle of Plassey)获胜后,东印度公司获得代替英国征收孟加拉地区税金的权力,实际成为国家代理人,代表英国政府殖民印度,在 1858 年被撤销之前是印度的实际统治者。公司可以制定法律和惩罚条例,有权维持自己的海陆军,有权对外宣战或媾和。关于"东印度"这个地理概念,在当时不仅包括印度次大陆,还包括孟加拉湾、马六甲、爪哇、暹罗以及所有香料群岛以东的爪哇和中国海,如印尼的西里伯斯(Celebes)、摩鹿加(Moluccas)等地,中国与日本也被列为重要的贸易往来地。② 实际上,东印度公司的活动范围包括了整个亚洲。它对于"好望角和麦哲伦海峡之间"的英国贸易的垄断持续了两百多年的时间,直到 1833 年 6 月英国议会废除英国东印度公司的贸易垄断权,实行自由竞争贸易。③

1601 年 4 月,东印度公司第一次派出由 5 艘船组成的远洋商队前往东印度,兰彻斯特任"将军"(General)指挥,他同时还被任命为女王派往各东方国家的特使,戴维斯作为"主导航员"(chief pilot)随行。1602 年 6 月 5 日,船队抵达亚奇,还带有一封女王的信,表示"向苏门答腊岛上伟大又强大的亚齐国王、我们亲爱的弟兄问好"(To the Great and Mighty King of Achem, &c., in the Island of Sumatra, our loving Brother, Greeting)。④他们受到很好的接待,获允在此地贸易并建立商馆。当时,葡萄牙人对英国

①《马克思恩格斯全集》(第九卷),"东印度公司,它的历史与结果",1853 年 6 月 24 日星期五于伦敦。

② 汪熙:《约翰公司:英国东印度公司》,上海人民出版社,2007 年,第 26 页。

③ 1833 年 6 月 13 日,议会通过废止英印公司垄断权的提案;6 月 17 日,英国上院一致通过废止提案,并形成《中国与印度贸易管理法》,正式宣布英印公司对中国贸易和茶叶贸易垄断权在 1834 年 4 月 22 日以后停止,并向所有臣民开放对华贸易。参见魏俊:《清代广州十三行的兴衰:白银供应的角度》,厦门大学 2016 年博士学位论文,第 135 页。

④ Sir Clements Robert Markham ed., *Ocean Highways: the Geographical Review*, 1874, p. 182.

人的到来非常忌恨,极力设法破坏他们的商务,但没能得逞。兰彻斯特还洗劫了一艘葡萄牙大帆船(Portuguese galleon)。英国人在爪哇的万丹(又译作"班坦",Bantam)①与当地土王订立条约,建立了第一家东印度公司商馆,又向摩鹿加派出一个商业使团。随船的亨利·米德尔顿爵士(Sir Henry Middleton,?—1613)还被派到苏门答腊岛西边的帕里亚曼(Priaman)购买了大量的胡椒和丁香。船队于1603年9月返回英国,兰彻斯特因功被新加冕的詹姆士一世授予爵士称号。留在两个商馆中的英国人则在那里从事经常性的贸易。万丹成为中英贸易的一个中心,在那里有许多中国人,每年2月底一般会有3到6艘至少300吨重的中国帆船到达万丹,运来中国货物和中国铅钱。在5月或6月末再满载香料与英国人、荷兰人所带来的西班牙银钱而去。当时岛上不造钱,通行的正是中国铅钱和西班牙银钱,但是因为只能定期有限地运来,而且中国帆船经常运走大批银钱,所以岛上常常发生钱荒,银钱和铅钱之间的比率也经常变化。英国人就利用这个机会来勒索当地居民:"当中国帆船要离开时,可以用一个西班牙古银币买进三十四到三十五贯铅钱,而不到一年的时间,等当地人民再以银币来兑换铅钱二十到二十四贯。"②英国人从中获得很高的利润,但也引起当地人民和华侨的不满,他们甚至要烧毁英国人的货栈。③

1602年,英国东印度公司雇佣探险家乔治·韦茅斯(George Weymouth,或写作George Waymouth,1585—1612)寻找西北航道,他还带有一封伊丽莎白一世女王致中国皇帝的信,还有它的拉丁文、西班牙文和意大利文译本,这些信件都放在锡盒当中,不过他驾驶的"发现号"(Discovery)只行至哈德逊海峡(Hudson Strait)就无功而返,而这些信件后来都保存在英格兰普雷斯顿的兰开夏郡档案馆(Preston, Lancashire County Record Office)中。

1604年12月,英国探险家爱德华·米奇本爵士(Sir Edward Michelborne,1562—1609)在自己想要成为东印度公司首次东方航行的"主要指挥官"(principal commander)的申请被驳回后,尽管当时东印度公司垄

---

① 万丹是印尼爪哇地区的一个信奉伊斯兰教的穆斯林国家,实行政教合一,存续时间为1568—1813年,因贸易而崛起,是重要的商港。17世纪中叶,受荷兰东印度公司压迫钳制,内乱频仍。1813年,该王国亡于英国殖民者。

② E. Charton: *New General Collection of Voyages and Travels*, 1744, Vol.1, p.503. 译文参见田汝康:《17—19世纪中叶中国帆船在东南亚洲》,上海人民出版社,1957年,第9页。

③ 张轶东:《中英两国最早的接触》,《历史研究》,1958年第5期,第34页。

断了英国与远东的贸易,但他还是设法获得了詹姆士一世的私人许可,[①]成为一名"闯入者"(interloper),即没有获得特许状,但国王仍然允许他去"发现中国、日本、朝鲜、坎贝以及周围岛屿和国家,与当地的人民进行贸易"。[②]米奇本邀请戴维斯作为领航员,一道前往东印度群岛。船队名义上是来东方探索和贸易,却在东印度群岛劫掠本地商人,这也给东印度公司带来负面影响,他们甚至还抢劫了一艘前往爪哇的中国货船。1605 年 12 月,戴维斯在新加坡附近的宾坦岛(Bintan Island)遭到被允许登船的日本海盗攻击而死,而米奇本也于 1606 年返回英国。[③]

1604 年,东印度公司又派遣亨利 · 米德尔顿爵士(Sir Henry Middleton)率领第二支船队前往远东。英国船在摩鹿加群岛装载了胡椒。据说他们遭遇到了荷兰东印度公司的严重敌意,这也导致了英荷两国开始争夺香料。[④] 当英国人准备回家时,大部分的船员已经因病而亡了,于是又不得不雇佣了一些印度人和中国人为他们的归途服务。许多中国人都死在半路上,但也有一些中国人随着船队于 1606 年抵达英国,有学者认为这是最早抵达英国的中国人。[⑤]

1607 年至 1610 年间,威廉 · 基林(William Keeling,1577—1619)乘坐"红龙号"(Red Dragon)率领了东印度公司的第三次远东航行。1608 年,他在爪哇岛西边的万丹会见了泰国阿瑜陀耶王朝(Ayutthaya Kingdom)的使节,并于 1609 年从班达(Banda)返回英国途中发现了基林群岛(又名科科斯群岛)。

1610 年,尼古拉斯 · 唐顿(Nicholas Downton,1561—1615)东航时,曾带来两封英国国王詹姆士一世致中国皇帝的信,这两封信经万丹的乔治 · 鲍尔(George Ball)被送至日本,计划再送到中国。但此时明朝正好发生了万历四十四年至四十六年的天主教案,所有耶稣会士都被驱逐出中国。海外还流行一种传说:"中国皇帝根据占卜而得知他的国家将被一种灰眼睛的

---

① 詹姆士一世急于开展香料贸易,原本授予东印度公司进行 6 次航行的特许权,但是该公司实际上只航行了 2 次。

② Marguerite Eyer Wilbur, *The East India Company: And the British Empire in the Far East*, 1945, p. 41.

③ 米奇本回到英国后,东印度公司向枢密院(Privy Council)对他进行了控告,并且认识到必须要加强公司在香料群岛的地位,因此派出了 William Keeling 开始了公司的第三次赴东印度群岛的航行。

④ M. C. Ricklefs, *A History of Modern Indonesia Since c.* 1300, 2nd Edition, 1991, p. 110.

⑤ 张轶东:《中英两国最早的接触》,《历史研究》,1958 年第 5 期,第 35 页。

民族征服,因此禁止天主教在这个国家的传播。"①英国东印度公司驻日本平户(Firando)的商馆主任理查德·库克(Richard Cock)在 1618 年 2 月 15 日致公司的信中写道:"这两封信,一封口气友好,另一封口气严厉一些。鲍尔说在万丹的中国人没有一个人敢翻译这些信,即使翻译了也没有人敢带这些信去中国,因为他们会因此而被处以死刑,夷灭数代。"不过他们在日本的中国朋友安德鲁·地提斯(Andrea Dittis)和他的兄弟"华"(Whaw,或者 Whow)船长答应,不仅将信件翻译成中文,而且送到中国,"但是他们认为不要送那封恐吓的信件,因为确信不会用武力来对付中国国王"。② 最后,这两封信也不知所终。尤其值得一提的是,英国人的这位中国朋友安德鲁·地提斯,其实就是明末著名海盗商人李旦(?—1625)。他是福建泉州府人,小名习舍,为天主教徒,圣名安德鲁。据说 16 世纪末时,他在菲律宾经商致富,由于西班牙统治者屠杀华人,被捕为奴隶,后逃至日本平户定居,取得朱印状,从事朱印船贸易,成为当地的华侨领袖。同时,他还获得日本倭寇集团帮助,筹组武装船队,往来日本、中国东部沿海、东南亚间与荷兰、英国所经营船只从事国际贸易。李旦与长崎的张敬泉、福建厦门的许心素、鼓浪屿的漳州诏安人黄明佐、巴达维亚(今雅加达)的苏鸣岗等,结成了一张庞大的华人贸易关系网。他与幕府将军德川家康关系相当不错,据说曾资助德川氏。除了正规贸易,李旦也从事海盗掠夺行为,因海上作风强悍,被西洋人取昵称为 Captain China 或者 China Captain(中国船长),或称甲必丹李旦。"甲必丹"(英文:Captain,西班牙文:Capitán)一词,为西班牙人统治马尼拉时期,对汉人领袖的称呼。相传郑成功之父郑芝龙曾投李旦麾下,并为李旦之义子。1623 年澎湖之战爆发,明朝派兵驱逐澎湖的荷兰人,荷兰东印度公司因此转至台湾,即是与中荷双方都熟悉的李旦亲至澎湖协调,并派遣通晓多种语言的郑芝龙居中翻译。

1613 年,英国船长约翰·萨里斯(John Saris)率"丁香号"(Clove)抵达平户,带来詹姆士一世的亲笔信和礼物,希望建立东印度公司的贸易据点。萨里斯在幕府外交顾问亚当斯的陪同下去骏府城拜访了已退休的将军家康,再到江户谒见现任将军德川秀忠。秀忠给了萨里斯一套日式盔甲,要求转赠给詹姆士一世,这套盔甲后来被保存在伦敦塔。回程时,他们再度拜访了家康,这次家康给予英国人贸易许可的朱印状。英国人于 1615 年 6 月在

---

① 张轶东:《中英两国最早的接触》,《历史研究》,1958 年第 5 期,第 36 页。
② Jajirō Murnkami, *Letters Written by the English Residents in Japan*, 1611—1623, pp. 221-222.

平户建立商馆,由理查德·库克担任商馆主任。① 平户和长崎都有许多中国商人居住,可以看出萨里斯将商馆选址平户,也是想与中国人进行贸易,而且他很有可能想以日本为跳板,最终的目的是与中国进行直接的商业往来。商馆的房子就是从中国商人首领安德鲁·地提斯(即李旦)那里租来的,后又花费将近 600 英镑将其买下。② 李旦在日本的华商中很有势力,他那个叫华的兄弟在长崎,库克把他俩当作"希望能够在中国立足的代理人",李旦还有一个兄弟在中国,负责与中国官府交涉来获取英国人想要的通商特权。库克指望通过他们的帮忙来得到中国官府许可赴华贸易,所以很注意与李旦兄弟搞好关系,常常送礼请客,并且给他们很多钱用以贿赂中国官员。③ 1621 年,库克在信中写道:"中国老皇帝已经逊位给他的一个儿子,新皇帝已经允许我们每年派两艘船去经商,贸易地点是福州,现在就只需要等待这两个省巡抚批示就可以了。"④1622 年冬,荷兰东印度公司乘汛防澎湖的游兵回航,乘机占领澎湖,并在风柜尾的蛇头山筑城,此后又占领台湾作为对华贸易的基地。英国人也设法与中国建立商业关系。库克在 1622 年12 月 31 日的信中写道:"中国船长安德鲁·地提斯再一次对我说,只要我们愿意的话,可以不管荷兰人而单独到中国去经商。"⑤不过,明朝政府从来都没有准许英国人到中国去经商,李旦所说估计只是他个人的建议而已。在英国商馆运作的十年间(1613—1623),除了 1613 年来航的"丁香号"外,只有其他三艘船直接从伦敦抵达日本,而且带来的商品对日本市场几无吸引力(如宽幅绒、菜刀、镜子、印度棉花等),羊毛制品在运往日本途中常常会腐烂。唯一能勉强维持商馆运作的是日本与东南亚之间的朱印船贸易,最后平户英国商馆于 1623 年因为财务问题关闭,对华贸易的大门始终没有打开,但借给李旦作为活动经费的 6636 两银子(约值 1659 英镑)

---

① 据说亚当斯还受雇成为东印度公司在日本商馆的工作人员。不过萨里斯与亚当斯的关系不睦,也可能因此而削弱了英国人在日本的地位。比如,亚当斯建议萨里斯在江户附近的浦贺港(Uraga)开办英国商馆。萨里斯却固执地坚持馆址应该选在平户,因为荷兰人在江户确立了地位,英国人必然生活在他们的阴影下。参见:[美]唐纳德·F. 拉赫等著,许玉军译:《欧洲形成中的亚洲》(第三卷),第一册(下),人民出版社,2012 年,第 670 页。

② 张轶东:《中英两国最早的接触》,《历史研究》,1958 年第 5 期,第 35—36 页。

③ Edward Maunde Thompson ed. , *Diary of Richard Cocks , Cape-merchant in the English Factory in Japan* , 1615—1622, Vol. 1, London: Printed fro the Hakluyt Society, 1883, pp. xix-xx, p. 29. 李旦表现得很积极,还跟库克说为了疏通关系,帮忙垫付了银两。

④ 其实早在 1615 年,库克就从李旦那里获知中国皇帝可能要退位的消息,而且由于贿赂了中国官员,对方已经同意让步,去中国做生意的希望很大。参见:Edward Maunde Thompson ed. , *Diary of Richard Cocks* , Vol. 1, 1883, p. 20.

⑤ 张轶东:《中英两国最早的接触》,《历史研究》,1958 年第 5 期,第 37 页。

再也没有收回来。①

　　1620 年,英船"独角兽号"(Unicorn)在澳门附近的马可作岛(Macojo)附近被风浪所破,当地居民售英人两船以作归途,其中一艘被葡萄牙人劫往澳门,另一艘则平安抵达万丹。所以"独角兽号"可以被当作是第一艘抵达中国的英国船只。

　　欧洲三十年战争(1618—1648)爆发后,从宗教和政治的双重因素考量,英国与荷兰都加入了反对西班牙哈布斯堡王朝的新教阵营,在远东贸易方面也进行了有限度的合作。② 1619 年,两国东印度公司的代表、政府官员与外交人员在伦敦举行联席会议,拟定合作协议。英国的香料贸易额与荷兰相比被定为一比二。两公司在印度和中国进行联合贸易,并且在胡椒贸易上一致排斥中国人。从 1620 年起,英荷两国的东印度公司在远东的舰队联合对中国商船进行攻击。不过英荷在远东的联盟并不牢固,双方主要还是竞争对手的关系。1618 年,荷兰东印度公司第四任总督库恩上任后就开始积极应对想要抢夺东印度贸易利益的英国东印度公司的挑战,荷兰于 1619 年春假冒英国人抢劫了 35 艘中国帆船。③ 在万丹、巴达维亚等地也做过类似的事情。荷兰人常常借英国人的名义劫掠中国商船,目的就是为了使得中国人不和英国人进行贸易。④ 这也致使中国人误认为"红毛"荷兰人就是英吉利人。1619 年 7 月荷兰人又重挫英国舰队,得以控制马六甲海峡以东至摩鹿加群岛间的海域。⑤ 1620 年荷兰人占领了摩鹿加群岛中的兰脱勒岛(Lantore),该岛上有英国商馆,在其中工作的有 3 名英国人和 8 名中国人。荷兰人杀了其中的三个中国人,掠走了所有其他的人,并对他们虐待备至。⑥ 1623 年,荷兰人又捣毁了英国人在安汶岛上的商馆,逮捕了 18 个英国人和许多中国人,并将他们处死,这就是"安汶大屠杀"(Amboyna massacre),此事意味着英国人完全被排挤出香料贸易。⑦ 英国东印度公司驻巴达维亚的代表虽然抗议荷兰人破坏了 1619 年的协定,但是荷兰人置之不理。最后,英国人被迫放弃了万丹和在香料群岛的大部分商馆。所以马

① Edward Maunde Thompson ed. , *Diary of Richard Cocks*, Vol. 1, 1883, p. xli.
② 不过斯图亚特王朝詹姆士一世(James Ⅰ,1603—1625 年在位)统治时期就公开表示厌恶共和政体,而且实行亲西班牙的政策,加之在远东贸易方面的竞争关系,实际上两国之间的摩擦与矛盾是与日俱增的。
③ Samuel Purchas, *Purchas His Pilgrimage*, 1614, p. 561.
④ 刘鉴唐等主编:《中英关系年要录》(第一卷),四川省社会科学院出版社,1989 年,第 97—98 页。
⑤ 汤锦台:《大航海时代的台湾》,如果出版社,2011 年,第 101—107 页。
⑥ 张轶东:《中英两国最早的接触》,《历史研究》,1958 年第 5 期,第 38 页。
⑦ 张轶东:《中英两国最早的接触》,《历史研究》,1958 年第 5 期,第 39 页。

士说:"荷英的和平,是一种武装的和平,虽然不是处于交战状态,但是一个不断的争斗,好像两只狗争夺一块骨头一样。"①

可以看到,17 世纪最初的二十几年时间里,英国人在远东的贸易活动进行得并不顺利。不仅难以参与香料贸易,对华贸易也几无进展。此时正值明末,中国政府依旧坚持闭关政策。葡萄牙、西班牙、荷兰等国都未能与中国建立正式的商业关系,不过这三国都在东南亚占有殖民地,葡、荷两国还分别霸占中国的澳门和台湾,所以可以同中国进行间接的贸易。英国直到 1640 年代在东南亚还没有殖民地,只在有限的地区设立商馆、货栈,而且多是与荷兰人的在一起,也容易产生商业摩擦。英国人渴望能在中国附近获得一个据点,进行直接贸易;而葡萄牙人占有澳门,英国人若能借力,自然就可以达到目的。1635 年,英国东印度公司与葡萄牙驻果阿的印度总督利尼亚雷斯伯爵(Conde de Linhares)米格尔·诺罗尼亚(Miguel de Noronha)用"休战与对中国自由贸易"的方式达成临时协定。当时,葡萄牙在东方的商业帝国不断地遭到荷兰人的打击,②澳门商业停滞,在这里的一艘装满铜和铁的船因为荷兰人对"新加坡海峡"(the Straights of Singapore)的封锁而运不出去,所以总督与苏拉特的英国驻印度总经理(the president of the English factory in Surat)威廉·梅斯沃尔德(William Methwold)③签订协议,授权英船"伦敦号"(London)前往澳门运货。总督认为,英国"不会受到荷兰人的威胁,可以很容易地把货带回来,也不认为这些英国人会转移走货物"。④ 不过总督并没有同意到澳门的英国人进行对华贸易,甚至都不准船上的英国人登陆,⑤还派了两名葡萄牙代表随船监督,但是允诺会将此次航行百分之十的收益支付给英国东印度公司作为报酬。"伦敦号"在船长马修·威利斯(Matthew Willis)的率领下,于 1635 年 4 月从果阿出发,7 月 23

---

① [美]马士著,区宗华译:《东印度公司对华贸易编年史(一六三五——一八三四年)》(第一卷),广东人民出版社,2016 年,第 13 页。

② 值得注意的是,葡萄牙人在东方所建立的其实是商业霸权,而非殖民霸权。他在东方并不是要吞并国家,而是占领一系列关键位置的殖民据点、控制海上商路,在此基础上再确立其贸易的垄断地位。参见黄鸿钊:《16—19 世纪果阿与澳门的关系》,《"一国两制"研究》,2013 年第 1 期(总第 15 期),第 188 页。

③ 本来是驻在万丹,但由于经常与荷兰人发生摩擦,才被迫迁至苏拉特。

④ Rogério Miguel Puga, *The British Presence in Macau*, 1635—1793, 2013, p. 28.

⑤ 有学者认为印度总督授予了英国东印度公司在葡萄牙远东殖民地贸易的权利,这种类说法是不正确的。参见张轶东:《中英两国最早的接触》,《历史研究》,1958 年第 5 期,第 39 页。此外,也需要考虑到宗教因素,因为葡萄牙人信仰天主教,而英国人信奉国教。此时欧洲正在进行的三十年战争的重要起因之一就是信仰上的分歧。

日抵达澳门,同船而来的还有亨利·本福特(Henry Bornford)、约翰·韦德(John Wylde)、亚伯拉罕·爱丁东(Abraham Aldington)。这也是第一艘抵达南中国的英国船只。葡萄牙人本来希望"伦敦号"到澳门装货后尽快返回果阿,"在中国人发觉或者是澳门的葡萄牙人向中国人告密之前"。[①] 但英国人不顾葡萄牙人的禁令和阻拦,坚持登岸,而且还在岸上搭了两个小棚子自行经商。"伦敦号"的到来也引起地方官府的注意,并称这是不受欢迎的外国船只。[②] 澳门总督抱怨说:"使我们要向中国皇帝缴付税钱,以及官员们罚款,花费了好几千元。"[③]"伦敦号"在澳门停留了 3 个月,直到 10 月 20日才离开,于 1636 年 2 月返抵果阿。英国人还想再来中国,并且希望中国官府准许他们在广州附近贸易,同时答应将药品以比葡萄牙低 50%的价格卖给中国人。这一切让葡萄牙的新任印度总督比洛·达·席尔瓦(Pero daSilva)非常愤怒,他坚决反对前任总督对英国人的让步措施,并且下令要求葡萄牙在远东所有的殖民地都要拒绝和英国人进行贸易。

英国东印度公司作为特许公司(chartered company)被英王授予"专利"(monopolies,或者称"独占"),垄断了英国在远东的贸易。[④] 对于侵犯其权利的公司和个人,它甚至可以行使司法权(jurisdiction)。不过私商对于公司的挑战从未停止,尤其是在 17 世纪,他们按照当时的惯例,也向国王领取特许状。1635 年,一群不属于东印度公司的商人以威廉·科廷(Sir WilliamCourteen)为首,包括国王近臣波特(Endymion Porter)、国务大臣温德班克爵士(Sir Francis Windebank)以及托马斯·基纳斯顿(Thomas Kynaston)、塞缪尔·邦内尔(Samuel Bonnell)等人,获得了查理一世的特许状,组成科廷联合会(Courteen Association)。国王允许他们在东印度公司未曾到过的东方各地进行贸易活动。当年 12 月 6 日,查理一世也同意投资 1 万英镑

① Rogério Miguel Puga, *The British Presence in Macau*,1635—1793,2013,p.30.

② Rogério Miguel Puga, *The British Presence in Macau*,1635—1793,2013,p.31.

③ [美]马士著,区宗华译:《东印度公司对华贸易编年史(一六三五—一八三四年)》(第一卷),广东人民出版社,2016 年,第 15 页。

④ 伊丽莎白女王给予公司在东印度 15 年的贸易特许权;1609 年,詹姆士一世向公司颁发一张不设期限的特许状,特许状只会在公司连续三年没有盈利的情况下才会被取消。王国斌认为,特许公司为政府财库出力,就是为国家财政利益服务。它们若得以顺利保护自身的垄断——亦即确保其国人或其他欧洲人在它们公司之外进行的私人贸易不至于对它们造成伤害,这无助于开放市场和自由贸易,而是抑制自由市场。18 世纪晚期的市场竞争扩张,销蚀了这种特许公司模式下的贸易限制。参见[美]王国斌著,李立凡译:《鉴往知来:中国与全球历史变迁的模式与社会理论》,台湾交通大学出版社,2019 年,第 3 章。不过虽然特许公司具有贸易垄断权,但在实际上它从来就不能独占,偷运与私商亦属常见,甚可目为特许公司之外的一大补充。

"加入尊提股金"(Joynte stock),成为公司股东之一。12 日,颁发皇家委任状,任命前皇家海军船长、曾受雇于东印度公司的约翰·威德尔为指挥官,纳撒尼尔·蒙特尼(Nathaniel Mountney)为私商首席代表。联合会组织了一支四艘船组成的船队,分别是"龙号"(Dargon)、"太阳号"(Sunne)、"凯瑟琳号"(Catherine)、"种植者号"(Planter),另有两艘轻帆船"安妮号"(Anne)和"发现号"(Discovery),专门用来调查与中国建立贸易关系的可能性。1636 年 4 月,船队在威德尔率领下离开英国,带有查理一世给荷兰东印度公司在印度代理人的推荐函,分致果阿葡萄牙总督和澳门总督的信函,可见英王对此事的重视。随船的还有英国著名的旅行家芒笛(Peter Mundy),负有在广州调查的使命,他后来为此次航行留下一本极为详细的游记。10 月7 日,船队抵达果阿,葡萄牙驻印度的新总督比洛·达·席尔瓦鉴于"伦敦号"一事,对英国人态度冷淡。1837 年 1 月,威德尔船队离开果阿,于 6 月27 日到达离澳门不远的横琴岛。澳门总督多明哥·达·卡马拉(Domingos da Camara)更加不友好,不许英国人登陆,甚至想要阻止中国人和英国人进行贸易。当时澳门葡萄牙人所处环境颇为艰难,心态也比较矛盾。荷兰人的封锁给葡人的贸易造成很大的麻烦,但是澳门葡人与果阿、马尼拉、日本的贸易仍可勉强维持,如万明所说,"也正因为贸易正在进行而存在困难,所以葡人才会存有不让英国人染指对华贸易的心理",①葡萄牙人在广州没有据点,但获准每年可去交易一次,他们担心英国人的到来会分去贸易之利。葡人虽然占据澳门,但是外事处置权实操于明朝官员之手,并不能自行决定西人在澳门的去留,所以他们也担心四艘夷船的到来是否会引起中国的强烈反应。但同时他们还受制于果阿与英国签订的《"休战与自由贸易"条约》,需要表示对英国人表面上的友好。② 威德尔看到在澳门无法进行贸易,就派"安妮号"先去寻找进入广州的路径,后直接率船队前往虎门,明朝地方官员出面交涉,不准英国人再向广州方向前进。威德尔表示现在船只不过在穿鼻,希望再前进一步,找一个避风场所。对方要求英国人等几天,以便获得广州当局的许可。但威德尔并不理会,继续前进。8 月 8 日驶抵虎门外的阿娘鞋停泊后,地方官员要求他们再等六天,以便广州方面批准。

---

① 万明:《中国融入世界的步履——明与清前期海外政策比较研究》,社会科学文献出版社,2014 年,第 291 页。

② 在马士看来,澳门是无意承受在果阿签订的这份条约的约束,所以澳门总督在致英国国王的信中宣称,澳门的环境如此困难,因此两国的关系只能由英王与西班牙国王直接解决。参见[美]马士著,区宗华译:《东印度公司对华贸易编年史(一六三五——一八三四年)》(第一卷),广东人民出版社,2016 年,第 20 页。

威德尔同意等待。8 月 12 日,"龙号"派出驳艇测量水道,在阿娘鞋炮台附近被"炮轰三次",但未被击中。威德尔当即命令升起王旗、帆布和红旗,①开炮还击。这应该是中英之间的第一次武装冲突。中国守军无力抗击英军的密集炮火,英国人竟然登陆占领了炮台,并且将炮台 44 门炮中的 35 门搬到船上作为战利品,后又劫掠中国帆船和渔船,并让被俘渔民送信至广州,解释进行此次战斗的理由,表示希望与中国自由通商。广州方面在收到信后,派一名中国通事李叶荣(葡人称其为 Rablo Noretti,诺雷蒂)前来,要求英国人首先归还被掠去的炮和其他物品,才可以谈判。威德尔同意归还,并且表示愿意缴付和葡萄牙人同样的税款给中国皇帝,他派出两名英国商人随李叶荣赴广州谈判。通过贿赂中国官员,尤其是广州总兵陈谦,英国人获得可以在广州贸易的允诺。威德尔对谈判结果很满意,立即将炮和帆船归还中国,又派了三名商人和李叶荣一道再回广州,带了 22000 里尔(西班牙银元)和两小箱日本银,其中"10000 送给官吏,其余用作投资"。英国在广州的贸易引起葡萄牙人的嫉妒和破坏。陈谦受贿的事也被上级知晓,很快便被下狱。三位英国商人及他们所带的钱财也被封禁在广州。事态继续发展到武装冲突的地步。1637 年 9 月 19 日,英国人焚毁中国方面五艘船,焚烧一处"小城镇",掠夺 30 头猪。21 日,威德尔率军再度占领阿娘鞋炮台,并于次日将其炸毁。两广总督张镜心调集军队,准备反击英国侵略者。9 月 27 日,威德尔船队退至澳门附近,船队委员会向澳葡方面表示抗议,要求葡萄牙人为英商被扣押一事负责。葡萄牙人拒绝承担一切责任,不过有人从中调解,9 月 29 日,威德尔向广东当局递交了一份谦恭的禀帖,后者最终同意释放英商,允许他们带走款项及在广州购买的货物,但条件是英船永远不得返回这一带海岸。之后,威德尔又获准可以在澳门"进行有限贸易"。11 月 22 日,广州释放了英国商人。30 日,威德尔等人在澳门签署的正式文件递交中方,文中声称因不懂中国法律,在进入中国时做出了无法挽回的事情,希望得到天朝皇帝的宽容和恩典,保证今后遵守中国法律,永不再犯。12 月 29 日,威德尔率领余下的两艘船"龙号"和"太阳号"驶离澳门。科廷联合会在华的贸易事业也在实际上宣告失败。后来,它与英国东印度公司合并。

英国船队的首次来华标志着中英之间直接接触的开始。在交往之初,英人即以侵略者之姿态逞凶于中国领土,堪称两百年后鸦片战争之先兆。

---

① 　商船升起王旗,表示它是皇家战船(King's ship),授权进行战斗。而红旗即挑战旗,是战斗的标志。

英人通过此次航行,加深了对中国的了解。可笑的是,中国人却搞不清交往了六个月,还多次发生武装冲突的外国人来自何方,更不清楚他们的国家。只是根据英国人的体貌特征而将他们与荷兰人混为一谈。《明史·和兰传》载"(崇祯)十年,驾四舶,由虎跳门薄广州,声言求市"。《明史》定稿于雍正十三年(1735),乾隆四年(1739)刊行,这反映了清中期的学者也不明白1637年侵扰广州虎门的是英国人而非荷兰人。此后学者也多沿袭此说,如印光任《澳门纪略》、梁廷枏《粤海关志》等。直到鸦片战争之后,夏燮通过参照西人所著《华英通商事略》等书,才发现《明史》所谓"红毛驾四舶,由虎跳门薄广州者,乃嘆咕唎,非荷兰也"。[①]

    英国人原是希望与中国进行平等的贸易,甚至不惜采用贿赂的手段、谦卑的姿态来博取中国贸易之门的开放。但是当吃了闭门羹之后,就立即强用武力破门而入。他们依然保留了海商兼海盗的作风。而正处在内忧外患、苟延残喘的明朝,对于西方来华贸易国家依然实行闭关政策,在处理外国人攻击的重大事情上,依然怀有敷衍了事的心态,尚未意识到这股外来力量将会给中国带来怎样的冲击,最多只会担忧奸民与洋人相互勾结,影响统治。这次航行的实际成果,也没有像英国人所期待的那样丰厚。但威德尔仍然看到了和中国贸易的远景,并且提议占领台湾岛,作为英国的属地。[②]不过此时的英国政府已经开始有些自顾不暇了。1637年的英国历史也发展到一个关键时刻。这一年,查理一世新任命的劳德大主教命令苏格兰教会接受英国国教的祈祷书,而苏格兰早在16世纪就已经确立了长老宗的国教地位,接受祈祷书就等于放弃长老宗信仰,这引起了苏格兰人的强烈反抗,而此事也成为点燃英国革命的导火索,此后一直到1649年处死查理一世,英国国内都处于战争与动荡之中。接着是11年的英吉利共和国时期(1649—1660),克伦威尔开始他的军事独裁统治,并且发动在爱尔兰打击查理二世的战争。1651年,英国为了打击其主要竞争对手荷兰的海上贸易优势,颁布了"航海条例"。荷兰针锋相对,于次年发动第一次英荷战争(1652—1654),也让英国人无暇在东方给予本国贸易有效保护。与此同时,中国政局也发生重大变化。明王朝被农民起义军所灭,清军趁机入关,建立起中国历史上最后一个帝制王朝——清朝。中英通商关系进展缓慢,有学者指出:"威德尔中国之行后的那些年,公司陷入了大困顿,而那些私商们似

① (清)夏燮著,欧阳跃峰点校:《中西纪事》,中华书局,2020年,第16页。
② [美]马士著,区宗华译:《东印度公司对华贸易编年史(一六三五——八三四年)》(第一卷),广东人民出版社,2016年,第30页。

乎对中国贸易也缺乏兴趣。"①在1681年前英国东印度公司的船只来华都是时断时续。1644年8月,东印度公司的"欣德号"(Hinde)抵达澳门,刚好科廷联合会的"威廉号"也在这里。此时,清军已经占领北京,南方动荡不安,澳门商业萧条,"各种商品都缺乏;在城市里买不到生丝或熟丝、土茯苓……什么都没有","欣德号"还受到澳门葡人和中国人的恶意勒索,最后只在买了一些瓷器后返回。②

清初实行严格的禁海政策,后又出台更为暴虐的迁海政策。其目的主要是隔断东部沿海民众与抗清势力的联系。1655年(顺治十二年)至1683年(康熙二十二年),清廷五次颁布禁海令,三次发布迁海令,多次发布相关法令。这些政策让沿海地区的生产力遭受全面摧残,明末蓬勃发展的海外贸易几乎因此而完全停顿下来。英国在此一时期少有船只来华,即便来了也是无功而返。比如:1658年,两艘英国私商货船到广东,结果一无所获。1664年,英船"苏拉特号"(Surat)驶抵澳门,葡萄牙人从中作梗,广东当局则要求缴纳船钞2000两,英国人最终被迫以胡椒和铅作为抵押,缴足了税款,才得以离去。1674年,又有一艘英船来到澳门,用物物交换的方法,卖出布匹十一件。1681年,英国人再一次尝试在广州通商,但依然遭到排斥。③

在广东沿海通商的失败,让英国人开始将目光投向郑氏政权控制的台湾、厦门等地。1661年,郑成功从厦门进攻台湾,驱逐荷兰统治者,收复宝岛。但他本人很快就于1662年去世,其子郑经袭延平王爵位,并继承乃父抗清遗志,当时受到清军和荷兰人的联合进攻,为筹军饷兼利民生,曾致函各国前来通商,英国是第一个慕利而来的西方国家。④ 1670年,东印度公司董事会指令万丹的商馆开展贸易。英船"班达姆号"(The Pink Bantam)、单桅帆船"珍珠号"(The Sloop Pearl)从万丹抵达台湾安平港,是为英国人和台湾建立通商关系之始,东印度公司还与郑氏政权商订在台通商与设立商馆等事宜。郑氏对英实行关税优惠政策,英人输入军火,彼此相互为用。《中西纪事》说:"英吉利者,大西洋之强国也。自明以来,扼地渐广,开通市埠及于东南洋。当康熙之初,即谋通商于澳门,以海禁未开而止。九年,郑成功之子经方踞台湾,英商来往于厦门、台湾等处凡数岁,经减其税而羁縻

① Earl H. Pritchard, *Anglo-Chinese Relations During the Seventeenth and Eighteenth Centuries*, 1930, p.57.
② [英]马士著,区宗华译:《东印度公司对华贸易编年史(一六三五——一八三四年)》(第一卷),广东人民出版社,2016年,第34页。
③ 萧致治、杨卫东编撰:《西风拂夕阳:鸦片战争前中西关系》,湖北人民出版社,2005年,第103页。
④ 刘鉴唐等主编:《中英关系系年要录》(第一卷),四川省社会科学院出版社,1989年,第148页。

之,借以控制荷兰。未及,耿郑交兵,藩臣内乱,朝廷议先定沿海边界,防外洋之助郑为患者,于是英人以华商交易不便,复去之。"①其实作者颠倒了因果关系,英人是因为在清朝统治区域无法通商,才转而与郑氏合作。1671年,"班达姆号"和"珍珠号"相继从台湾返回万丹,前者还载有一批郑氏回赠东印度公司的礼物。此后,双方关系至为友好。1672年,英国与台湾郑氏正式缔结通商条约。按照条约规定,英人得以在台湾租借原荷兰人所住之馆舍,东印度公司随后在安平设立商馆,隶属于万丹商馆。公司董事会希望打通英国商船从台湾运货直销日本的贸易线路,命令万丹商馆派往台湾的"实验号"(The Experiment)、"凯旋号"(The Return,又译作"归来号")两船购买台糖和鹿皮。② 1673年,"实验号"将货物卸到"凯旋号"船上,返回万丹,途中在马六甲海峡被荷兰人俘获。"凯旋号"离台后驶向日本,6月29日抵达长崎。虽然英国人在半个多世纪以前曾在日本平户开设过商馆,但此时已经全面禁教的日本对英船到来并不欢迎,"凯旋号"停留两个月,努力试图对日贸易却无效果,只得转赴澳门,在此地居停长达8个月,只卖掉少量货物,又去澳门附近岛屿兜售货物,但均以失败告终。1674年9月5日,"凯旋号"离开澳门水路,14日船从台湾海峡穿过时,接到命令,要求驶向舟山群岛,因为这里被西方人认为是"这一带岛屿中唯一可以进行自由贸易的地方"。"凯旋号"在舟山停留两月有余,"在交易中卖掉了胡椒",英国货物"在交易中仅以低价卖了十一匹布,同时不得不以高价购进一些货物"。③11月26日,船离开舟山群岛前往暹罗的曼谷。此一记载也是目前可见关于英人在浙江海域贸易的最早记录。

1674年,郑经利用耿精忠叛清的机会再占厦门。④ 英国又与郑氏签订

---

① (清)夏燮著,欧阳跃峰点校:《中西纪事》,中华书局,2020年,第49页。

② 这两宗生意原先是被"国王"(即郑经)所独占,郑氏与日本从事贸易,获利丰厚。故英人认为:"在砂糖及鹿皮之贸易,我们能与郑氏共享利益之希望甚渺。"参见刘鉴唐等主编:《中英关系年要录》(第一卷),四川省社会科学院出版社,1989年,第162页。

③ 在马士的原著中所引用的文献提到"凯旋号"决定离开澳门,"顺道试图与浪白澳(Lampakaw)的中国人交易",马士在考证浪白澳的位置时引用东印度公司的记载,说:1684年,从伦敦出发的"忠诚冒险号"(Loyal Adventure)接到命令,任择开到棉兰老岛,或者"南京与浪白澳岛"(Nankin & Lampeco Islands),从澳门往"南京群岛(Nankin Islands)"的航行中,遇到东南季候风顶头,遂驶入厦门。他认为惠州惠阳县之澳头即为浪白澳。文钦则认为,所谓的"南京与浪白澳岛",明末葡萄牙人用Liampo指浙江宁波口外的双屿港,其地在舟山群岛。Lampeco一词应当为Liampo之异写,指双屿港而非浪白澳。所谓"南京群岛",亦应指长江口至舟山群岛之间的岛群。笔者深以为是。参见[美]马士著,区宗华译:《东印度公司对华贸易编年史(一六三五——一八三四年)》(第一卷),广东人民出版社,2016年,第45—47页。

④ 金门、厦门两岛于1663年被清军攻占。

通商条约，获准在台湾安平和厦门两地建立商馆。当时，第三次英荷战争结束，双方矛盾缓和，这也开启了东方和平贸易的新时代；而中国内地正发生三藩之乱，英人认为"厦门乃安全之海港，谅必比台湾更适于销售货物"。① 1676 年，英人派船一艘到厦门，并建立一间商馆。英人对于厦门的重视程度要胜于台湾，因为该地位于大陆沿岸，有机会开展对大陆的直接贸易。但是这里在当时处于清军与台湾郑氏军队对抗的前沿地带，局势极为不稳。万丹总办事处又寄望于福州和泉州，向董事会建议在这两地建立商馆。但是董事会却担心在福州设馆会得罪郑经，而厦门贸易也会遭到歧视。同时提醒万丹方面不要忘记设法在广州设馆。1676 年，郑军在东南沿海曾经获得短暂的军事胜利，控制了粤东、惠州、汀州等地，但好景不长，第二年年初即遭清军反攻，厦门、漳州、泉州尽数丢失。据说英人在郑军失利之时，已经开始与清朝交涉通商，曾拟与清军占领下的泉州、福州通商，与广东通商之希望亦大增。② 1678 年 9 月，厦门商馆接到东印度公司命令，将厦门作为在中国的总商馆，台湾商馆也从属于它。③ 1679 年，三藩之乱已渐平息，收复台湾事宜被提上日程。清廷在沿海地区再行迁界禁海之策，④滨海数千里无复人烟，"片板不许下水，粒货不许越疆"，若有人在防线外被发现则即被处死。这种严酷的措施让已征战多年的台湾贸易枯竭，经济极为困难。英国人在台湾的贸易也无以为继，当年 11 月 26 日，公司董事会核准万丹商馆提出的撤销台湾商馆的议案，但指示应留一员收回债务，⑤并且将来如有需要，由厦门退出时，前往该地。1680 年，郑经率军回撤台湾。是年 7 月，万丹商馆下令撤销台湾商馆。1681 年，郑经病逝，其子郑克塽嗣立。同年，东印度公司从英国派出"肯特号"（Kent）、"奥兰德号"（Oaklander）、"中国商人号"（Chyna Merchant）、"厦门商人号"（Amoy Merchant）四艘船前往厦门从

① 刘鉴唐等主编：《中英关系系年要录》（第一卷），四川省社会科学院出版社，1989 年，第 169 页。
② 赖永祥：《台湾郑氏与英国的通商关系史》，《台湾文献》，卷 16，第 2 期，第 14 页。不过也有史料称，英商希望保留厦门商馆，但遭到清廷拒绝。参见刘鉴唐等主编：《中英关系系年要录》（第一卷），四川省社会科学院出版社，1989 年，第 185 页。
③ Montague Paske-Smith, *Western Barbarians in Japan and Formosa in Tokugawa Days*, 1603—1868, 1930, p. 103.
④ 早在顺治年间，为了防止沿海民众与海上抗清势力相互联系，清廷实行"迁界禁海"，更强行将江、浙、闽、粤、鲁等省沿海居民分别内迁三十里至五十里，设ู防守，严禁逾越。
⑤ 英人之前运之货物，常常赊售给郑方人员。因为事实上，若不这样做，则欧洲制品必将积滞更久。英人为追回欠款，曾请郑方同意完全免缴关税，但得不到对方明确的肯定答复。参见刘鉴唐等主编：《中英关系系年要录》（第一卷），四川省社会科学院出版社，1989 年，第 176—177 页。

事 1682 年的贸易。这些船上所装运的货物价值 14599 镑,现款 28000 镑。但当时郑氏已被逐出厦门,公司商馆关闭。因此,授权万丹商馆有权决定将四艘船派往"适宜于出售英国产品的其他口岸或几个口岸",并提出广州、浪白澳岛和台湾等地,尤其强调在广州建立商馆的重要性。① 1683 年 7 月,原郑氏降将、清朝福建水师提督施琅率军攻台。8 月 22 日,郑氏政权投降。英人此时仍略有活动,企图继续与清廷通商。不过施琅敌视英人,称他们与郑氏往来,供给其武器弹药,所以认定英人对皇帝有敌意。英人惊恐,向施琅及其属员行贿,但也不能改变施琅之决意,交易告停顿。英人追清债务和归还被清军占领商馆的要求也被驳回。② 英人在停业时的存货亦有记载,据此也可知悉当时英国与中国交易的商品种类,主要包括:黄金、广幅布(红色)、广幅布(天青色)、铅、玩具、大床毯、日本铜、火枪、果片干、粗呢、水晶制果子杯、毛制布料(绿色)、罗纱布(红色、虫蛀者甚多)、人参粉等等,甚至还有奴隶三人被列入"存货"单中,说明英人当时在贩卖人口。③

---

① [美]马士著,区宗华译:《东印度公司对华贸易编年史(一六三五——八三四年)》(第一卷),广东人民出版社,2016 年,第 52—53 页。
② 赖永祥:《台湾郑氏与英国的通商关系史》,《台湾文献》,卷 16,第 2 期,第 13 页。
③ 赖永祥:《台湾郑氏与英国的通商关系史》,《台湾文献》,卷 16,第 2 期,第 13—14 页。

第七章　英国东印度公司在浙江的贸易活动

一、浙海关的设置与管理

清朝的海外贸易主要分为东洋、南洋和西洋贸易。但需要加以区别的是,前往东洋与南洋的主要是中国商人,他们积极主动地前往上述地点参加贸易;而西洋贸易则是欧洲商人来华,中国完全处于被动参与的局面,来则贸易,不来亦不往。可以说东洋、南洋贸易是大端,而其中南洋贸易又是主流。这些商船往返海外为政府带来极为可观的经济效益,即有所谓:"商人往东洋者十之一,南洋者十之九,江、浙、闽、广税银多出于此。一加禁遏则四省海关税额必至于缺,每年统计不下数十万,其有损于国帑。"[①]

清廷对于船只大小规格有严格规定,以防转资海盗、偷卖船料等弊。不过康熙帝在南巡苏州时发现,当地船厂每年可造远洋贸易船只上千艘,但是"回来者不过十之五六,其余悉卖在海外赍银而归",这种情况引起他的疑虑,因此在1717年(康熙五十六年),清廷制定禁止通南洋的政策,即所谓"东洋可去船,南洋不许去船,红毛(即西洋)听其自来",《康熙五十六年兵部禁止南洋原案》中对此作了严格的限制。[②] 不过禁航南洋明显损害了东南地区的民生经济,地方官员亦希望开禁。1727年(雍正五年),闽浙总督高其倬上疏,指出广开谋生之路,对地方有益,请求弛南洋之禁。广东地方官员也提出一体开洋的请求。清廷于当年允准。[③]

宁波港的情况与其他港口一样,当时从宁波出海走南洋者,每年约585艘次。东洋贸易方面,康熙开海禁时,日本已实行锁国政策,严禁本国船只出国,对外港口只限长崎,故来往中日间的均为中国商船。浙江宁波因地利之便是当时最重要的对日贸易港口之一,不过在1689年(康熙二十八年),日本幕府实施"割符仕法"(又名信牌),限定中国赴日船只数每年70艘,并且规定期限和起锚地。宁波港每年去日商船为春船7艘(包括普陀2艘),夏船5艘(包括普陀1艘),秋船1艘,合计13艘。此后,日本幕府数次颁

---

①　广东道监察御史李清芳奏疏,《皇朝文献通考》卷二百九十七《四裔考》五,文渊阁四库全书本。

②　樊树志:《国史概要》(20周年纪念版),复旦大学出版社,2018年,第423页。

③　樊树志:《国史概要》(20周年纪念版),复旦大学出版社,2018年,第423页。

令,不断减少每年赴日贸易船次。直至 1830 年(道光十年),对日贸易被限制于宁波一港,船只数为 10 艘。①

在鸦片战争之前,清朝的对外贸易政策,大体可以分为三个阶段,即:第一阶段,海禁时期(1644—1683);第二阶段,多口通商时期(1684—1756);第三阶段,广州一口通商时期(1757—1842)。清初实行的"海禁"给沿海人民带来了巨大灾难,也对社会生产造成严重破坏,甚至也影响到清政权的巩固与社会稳定。朝廷中的有识之士包括康熙帝自己都已认识到"海禁"的负面影响,所以在 1680 年(康熙十九年)广东尚之信势力被铲除后,清廷应葡萄牙贡使请求,同意开通澳门界陆路贸易,复置广东盐课市舶提举司,②由宜尔格图任市舶使。台湾郑氏政权此时亦成强弩之末,同年,山东省奏开海禁,准许沿海百姓捕鱼、煮盐。1683 年(康熙二十二年),台湾被纳入清朝版图后,终于全面展界,开放海禁。次年,清廷做出开海贸易、设关榷税的正式决策。③ 从康熙二十三年—二十五年,三年时间相继设立闽、粤、江、浙四大海关,分别管理各自所辖数十个通商口岸的对外贸易事务。此后,中国的海外贸易获得迅速发展。一是中国商船远航日本与东南亚地区(即所谓"南洋"),包括吕宋、巴达维亚、马六甲、越南、暹罗、柬埔寨等;二是西洋(包括荷兰、葡萄牙、英国、法国等)与南洋的商船到中国沿海互市贸易。以日本为例,到长崎的中国船,1684 年为 26 艘,至 1688 年上升至 194 艘。西方如荷、英、法等国商船,"岁不下十余舶"。④ 以厦门一地为例,1684 年有两艘英船去厦门贸易;1685 年,英国"中国商人号"驶入厦门港,着手重建商馆;1686 年,又有三艘大型英国商船到达厦门,购买白丝、绸缎等物;1687 年,东印度公司商船"伦敦号""伍斯特号"来厦门贸易,购买茶叶、樟脑、生姜、丝织品等;1689 年又有两艘船抵达厦门,归国时购买了大量白糖,采购地点还扩及漳州、泉州、福州。当时荷兰人也在收购白糖,双方竞争激烈,以至于泉州白糖一度涨价。从 1684 年至 1704 年,到厦门英船有 17 次之多。⑤

---

① 郑绍昌主编:《宁波港史》,人民交通出版社,1989 年,第 108 页。

② 周海霞:《清初广东市舶司的建置与沿革》,《湖北社会科学》,2014 年第 10 期,第 101 页。陈国栋、黄国盛等人认为清廷恢复的机构是市舶提举司,但在研究中并未注明该说法的出处。

③ 黄国盛:《鸦片战争前的东南四省海关》,福建人民出版社,2000 年,第 18 页。

④ 刘鉴唐等主编:《中英关系系年要录》(第一卷),四川省社会科学院出版社,1989 年,第 212—213 页。

⑤ 〔美〕马士著,区宗华译:《东印度公司对华贸易编年史(一六三五——一八三四年)》(第一卷),广东人民出版社,2016 年,第 353—355 页。

浙海关设在宁波，实行监督制，初“满、汉海税监督各一人，笔帖式各一人”。① 1687年，“议准四省海差一年更代，专用满员”；1689年，康熙谕令“嗣后海关著各差一人”。而选任官员则采取论俸掣签、均分差遣之法。但在康熙帝晚年，又对榷关制度进行重大改革。1720年（康熙五十九年）议准浙海关交与浙江巡抚管理。1722年（康熙六十一年），以巡抚屠沂兼理监督。此后，一般是由浙江巡抚题请委任，获得批准的官员担任此职。1723年（雍正元年），宁波府同知赵永誉（正黄旗人）委署；1724年，绍兴府同知阎绍、宁波府通判靳树鋐（镶红旗人）先后委署；1725年，宁台道王一导署理；1727年，候补知府江承玠署理；②1729年，宁绍台道孙诏署理；1732年，宁波知府曹聚仁署理；1733年，宁波知府王坦署理。乾、嘉、道时期，浙海关仍归巡抚管理，但关印专归宁绍台道就近护理。此外，又设有笔帖式作为监督的副手；从事具体的事务的稿房、洋房、闽房、梁头房“四房”，各房口均交经制书吏、清书等管理。可以说，浙海关采取的是一种较为规整的用人和管理制度，这也是与闽、粤两省海关颇为不同的地方。③

关于浙海关衙署与口址的具体位置。据载，康熙二十六年“海关行署，在府治南，旧理刑厅馆地”。据1736年（乾隆元年）刊印的雍正《浙江通志》卷八十六“榷税·海关”条所载，浙海关下辖口址十五处，后又添设口址一处，另有十三旁口，具体分布是：

1. 大关口，属宁波鄞县，离关署2里；
2. 古窑口，属宁波慈溪县，离关署150里；
3. 镇海口，属宁波镇海县，离关署60里，另有蟹浦、邱洋两旁口；
4. 湖头渡，半属宁波鄞县、奉化县及台州之宁海县地方，离关署150里；
5. 小港口，属宁波镇海县，离关署90里，另有穿山、大碶两旁口；
6. 象山口，属宁波象山县，离关署360里，另有泗州一旁口；
7. 乍浦口，属嘉兴府平湖县，离关署720里；
8. 头围口（澉浦口），属嘉兴海盐县，离关署700里；

① 乾隆《钦定大清会典事例》卷四十八“户部·关税”条，文渊阁四库全书本。首任浙海关监督为赵延祖（刑部员外），在职时间为1685年；但第二年（康熙二十五年），浙海关才正式设立，海关监督分别为能代、塔塞。参见[日]松浦章著，李小林译：《清代海外贸易史研究》（下），天津人民出版社，2016年，第549页。需要特别注意的是，此处的满、汉，并非指满族与汉族，而是满洲八旗、汉军八旗之意。

② 1729年（雍正七年），浙江总督李卫以孙诏一年期满，题请仍护理浙海钞关印务。

③ 黄国盛：《鸦片战争前的东南四省海关》，福建人民出版社，2000年，第56页。

9. 沥海口,属绍兴山阴、会稽、余姚三县,离关署 300 里,另有王家路一旁口;

10. 白峤口,半属台州临海、宁海二县,离关署 220 里,另有跳健①一旁口;

11. 海门口,属台州临海、宁海、太平三县,离关署 450 里,另有金清港一旁口;

12. 江下埠,属台州太平县,离关署 500 里;

13. 温州口,属温州永嘉、乐清二县,离关署 780 里,另有宁村、状元桥、黄华关、蒲歧四旁口;

14. 瑞安口,属温州瑞安县,离关署 850 里;

15. 平阳口,属温州平阳县,离关署 920 里,另有大渔一旁口;

16. 添设的一处口址是定海红毛馆,属宁波定海县,航海渡船风汛不定,如遇顺潮二日可到关署。②

这十六处口址当为海关正口,多位于各地区经济中心之所在,地理交通条件也属优越。其中离浙海关衙署最近的当为大关口,又称为浙海大关,俗称税关。而旁口受到海潮引起的港湾变迁的影响,后世多有增减。③ 需要注意的是,此为浙海关在雍正时期的情况,与其初设之时必有所变化,各口址名称也有差异,比如镇海县在 1687 年康熙为其改名之前是定海县。而在雍正之后,关口亦有所变化。比如 1763 年(乾隆二十八年)夏,宁绍台道陈梦说在"三港口东岸"(即江东)新建关舍,原先在城东三港之南所设之大关和三港西岸别设之小关,"合两关为一处",新建海关为"三港之扼要",④其关口设在甬东七图,即今之江东包家衙头。

松浦章《清代海外贸易史研究》中先引康熙年间王士祯日记中所载,江、浙、闽、粤四大海关设置情况是"江南驻松江,浙江驻宁波,福建驻泉州,广东驻广州"。在考证浙海关的具体设置地点时指出,雍正《浙江通志》"榷税·海关"条引《镇海县志》的记载,称浙海关"在镇海县南薰门外"。而雍正十一

---

① 原文如此,疑为健跳。

② 雍正《浙江通志》卷八十六《榷税》,中华书局,2001 年,第 1587 页。《浙海关与近代宁波》一书称《榷税》中记载宁波、乍浦、温州三大口下设 7 个分口、11 小口、15 旁口及 1 厅(钱江渔税厅),误。据查,书中所列与黄国盛关于鸦片战争前后浙海关宁波大关研究的相关数据相同。参见黄国盛:《鸦片战争前的东南四省海关》,福建人民出版社,2000 年,第 138—139 页。

③ 有的旁口甚至不征税银,如蟹浦、邱洋、王家路、健跳、宁村只设役巡查。参见《钦定户部则例》卷三十九,第 2821 页。

④ 陈梦说:《新建浙海大关记》,《宁波海关志》编纂委员会:《宁波海关志》,浙江科学技术出版社,2000 年,第 331 页。

年(1733)修、乾隆六年(1741)刊补的《宁波府志》卷十一"公署"条有"海关行署在府治南,旧理刑厅馆地"数语。最后得出结论,因为镇海县是宁波府治,所以从广义说海关设置在宁波一点儿也不错。① 府治为明清时期府一级行政单位的驻地,宁波府治是鄞县而非镇海县,"广义说"显然无法成立;《清代榷关制度研究》中称,浙海关关署设于浙江镇海南薰门外,康熙二十四年(1685)建海关行署于府治南旧理刑厅馆地。② 但在文中却又不对关署与行署之关系加以说明。上述研究的矛盾之处,主要还是由于所引史料记载的模糊不清所导致。笔者的理解是,镇海南薰门外的是浙海关在建立之初所设的关口,但海关行署应当还是在宁波府城所在地鄞县的城南。

清政府设立海关主要设想是对载运货物进出关口贸易的中国商船征税,但也不排斥或者说欢迎外国番船前来交易。史载:"康熙二十四年,部议覆准浙江照福建、广东例,许用五百石以下船只出海贸易,地方官登记人数,船头烙号给发印票,令防守海口官员验票放行。"③1694 年(康熙三十三年),浙海关监督常在具题:"初设海关时,定海尚未置县,故驻扎宁城。凡商船出洋、回洋出入镇海口,往还百四十里,报税、给票,候潮守风,又蛟门、虎蹲水急礁多,绕道涉险。外国番船至此,往往回帆而去,请移关定海,岁可增银万余两。部议:移关定海,府城市廛必致弃毁,定邑又须建造,仍令驻扎宁波,差役前往收税。"④定海置县是在 1687 年(康熙二十六年),治今舟山市,时属宁波府。在常在看来,海关衙署设在定海才是最佳选择。否则船只进出镇海口,不仅要多行里程,候潮守风亦花费时间,加之素为镇海屏障的蛟门山与虎蹲山水急礁多,通行不便。⑤ 外国商船往往畏难而走,不再贸易。

1696 年(康熙三十五年),浙海关监督李雯复题:"请移关镇海县,照闽省设关厦门、粤省设关岙(澳)门之例设红毛馆一座,外国商船必闻风而至。部议:移关殊毁成功,设馆恐靡正帑,俱未准行。"当时的闽浙总督郭世隆也

---

① [日]松浦章著,李小林译:《清代海外贸易史研究》(下),天津人民出版社,2016 年,第 541 页。

② 祁美琴:《清代榷关制度研究》,内蒙古大学出版社,2004 年,第 76 页。

③ 雍正《浙江通志》卷八十六《榷税》,中华书局,2001 年,第 1586—1587 页。

④ 缪燧:《番舶贸易增课始末》,雍正《浙江通志》卷八十六《榷税》,中华书局,2001 年,第 1596 页。

⑤ 蛟门,位于招宝山东 7.1 公里海域;虎蹲,位于镇海东,距小招宝山嘴 1 公里,形如虎蹲,故名。蛟门山与虎蹲山,共称"天设之险"。为了建设镇海港区的需要,虎蹲山已于 1974 年被平毁,成为镇海港区岸线。参见《宁波市镇海区地名志》,内部发行,1991 年,第 239、241 页;南宋乾道《四明图经》卷一《分野》。《浙东筹防录》上对其形势之分析颇能说明问题:"镇海口外,即古之蛟门,素称天险。招宝、金鸡两山,雄踞南北岸,口门外数里,则虎蹲山、游山兀峙于前,复有潮汐消涨之异势,险礁暗沙之分布。"参见《浙东筹防录》卷一上《禀牍·禀南北洋大臣督抚院夹单为英国有保护定海旧约请转咨酌夺由》。

表示反对,他说:"镇海县距宁波府城仅六十余里,洋船既至镇海,即可直抵府城,移关设馆,于商民无所利益。仍旧为便。"①

1698年(康熙三十七年),②浙海关监督张圣诏题:"定海岑门宽广,水势平缓,堪容外国大船,可通各省贸易。海关要区,无过于此。自愿设法捐造衙署一所,往来巡视,以就商船之便。另设红毛馆安署红毛夹板大船人众,可增税一万余两,府城廛市仍听客商贸易,不致毁坏。部议覆允。奉旨依议,钦遵。"可见,张圣诏是在揣摩了朝廷的心思后提出的意见,即:其一,改之前移关之议而倡分关,即在定海设关的同时,不撤销设宁波的关口,听任商贾两地交易;其二,在定海建造衙署的费用由其个人承担;其三,定海扩大对外贸易后获益丰厚。这次,朝廷终于同意。张圣诏于当年在定海县城东建"榷关公署",③又在"定海城外,衙头街西,建红毛馆一区,以安置夹板船水梢人等。此英吉利商船来定海之始"。④

实际上,在定海设立衙署关口的目的,主要是方便英国商船来浙江交易。所以在海关税额中单列"额设红毛货税银一万两,榷关征收解司充饷"。⑤ 康熙年间担任定海知县22年之久的缪燧在《番舶贸易增课始末》中介绍三任浙海关监督要求移关(分关)的主要动因,就是希望招揽英国人(红毛)来定海通商,他写道:

> 红毛即英圭黎国,在身毒国西。其人有黑白二种,白贵黑贱,皆高准碧眼,发黄红色。中土呼为红毛,又呼为鬼子。其国以贸易为务,军需、国用皆取给焉。自英圭黎至中国,水程数万里,舟行约半年余。船式夹板、头尖、尾大,蓬桅随风,逐节增减,与中国殊,虽逆风亦可战驶。船舱极深,梯级上下凡三层。船底夹帮双板,涂灌松脂柏子油,坚硬若

---

① 吴忠匡校订:《满汉名臣传》,黑龙江人民出版社,1991年,第715页。
② 根据松浦章、黄国盛等人对于浙海关监督在职年份的统计,常在具、李雯、张圣诏担任浙海关监督的时间分别是在康熙三十四年、三十六年、三十八年,即1695、1697、1699年。而雍正《浙江通志》却记为三十三年、三十五年、三十七年。参见[日]松浦章著、李小林译:《清代海外贸易史研究》(下),天津人民出版社,2016年,第550页;黄国盛:《鸦片战争前的东南四省海关》,福建人民出版社,2000年,第45页。笔者怀疑是雍正《浙江通志》记载有误,因为闽浙总督郭世隆曾言及:"(康熙)三十六年七月,疏言:部臣以浙海关监督李雯请移宁波城外之关于镇海县,增设红毛馆,使洋船贸易,令阁会议。"参见吴忠匡校订:《满汉名臣传》,黑龙江人民出版社,1991年,第715页。可见李雯提出移关之议是在1697年。
③ 雍正《浙江通志》卷八十六《榷税》,中华书局,2001年,第1586页。位于今定海芙蓉洲路靠近解放东路处,至今仍保留有"钞关弄"这一地名,所谓"钞关",即当时的榷关公署。
④ (清)王之春著,赵春晨点校:《清朝柔远记》,中华书局,2008年,第49页。
⑤ 雍正《浙江通志》卷八十六《榷税》,中华书局,2001年,第1596页。

铁,能敌风浪,往来于广东、岙门、福建、厦门间,有乘风至定海者,地方文武官不敢擅留。①

"红毛馆"建成后的第二年六月,即有"未氏罗夫"和"未里氏"两艘红毛夹板船前来交易;八月到"庐咖唎"船一艘;九月,到"飞立氏"船一艘,洋人商船来定海陆续不绝,"一时称为盛事"。②

在定海未设关口之前,东西洋船悉数停泊甬江。但自从分关定海之后,加之修建红毛馆供西人居住,洋船纷纷来定,这也影响到宁波府治所在的鄞县商人的利益,尤其是那些市侩牙人(即买卖中间人)不甘心自己的利益受到损害,于是不断鼓动,鄞民甚至"忿争聚讼",要求"洋船泊鄞",估计此事影响不小,最后是在 1705 年(康熙四十四年)由署理布政司、宁台道胡承祖平息事端,并将详情转详督宪,由闽浙总督和浙江巡抚批示,要求"东西洋船愿往宁波者,听其驾赴宁波,愿往定海者,听其泊定海",两处勒石永禁,《西洋船泊定贸易始末》中对此事有详细记载。③

二、商馆、领事与中英舟山贸易

在清朝建立四大海关初期,英国东印度公司对于在浙江贸易似乎并没有抱以特别的兴趣。1682 年,"卡罗莱娜号"(Carolina)从伦敦启航前往中国时,被要求尝试在广州建立一座商馆,但是并没有成功。《中英关系系年要录》称该船于 1683 年 9 月 17 日离开伶仃岛,9 月 18 日抵达舟山群岛。这是完全不可能的事情,查诸马士《东印度公司对华贸易编年史》原文才知,该船所到地方是 Lampacao,即在广东沿海的浪白澳,估计译者是将该英文地名与 Liampo(或拼为 Lampeco,意指宁波)弄混所致。此后更多的船只被派往厦门交易。1684 年,闽海关建立后,在福州南台和厦门两地分设海关衙署。但是英船在闽海关受到的勒索过重,1689 年到厦门的"公主号"(Princess)上的大班建议"将贸易转往宁波(Liampo,Ningpo)或广州,或者放弃几年。因此,由于缺乏我们的来船,可能会使他们给予较公平的待遇和

①　雍正《浙江通志》卷八十六《榷税》,中华书局,2001 年,第 1596 页。

②　雍正《浙江通志》卷八十六《榷税》,中华书局,2001 年,第 1597 页。在光绪《定海厅志》中引《康熙志·番舶贸易增课始末》载,"船主一名未氏罗夫,一名未里氏"。参见(清)史致驯、黄以周等编纂,柳和勇、詹亚园校点:《定海厅志》,上海古籍出版社,2011 年,第 419 页。

③　(清)史致驯、黄以周等编纂,柳和勇、詹亚园校点:《定海厅志》,上海古籍出版社,2011 年,第 419—420 页。

商务"。① 17 世纪末,英国东印度公司在国内也遭遇了严重的挑战。1693 年,公司根据英王威廉三世为其所颁发的独占对东方贸易的特许状,在泰晤士河扣留了一艘前往东印度群岛的私商船"红桥号"(Red Bridge),此事引起举国哗然。1694 年,英国国会宣布:"任何英国公民都有与东印度群岛进行贸易的同等权利。"在此压力之下,东印度公司不得不于 1698 年认购年息 4 厘的 70 万英镑公债,作为国会批准其继续独占东方贸易的交换条件。但是一批伦敦私商以年息 8 厘认购 200 万英镑公债,以压倒性优势战胜东印度公司。这也促使国会通过一个新法案,凡是以年息 8 厘认购 200 万英镑公债的人,都可以按照其认购的全额参与印度贸易。1698 年 9 月 5 日,一批私商根据该法案成立了新公司——"英国东印度贸易公司"(The English Company Trading to the East Indies),简称"英国公司"(The English Company),并获得对东方贸易的特许状。无奈之下,旧的东印度公司一方面以 31.5 万英镑投资新公司,另一方面要求政府准许其以公司组织的形式,并以同额资本(31.5 万英镑)继续有权参与对东方的贸易,②此要求也获得国会批准。之后,新、旧东印度公司并存,双方都争相向东方派出商船、代表,设立商馆,互相进行竞争。1702 年,在政府的协调下,新、旧公司合并,定名为"英商在东印度贸易联合公司"(The United Company of Merchants of England Trading to the East Indies),并且以年息 5‰贷款 320 万英镑给政府作为交换条件,获得对东方贸易的独占权。由于在 17、18 世纪之交来浙江贸易的英国船只分别属于新、旧公司,故而略述东印度公司在此一时期的沿革情况。

1699 年,英国公司刚一成立,就迫不及待地开始了它的对华贸易。除了向中国派出"麦士里菲尔德号"(Macclesfield)等商船外,公司甚至试图在中国建立一处商馆,而首选地点是在宁波。1699 年 11 月 23 日,公司发出训令,指派一位主任(president)和管理会(council)来管理公司在华商务,第一位主任是喀恰浦(又译作开赤普尔,Allen Catchpoole),他还被英王委派为驻华总领事,这是英国第一次向中国派驻外交人员,可是并没有征得中方的同意,当然当时的清政府也根本不知道此事。主任兼总领事的管辖范围是整个中华帝国及其附近岛屿。公司董事会命令其前往"中国北部的宁波(Liampo,或者说 Ningpo),为新公司谋得一块居留地(settlement),如果在那里

① [美]马士著,区宗华译:《东印度公司对华贸易编年史(一六三五——一八三四年)》(第一卷),广东人民出版社,2016 年,第 70 页。
② 汪熙:《约翰公司:英国东印度公司》,上海人民出版社,2007 年,第 77—79 页。

失败了,就直接去南京"。即使不能建立商馆,喀恰浦也可根据情况进行贸易。

管理会由喀恰浦和所罗门·劳埃德(Solomon Loyd)、亨利·洛兹(Henry Rouse)、约翰·里奇斯(John Ridges)和罗伯特·麦斯特(Robert Master)等四位商人组成。此外,有代理人 2 名,书记 5 名,牧师 1 名,5 位英籍仆人,还有一位随船医生詹姆士·坎宁安(James Cunningham),他被认为是"第一个在中国做较大规模植物学收集的西方人",在舟山、厦门等地采集了超过 600 号的植物标本送回欧洲。① 这些人构成了英国公司在舟山拟设商馆的阵容。1700 年 10 月 11 日,喀恰浦乘坐"伊顿号"(Eaton)护卫舰(frigate)抵达舟山,②他在那里见到了隶属于英国公司的船只"特鲁姆布号"(Trumball)和"麦士里菲尔德号"以及孟买散商船"孟买商人号"(Bombay merchant)。"麦士里菲尔德号"是满载着丰富商品的船只,刚从广州开来。③ 而这艘"孟买商人号"就是当时的港脚商人(Country Trader)派来的港脚船(Country Ship)。从事对华贸易的英国商人可以分为三类,一类是直属于东印度公司的商人;另一类是领有公司执照,但以自己的资本从事贸易的东印度公司船只的船长和职员;还有一类便是以自己的资本专门从事东方贸易(主要是中印间贸易)的散商,也被称为港脚商。④ 这即是说,当时参与贸易活动的主体分别是东印度公司商人、私商和港脚商,不过三者并无明显界限,东印度公司的商人和船员同时可以进行私人贸易,私商也做港脚商的生意,⑤但是都需要受公司的监督和管束,比如喀恰浦和他的管委会的大

① 罗桂环:《近代西方识华生物史》,山东教育出版社,2005 年,第 61 页。

② 本来还有一艘 160 吨位的小战舰"宁波号"(Liampo)尾随该船来舟山,但是在 9 月 6 日遇到风暴几乎不能行驶,只能开到澳门去。参见[美]马士著,区宗华译:《东印度公司对华贸易编年史(一六三五——一八三四年)》(第一卷),广东人民出版社,2016 年,第 122 页。此事在中国史籍里亦有所记载:"福建浙江总督郭世隆疏奏:红毛国英圭黎,被风飘至夹班岛一只。……系伊国护商哨船。……得旨,英圭黎船只遭风飘来,甚为可悯。著该地方官善加抚恤,酌量捐资,给足衣食,即乘时发还,以副朕柔远之意。"参见《清圣祖实录》卷二○一,康熙三十九年冬十月丙寅。文中所谓"护商哨船"即是"宁波号"小战舰。

③ 该船是因为在广州错过了季候风航期,于 1700 年 7 月 18 日航往"舟山、宁波的口岸",装载的货物包括:白铅、生丝、丝织品、上等茶、水银、胡椒、黄铜币、扇、茶桌、麝香、瓷器、金块等。参见马士著,区宗华译:《东印度公司对华贸易编年史(一六三五——一八三四年)》(第一卷),广东人民出版社,2016 年,第 97—98 页。

④ 郭卫东:《转折——以早期中英关系和〈南京条约〉为考察中心》,河北人民出版社,2003 年,第 146 页;高鸿志:《近代中英关系史》,四川人民出版社,2001 年,第 21—22 页。

⑤ 有时三方甚至会形成竞争关系,比如,英印公司董事部就曾对该公司于 1713 年由伦敦派往广州的船只"忠诚极乐号"发出训令,提到"有些船长过于妄用我们对他们的宽容,将大量茶叶带回本国,从而产生许多弊害"。参见[美]马士著,区宗华译:《东印度公司对华贸易编年史(一六三五——一八三四年)》(第一卷),广东人民出版社,2016 年,第 165 页。

班们就是受公司委派,负责统一管理英国对华贸易事宜。当然,有的私商并不那么服从大班们的管理,这点从喀恰浦后来的遭遇就可以看到。另外值得一提的是,"孟买商人号"出现在舟山是目前所见关于"港脚商人"来华贸易的最早记录。

喀恰浦受到总兵(Chumpein)蓝理①的友好接待。初时,英国人对于蓝总兵印象颇佳,但逐渐发现此人与之前打过交道的中国官员一样,"行事拖沓,满嘴空话",更加糟糕的是,"贸易活动被总兵的代理人所秘密垄断,除了他们没有中国人可以无惧惩罚,敢于同我们做生意"。而对于"伊顿号"来说,英国人意识到如若不按照中国人的条件来进行交易,则船无法发出;也不能不事先预支资金和货物就签订任何投资合同;如果不给大人物送礼,任何生意都无法做或者获得友情。英国人有时想拒绝送礼,却又被强行勒索。② 当然,英国人贿赂给中方官员的钱财确实起到了作用,"麦士里菲尔德号"在获得"所希望够取丝的数量"后,于 12 月 24 日离开舟山,1701 年 7 月 1 日抵达朴茨茅斯,"装有丰富和满载的货物"。③

在喀恰浦来华之前,理查德·高夫(Richard Gough)也曾被英国公司派遣到舟山,他还向董事会报告说,并不怀疑可以在该处得到贸易的自由,但恐怕"中国人不会准许居留"。④ 管委会一行到达舟山时,高夫已经离开了,不过他们获得了一份中国官方给高夫的 15 条"章程"(Articles),⑤管委会又增加了 12 条,总计 27 条,并请总兵的翻译(linguist)彭官(Signor Bunqua)译成中文。英国人希望此章程能够获得中国官方盖印批准的许可证(或者

---

① 蓝理(1649—1719),字义甫,号义山,福建漳州漳浦县赤岭畲族人,自幼习武,有封侯拜将之志。曾投奔康亲王从军,历游击、参将等职。康熙二十二年(1683)被福建水师提督施琅奏请任命为前锋,率舟师攻打澎湖,血战至破肚流肠不退,被康熙誉为"破肚总兵"。康熙二十八年(1689)十二月至四十年(1701)四月,担任"镇守定海总兵官",即定海总兵。参见夏志刚:《清代镇守舟山定海总兵官考略》,《浙江海洋学院学报(人文科学版)》,2017 年第 1 期,第 69 页。又《清文献通考》卷一八六《兵考八》载:"定海镇总兵官一人,驻扎定海县舟山。统辖本标官兵及分防各营。镇标中营中军游击一人。"
② Demetrius Boulger ed., *The Asiatic Quarterly Review*,Volume Ⅲ,January-April,1887,p. 295.
③ [美]马士著,区宗华译:《东印度公司对华贸易编年史(一六三五——一八三四年)》(第一卷),广东人民出版社,2016 年,第 98 页。
④ [美]马士著,区宗华译:《东印度公司对华贸易编年史(一六三五——一八三四年)》(第一卷),广东人民出版社,2016 年,第 123 页。
⑤ 高夫在厦门时,派了希尔先生(Mr. Hill)和一名中国翻译将列有 15 则条款的章程英文文本送至定海总兵蓝理处,但当这些章程被译成中文获得中国官方批准,又再一次被送回厦门时,高夫已经离开,并没有收到,所以章程又被带回舟山。参见 Demetrius Boulger ed., *The Asiatic Quarterly Review*,Volume Ⅲ,January-April,1887,p. 299.

说是执照，chop），并由总兵和海关监督签字，中国人也表示了同意。不过等到管委会拿回章程，再让自己的翻译和本地的一些翻译将其译成英文后，却发现 27 条中有 2 条被删除，其他条款也与英国人之前所表达的意思不一致。气愤的英国人去找彭官理论，对方却说，所有条款都被信实翻译，不过也承认有 2 条被省去不译，即：第一，允许英国人自由前往宁波以及浙江省的其他地方进行贸易；第二，枪炮、火药、船帆不交到岸上。关于前者，彭官说只有总督（chuntuck）才能决定；而后者则不会被允准，除非有皇帝的谕令。不过彭官又说，总兵其实并不要求英方将弹药、船帆和船舵都卸到岸上，只是让他们把一个沉重的木桶或者类似这样的东西放在岸上，没人会去检查。相对于一心想要得到条约保护的英国人来说，像蓝理这样的中国官员显然更懂得事实上的"变通之道"。其实关于卸除船上武器一事，在地方上是没有严格规定的。直至 1718 年（康熙五十七年），原任广东碣石总兵官陈昂还建议外船"未入港之先，查取其火炮，方许进口"，但是两广总督杨琳却认为："夷商慑服有素，数十年来沿习相安，应听其照常贸易。将该镇所请查取火炮……无庸议。"康熙降旨，同意杨琳主张，令对西洋人观察几年，候旨再行禁止。[①]

不过，中国官方迟迟不给英国人批准贸易的许可证，关于他们在舟山获得一处定居点（settlement）的要求也不作答复。舟山虽然有海关监督的驻所，但他已于 10 月 1 日回到宁波。所有这些情况都导致英国人在舟山贸易活动的推迟。英国人要求彭官告知总兵，他们在获得许可证前不会卸船。

在舟山的大班们筹划如何与舟山官员进行谈判，还拟定了几条章程草案，希望能够获得中方批准，主要内容如下：

1. 我方有与任何人做买卖的自由，中国官员不得限制我们只能与其做生意。

2. 我们愿意为所有的买卖向皇帝的海关支付费用，这样也可免除海关监督的官员到我们的商馆房间中，并且同意他的官员可以待在我们的船上，直到我们将货物卸下，并在我们开始装货时再返回船上。

3. 关于船钞（the measurage of ships），我们希望能够有一个固定的数额，将来无论船大船小，存货多少，都不会更改。希望能够避免给官员送礼，或者从他们那里接受礼物。

① 《清圣祖实录》卷二七七，康熙五十七年二月丁亥。

4. 包括购买或建造房屋许可证在内的谈判:舟山港是我方船只停留的地方,但是我们的商人和代理商可以自由地前往宁波(Lingpo)、苏州(Souchew)、杭州(Hanshew)和南京(Nanquin),以便更好地发展和扩大他们的业务。

5. 如果我们的水手或者其他什么人有任何不端行为,他们会受到其上级英国人的惩罚,而不是中国官员或者他们的下级官吏。我们的水手如果喝了 hockshew 或者别的什么东西,那他就是不可被信任的;如果有人相信这样的人,那他就会失去钱财。

6. 我们有洗刷自己船只、购买贮藏物和给养品的自由。

7. 我们可以任意雇佣翻译或者中国仆人。

8. 我们那些已经卸到岸上的货物,如果卖不出去,再次被装船后,无需支付关税。

9. 不要求我们将船帆、火药、武器等物都交到岸上。我们可以为每艘船建一个帐篷,里面放置不用的大件物品,可以获得一小块土地埋葬逝者。

10. 当我们带着尊敬的心情拜访中国官员时,都能获得他们的接待(正如广东的抚院所做的那样),并且让我们坐在椅子上,而不是受到无礼对待。

如果驻扎舟山的总兵同意上述条件,并能保证海关监督和其他官员同样履行,英国公司很愿意每年按一定比例(1.5% 或者 2%)向他们支付购买和运走所有货物(黄金除外)的费用。①

可以看出,英国人希望在舟山的交易获得中英双方协议的保障,能够免除送礼陋规,固定税额以免被中国官员敲诈,被平等对待,可以自由选择交易对象和自由前往别地进行贸易;甚至要求获得一种类似治外法权的权利。

1700 年 12 月 9 日,总兵和英国人都来到彭官家中,当着喀恰浦、劳埃德和“麦士里菲尔德号”大班道格拉斯(Douglas)等人的面,总兵在章程上签字,又出示了浙海关新旧两任,共四位满、汉监督签字的文件,允许英商根据章程条款卸货并进行贸易,“即由买货者缴纳皇帝的税款,在此处未售出的

---

① Demetrius Boulger ed., *The Asiatic Quarterly Review*, Volume Ⅲ, January-April, 1887, p. 309.

货物可以重新装船并不需要再交税"。英国人也同中国官员签了一份协议并盖了公司的印章,同意将买或者卖的货价总数的 2% 付税;①"伊顿号"与"特鲁姆布号"分别支付船钞 400 两和 300 两;另外还需为商馆和货栈支付每月 75 两的房租。②

英国人所居住的商馆应当就是刚建好不久的"红毛馆",有 15 间排成一行的大屋和一条 200 英尺长的走廊。按照喀恰浦信中的描写是:"后面有货栈,前面有一排与之相同长度的外屋。中间的院子有 27 英尺宽。货栈后面有条江,与大海相通,便于卸货。在外屋前有一大块地,约 1.5 英亩,还有一个可供登陆的浮码头。"③这个码头也就是定海南衙头,旧称"红毛衙头"或者"红毛马头"。魏源在《海国图志》卷一有文介绍定海城,还提到"定海之守甚严……其地三面环山,前面濒海,城外二三里,为红毛衙头,市长里许"。④这里的红毛衙头,指的就是定海南衙头。徐继畬所著《瀛环志略》卷六有记,明代荷兰人侵袭舟山,"闽浙两洋时见侵轶,尝踞舟山定海,衙头地方尚有红毛马头之名"⑤。在他看来,红毛马头之得名与荷兰人相关,这个认识是错误的,该地得名应该是源于康熙年间设立的定海红毛馆。

英国人对于定海的地理位置颇为满意,描述其"地势较低,呈半圆形,周有群山环抱。而港口呈现出另一个半圆形,周围布满高高的岛屿,形成几个进出港口的通道。这里地理位置便利,极为适合贸易,距离宁波不到 1 天的航程,2 天可至苏州,4 天至杭州,6 天至南京,3 天即到日本"。但是英国人仍然对商馆不稳定的使用权和与中国地方政府不确定的关系表示担忧,喀恰浦写信给公司,要求此后英船到舟山时,先在距离定海 3 里格的港口入口处停泊,派人乘小船来向管委会通报,再由管委会决定英船是否进港,他们希望通过这种方式"不给中国人冒犯的理由,彼此间进行友好往来"。

蓝理告诉英国人,喀恰浦主任在舟山一事已经被报告给皇帝,但只说他是来华交易,并不是要建立永久性商馆常驻。如果想要达到这一目的,必须

---

① Demetrius Boulger ed. , *The Asiatic Quarterly Review*,Volume Ⅲ,January-April,1887,p. 296.

② Demetrius Boulger ed. , *The Asiatic Quarterly Review*,Volume Ⅲ,January-April,1887,pp. 295-297,p. 301. 由于 10 月 29 日喀恰浦等人第一次入住商馆,所以房租是从 11 月 1 日开始算起,半年一付,不需支付修缮费用或者火灾损失。

③ Demetrius Boulger ed. , *The Asiatic Quarterly Review*,Volume Ⅲ,January-April,1887,p. 297.

④ (清)魏源撰:《魏源全集》(第 4 卷),《海国图志》卷一《筹海篇一·议守上》,岳麓书社,2004 年,第 23 页。

⑤ (清)徐继畬著,宋大川校注:《瀛寰志略校注》,文物出版社,2006 年,第 210 页。

得让公司向清廷派遣使节,或者最低限度也要送价值 10000 英镑的礼物。英国人感到他们得以在舟山居留不是建立在一个牢固的基础上,而是由于总兵和其他官员的保护,否则就有可能遭遇"中国人的蛮横对待,在与他们进行贸易时也得不到安全保障"。即使英国人意识到"只有和总兵或者他所用的人,才能进行有效的贸易",或者说是总兵在操纵和他们的贸易,也是心甘情愿,因为"在取得一块受到中华帝国法律保护的居留地之前,此事为我们在这里进行交易提供了最大的安全"。①

喀恰浦和管委会写信向英国公司说明,没有皇帝本人的许可,无法在华获得一块有效的、受保障的居留地;此目的只有通过送重礼或者派遣使团才可能达到。建议公司派出一支使团乘坐快船赴华谈判。不过由于遣使来华花费靡巨且结果不确定,考虑到公司可能会拒绝,因此喀恰浦又向公司建议可以尝试在昆仑岛(Pulo Condore)②设立一个商馆,据此可以同中国港口进行贸易,又可不受中国海关的蛮横勒索与压榨,③以此作为备选方案。公司董事会向著名航海家威廉·丹皮尔(William Dampier)进行了咨询,1 年后批准这一计划。由于喀恰浦还在舟山,所以派了一人暂时代理商馆主任。1705 年 3 月 2 日至 3 日,岛上的马卡萨族(Macassar)士兵发生暴动,杀害了十五六名英国人,其中就包括喀恰浦。④ 他想要在中国建立商馆的梦想直到鸦片战争后才得以实现。

在信后还附有定海总兵蓝理在 1700 年 12 月 21 日致英国公司的信件英译文,语气颇为友好,甚至为想要获得居留地的英国人出主意,建议他们派使团来华,并向皇帝献上珍稀的礼物,而且"无论送给皇帝怎样贵重的礼物,都会有同等价值的物品被回赠"。蓝理倒是对英国人说了实话,明、清专制王朝在与朝贡国进行交往的时候,都是采取"厚往薄来"的政治原则。他

---

① Demetrius Boulger ed., *The Asiatic Quarterly Review*, Volume Ⅲ, January-April, 1887, p. 298. 据说康熙皇帝原计划于 1701 年 5 月来普陀山朝香,总兵甚至答应带喀恰浦去觐见皇帝,当然这个允诺是绝无可能实现的。而且后来英国人也被告知这一计划取消,原因是大臣们反对,他们认为普陀山附近的雷电非常危险。

② 此岛又作"昆山岛",为越南南部岛屿,位于湄公河口附近,在中文史籍里又被音译为"普罗康多儿岛",位于南洋七星洲。张星烺说:"据近代西人调查,此岛实为七星洲群岛之最大者,长十二英里。又稍次则为两岛,长各二三英里。其余五六岛,则小不堪言。普罗康多儿港口颇良,有淡水,树木丰茂,居民约八百口。"参见张星烺:《中西交通史料汇编》(第三册),中华书局,1978年,第 53 页。

③ *Scottish Geographical Magazine*, Volume Ⅳ, 1888, pp. 98-99.

④ 3 月 10 日,岛上的人将欧洲人屠杀殆尽,公司商务代表(或者称馆员,factor)坎宁安先生受重伤。参见 *Scottish Geographical Magazine*, Volume Ⅳ, 1888, p. 99.

又提出尽管此地贸易仍属平常,但会在明年加以促进,邀请其他各处商人带上足够的货物来此交易;并且建议英国公司的商船以后可以早来,承诺会及时发送船只。不过为了加强管理,防止一些英国人在舟山做出不法之事,他"希望贵公司所有的船长和受雇人员,都有义务在所有事情上尊重并服从商馆主任(指喀恰浦——译者注)的命令和权威"。① 蓝总兵收了英国人的厚礼,也遵循"来而不往非礼也"的古训,向英国公司董事会赠送了一些小礼品,除了茶叶、瓷器等中国特产外,还有一把用茶树根制作的椅子。这把椅子后来被转送给了英国皇家学会会长约翰·萨默斯男爵。

英国公司董事会在接到信件后,指示喀恰浦应当回赠总兵一份礼物,并要求以后不要再接受他的礼物,以免他对公司的回报怀有太大的希望。董事会对制定的章程很满意,并且相信如果喀恰浦等人能够坚持待在舟山,就能够获得许可,前往宁波或浙省的其他地方。公司暂时不准备派使节来华或者给皇帝送礼,但要求喀恰浦尽力和当地官员搞好关系。

喀恰浦作为商馆主任兼总领事,需要统筹安排舟山港内的英国公司船只与中国方面的贸易活动。"麦士里菲尔德号"是在 1700 年 7 月 18 日从广州前来舟山,做出这一决定,主要是因为道格拉斯大班知道了高夫提出的章程获得中国官方批准一事,受到鼓舞。于 8 月 6 日抵达舟山港后一直待到年底才离开。剩下"特鲁姆布号"与"伊顿号"在港,彭官告诉英国人,中国商人要求凡是购买中国货物,必须是以 2/3 现款,1/3 欧洲货物来支付。② 管委会原计划在"麦士里菲尔德号"离开后,赶紧购买货物装上"伊顿号",趁着季候风离开,但却发现中国商人不守信用,"今天一个价格,明天又贵了 50%。有时合同签好,催促对方按时交货时,中国商人又提价 20%"。就这样一拖再拖,一直无法装货,也错过了季候风。双方一直处在僵持之中,直到 1701 年 1 月 20 日,总兵的秘书带来一份许可证,大意是允许此地的商人与英国人自由贸易;③22 日,秘书在几位中国商人的陪同下再次来找英国人,告知"所有从宁波和其他地方来的卖家和织工(已经在舟山待了两个月)都得回去了,在此之前仍希望能够做成买卖,所以会降低最后的价格"。英国人利用这个机会,赶忙与之谈判,最后达成协议:200 担生丝,每担 28 两;

①　Demetrius Boulger ed., *The Asiatic Quarterly Review*, Volume Ⅲ, January-April, 1887, p. 299.

②　Demetrius Boulger ed., *The Asiatic Quarterly Review*, Volume Ⅲ, January-April, 1887, p. 305.

③　马士称这份许可证是"准许贸易自由的执照"。

按照图案制作的 5855 匹丝织品,所有商品必须在 180 天内交货,超过一天中方需付 50 两滞纳金,但最多不超过 1000 两。考虑到"伊顿号"需要在此等候数月才能装满货,在 8、9 月份的季候风时离开,所以管委会决议在此间歇期,雇佣"特鲁姆布号"前往婆罗洲购买胡椒,顺便到厦门和昆仑岛购买一些中国商品。1 月 31 日,"特鲁姆布号"装载一部分"伊顿号"船上的欧洲货,在舟山买到的 500 担铜,175 担中国白铜,价值 12000 元的黄金(在舟山使用西班牙银元购得)等商品前往巴达维亚,购买在婆罗洲唯一被允许通行的墨西哥银元,又去马辰①(又译作班贾尔马辛,Banjarmassin)购买胡椒。若在婆罗洲装不满货物就回舟山。②

在舟山的英国人对于总兵操纵贸易的行为愈发不满,但却无力反抗。劳埃德于 1701 年 1 月 3 日向管委会报告,他与一名中国商人签下合同购买 2000 把扇子和 36 担茶叶,但是后来这名商人告诉劳埃德,总兵绝对禁止他履行合同,如其继续坚持,则要用竹板将他打死。在英国人看来,他们只能被迫与总兵的人做生意。他们还认识到,"在与中国人打交道时,我们将面临许多压力和困难,在满足他们过高的要求之前,我们将一直缺货",③喀恰浦抱怨:"中国人毫无诚信可言,我们有许可证、执照和章程,但他们只保留自己喜欢的东西。"而且舟山一个市场所输出的货物也不能满足英国公司在华一年的投资需求。④ 还有一点让英国商人们特别担心的是,他们必须提前六个月就将钱和货物预付给当地商人,以便对方能够加以准备,提供合同规定的商品。但是"将这么多的钱财交付给少数中国商人和织工,除了相信他们的诚实和总兵的名誉担保外,没有别的保障"。⑤ 正是基于以上担忧,喀恰浦才会产生占领昆仑岛建立商馆作为预备方案的想法。

根据史料,这一时期宁波与英国人做生意的商人应当多为行商牙人,即

① 位于加里曼丹岛南部,原是爪哇麻喏巴歇王国与淡目苏丹国的领地。16 世纪下半叶开始脱离爪哇而独立。17 世纪初,英国东印度公司就在此处活动,并于 1703 年建立第一家商馆。1787 年至 1797 年为荷兰东印度公司所控制,1825 年沦为荷兰殖民地。现在是印尼南加里曼丹省的省会和最大城市。该地有重要贸易港口,明清时期中国商船常来此交易。《东西洋考》和《明史·外国列传》有专条记述,又作"文郎马神""马神""马军"等名。

② Demetrius Boulger ed., *The Asiatic Quarterly Review*, Volume Ⅲ, January-April, 1887, p. 306.

③ Demetrius Boulger ed., *The Asiatic Quarterly Review*, Volume Ⅲ, January-April, 1887, pp. 305-306.

④ Demetrius Boulger ed., *The Asiatic Quarterly Review*, Volume Ⅲ, January-April, 1887, pp. 307-308.

⑤ Demetrius Boulger ed., *The Asiatic Quarterly Review*, Volume Ⅲ, January-April, 1887, pp. 306-307.

获得官方授权进行对外贸易的商人。中国的牙行和牙行商人都是由牙人发展而来,牙人原是指市场交易活动的中人,早在明代之前就已存在,明朝建立初期,曾一度禁止牙行,"天下府州县镇店去处,不许有官牙、私牙。一切客商应有货物,照例投税之后,听从发卖",但终究难以禁绝,此后《明律》又允许牙行存在,只是加强了官方管理。牙人的主要职能是评估物价、撮合交易、代客买卖和为政府代收各类商税。牙行商人皆有专贩之商品,各司其业,彼此并不相互逾越,如药材行、米行、布行等属。① 而具体到设有市舶司管理朝贡贸易的广州、宁波、泉州等地,所开设的"牙行"和"铺商"则为政府特准的商业机构,准许先行收买海外商货,再转卖民间。②

　　粤海关设立后,有关广州一口的外洋商务,"令牙行主之,沿明之习,命曰十三行",③十三行之行商,受命于官府,包揽对洋商的一切事务,故被称为"官商"或"洋商"。而在另一个重要通商口岸厦门,根据傅衣凌的研究,在明代有一些福建海商充当授权经济人(即牙商),受政府指派进行对外贸易。他们在当时重要的对外贸易港口海澄被称为"铺商",当行商从海外贸易航行归来,不能自行卸货,需要官方指定的铺商登船,在铺商为货物关税之后,海关官员才允许他们卸货。④ 清代前期在厦门也沿用了明以来这一制度,"先经过所谓舶牙或牙行之手,作为贸易的中介,而后进行贸易"。而且这一时期还兴起了一种名为"洋行"的中介团体,虽然由于史料的缺乏,无法详知厦门洋行的起源,⑤但根据马士《东印度公司对华贸易史》书中所载之案例,他提出,1704 年英国公司"凯瑟琳号"(Catherine)抵达厦门,有名"田官"(Chanqua,又译作"陈官")的商人,曾为通事,使用计谋夺取此地皇商"太爷"(皇帝儿子的商人)的地位,自任皇商,始将厦门商人结为团体,由几个人紧密合作。商人们经过提督和海关监督认可后,只准八到十人独揽本地进出口贸易。商人行会的成员是指定的,各人按份额分配,官员方面如提督和海关监督,也有分配的一份。马士评论此为广州公行制度之先驱。因此,这样

① 张忠民:《上海:从开发走向开放》,上海社会科学院出版社,2016 年,第 206 页。
② 全汉昇:《中国社会经济通史》,北京联合出版公司,2016 年,第 143 页。
③ (清)梁廷枏撰,袁钟仁点校:《粤海关志(校注本)》,广东人民出版社,2014 年,第 491 页。
④ 吴振强:《厦门的兴起》,厦门大学出版社,2018 年,第 148 页。
⑤ 傅衣凌引雍正五年(1727)一则史料,称"又奏准商民整发往夷贸易,设立洋行经理,其有外省洋船收泊进口,亦归洋行保结"。参见傅衣凌:《清代前期厦门洋行考》,萨士武等编著:《福建对外贸易史研究》,艺声图书印刷所,1948 年,第 43 页。

的商人团体"实即厦门洋行的前身,而为明代牙行制度所递嬗下来的一个产物"。①

　　而在宁波,类似于乾隆时期广州一口的行商制度应该是不存在的,所称之行商应当还是指传统牙行的商人,他们获得政府颁发的牙贴(即官府发给的印信文簿,类似营业执照),建有"行铺",②对价格、度量衡和货物质量进行适度调控,也负责记录交易中的客户详细信息和商品数量,代表官方控制贸易。③ 不过就"行"字而言,杨联陞基于对 1840 年代之前清朝的综合观察,趋向于将"行"视为特定贸易的集体,即"行"作为"行会"的含义。④ 吴振强认为杨氏的解释不适用于福建,在此地,"行"与"牙行"关系更大。虽然本书认为"行"在对外贸易事务当中应当是指由官方指定的牙行(商行、洋行),而非"行会",但是在对外贸易活动中,却体现了行会的最重要特征——垄断性。行会为官府服务,控制所有与其成员相关的重要经济事务,比如统一商品价格,维持市场交易秩序,确定货物储藏与付款期限,决定商品交易类型,等等。

　　马士在讨论舟山作为中英贸易市场的一个不利因素时,特意提到"所有中国行会的组织力量过去和现在都是很大的,而宁波的商业行会更是全国中最强的",他的意思应当是指来舟山贸易的宁波商人都同属行会,一致对外,可以强迫英国人接受其给出的价钱,因为即使有人愿意付更多的钱,受到行会的限制,也不能任意购买。而出售给洋商的货物也由行商所控制,所以前文提到的那位因为与英商签合同卖扇子和茶叶而遭到总兵呵斥的中国商人很有可能是私商。

　　在中文史料里,关于康熙时期宁波的行商基本无踪迹可寻,英文文献中倒是发现了这些人在舟山的活动,他们都与当地官员有着紧密联系,彭官是总兵蓝理的通事,尤老爷是书吏,而殷官则是总兵施世骠的商人。洋商对他

---

① 傅衣凌:《清代前期厦门洋行考》,载于萨士武等编著:《福建对外贸易史研究》,艺声图书印刷所,1948 年,第 44 页;[美]马士著,区宗华译:《东印度公司对华贸易编年史(一六三五——一八三四年)》(第一卷),广东人民出版社,2016 年,第 146 页。

② 《西洋船泊定贸易始末》载,在定海设立红毛馆后,夷船在此地交易,而货物不能只屯集于岛上,还必须装运宁波,再输送各地,所以定海"行铺寥寥,不及宁城十之三四"。这里的行铺其实就是牙人所开设的牙行,一般设有固定客房、货栈为商人提供食宿、存放货物,并代客纳税,过税关登记,代雇船只,介绍买主、负责押运等综合业务。参见方行等主编:《中国经济通史·清代(中)》,中国社会科学出版社,2007 年,第 972 页。

③ 吴振强:《厦门的兴起》,厦门大学出版社,2018 年,第 148 页。

④ 杨联陞:《传统中国政府对城市商人之统制》,《清华学报》,新第 8 卷第 1/2 期(1970 年 8 月),第 195 页。

们的称呼"官"(qua)字也表明,这些人都是有官方背景的商人,甚至有的人本身就是官吏。

　　1701 年 7 月 6 日,英国公司派出的"萨拉号"(Sarah)单层船抵达舟山港外;① 8 月 16 日,"特鲁姆布号"也从马辰返回舟山,船上满载着 120 吨胡椒,以及"其他物品共价值 6527 银元"。8 月 26 日,两艘船一同进入内港。11月 24 日,"特鲁姆布号"装满它的吨位,载着商馆购存的货物前往英国,发票价值近 72872 两。其实当时的英国商人在舟山的交易存在很多麻烦,除了要忍受官员的勒索和陋规,他们还要面对供应给中国人要买的英国产品的困难问题和竭力供应给中国人需求的白银问题。比如最后这一项,在商船订购回程投资的中国商品合约里,解决用货物和白银的支付比例,是很艰难的。这一时期,在支付回程投资的买卖中,按规定价格用 2/3 白银、1/3 货物支付似乎是常例。但是总兵却要求舟山的英国商人支付 3/4 现金,1/4现货,遭到管委会的强烈反对。② 另一方面,英国公司董事会在所有的训令里都要求在华将来交货的合约不要预付定银,可是又要求在中国的代理商要获得回程投资,而要获取它们就不得不预付定银。这对于在华的英商来说真是左右为难。喀恰浦到任以后,在订购货物合约时就预付价值 245500两。"特鲁姆布号"运走在舟山购入的货物价值 72872 两;"伊顿号"和"萨拉号"发票价值共计 87196 两;管委会留下没有清偿的预付款数额达 51300 两以上。③

　　管委会的内部也不团结,这最终导致了喀恰浦等人撤离舟山。1702 年1 月 10 日,喀恰浦等人受到中国方面的命令,要求其离开舟山。这种命令在当时并无不妥,因为距离喀恰浦抵达舟山已经过去将近 15 个月,在清政府没有允许英国人建立永久性商馆的情况下,停留时间已足够长,甚至还引起了一些中国官员的猜忌。④ 不过英国人通过与蓝总兵签订了一个协议而让其取消了命令,他们同意用现金从总兵那里购买一批日本瓷器,而总兵则允诺在英国人下一艘船抵达舟山之前让他们站稳脚跟,并且帮助追索

---

① 1700 年 11 月,英国公司向中国派出五艘商船,分别是"萨拉号"、"中国商人号"、"海王星号"(Neptune)、"海津号"(Seaford)、"日出号"(Rising Sun)。

② Demetrius Boulger ed. , *The Asiatic Quarterly Review* , Volume Ⅲ , January-April, 1887, p. 310.

③ [美]马士著,区宗华译:《东印度公司对华贸易编年史(一六三五——一八三四年)》(第一卷),广东人民出版社,2016 年,第 125 页。

④ 中国商人曾经告诉喀恰浦,在宁波的提督(Tytuck)大人都询问过定海总兵,英国人长时间待在舟山又不卸货,似乎并不是来贸易,而是别有所图。参见:Demetrius Boulger ed. , *The Asiatic Quarterly Review* , Volume Ⅲ , January-April, 1887, p. 308.

51300 两的旧债。尽管有此协议,1 月 27 日,英国人又收到中国官府的命令,要求他们乘坐"伊顿号"离开。管委会感到很吃惊,经过调查发现,原来是公司船"萨拉号"的大班亨利·高夫(Henry Gough)和船长约翰·罗伯茨(John Roberts)阴谋"勾结总兵和按察使(Mandarin of Justice)"①,企图赶走管委会。高夫向这两位官员表示,如果允许管委会存在,就不会有别的船只来舟山,并说他的兄弟理查德·高夫(Richard Gough)原本准备来舟山,就是因为听说管委会在这里,所以就去了厦门,而其他三艘船也是出于同样的原因前往厦门;又说管委会主任在这里就如同官员一样管理英国人,所以要来此处的英国船只都被吓跑了。而罗伯茨除了大班高夫的命令外,拒绝接受管委会和喀恰浦的任何命令。

在经过五天的协商后,喀恰浦于 2 月 1 日晚上与总兵达成新的协议,管委会可以居留到下一艘船到达后为止。喀恰浦等人还根据总兵的建议,将"萨拉号"的货物和人员都转移到"伊顿号"上,因为当时按察使强行要求英国人接收一批货物,而且已经将它们送至商馆。但总兵的这种"善意"是需要英国人付出代价的。为了此事,他们还要"付给将军(即总兵——译者注)4000 两,另外 300 两当作礼物送给他的母亲;从他的代理商手中购买价值14000 两的日本陶器,茶叶和其他货物"。② 就当英国人觉得商馆最起码还可以维持到下一艘商船抵达的时候,2 月 2 日,按察使将管委会派来见总兵的大班劳埃德监禁在商馆,③带着麦斯特来到"伊顿号"上,希望英国人能够接收他已经运到商馆的一批货,这批货是用来清偿一部分未付款的,但它既不合规定的种类,又不按照合约所定的价格,而且按察使发现船上已经没有空间装下他的货了。按察使显然很不高兴,他"当众宣讲了自己的伟大和权势后,便责备管委会请求居留延期时,没有去找适合解决此事的他来商量取得协议,反而去找权限外的总兵"。管委会猜测按察使是想像总兵一样来敲诈他们,但是商馆已无足够的钱满足他,所以没有表现出要顺从的样子。于是,按察使"突然"告诉在场的喀恰浦、洛兹、麦斯特三人,必须马上乘"伊顿号"离开,是时该船正要起锚;同时还以皇帝的名义,要求他们离开这个国家;谴责高夫及船长罗伯茨都应受到处罚,不准他们在"萨拉号"上留下来。④ 不

---

① 此人并非浙江按察使,或许是知县、海防同知之类的官员。

② Demetrius Boulger ed. , *The Asiatic Quarterly Review* , Volume Ⅲ , January-April, 1887, p. 312.

③ 一共有劳埃德、里奇斯和麦斯特三位大班去见总兵。

④ [美]马士著,区宗华译:《东印度公司对华贸易编年史(一六三五——八三四年)》(第一卷),广东人民出版社,2016 年,第 127 页。

过他又补充说管委会可以留下一两个人接收旧债。劳埃德已经获释,他回到船上了解到刚才的情况。于是,管委会进行了磋商,最终决定:"既然是以皇帝的名义让我们离开这个国家,那么我们就不进一步提出任何条件,也不留任何一位管委会成员在此地。"因为英国人担心按察使会强迫留下的人接受与合同不符的货物来抵充债务,而总兵也会强迫其支付 4300 两银子。①喀恰浦与管委会决定授权留在舟山的高夫和罗伯茨接收债务,他们则前往巴达维亚,请求荷兰总督批准登岸,等候英国公司的安排。英国人匆匆忙忙地离开了舟山,只有"伊顿号"随船医生坎宁安(James Cunningham)要求留下。虽然节省了本来要送给总兵的 4300 两银子,但却留下了尚未偿还的预付货银 51300 两和存放在商馆的未售货物,这些货物在他们仍然望得见时就被抢掠一空。而且之前为了能够留在舟山,已经花费了 10000 两银子用来给官员送礼。管委会对舟山充满了失望,向董事会报告说:

> 此地的官员是如此的独占和蛮横,因此我们不能相信先生们有兴趣会继续下去;我们也不愿意下一次再航行到那里,除非你们派出一位使节,或者得到更好的条件,或者这些官员意外地改变了他们的秉性。②

喀恰浦的逃离也宣告了英国向中国派驻领事这一尝试的失败,在两国没有建立外交关系的情况下,英国向中国派驻领事根本无法起到保护本国侨民和财产的作用。最具讽刺意味的是,喀恰浦竟然委托之前反对自己的高夫和罗伯茨来处理善后。管委会乘坐"伊顿号"抵达巴达维亚,3 月 13日,荷兰总督批准这群英国人暂留于此,直到英国公司船只的到来,而"伊顿号"则继续返英。管委会又向董事会发信,表示并不会马上放弃舟山,自从进入中国以来,在贸易和管理方面,没有哪一天不受到官吏或者商人的侮辱、不公平对待,遭遇这些人制造的困难。但还是计划等英国船只到达巴达维亚后,立即把一批新的资金交给他们,然后再去舟山做一次尝试。

英国公司在 1700 年 11 月向舟山派出的"中国商人号"在海上遇到强东北季风,无法向北航行,于 1701 年 9 月进入厦门海域。该船后来接到喀恰

---

① Demetrius Boulger ed. , *The Asiatic Quarterly Review*, Volume Ⅲ, January-April, 1887, p. 314.

② Demetrius Boulger ed. , *The Asiatic Quarterly Review*, Volume Ⅲ, January-April, 1887, p. 315.

浦的指令,让大班将发票价值 32473 两的货物运往苏拉特。1701 年 11 月,英国公司又命令三艘船只开往舟山,分别是:"麦士里菲尔德号"、"联合号"(Union)、"罗伯特与纳撒尼尔号"(Robert & Nathaniel)。1702 年 6 月,三船抵达巴达维亚,接上喀恰浦和劳埃德·里奇斯两位管委会成员,前往舟山,于 8 月 6 日抵达。"萨拉号"单层船和"宁波号"(Liampo)小型军舰已经先到此地。喀恰浦希望此行能够收回中国方面的欠款,据其统计,"前任定海总兵的书吏尤老爷及其他人等欠银 33307 两 9 钱 7 分,扣除这笔欠款后,放在舟山商馆和'萨拉号'的货物和商品的纯剩余总额为 165755 两 8 钱 8 $\frac{2}{10}$ 分"。①

管委会要求高夫和罗伯茨将商馆库房的钥匙交给领事秘书亨利·史密斯(Henry Smith),但这二人却说已经将钥匙退还房主,又只交了收到的尤老爷的账目,而不肯将"萨拉号"的总账和日记账或者所订立的合约等抄本交出。在"经过一些困难后,才使船长接受喀恰浦主任和管委会要'萨拉号'回程时停靠昆仑岛的秘密航行命令"。经过一番周旋,"萨拉号"于 9 月 4 日启程返回英国。在该船离开后,喀恰浦向董事会报告,说与所有船上的大班都能够和衷共济,共同合作。但是船长们常常给他造成麻烦。就如同罗伯茨对他被委任为总领事表示怀疑,此次"罗伯特与纳撒尼尔号"船长史密斯(Captain John Smith)也同样如此,甚至是在向其出示了领事委任状后,他依然表示不能理解,认为喀恰浦"既然不能保护任何人不受当地人的欺负,凭什么做领事",要求"以后这位领事兼主任所有的指令都必须以文字的形式,不接受任何口头指令",其他的船长也"不听从命令,为所欲为"。喀恰浦气愤地向董事会建议取消一切私人贸易,因为它严重损害了公司利益。

这时定海总兵已经换了人,蓝理调任直隶天津总兵,其继任者是施世骠,原福建水师提督施琅的第六子。喀恰浦等人在施世骠和按察使处都获得友好接待,施总兵向英国人保证今后将不再强迫他们要货,并颁发一张许可证,保证履行,希望他们放心去做,不必害怕,又敦促他们立即卸货。8 月 28 日,新来的三艘英船开始卸货。② 也是在这一天,喀恰浦要求董事会命令所有外航或者回程的船只都要停靠昆仑岛,再从该处开来这个口岸,根据上季的经验来看是最有利的。而且,为了公司的利益,来此地的货船应减少至一

① Demetrius Boulger ed., *The Asiatic Quarterly Review*, Volume Ⅲ, January-April, 1887, p. 317.

② Demetrius Boulger ed., *The Asiatic Quarterly Review*, Volume Ⅲ, January-April, 1887, p. 319.

艘或者两艘;同时他还认为,广州要比厦门好,而以上两处都比舟山好。①

就当英国人以为此次交易可以顺利进行的时候,一个新的麻烦又出现了——那就是皇商,一群具有皇家背景、替皇室进行某些商业活动的商人。喀恰浦讲述了这些人的危害,并且哀叹"这个口岸的好处可能完了":

> 皇帝的第二子,从北京派他的商人来此,给予其与英国人交易的特权,并要求所有官员加以协助。该商人来后不久,皇帝的第四子也派来另一位拥有同样权利的商人。这些商人,虽然代表的利益不同,但性质一样,因此我们从前的商人都很害怕,不敢出头贸易。这些北京来人只有少许甚至是没有资金,他们希望舟山商人来和我们交易,而答应在其所得利润中分一份给他们。来自不同的城镇和省份的商人,至今还离得我们远远地,他们向北京来人示好,同时希望能够分别做生意,究竟如何,还无法推测。②

去年和英国人做过生意的中国商人已经准备好了各式商品,但他们告诉英国人,在双方被允许签合同之前,还会有一场大的争端。因为这些北京来人会像"狗占马槽一样"。不过,喀恰浦也做好了预案,准备采取"做出离开该口岸的表示"来抗拒这些"没有资金的北京独占者"。

在"萨拉号"离开后,英国人开始与中国人交易,但是却遭遇"无法忍受的延误和昂贵的价格",于是决定离开。海关监督要求三艘英国船只缴纳船钞 10000 两,存放在岸上未售出的舱货也必须缴纳关税。英国人同意照付。他们获得海关监督的许可,将舱货重新装船。正在此时,施世骠听闻了这个消息,立即命令英国人停止重装,称他们这样做违背了章程,并且派兵包围了商馆,将英国人软禁起来,在 14 天内只准管理伙食者自由出入。最终,英国人被迫"在很不合理的比价下与商人定约,并被他们选走喜欢的各类货物……还把我们的欧洲货价钱压低,拒绝购买其中一些种类的商品"。即便如此,他们也没有获得自由,只好同意借给总兵 6000 两,而对方偿付给英国人的只是他的商人殷官(Inqua)上一次拿来的货物。在被总兵下面的官员勒索后,英国人才获得了较好的对待。海关监督此时任期将满,所以将关税

① [美]马士著,区宗华译:《东印度公司对华贸易编年史(一六三五—一八三四年)》(第一卷),广东人民出版社,2016 年,第 130 页。
② Demetrius Boulger ed., *The Asiatic Quarterly Review*, Volume Ⅲ, January-April, 1887, pp. 320-321.

降低，以便为自己增加一些收入，"货物交来的很快"，但即便如此，英国人"无论收到什么，都要经过催索和不断地向他们提出控诉"。最让喀恰浦感到气愤而又无奈的还是那些皇商，他在 1703 年 2 月 10 日的信中写道：

> 那些皇商对本口岸的贸易有很大损害；因为他们带来很少资金甚或根本没有，但他们的势力太大，所以官员不敢干涉。本季度他们几次把货物搬进他们的房子里，存放八天或十天，像是在诱惑我们；但在季候风就要转向，而管委会和主任表现出就要到昆仑岛去的时候，他们就似乎客气和有礼些；对我们说这些耽搁是由于他们在北京时得到的不正确的消息，说他们不必带自己的资金来，而我们可以将我们的钱和货物信托他去贸易；但（他们说）现在我们看到你们不愿意，我们下一年必定有货给你们装运；而且你们很早就能出发。但谁会相信这个呢？他们不会交货，任所欲为；又不能向谁控告他们；至于讲法律讲道理，他们就会嘲笑我们。①

根据喀恰浦的统计，这一季三船的投资合计高达 230000 两。按照之前的合同，英国人所订购的 800 担生丝和 2500 担铜，到 1703 年 2 月 10 日交来还不到半数。而中国人将茶叶、瓷器、扇子和丝织品交来，强迫英国人接收，喀恰浦说"我们收到大量这样的货物，是因为压力而非自己的选择"。值得注意的是，此时的茶叶还不像后来那样受英国人欢迎。英商把在舟山购买的最好的货物装满了"萨拉号"，里面也有相当一部分是瓷器、漆器、扇子和画，这些都是前任总兵蓝理的书吏尤老爷所偿还的债务，英国人被迫接受，否则什么也得不到。当时盛传蓝理将去厦门就任福建水师提督（Tytuck of Amoy），书吏向英国人保证，到时会补偿英国人。② 又将另一艘船"联合号"派往孟加拉，送去白银 5 箱，在换取金饼时甚至没有一块高于成色 5 成的，足见在舟山获得的银子质量之差。

1701 年，原先的英国东印度公司和新进成立的英国公司准备合并。两个公司的董事会各自写信告诉身在海外的大班："两个公司都同意联合。"他

---

① ［美］马士著，区宗华译：《东印度公司对华贸易编年史（一六三五—一八三四年）》（第一卷），广东人民出版社，2016 年，第 131—132 页。Demetrius Boulger ed.，*The Asiatic Quarterly Review*，Volume Ⅲ，January-April，1887，pp. 323-324.

② Demetrius Boulger ed.，*The Asiatic Quarterly Review*，Volume Ⅲ，January-April，1887，p. 325.

们要求东印度群岛商船上的大班和其他船上的大班联合行动,像"有同一上级的工作人员一样"。虽然合并需要时间,不过在有些问题上,即使是没有经过商讨,两个公司也都采取了一致行动,比如注意培养与法国来华耶稣会士的友谊,要求所属船只协助运送法国的汇款,搭载耶稣会士来返中国,和在北京的耶稣会士保持书信联系,以便他们向大班们提供友好的、公正的建议。① 这样的举动也获得了法国耶稣会士的回报,按照管委会的说法,新来的浙海关监督对于来舟山的英国商人态度友好,应该是受到了一些在华法国耶稣会士的影响。管委会雇佣了在北京的张诚神父(Father Gerbillon)和在舟山的洪若翰神父(Father Fontancy)作为与清朝中央政府和地方官府进行沟通的协调人。正是由于他们的帮助,海关监督才会对管委会以礼相待,并且答应"利用他对皇帝的影响,使得公司的船能够被允许直接前往宁波这座城市"。管委会除了送给洪若翰等人礼物表示感谢外,还为其提供了乘坐"麦士里菲尔德号"前往欧洲的免费船票。

巧合的是,在洪若翰写往欧洲的书信里,也有他对这一时期英国人在舟山小心翼翼活动的观察。根据浙海关官员的安排,他从 1703 年 1 月底开始就与喀恰浦等英国人一起待在舟山,直到同年 3 月 1 日启程返欧。洪若翰对于这群英国商人印象甚佳:

> 他们在那里所表现出来的行为使他们自己,乃至所有的欧洲人都受到了尊重。他们的花费、送给官员的礼物、给接见者的酬金(因为在某些场合是应该给的)等等,使他们深得信任。另一方面,他们在做生意时表现出来的稳重亦使他们受到了与其打交道者的敬重。他们很清楚地知道,与中国人打交道时绝不能发火,也不能采取急躁、生硬的方式。以温和与不带情绪显示出来的理智使他们受到了人们的喜爱,反之,若发怒与冲动的话,则会使人民疏远他们,并蔑视他们。他们的佣人与水手亦既谦逊又有节制,且从不发出抱怨。由于见我对此感到惊讶,他们告诉我说,英格兰公司命令他们,要他们少考虑商业利益,更多地考虑能使自己的国家受人尊重、被人称道的事情。②

---

① Demetrius Boulger ed., *The Asiatic Quarterly Review*, Volume Ⅲ, January-April, 1887, p. 317.

② [法]杜赫德编,郑德弟、吕一民、沈坚译:《耶稣会士中国书简集:中国回忆录》(上卷),大象出版社,2005 年,第 322—323 页。

　　洪若翰还在 1703 年 2 月 15 日写于舟山的信中提到英国人对于舟山地区的勘测："如果人们希望对此海有更多的了解，就应该去求助于英国人。因为二年前，他们已经绘制了一张关于这片海洋的详尽地图。他们探测了所有地方，访问了所有岛屿，知道哪些岛屿有人居住，哪些岛屿有水供应。这项工作耗时六个月，它颇适合这些先生们的用心与好奇心。"洪若翰从喀恰浦的手上就看到过"这些绘制得极佳的地图中的一种"。①

　　喀恰浦在 1703 年 3 月离开舟山后，前往昆仑岛并且居留了 4 个月的时间，他还将在舟山的管委会也迁至这里。昆仑岛已经被东印度公司营建成为一处停泊点，等候命令和交换各地商业情报的口岸，还建有要塞，派兵驻守。7 月 25 日，他和管委会及商馆成员分乘"塞缪尔与安娜号"（Samuel & Anna）和"宁波号"前往舟山。两船于 8 月 19 日抵达舟山口外，而"罗伯特与纳撒尼尔号"已在该处。浙海关监督闻讯立即从宁波赶来，并恳切地邀请英国人入港，但他们还是坚持要先确定船钞，海关监督最后同意按照规定税率。即便如此，英国人还是不敢相信他，直到交了钱并且得到收据和许可证之后，"我们认为已经非常安稳，并且觉得它是在中国所能获得的最好保证"。但是等到船只一进港，海关监督和中国商人就开始提出许多"无理要求"：

　　　　最后集中在强迫我们一定要放弃旧合约另订新合约上。我们在上一年的合约里，还有 75000 银两（合 25000 英镑）未收回。在新合约里，他们要求生丝每担银 155 两；铜每担 11.5 两；白铅每担 4.5 两；而水银则每担 55 两。我们认为最不公平的是，上年合约到期仍未交的货物，还要我们预付货款。所以我们完全拒绝。因此，我们就被关在商馆里，严密看管，不准我们中的任何人回到船上，也不准船上的人到商馆。在忍受了这样的禁锢和威胁约 17 天之久后，我们最后被迫签订了上述合约。现在我们的仓库里有去年的欧洲货物，价值约 9000 两，这些货物他们又要求我们减价 10％。②

　　这样的待遇让英国人感到很不安，他们还担心"如果不能付出九成的现款

---

① ［法］杜赫德编，郑德弟、吕一民、沈坚译：《耶稣会士中国书简集·中国回忆录》（上卷），大象出版社，2005 年，第 260 页。
② Demetrius Boulger ed., *The Asiatic Quarterly Review*, Volume Ⅲ, January-April, 1887, pp. 328.

和一成的货物,则一定会被迫购买布匹和瓷器,而这些货物都是又坏又贵的"。

"罗伯特与纳撒尼尔号"在 11 月底前就已经开航,运返伦敦的投资发票价值 118285 两 6 钱 1.5 分。12 月 8 日,管委会又分乘"宁波号""塞缪尔与安娜号"离开舟山,喀恰浦等人日后再也没有回到这个港口。两船于 22 日抵达昆仑岛。此后,"宁波号"载资金 44024 两返伦敦,而"塞缪尔与安娜号"则载 16165 两到孟加拉。喀恰浦付给中国商人的预付定金 10000 两未有清偿,但"他们如果全部交出来,则英国公司的船也不能装"。①

1703 年 12 月,已经进行联合经营的新旧东印度公司经理部为 1704 年贸易季度派遣来华船只,两艘赴广州,两艘赴厦门,但鉴于在舟山受到的勒索和欺压,公司不派船往舟山。此后数年,只有 3 艘英船来舟山,分别是"诺森伯兰号"(Northumberland)、"长桁号"(Stringer)和"罗彻斯特号"(Rochester)。

在马士所著《编年史》中对于 18 世纪初浙海关设立后来舟山港贸易的东印度公司船只做了统计,现列表 7-1 如下:

表 7-1　18 世纪初进入舟山港的英国东印度公司船只统计②

序号	年份	纪年	船只	英文船名	吨位	投资/两
1	1700	康熙三十九年	麦士里菲尔德号	Macclesfield	250	
2	1700	康熙三十九年	伊顿号	Eaton	310	87196
3	1700	康熙三十九年	特鲁姆布号	Trumball	250	72872
4	1701	康熙四十年	萨拉号	Sarah	270	9326?
5	1702	康熙四十一年	麦士里菲尔德号	Macclesfield	250	合计 230000
6	1702	康熙四十一年	联合号	Union	208	
7	1702	康熙四十一年	罗伯特与纳撒尼尔号	Robert and Nathaniel	230	
8	1703	康熙四十二年	联合号	Union	?	
9	1703	康熙四十二年	塞缪尔与安娜号	Samuel and Anna	?	16165
10	1703	康熙四十二年	宁波号	Liampo	160	44024

① [美]马士著,区宗华译:《东印度公司对华贸易编年史(一六三五—一八三四年)》(第一卷),广东人民出版社,2016 年,第 143 页。

② [美]马士著,区宗华译:《东印度公司对华贸易编年史(一六三五—一八三四年)》(第一卷),广东人民出版社,2016 年,第 354—356 页。

续表

序号	年份	纪年	船只	英文船名	吨位	投资/两
11	1703	康熙四十二年	罗伯特与纳撒尼尔号	Robert and Nathaniel	230	118259
12	1704	康熙四十三年	诺森伯兰号	Northumberland	250	35000
13	1707	康熙四十六年	长桁号	Stringer	250	
14	1710	康熙四十九年	罗彻斯特号	Rochester	330	

　　以上只是有关英国东印度公司(包括新、旧两个公司)在18世纪初期向舟山派遣船只的统计,在同一时期也不排除有少量的私商船只,比如1700年就有散商船"孟买商人号"到港。

　　从1684年清政府开放海禁至1699年,约有11艘英船来华,其中到厦门9艘,澳门1艘,广州1艘。毫无疑问,厦门是这一时期英国来华贸易的中心。但是当英国人发现厦门地方官吏"钳制更紧,阻碍更多,勒索更重"后,就计划将贸易转至宁波或者广州。[①] 1700年至1703年间,约有22艘英船进入闽、粤、浙三省海关关口,其中到达舟山港的船只竟有11艘之多,占了总数的一半。这样的繁荣景象在中文史料里也有记载,称"江海风清,梯航云集,从未有如斯之盛者也"。[②] 英国人热情期盼能在舟山获得一个长久的聚居地,不仅派出了管委会,甚至还郑重其事地任命了首位驻华领事。但是好景不长,从1704年开始,英国人在华的贸易重心转向广州,该年,东印度公司商船到广州4艘,厦门2艘,舟山1艘。1705年至1711年间,英国对华贸易记录欠缺。而从1711年至1753年将近半个世纪的时间,除了1735年"霍顿号"到厦门、1736年"诺曼顿号"到舟山外,其他船只均集中在广州一口交易。实际上,当时清政府的对外贸易政策相对宽松,但英国人"从喀恰浦主任到卑微的大班,都讨厌舟山的贸易状况,而不愿意维持它",[③]最终还是决定放弃舟山,其主要原因有四条:

　　第一,舟山的官吏对于英人勒索压榨过重,随意的软禁、逼迫让英人没有安全感。而且他们自己也介入到贸易活动,从中渔利。正如马士所言,

---

① [美]马士著,区宗华译:《东印度公司对华贸易编年史(一六三五——一八三四年)》(第一卷),广东人民出版社,2016年,第70页。

② 雍正《浙江通志》卷八十六《榷税》。

③ [美]马士著,区宗华译:《东印度公司对华贸易编年史(一六三五——一八三四年)》(第一卷),广东人民出版社,2016年,第163页。

"驻在舟山的只有总兵和定海知县,他们在帝国或省中的品级是不重要的,但因为远离他们自己的上级长官,所以在偶然插手去管理有利的贸易时,他们就显得非常重要"。① 从前文可以看出,第一,当时与英商接触的一些中国商人都与总兵有直接关系。第二,中国商人依靠官府,和英国商人交易时强买强卖、延迟交货、商品售价昂贵,商欠时有发生,这一情况与英商自由贸易的愿望相违背。第三,在英人看来,舟山口岸之定海只不过是一个小市场,只有本地买卖,而商人都集中在内陆的宁波,定海不过是远离中心的一个交易站点而已,他们是为了和英国贸易这个特殊目的才来到这里的。② 而从官方的角度来说,当初分关定海的目的除了方便贸易外,可能更是希望将洋商限于岛上,而不至于前往位于内地、级别更高的宁波府贸易,对于海关监督来说,其承受的压力会更小。洪若翰的说法也可以证实,尽管"舟山是一个极好的港口,但不怎么适于从事贸易",但是"舟山的官员们谨慎地根据朝廷的命令把英国人拦在了舟山"。③ 第四,英国公司已接受喀恰浦的建议,使用武力占领昆仑岛,将此地作为对华贸易的一个中心站点,并将原设舟山的商馆和管委会都转移过去,因此舟山在英国公司对华贸易布局中的重要性下降,即使被放弃,也不会有太大的影响。厦门的情况类似舟山,所以英国人也同样放弃,最终他们将重心转移到广州。1699 年,英国公司首次派遣"麦士里菲尔德号"前往广州尝试贸易,英人最初获得海关监督的友好对待,丈量船只的条件极为优厚,也没有受到勒索;④商人洪顺官(Hungshunquin)表示愿意"出最高的买价,索最低的卖价",虽然此后的贸易过程中仍然出现了许多困难,但终究是打通了这条路。此后,每年都有一些英国船只来广州贸易,虽然仍然要经过"许多勒索、高价、恼人的阻挠",但英国人却宁愿选择广州。

18 世纪最初的几年间,英国人在舟山积累了更多与中国人交往的经验。虽然他们在舟山获取居留地,建立永久性商馆的尝试失败;向中国首次派驻领事的行动也草草收场,但却留下了两个重要的遗产:一是由喀恰浦所

① [美]马士著,区宗华译:《东印度公司对华贸易编年史(一六三五——一八三四年)》(第一卷),广东人民出版社,2016 年,第 162 页。
② [美]马士著,区宗华译:《东印度公司对华贸易编年史(一六三五——一八三四年)》(第一卷),广东人民出版社,2016 年,第 162 页。
③ [法]杜赫德编,郑德弟、吕一民、沈坚译:《耶稣会士中国书简集:中国回忆录》(上卷),大象出版社,2005 年,第 322 页。
④ 粤海关监督如此优待英人,可能是与 1698 年(康熙三十七年)的谕令相关,康熙帝认为:"广东海关收税人员搜检商船,货物概行征税,以致商船稀少,关税缺额。且海船亦有自外国来者,如此琐屑,甚觉失体。"参见《清代历朝皇帝圣训》(康熙)卷二十七《理财》。

鼓吹的占领昆仑岛建立商馆,作为对华贸易工作的基地,这个计划历经 100 多年,最终通过战争租借香港来完成;二是派专使觐见中国皇帝,请求扩大贸易、获得公正待遇,这个计划后来由英国政府和英国东印度公司合作实行,即 1792—1794 年马戛尔尼使团访华和 1816—1817 年阿美士德使团访华,但均无成效,最终还是以战争的方式达到目的。

1711—1735 年,再也没有一艘英国船来浙江贸易。到了 1733 年(雍正十一年),原来红毛馆的书吏,被调到家子口(即海门口),定海的海关业务"归镇海口书吏监管"。① 直到 1736 年(乾隆元年),英国东印度公司董事部才决定派一艘 490 吨位的"诺曼顿号"(Normanton)到宁波。当然这只是一次尝试,我们并不知道董事部是出于什么原因,在停止了舟山贸易二十多年以后又一次派船来浙江。在前一年(1735 年),"霍顿号"也被派至厦门。或许是东印度公司认为广州一地的垄断贸易并不利于其在中国的商业活动,所以想重启对浙江和福建的贸易活动。1736 年 6 月 7 日,"诺曼顿号"在大班里德等人的率领下抵达巴达维亚,他们在这里从两艘来自宁波的中国帆船处获得了一些关于该地的情报,了解到宁波"是一个丰富的和贸易畅盛的口岸",又雇佣了一名华人通事和一名熟悉前往宁波航线的引航员(即引水),7 月 25 日至旗头角(Kitow Point,又作"崎头")下锚,大班们分乘一艘轻帆船和长舢板,配备充足的人员和武装,由镇海口溯江而上,于 27 日到达宁波,但没有被允许上岸,只能在船上等候地方官员召见,有大批好奇的当地人络绎不绝地来看这些洋人。英商在当天见到了浙江提督,但对方缺少尊重,不让他们在面前就座,并且告知通商一事全由宁绍台道决定。第二天,英商又去拜见道台,提出希望能在宁波交易,并且拟定了 21 条条款,请其同意。但道台拒绝英商来宁波通商的请求,理由有两个:一是此处水浅英船通不过;二是上谕禁止到宁波来,所以他们必须回舟山,并且保证在那里会得到好的待遇。关于条款的讨论也不顺利,道台一再坚持,如果要进行贸易,英国人就必须交出帆、舵、炮、火药及其他军器。英国人让他解释作此要求的理由,道台强调是从前的习惯和官员的意思。双方经过两天的会谈,但仍无结果。英商准备离开,可是道台又加以阻止,声称已将军火问题报告在杭州的巡抚,要他们等候裁复。英人等待了 4 天,至 8 月 3 日要求道台决定,对方只有一句话,即英船一定要开入舟山港,并将全部军火交出,服从其

---

① 龚缨晏:《洪仁辉事件与宁波》,宁波市社会科学界联合会编:《宁波市社会科学界首届学术年会文集》,宁波出版社,2010 年,第 83 页。

命令,就可以交易。又表示,军火问题可以与定海总兵商量一下。但是英商此时态度倒是颇为强硬,宣称若不答应他们提出的全部条款,就放弃在此口岸贸易,尽快回广州,因为已在彼处有贸易。道台复称,英国人要去就可以去。8月6日,英商仍滞留宁波,此时定海总兵派一位"小官员"来访,看看是否有可能调停英人与道台之间的分歧。但关于交军火的问题始终解决不了,在英人看来,船上的火器是他们安全的保障,否则当局对"商人的压榨及官员的压抑,就毫无补救办法和防卫手段"。经过商量,他们一致认为,为了在这个口岸贸易而接受"这种任人宰割的条件"违反了公司的利益和意图,最后同意离开宁波,于是返回船上。不过他们其实是不甘心的,甚至抱有幻想,希望能以此举动让宁波官员退让,"送来更有利的条件"。三天后,一名信使从舟山送来一份浙江巡抚公文的抄本,上面除了要求英人将船只开入舟山港,将各种军火搬上岸外。其他的内容基本都是英商希望从中国官方获得的许诺,比如,船只不需缴付碇税和船钞,官员不得收规礼,船只货物进出口货税与华人同样按规定税率征收,不得额外勒索,准许英人自由交易,严禁官员干涉贸易,船只装满后不得稽延,等等。英商认为官员似乎改变了初衷,开始对交易活动重新燃起希望。但仔细盘问信使后才知舟山商人没有资金,最先限度要五个月完成合约,这样英人就会错过本季的航期;更麻烦的是,还需要将合约上的货款全部预交到地方官员手中,由他们来保证中国商人公平交易和及时履约。但是在来宁波之前,公司已经训令英商不得预付茶价,对其他货物也不能预付过多款项。因此英商决定放弃在宁波贸易,立即转驶广州。但在三天后,由于逆风,又被迫返回碇泊所。此时,又不断有信使来劝他们去舟山。英商终于乘坐舢板前往,但是定海总兵通知他们,还是要将军火搬上岸,同时否认巡抚的公文,也不曾命令信使传递。总之,英商所提的要求无法实现。大班宣称,在官员规定的此种条件下,英国船永远不会到舟山或任何地区去贸易。他们又去拜访县令,但同样没有结果。只能返回船上,驶向广州,于9月8日抵达该地。①

从"诺曼顿号"这次失败的经历可以看出,英商与宁波官方(尤其是定海总兵)其实都希望能够交易,否则定海总兵不会几次三番请英商去舟山,甚至派人到宁波调停英商和道台之间的分歧。英商态度貌似坚决,宣称中方不批准其提出的所有要求就离开,但还是有所妥协,本来一味坚持要在宁波

_____

① [美]马士著,区宗华译:《东印度公司对华贸易编年史(一六三五—八三四年)》(第一卷),广东人民出版社,2016年,第270—278页。

贸易,但后来还是去了舟山。只是双方在一些关键问题上无法调和,主要集中在是否交军火到岸上和预付货款,而这两项恰好关涉英人最重视的财产权与生命权问题。但在中方看来,正如宁绍台道所说"如果不遵从本地的习惯,又不服从政府的命令",英商为什么要来此地。这种观念层面的差异是难以弥合的。英商因为有广州贸易作为预案,所以此次的宁波之行可以只作试探,不求成功。不过我们仍需特别注意他们向中国官方提交的 21 条条款,这与 18 世纪初喀恰浦等人提交的 27 条在制定思想上是一以贯之的,即要与中方签订协议(或者称为《章程》),确定双方的权利和义务,扫除对华贸易障碍,获得自由通商的权利。尤其是当英方在中英贸易中处于弱势地位时,可以在协议框架内尽量保护英方的利益。而且从其内容来看,这样的条款已经超越了商业交往的范畴,涉及政治、外交等方面。比如英商要求在双方交往时应平等对待,"有权处理我们的人员"。① 英商的这种与中方拟定协议的设想应当也反映在鸦片战争之前英国政府的政策上,即:将对华贸易置于条约的基础之上,以消除现有体制的干扰问题,为贸易寻求法制的保障。这一点在马戛尔尼使团日后向清政府提出的要求上有充分体现。

---

① 此问题的实质就是英方希望获得治外法权,中方当然没有同意,后英方又进行了修改,"凡欧洲人杀害中国人的,除为了自卫的以外,应由官员按中国法律处理。但他们不论如何不得干预只涉及欧洲人之间的任何事情"。参见[美]马士著,区宗华译:《东印度公司对华贸易编年史(一六三五——一八三四年)》(第一卷),广东人民出版社,2016 年,第 276 页。

第八章　洪任辉事件与清朝闭关政策

一、洪任辉与英商再度来浙贸易

"诺曼顿号"的宁波之行并没有开启英国在浙江贸易的新局面,在失望离开的英国人当中有一位少年,名叫詹姆士·菲林特(James Flint),他随船长里格比(Capt. Rigby)去了广州,就被留在那里学习中文。小菲林特日后将会影响到中英关系的走向,这在当时无论是他自己还是里格比船长都预想不到。

菲林特留华学习中文这件事本身也具有里程碑意义,因为此前中英贸易活动中担任口译工作的都是那些操着"支离破碎的洋泾浜英语"的中国通事,如果超过他们的词汇量或者语言水平,就必须要求助在澳门通晓汉语的欧洲天主教传教士,但是这些人都不会在意英国的在华商业利益。① 英国东印度公司的商人们也认识到翻译的重要性,认为"在东方的交涉事务中,一个当事人用他自己的通事,比用对方介绍的通事好得多"。② 所以,只有培养通晓汉语的职员,才能让公司的利益最大化。1741 年,英国东印度公司董事部给该贸易季度派往广州的"约克号"(York)和"玛丽公主号"(Princess Marry)发出训令,指示大班"如果在该处见到他(指菲林特),倘若他能对你有任何帮助时,要很好地接纳他为我们工作"。③

此时的菲林特已经长大成人,还取了一个非常传统的中文名字——洪任辉,在广州学习了近 3 年的中文后,他被船长里格比叫到孟买,但在他乘坐"哈林顿号"抵达该处之前,里格比已经离埠,后来遭遇海难失踪。洪任辉又设法回到广州,在 1741 年 11 月 19 日写给"约克号"大班的信中,他表示:"假如你们愿意在我继续学习期间给予一些支持,我将尽力留在此间学会读和写,并努力学会官话及此处的方言。"东印度公司在广州的管理会同意了

---

① [英]苏珊·里德·斯蒂大勒著,刘美华等译:《英国东印度公司广州商馆的汉语学生》,《国际汉学》,2016 年第 1 期,第 107 页。

② [美]马士著,区宗华译:《东印度公司对华贸易编年史(一六三五—一八三四年)》(第一卷),广东人民出版社,2016 年,第 60 页。

③ [美]马士著,区宗华译:《东印度公司对华贸易编年史(一六三五—一八三四年)》(第一卷),广东人民出版社,2016 年,第 316 页。

他的请求,并发给其 150 两白银。洪任辉学习勤奋,也取得了相当的进展。1743 年,英国海军上将安逊环游世界抵达广州时,洪任辉得以施展自己的语言才华。在安逊与两广总督会面以及安逊拜访其他中国官员时,洪任辉的翻译"甚得其欢心,表现突出,翻译精准,一切都在掌握中,令其他中国通事望尘莫及"。次年,公司大班与粤海关监督会晤,洪任辉再次担任口译。1746 年,公司董事部任命洪任辉"做管理委员会的通事,并在需要时协助处理公司事务,在居留期内必须住在商馆内……并准每船给他 90 两白银"。公司相当看重洪任辉,甚至希望他"与粤海关监督或者总督的定期对华能够取代语言通事或行商们间接而不尽如人意的接触,希望此种方式作为令人满意的贸易的根基,或许能取消他们在广州贸易中遇到的多如牛毛的苛捐杂税和与日俱增的种种限制"。① 他的口语水平也受到中国官方的认可,称其"于内地土音、官话无不通晓,甚而汉字文义亦能明晰"。②

18 世纪中叶,英国在广州所遭遇的通商壁垒愈发严重,尤其是保商制度的出台,更加剧了中英间的贸易冲突。1745 年(乾隆十年),两广总督兼管粤海关事策楞"于各行商内选择殷实之人,作为保商,以专责成"。具体要求是:外商船只进口之后,须有一名行商作保;外商及船员、水手之行动皆由保商作保;外商缴纳税款及规礼银等,也要由保商担保、经手、上缴;进口出口货物,其价格高低变化由保商确定,进口货物分各行商承销,把购买出口货的任务也由各行商采办。③ 保商的出现以及此后保商制度的确立,给英国商人带来诸多不便。1753 年 8 月 4 日,英商派洪任辉持禀帖往见粤海关监督李永标,要求废除保商和保商制度。此举不仅没有效果,李永标反而下令逮捕了帮英国人代写禀帖的中国人。1754 年的贸易季度,英商再派洪任辉持禀帖去见海关监督,要求废除保商包揽贸易的制度。他们认为此制度极不合理:首先,"不论进出口货物是否是保商本人买卖,一律要负完税的责任,并先行垫出税金,但垫付款常难以按时收回;其次,海关监督或其他官员购买备贡的珍奇物品,都指定要保商搜购,但保商只收回此种货价的四分之一左右。因此保商不愿和商船交易"。其实当时广州的行商也"一致要求解除这种麻烦的负担"。洪任辉还陪同商馆大班们一起赴总督衙门递交禀帖,

① [英]苏珊·里德·斯蒂夫勒著,刘美华等译:《英国东印度公司广州商馆的汉语学生》,《国际汉学》,2016 年第 1 期,第 107 页。
② 《两广总督李侍尧奏陈粤东地方防范洋人条规折》,中国第一历史档案馆、澳门基金会、暨南大学古籍研究所编:《明清时期澳门问题档案文献汇编》第 1 册,人民出版社,1999 年,第 337 页。
③ 刘鉴唐等主编:《中英关系系年要录》(第一卷),四川省社会科学院出版社,1989 年,第 500 页。

为了保密,这份禀帖是洪任辉翻译,但未找中国人润色,所以新任总督杨应琚"对大班的申诉好像摸不着头脑",可见洪任辉的文字水平是很一般。经过争取,两广总督和粤海关监督同意"商人可以直接和英船公平交易",并且将征集税饷之责交由全体行商负责,而非少数保商。① 但好景不长,第二年上述成果就被全部否定。1755 年 5 月,两广总督和海关监督联衔下令,重新规定了保商制度的内容,而且增添了更浓厚的垄断色彩。在英国人看来,这一制度的真实意图在于"将全部贸易交在少数行商之手,使他们可以将欧洲人的货物随意订定货价,取得利益,简言之,无非是排斥其他商人而建立一个独占制度,最终是使我们的贸易受到致命的打击"。② 英商难以在广东突破保商制度,于是将目光投注到浙海关的所在地宁波。

　　早在 1753 年,英国东印度公司董事部就已决定重新开展对宁波的贸易,不仅发出详细训令,指示进行的方向,还指派广州商馆通事洪任辉随同前往宁波。③ 在"诺曼顿号"上次的失败尝试近 20 年之后,东印度公司再一次派船来浙江沿海,主要有三个方面的原因:一是由于这里更加靠近丝茶产地,在此地交易可以大大降低成本。生丝和茶叶为当时东印度公司在华进口商品之大宗,但在广州"和少数的几位保商订购所需的茶叶和丝,这对公司的利益有很大的危险"。④ 在 1750 年曾出现过广州行商将熙春茶囤积居奇的事情,企图强迫英商"付给他们随意订定的价格"。⑤ 也在同一年,英国"国会将中国生丝税减低到和意大利丝相同,所以公司决定过大量投机",当年就从行商处购入最好的南京生丝 400 担。不过由于广州远离生丝主要产地,行商四处搜购需要很长时间,又要求外商付出 80% 的预付款,而且长途转运,货经多手,沿途的关卡纳税和胥吏盘剥也使得收购价格比产地高出许多。上述情况都促使英商前往离丝茶产地近的口岸贸易。二是利用在浙江

---

① ［美］马士著,区宗华译:《东印度公司对华贸易编年史(一六三五—一八三四年)》(第五卷),广东人民出版社,2016 年,第 12、15 页。

② ［美］马士著,区宗华译:《东印度公司对华贸易编年史(一六三五—一八三四年)》(第五卷),广东人民出版社,2016 年,第 43 页。

③ ［美］马士著,区宗华译:《东印度公司对华贸易编年史(一六三五—一八三四年)》(第一卷),广东人民出版社,2016 年,第 340 页。董事部同时还选派了两名青年贝文(Bevan)和巴顿(Barton)来华学习中文,费用由公司承担。洪任辉为他们推荐了教师,在接下来两年里取得喜人的成绩。贝文后来担任公司正式译员 20 多年。

④ ［美］马士著,区宗华译:《东印度公司对华贸易编年史(一六三五—一八三四年)》(第五卷),广东人民出版社,2016 年,第 34 页。

⑤ ［美］马士著,区宗华译:《东印度公司对华贸易编年史(一六三五——一八三四年)》(第一卷),广东人民出版社,2016 年,第 333 页。

的贸易来抗拒粤海关实行的保商制度和"胁迫勒索",从而达到改善广州商业环境的目的。在保商制度下,英商的在华贸易权益受到极大损害,中外经济纠纷不断;而广州的关税制度也让英商痛恨不已。虽然额定正税并不高,但征收的附加税和各种规礼加在一起往往会超过合法税则所定的三四倍以上。三是英商在广州的贸易活动中,大量采购中国的丝茶等商品,行商要求付现款;而英商出售的棉花、绒布和其他毛织品等,行商却不肯立即付回价款,而以物物交换的方式。这样一来,英商就不得不支付大量的白银来换取中国商品,对华贸易逆差不断加大。比如,在 1708 年至 1712 年间,英国对华出口贸易的年平均数,商品方面不到 5000 英镑,而金银方面却超过 50000 英镑;1722—1723 年,英国东印度公司开往广州的四艘商船,所载总值为 141828 英镑,但其中至少 90% 是白银;[1]1751 年四艘来华的英船上,载有价值 119000 英镑的现银,而货物仅值 10842 镑。[2] 这种大量重金属外流的贸易格局引起英人强烈不满。

1755 年 6 月 2 日(乾隆二十年四月二十三日),公司大班喀喇生(Samuel Harrison,中文又作"哈唎生""喀唎生""蛤蜊生")、菲茨休(Thomas Fitzhugh,中文又作"味啲")、翻译洪任辉(中文又作"洪任",也是大班)等 58 人乘坐"霍尔德内斯伯爵号"(Earl of Holderness,中文又作"荷特奈斯")抵达舟山,他们的到来受到中方官员的热情欢迎。这段经历在浙江提督武进升写于 6 月 20 日的奏折中讲述得尤为详细,他说自己在接到定海方面禀称有"红毛彝船一只到港"的消息后,立即会同定海知县查验,发现"该船请有管理粤海关税务内务府佐领李商照一纸。船内有护船鸟枪八杆,生铁红衣炮六位。查其人数有番梢并商人随厮等五十八名,内红毛人五名,内一名洪任,能通汉语,又鬼子五名。又有发辫人八名,系广东香山县人。又番梢并小厮共四十名,俱无发辫,系广东澳门人。船内装有夹板箱数十只,并无别货"。洪任辉告诉武进升等人:"系上年正月间自莺蛤蜊出口,即红毛住家,于六月间到澳门,本年正月二十日领给护照,于三月二十四日开船,四月二十三日到此。因从前祖上曾到此做过生理,要往宁波置买湖丝、茶叶等货。"武进升要求洪任辉打开夹板箱检查,对方告知:"六只箱内装番钱,每只四千个;十三只箱内装红毛酒,每只一百二十瓶;又二只箱内装蜡烛,余箱俱装衣服等项。"洪任辉要求将船留在定海,已方派三四人雇船到宁波买货。武进

① 孙广圻:《论洪任辉案》,《海交史研究》,1988 年第 1 期,第 183 页。
② [英]格林堡著,康成译:《鸦片战争前中英通商史》,商务印书馆,1961 年,第 6 页。

升和定海知县庄纶先是加以阻留,但洪任辉态度坚决,"不能缓耐,即有难色"。这时,庄纶提出,"番人性多偏急,若必俟宪示,至日方令启行,未免为日太迟"。于是,武进升派兵弁将"彝商蛤蜊、通事洪任、鬼子二名、广人二名"护送到宁波府。武进升认为,"红毛船多年不至,今既远番入境,自应体恤稽查,除行营拨兵小心防范,毋许滋扰"。① 有趣的是,尽管中国人早已将英国译成"英圭黎""嗼咭唎",但是武进升依然将其音译为"莺蛤蜊",说明他对英国所知甚少。在闽浙总督喀尔吉善与浙江巡抚周人骥关于此事的联合奏折中又补充了一些信息,比如英国人是在乾隆十九年六月到达广东将从英国带来的物品卖掉,"闻得宁波交易公平,领了粤海关照,要到宁买蚕丝、茶叶等物",英商被送到宁波府后"住歇李元祚洋行,现在招商买卖"。两位地方最高长官也认为"红毛国商船久不到浙贸易,今慕化远来,自应加意体恤,以副我皇上柔远至意"。因此除了饬令宁绍台道派人悉心保护英商外,"严谕商铺人等公平交易,其应征税课照则征收"。②

关于"霍尔德内斯伯爵号"这艘船,两广总督杨应琚还特意做了调查,他向乾隆汇报:"雍正二年间,前督臣孔毓珣题明准其将现在番船二十五只编列号数,著为定额。迨后因节年损坏,除未经修复外,现在只剩一十二只,俱有字号及船户姓名。本年前往浙江宁波贸易之番船一只,即系澳门原编二十三号,夷商华猫殊之船。缘有同国夷商霞里笋等雇搭华猫殊之船出外贸易。"③杨应琚还询问广州商馆的英商,称浙江巡抚已经告诉他喀喇生抵达宁波一事,所以希望获知关于此人的情况。浙江巡抚已经发现英船的护照上所填的是由澳门开往马尼拉,广州的英人当时还担心这样的欺骗会造成麻烦,但从后来的情况看,浙江方面并没有深究此事。④

乾隆皇帝在接到奏报后,对于英船来浙江贸易并不太在意,倒是对武进升等人提到的"有番梢并小厮共四十名,系广东澳门人,俱无发辫"的情况颇为警觉。因为对于大清来说,辫子是其臣民的标志。现在到浙江的船上竟有几十人不留发辫,他认为:"番人住居澳门,其留辫与否可置之勿论,若系广东内地民人,岂有不留发辫之理? 岂并去发辫,即转为蓄发地步耶?"于是传谕两广总督杨应琚"将此项不留发辫民人查明情节,据实具奏"。杨应琚

---

① "武进升折",《史料旬刊》,第 10 期,天字第 355 页。
② "喀尔吉善周人骥折",《史料旬刊》,第 10 期,天字第 355 页。
③ "杨应琚折二",《史料旬刊》,第 10 期,天字第 357—358 页。
④ [美]马士著,区宗华译:《东印度公司对华贸易编年史(一六三五—一八三四年)》(第五卷),广东人民出版社,2016 年,第 30 页。

经过调查后,至少两次(七月初七、十月十一日)向乾隆上奏:"未留发辫之商梢小厮,前经查明,原系番人,并非内地民人,其另雇之汉人匠夫,现经浙省查复,实系留有发辫。"①乾隆这才放心,朱批"览"。

7月7日(乾隆二十年五月二十八日),英船"格里芬号"(Griffin)到达舟山洋面,定海镇标巡洋官兵经过查问,了解到该船"船主呷等噶(Capt. Court),舵水共一百六名,内黑鬼一名,通事一名,系广东人,叫梁汝钧。装有大炮二十位,鸟枪四十杆,火药四担,刀三十把,铁弹二百出,番银二十余万,并黑铅、哆罗等货。于本年五月初一日,自噶喇叭出口前来"。该船遂被护送至旗头洋停泊,英人哗喇和通事梁汝钧等11人又乘坐舢板船经定海衙头进港,梁汝钧向汛防官兵口称:"我们的船原与前来的船通事梁任同伙的,今大船现泊旗头洋,须由会洪任,方可进港,如今只我一人往宁报知,即同洪任来定料理。"由此可知,"霍尔德内斯伯爵号"与"格里芬号"是"同伙来宁贸易",只不过前者从澳门出发,后者来自东南亚的噶喇叭(今之雅加达)。武进升获得禀报后,"檄饬定海镇标右营游击郑谢天派拨弁兵前往洋汛,于泊船处小心防范,毋许滋扰;并札致定海镇臣陈鸣夏,一体加意防护"。②

负责监护两船的定海总兵陈鸣夏于7月17日(六月初九日)奏报英商船只停泊情况,并且涉及康熙年间所建红毛馆的现状:"定海一隅收泊东西洋舻,昔年创立红毛馆于定海衙头。嗣聚泊广东澳门、福建厦门,迄今数十年,该番船不至,馆亦坍废。今年四月,到有红毛番船一只,船主哈唎生,六月又到有一只,船主呷等噶。其货物俱装运郡城贸易,番商就宁赁屋居住,番船仍泊定港。"③喀尔吉善和周人骥的第二份联合奏折也是向乾隆报告此事,称"饬令宁绍台道俟该船进港日亲赴验明,照例安顿,并严谕商牙人等公平交易,按照则例,征收税课,据实报解"。④ 乾隆朱批"览",可见他对英国商船来浙贸易是持许可的态度。

如果阅读洪任辉关于此次贸易的信件,可以获知其中更多的详情,比如他讲述从泊碇舟山到进入宁波城与当地官员交涉的情况:

> 6月2日,碇泊舟山,当地文武官员来到船上,询问我们到此何事,我们说是来贸易的,他们听后非常高兴,他们的举动极为礼貌,但他们

---

① "杨应琚折",《史料旬刊》,第12期,天字第425—426页。
② "武进升折",《史料旬刊》,第10期,天字第355页。
③ "武进升折",《史料旬刊》,第10期,天字第355页。
④ "杨应琚折二",《史料旬刊》,第10期,天字第357页。

表示要等候宁波方面的来信，才能进行工作。三四天来，我们的船像集市一样，很多人到船上来；我们入城访问当地长官，他们大开中门欢迎，这是对客人的很大尊敬。7 日早晨，我们乘当地的小艇往宁波，当晚到达。翌日，天下大雨，不能外出，但我们的住屋（一般说来是很坏的）站满了看热闹的人，屋主不得不要求官员派兵丁驱散。我们入城访问当地官员，他们很客气，并告知我们，要等候海关监督的指示，方能进行工作。当时，海关监督驻省城。当我们到达后两天，他来到宁波。我们前往谒见，他很慷慨地招待我们，不像粤海关监督那样，虽然后者也值得重视的。他对我们的到来表示喜悦，并称愿意尽力鼓励我们开展贸易。喀喇生呈上汉文公函，内称假如我们到此贸易，请先给予下列 19 条权利：船上炮位不需拆卸，应与中国人有同样平等地位，正如他们的船只到外国一样取得平等地位。19 项中，他批准了 17 项。其余两项是关系不大的，喀喇生认为不必再去争持。我们告别时，他说要看一下公司给喀喇生训令的内容，我详细地向他转述，使他很满意。最后，他说我们可以获得更大的权利，可以获得比本地商人更多的优待，我们可以随时见他及其他官员云云。抚院同意我们提出的要求，并将其张贴在城门，还贴一张在我们的商馆门前。从外地来的商人，只有两三个，我们无法获知货物市价，但前景是极为乐观的，如果孟买有船来，我们一定能把工作做好。海关监督送来税则一本，我们在此地缴交的船钞和货税，不及广州的半数。喀喇生和我们每天都迫切地期待有船到来。①

相较于广州官府的粗暴专横、威胁勒索，浙省官员的友好态度和较粤海关低一半多的税饷让英商们欢欣鼓舞，虽然当时还没有交易，但是洪任辉在其报告中已经称"在此处的胜利"。

洪任辉等人高兴地有些早了，虽然宁绍台道和浙江巡抚几乎答应了英商提出的所有条款，但有些决定是"超越了他们本身的职权的"。在"霍尔德内斯伯爵号"到达浙江约一周后，闽浙总督喀尔吉善命令将船上的全部大炮、枪械及其他军器一律拆卸，并且要缴付广州同样的税饷，否则离开此地。浙江巡抚不能直接反对总督的命令，但已向朝廷报告全部情况，由中央裁夺。不过由于北京的批复约在 9 月底才能到，所以宁波官员允许先行贸易，

---

① ［美］马士著，区宗华译：《东印度公司对华贸易编年史（一六三五——一八三四年）》（第五卷），广东人民出版社，2016 年，第 31—32 页。

不过需要将船上的大炮、军械交出半数由中方保管。英商经过权衡,接受了这一提议。北京的命令确是在 9 月底到来,但内容让英商感到失望,除了指示要缴付同广州一样的税饷外,是否拆卸军器一事交由总督全权处理,喀尔吉善还是坚持第一次的要求。英商对于这位总督甚为厌恶,认为"这位官员尽可能地给我们以极大的烦扰,如提出可笑的询问,不必要的盘查等"。他们听当地人分析,闽浙总督与两广总督是有关系的,"所以他意图用各种办法来破坏我们在宁波的贸易"。英商提出的 20 条权利要求只有少数得到部分批准,而他们可能感觉最为糟糕的是,原先在广州所遇到的盘剥勒索和各种名目的规礼,在宁波同样不能免。洪任辉写道:

> 当缴付税饷办法已经决定后,书吏向每船索取银 1800 两,除此之外,每年还要分送有关官吏 800 两。为了使工作比在广州更为方便,不得不缴送这一笔礼银。当缴付第一次货税时,他们要缴的解京补平为 15%,而不是规定的 8%,他们的借口是,除熔铸银两的损耗外,还要加上解京运费等。我们向道爷(Towya)要求革除这项不合理的需索,但无结果。关于每船的规礼问题,引起了极大的争执。在"霍尔德内斯号"离开时,每船的规礼银减定为 1200 两。海关所规定的每担重量,只是我们每担的九成。我们答应送秤手目礼银 545 两,将秤锤改成和我们一样,用它来秤舶上的货物。……又送抚院布匹等约值银 500 两,送官员们钟表及其他小装饰物等约值银 280 两。①

英商试图在宁波获得一处常驻的处所,但没有成功。总之,交易"是在一些困难条件下进行的",但终究是顺利完成。洪任辉等人纳税后返回巴达维亚,等候乘下次驶往宁波的商船。他们还为明年来此贸易的公司商船订购了 103 箱武夷茶,存放在宁波。

浙江巡抚周人骥在乾隆二十年(1755)十二月初三日的奏折中有详细说明:"窃照浙海关于本年四月二十三日到红毛国商船一只,又于五月二十九日续到夹板大船一只","先到之商船一只,系番商在广东澳门地方雇送银两来浙,并无货物装载,已于夹板船到后先行领照回粤外,所有夹板船出入货物,照部颁则例征收,共征正税银三千五百二十二两零,饭食火耗银二千一

---

① [美]马士著,区宗华译:《东印度公司对华贸易编年史(一六三五——一八三四年)》(第五卷),广东人民出版社,2016 年,第 58 页。

百二十七两零,除解支经费银九百九两零外,共正耗银四千七百四十一两零"。① 这笔税收数额颇为可观,因为本年浙海关的正额税银是 35985 两,实征盈余是 54654 两(不包括英商所纳之税款)。但是广东方面是不高兴的,因为英商在宁波的成功,实际上是打破了原先实质上由广州一口垄断中英贸易的局面,不仅粤海关税收减少,而且下至行商、海关胥吏,上至监督、督抚的个人私利都受到影响。广东方面的不满情绪很快就体现在一件看似微不足道的小事上。英国东印度公司董事部认为洪任辉的工作对于公司事业大有裨益,因此又派遣两名青年到广州学习汉文,以备日后成为商馆的翻译。洪任辉为他们请了一位中国教师。1755 年 8 月 21 日和 22 日,南海县令两度召见这位教师,询问他是不是经洪任辉介绍当教师的,所教授的青年是否已经学会讲汉语。根据该教师的自述,他在第一天受到客气招待,只劝告其暂时不要到英国商馆,因为总督不同意此事。但是第二天却情况突变,县令说如果让英人学会汉文,他们就会向朝廷申诉而惹起麻烦,此一责任将归咎于该教师。他又说,由于英人学会了一些知识就已经引起纠纷,如果没有洪任辉的帮助,就不会有宁波的事情。基于上述理由,县令让该教师在还未受到更大的注意之前,应当及时辞去教职,不要再到英国商馆,并嘱咐他不要将此次谈话泄露。英人听到这个情况,做出的判断是,此次查问"是两个主要的行商策动的,虽然这两人同时是本季度公司的交易占份额最大的行商"。经过此番谈话,中国教师果然不敢常来商馆,但在政府出台明确的禁令之前,他还间歇地来。马士的分析是,此事的起因,"无疑是由于大班们有了洪任辉担任翻译,在宁波取得成功。广州当局的既定政策,就是要欧洲人没有独立的能力翻译和解释中国的公文;迫使他们不得不依靠那些只懂粗浅英语的中国行商和通事"。②

二、乾隆的政策:从"不禁自除之道"到"不得再赴宁波"

洪任辉等人此次在宁波的成功交易让英国东印度公司大受鼓舞,第二年又派商船来宁波。1756 年 7 月 11 日(乾隆二十一年六月十五日),公司商船"格里芬号"进入舟山洋面,该船的大班为菲茨休、洪任辉、托林(Benjamin Torin),还有一名见习汉文学生贝文(T. Bevan,中文作"未文")。中文史籍

---

① "周人骥折",《史料旬刊》,第 18 期,天字第 657 页。

② [美]马士著,区宗华译:《东印度公司对华贸易编年史(一六三五—一八三四年)》(第五卷),广东人民出版社,2016 年,第 33—34 页。

里也记载,"船户噶喇吩,至噶喇吧地方,同来过夷商味嗣、通事洪任驾船来宁"。① 此外,一艘来自孟买的散商船"哈德威克号"(Hardwick)也于 8 月到达舟山。不过,英商对于这次的买卖感觉并不好。首先是和他们交易过的行商李元祚等人"违反去年的规定,抽取我们全部进口货的 3%,出货的 1% 的佣金";又在官员面前说英商的坏话,说"我们没有依约付款,使得他们赔本等等";还对英商进行额外的勒索。更让洪任辉等人不满的是闽浙总督喀尔吉善对他们的"仇视"态度,他让英商在军火问题上让步,"像去年一样把半数交出",而到了 8 月中旬"哈德威克号"抵埠后,"总督的脾气极为恶劣,他要把两艘船上全部的大炮一律拆卸",英商为缓和局面,"将全部火药及其他小军器搬上岸,罗斯(Ross)办了同样的手续后,获准进行交易"。而商船停泊舟山,商馆设在宁波的局面也让英商感到往来不便,"驳艇的船夫逗留在商船上六天到八天,容易发生盗窃。在冬季的坏天气下,货物容易遭受损坏。除此之外,行商还遭受到应付地方官吏的痛苦。舟山确实是个不便的地方"。②

　　在宁波,并非所有的商人都能与英商做买卖,必须是领有牙贴,受官方制定的"行商"才能与之贸易。学界关于行商的认识多限于广州一地,因为史料的缺乏,对于其他口岸如厦门、宁波的行商情况所知不多。英商关于此番在宁波贸易的信件中,对于当地的"行商"及其活动也有较为详细的讲述。据此,我们才知道在当地有李元祚(Suquan,受官)、郭益隆(Sequan,四官)、信公抡(原名信廷英,Wunquan,文官)、陈太占③、汉官(Hanquan)、杨官(Yongquan)、辛义官(Shing-y-quan)、肖官(Tcuern-quan)等行商。④ 他们的职责包括:向海关代领各种执照;官府下发的命令须全部知会英商;当英商要谒见官员时,须行商带领前往;行商应对英商的行为负责。尤其值得注意的是,目前可考的李、郭、信三位商人,"俱系福建人,在宁波开洋行生理"。⑤ 同样的情况还出现在广州,该地早期行商中的著名人物,多半都是闽籍商

---

① 《清高宗实录》卷五一六,乾隆二十一年七月乙亥。
② [美]马士著,区宗华译:《东印度公司对华贸易编年史(一六三五——一八三四年)》(第五卷),广东人民出版社,2016 年,第 60 页。
③ 此人的名字出现在喀尔吉善与杨廷璋的奏折上,称:"缘宁郡并无大行,不能贮货。有牙行陈太占,即于屋边搭盖楼房一十六间,以为夷商堆货居住。"参见《宫中档乾隆朝奏折》第 15 辑,台北故宫博物院,1983 年,第 152 页。
④ 后四位不知真实姓名,只能采取音译。
⑤ 早在 16 世纪,福建的厦门、漳州、泉州等地的商人就与欧洲商人保持着贸易关系;而到了 17 世纪 80 年代,厦门更是在中英贸易中独占鳌头。福建商人很多是世代经商,积累了丰富的对外贸易经验,当然其本身也经营国内商业,他们前往浙江、广东等沿海地区开拓生意,开设牙行。

人。《广东十三行考》认为："在乾隆二十二年专限广州一口互市以前，宁波固亦有洋行，且该地行商亦概以'官'（Quan）称；第其贸易兴衰不常，不及广州之久长耳。"[1]作者当是以宁波、广州两地的行商等而视之，这并不准确。从前文可见，宁波的行商所执行的职能与传统的牙行大抵相似，而广州行商制度经过数十年的发展，至乾隆时期已经成为一个堪称严密完善的制度。在此制度下，行商要为政府代征进口出口货物的关税，采取公行统一制定价格的办法获得高额的垄断利润。[2]这些特点是宁波的行商所不具备的。至于在他们名后所缀之"官"，不过是英商将在广州称呼行商之方式移植到宁波而已。英商对于杨官的印象很好，并且写信将他推荐给1757年即将来宁波贸易的大班，称："如果你们和他有交易往来，他是一个对公司有用的人，故应当予以适当的认识。他是两年来最适当的人。"另外，还有两名本地商人——辛义官和肖官，英商在本年度向他们购入松萝茶和贡熙茶，认为"他们最能信守和约"。[3]此次贸易，英商在宁波、舟山等地盘桓了将近半年的时间，直至1757年1月下旬才起航离开。洪任辉和贝文到巴达维亚去等候下次驶来宁波的商船。

当洪任辉等人在宁波忙着做生意的时候，清政府内部已经开始酝酿对外政策的重大调整。闽浙总督喀尔吉善、浙江巡抚周人骥在奏折中向皇帝汇报：

> 红毛番舶向止在粤往来，鲜至浙省，今忽舍热游之地而来宁波，自应严加防范，以重海疆。是以臣等切谕道府营县，札到提镇，随处留心，时时查看，勒限量货，催督开行，不许商牙纠合，借端逗留。[4]

他们虽然还没有要求限制英商来浙，但话语之严厉与1755年两人奏折中所称"红毛国商船久不到浙贸易，今慕化而来，自应加意体恤"之语简直形成鲜明对比。

英船在1755年初抵舟山时，乾隆主要是关心船上的中国人是否留有发辫，对于英商从粤海关转到浙海关贸易，其实并无异议。但及至1756年，英

---

[1] 梁嘉彬：《广东十三行考》，广东人民出版社，1999年，第92页。
[2] 曾在广州生活多年的英国商人亨特说，行商因为"享有通知广州港对外贸易的独占权，每年获利数百万元"。参见姚贤镐：《中国近代对外贸易史资料》（第一册），中华书局，1962年，第193页。
[3] ［美］马士著，区宗华译：《东印度公司对华贸易编年史（一六三五——一八三四年）》（第五卷），广东人民出版社，2016年，第61页。
[4] 中国第一历史档案馆：《朱批奏折·外交类》，第35号，乾隆二十一年正月二十四日喀尔吉善奏折。

商再次来浙交易,乾隆就开始表现出对于海防安全问题的担忧。他在七月九日(8月4日)给军机大臣的谕旨中说:

> 据武进升奏,六月十五日,宁波头洋有红毛船一只收泊等语。其一切验放交易,自应照旧例办理,顾向来洋船进口,俱由广东之澳门等处,其至浙江之宁波者甚少,间有遭风漂泊之船,自不得不为经理。近年乃多有专为贸易而至者,将来熟悉此路,进口船只,不免日增,是又成一市集之所。在国家绥远通商,宁波原与澳门无异,但于此复多一市场,恐积久留居内地者益众,海滨要地,殊非防微杜渐之道,其如何稽查巡察,俾不致日久弊生,不可不豫为留意。①

乾隆还怀疑英船来宁波或许是因为当地的牙行、通事人等"私为招致",因为夷商入口,他们便可从中取利,"此辈因缘觅利,无有已时"。即使是巡逻兵役,也乐于夷船进口,可抽肥取利。这样的情况都必须加以禁止,以防"别滋事端",并要传谕浙省督抚,令其留心。

英商弃粤就宁,对于浙海关和当地各级官员来说也非坏事,可以充盈浙省的海关税收,亦可通过规礼陋仪增加个人收入,真是公私兼得。可是,18世纪以来,中英贸易长期在广州进行,所以在广州"形成了一个包括行商、粤海关监督、广东地方官员吏役在内的庞大的利益集团,他们垄断了对外贸易,得利甚多,不愿使贸易转向浙江"。② 1756年,两广总督杨应琚上奏:"粤海关自六月以来,共到洋船十四只。向来洋船至广东者甚多,今岁特为稀少。"乾隆虽然担心英商赴宁波交易会对当地社会秩序造成影响,但此时并不想强迫英商放弃宁波,也应当是考虑到了浙江和广东两省的利益平衡。所以他在接到奏折后,于10月(农历闰九月)诏谕闽浙总督喀尔吉善和两广总督杨应琚:

> 前次喀尔吉善等两次奏有红毛船至宁波收口,曾经降旨饬禁,并令查明勾引之船户牙行通事人等,严加惩治。今思小人惟利是视,广省海关设有监督专员,而宁波税额较轻,稽查亦未能严密,恐将来赴浙之洋船日众,则宁波又多一洋人市集之所,日久虑生他弊。著喀尔吉善会同

---

① 《清高宗实录》卷五一六,乾隆二十一年丙子秋七月乙亥。
② 戴逸:《戴逸自选集》,学习出版社,2007年,第218页。

杨应琚，照广省海关现行则例，再为酌量加重，俾至浙省获利甚微，庶商船仍俱归澳门一带，而小人不得勾串滋事，且于稽查亦便。其广东洋商至浙省勾引夷商者，亦著两省关会，严加治罪。喀尔吉善、杨应琚著即遵谕行。①

乾隆希望浙海关通过加重税收的方式，让英商无利可图，最后不得不返回广州贸易。这其实是在采取经济手段而非政治手段来达到目的，可以称得上是一种温和手段。喀尔吉善奏称："红毛番船，向收澳门。忽自上年来浙，臣遵旨与广督杨应琚商办。现将征收税课及稽查事宜比较则例，设立条约，并严禁勾引夷商，从中渔利。"乾隆告诫他："浙省只有较粤省重定税例一法，彼不期禁而自不来矣。此非言利，宜知之。"②直到此时，乾隆依然不准备禁止英商赴浙。

洪任辉等人对清政府的政策调整当然是一无所知，不过就在他们完成交易，将要返航时，接到闽浙总督衙门的一份谕帖，称："两年来此间交纳税饷皆比广州的轻，但下次来到这个口岸时，他们会把税饷提高。"谕帖还劝英商到广州去贸易，比到宁波来更好。在洪任辉等人看来："整篇谕帖充满模棱两可的词句，我们认为他不过是想让广东总督知道，他曾用各种方法阻挠我们来此贸易。"③他们还对下一年度在宁波的贸易充满信心，希望"很快给公司带来最大的利益"。可英国人并不知道，"劝谕开导"不过是中方让他们离开宁波的第一条策略而已。

喀尔吉善在与杨应琚商议后，制定了浙海关新的洋船税则，并交部议奏。但乾隆对他们的举措仍然表示不满，他于 1757 年正月再次传谕喀尔吉善：

洋船向例，悉抵广东澳门收口，历久相安。浙省宁波，虽有海关，与广省迥异。且浙民习俗易嚣，洋商错处，必致滋事。若不立法杜绝，恐将来到浙者众，宁波又成一洋船市集之所。内地海疆，关系紧要。原其致此之由，皆因小人贪利，避重就轻，兼有奸牙勾串之故。但使浙省税额，重于广东，令番商无利可图，自必仍归广东贸易，此不禁自除之道，

---

① 《清高宗实录》卷五二二，乾隆二十一年闰九月乙巳。
② 《清高宗实录》卷五二五，乾隆二十一年丙子十月癸巳。
③ ［美］马士著，区宗华译：《东印度公司对华贸易编年史（一六三五——一八三四年）》（第五卷），广东人民出版社，2016 年，第 61 页。

初非借以加赋也。

前降谕旨甚明，喀尔吉善等俱未见及此，伊等身任封疆，皆当深体此意，并时加察访。如有奸民串通勾引，即行严拿治罪。若云劝谕开导冀其不来，则以法绳之尚恐其捍法渔利，岂劝谕所能止耶？①

乾隆一方面是要求浙江提高海关洋船税则，以经济手段逼迫英商返粤，所谓"不禁自除之道"；同时，出于对浙江民众所存的成见与戒心，在他看来，"浙民习俗易嚣"，小人贪利，奸牙勾串，要求疆臣严加察访。二月，乾隆在看了喀尔吉善与杨应琚奏请"将粤海浙海两关税则更定章程"的折子后，认为两人所称"若不更定章程，必致私扣暗加，课额有亏，与商无补等语，尚未深悉更定税额本意"。他再一次强调，"向来洋船俱由广东收口经粤海关稽察征税。其浙省之宁波，不过偶然一至。今年奸牙勾串渔利，洋船至宁波者甚多。将来番船云集，留住日久，将又成一粤省之澳门矣。于海疆重地，民风土俗，均有关系。是以更定章程，视粤稍重。则洋商所利而不来以示限制，意并不在增税也"。②

浙江官方的劝谕并没有起到作用，1757年6月6日，英国东印度公司的商船"翁斯洛号"（Onslow）抵达巴达维亚，接上布朗特（Samuel Blount，中文作"无仑"）、洪任辉两位大班和见习生贝文，前往宁波贸易。7月22日，在旗头角碇泊。据英人记载，第二天，"早晨有巡船的官员到船上来通知说，我们不能驶往宁波，只能到舟山。……于是我们另乘帆船中午到达舟山，所有的官员都集合在该处接待我们。他们说，我们今年在此地的贸易不会得到像前两年一样的优厚条件，同时把广东和本省总督的奏折给我们看。因为我们在此贸易所交的税饷比广州少，影响极坏"。官员们将朝廷颁发的税则给英商看，并要求他们立即答复是否愿意交纳。英人没有想到"贸易条件竟改变得这么厉害"，将新的税则拿回来进行研究计算，结果发现"它比去年缴纳的约多出一倍。如按广州的方法计算，总数会超出144％"。宁绍台道同意派代表来舟山与英人商谈，让他们等候。在此期间，当地官员告诉洪任辉等人，是皇上希望他们往广州贸易，虽然不是绝对禁止来本口岸贸易，但他是不愿意英商来的，所以将税率提得很高，而这样高的税额就等于是禁止了。7月28日，宁波知府来到英船，让他们"继续等候道爷的命令"。8月5

---

① 《清高宗实录》卷五三〇，乾隆二十二年丁丑春正月庚子。
② 《清高宗实录》卷五三三，乾隆二十二年丁丑二月甲申。

日,英商又去舟山见当地官员,佯装要离开,让他们去转告道台,请其下令准许英商将之前存在宁波的茶叶和其他物品运装上船,等到装运完毕而风汛合适时就尽快离开本港,他们发现官员听到这一打算后,"表示很大的失望"。直到8月12日,英商才见到宁绍台道。而他们所熟识的两位海关书吏私下告诉英商:"道爷对我们很满意,又说总督已辞职,官员们的疑虑已经消除,相信今年的贸易会顺利完成的。"洪任辉等人向书吏打听,为何今年要增征重税,是否由皇上本人命令加倍征收的? 对方告知:"因为广州的官员和商人用了20000两银子运动向朝廷奏请。他们为了自己的利益对我们存有偏见,广东和本省的两位总督提议禁止我们来此贸易,或将税率提高,迫使我们离开;皇上不答应第一个办法,但他不能拒绝后一个办法,虽然皇上没有明令将税率提高一倍,只不过授权此地总督酌办,这个税率是他向朝廷提出的。他提出要把税率提高到广州的三倍,如果道爷不竭力反对,他是会这样做的。"①这里提到的两个总督,即闽浙总督喀尔吉善和两广总督杨应琚。英国人对书吏的话深信不疑,他们认为喀尔吉善是"阻碍当地官员采取让步政策的唯一人物","他在1756年就已经反对在宁波或舟山进行对外贸易",而浙省的其他官员,"如驻杭州的巡抚,道爷、宁波海关的官员和舟山的民政长官都愿意让步"。不过让英国人感到庆幸的是,喀尔吉善此时已患了疟疾不能视事,将关防暂交将军新柱护理,乾隆还特意派了御医前往福州诊视。② 结果御医未到,他已病逝。乾隆将杨应琚调任闽浙总督,③这对英商来说也是一个沉重打击。不过在当时,喀尔吉善的去世是英商得以在宁波交易的重要转机。

暂署闽浙总督新柱在1775年9月5日(乾隆二十二年七月二十二日)上奏给乾隆的折子里汇报了"翁斯洛号"抵达宁波的情况:

> 本月六月二十八日,据宁绍台道范清洪察称,六月初六日,有嘆咭唎国番船一只驶至定海县旗头洋面停泊。查得,该船大班无吣、二班洪任、三班未文,通船共番人一百七名,带有番银、哆啰、玻璨(璃)等货来浙贸易。随委宁波府通判王复臣前赴定海,会同营县将新定额税明白晓示,并劝谕该番应至广东贸易。旋据禀覆,据该番洪任等供称,航海

---

① [美]马士著,区宗华译:《东印度公司对华贸易编年史(一六三五——一八三四年)》(第五卷),广东人民出版社,2016年,第65页。
② 《清高宗实录》卷五四二,乾隆二十二年丁丑秋七月丙申。
③ 《清高宗实录》卷五四三,乾隆二十二年丁丑七月丁未。

数万里而来,原图贸易,广东牙行包揽把持得很,不愿去的。上年有茶叶、器用什物存在宁波行内,须要运回,将来还有一船,约在七月内可到。等语。至询其是否请愿加增税课之处,虽据允诺,语气尚属含糊,俟询明再禀。等情前来。①

从新柱叙述的内容来看,洪任辉在解释来宁波贸易的原因时并未像日后那样将矛头直指粤海关,而是说广东牙行包揽把持贸易,所以不愿去。接着,新柱又提出自己的应对方案。在奉承"皇上圣明远烛,俯准前督臣喀尔吉善之请,另定税则,俾其无所希冀,自为引退,法至善也"后,他认为"该番船系上年十二月初八日回棹,新定税则尚未奉文知行,此次既经来宁,若必严加拒绝,殊非天朝柔怀远人之意"。他派宁绍台道范清洪将新定税则告知洪任辉等人,而这些英商表示:"广东必不愿去,所有加增税额情愿照纳,俟后船到日一同讲明,起货成交。"新柱认为,既然英商愿意照章纳税,就下令"起货成交,不必等待后船,致稽时日"。此外,他做出的一系列安排还包括:

> 仍勒令限期上紧督促回棹,毋任藉延。并勿令内地乏本商牙包揽,以致交货稽迟,有误归期。仍密查有无内地奸民串通勾引,严拿重惩。上年寄存茶叶等物,照数即饬给还,受寄牙行有无招徕情弊,严加讯究,以绝根株。并札知抚、提二臣,一体转饬派委员弁兵役巡查弹压,勿使滋生事端。臣复念番人惟利是嗜,内地既有加税之条,该番恐不无抬价之弊,并谕宁绍台道明白开导,公平交易,不得昂价居奇,以致货物难销,致亏资本。②

这些举措应当说都是为了解决乾隆之前所担忧的问题而做出的,同时也比较充分地考虑到了英商的利益。

浙江巡抚杨廷璋也认为应当允许"翁斯洛号"上的英商暂时在宁波进行贸易。他在 8 月 26 日(七月十三日)的奏折中向乾隆报告,说自己曾经询问过英商,为何不愿意在广州贸易而要来浙江,英商的回答是:"广东洋行包买包卖,把持刁难,故不愿去。若赴广南、安南等处,亦可交易,但因丝斤、磁

① 中山市档案局(馆)、中国第一历史档案馆编:《香山明清档案辑录》,上海古籍出版社,2006 年,第 723 页。
② 中山市档案局(馆)、中国第一历史档案馆编:《香山明清档案辑录》,上海古籍出版社,2006 年,第 724 页。

器、茶叶等货均非该地所产,是以来浙贸易,只求准我贸易,愿照新例纳税。"因此,杨廷璋向乾隆建议:英商"既已航海远来,此时风信不顺,又难强之使去,若任其无故逗留候风,番情叵测,必致暗中勾串奸徒,偷买偷卖,反足滋事。况该番既愿照例输税,似未便故为峻拒。此次应准其仍留贸易,以昭圣主柔远恤商至意"。

乾隆本来希望用提高浙海关税饷的方法来阻止英商赴宁波贸易,但他也清楚英人需要大宗采购的丝、茶等货物主要集中于江浙地区,如果允许英商在宁波贸易,"向来由浙赴粤之货,今就浙置买",则"税饷脚费俱轻,而外洋进口之货分发苏杭亦易,获利加多"。① 这对于东部地区的经济也有好处。而且,他也了解粤海关的一些腐败和弊端。在看了杨廷璋的奏折后,乾隆朱批道:"此何言哉!岂有番商欲作反乎?足见外省怯懦不堪习气。"②从语气上看,他似乎又认可了英商在浙海关的贸易。而在八月八日又下谕:

> 增税之后,番商犹复乐从,盖其所欲置办之物多系浙省所产,就近置买较之粤东价减,且粤中牙侩狃习年久,把持留难,致番商不愿前往,亦系实情。今番船既已来浙,自不必勉强回棹,唯多增税额,将来定海一关即照粤关之例,用内府司员补授宁台道督理关务,约计该商等所获之利在广在浙,轻重适均,则赴浙赴粤皆可,惟其所适。此非杨廷璋所能办理,该督杨应琚于粤关事例,素所熟悉,著传谕杨应琚于抵闽后料理一切就绪,即赴浙亲往该关察勘情形,并酌定则例,详悉定议,奏闻办理。③

可以明显看出,乾隆此时的思想已经发生变化,不仅同意英船今年可以在宁波贸易,不必强制回广州;甚而有将浙海关设在定海的关口变成粤海关那样的开放港口的打算,两地海关公平对待,听任洋商赴粤赴浙,"惟其所适"。他让调任闽浙总督的杨应琚前往浙海关考察,酌定税则。

实际上,杨廷璋在 8 月 24 日已经批复宁绍台道的报告,"船钞和规礼不能减少;出口税的负担放松一些,但拒绝将新订的进口税降低 20%,没有明令规定拆卸船上的军械"。在英商看来,这已是目前获得的最好办法了。同

---

① 《清高宗实录》卷五三三,乾隆二十二年二月甲申。此语出自喀尔吉善与杨应琚的奏章上,本来是作为增加浙海关税饷的原因。

② 中国第一历史档案馆藏:《朱批奏折·外交类》,第 35 号,乾隆二十二年七月十三日杨廷璋奏折。

③ 《清高宗实录》卷五四四,乾隆二十二年丁丑八月丁卯。

日,"翁斯洛号"驶往定海港口,9月1日,大班到宁波。此次船上载有白银30箱,120000元(86623两)。另外有绒布3951码,长厄尔绒300匹,铅1345担。英国产品征税共计2565两。绒布交税后,船上交货计获利润25%。购入的茶叶、生丝、磁器等,缴付的出口税共计4736两。①

就在英商忙于交易的时候,新任闽浙总督杨应琚于11月25日(十月十四日)抵达宁波。一周之后,宁绍台道向英商传达了杨总督的要求。大班在报告中写道:

> 总督觉得很奇怪,有什么理由使我们的船宁愿来宁波,而不到广州去,广州才是适合欧洲人贸易的口岸,在那里是易于搜购我们所需的货品的。宁波只是限于接纳日本和朝鲜来船的口岸。……他说,皇上之所以提高此间的税率,并不是为了收入着想,不过是要我们到广州去贸易。……因此,如果我们打算明年再来,那时不会被接纳的。他要求我们画押具结,声明我们并无这种打算。他又命令,在我们离开时,不准将货物或其他物品留下,以免我们借口再来。他要知道,我们什么时候离开。②

杨总督借道台之口向英商传达的其实是一个过时的信息,乾隆原本是想让英国人离开宁波去广州贸易,可他现在已经有所改变,派杨应琚到浙海关是要确定新的税则,并非让他向英商宣布禁止明年再来宁波贸易。英商拒绝签署不再来的具结,并进行了回复。实际上,洪任辉在广州时就曾面见过时任两广总督的杨应琚,两人打过交道。所以英商在向总督解释来宁贸易的原因时颇为谨慎,并不批判粤海关和行商,因为知道总督与他们都有勾连,所以最终归结到商业竞争:

> 我们公司来此贸易的动机,是因近五六年驶往广州的外国商船甚多,致使该处各种货物售价腾贵,以致我们的贸易盈利极少,甚至无利可图。公司初时曾考虑减少派往中国的船数,其后忆及前时曾在宁波有过贸易,因此认为有必要将船只分别派往广州和宁波。不如此,便无

---

① [美]马士著,区宗华译:《东印度公司对华贸易编年史(一六三五——一八三四年)》(第五卷),广东人民出版社,2016年,第68—69页。

② [美]马士著,区宗华译:《东印度公司对华贸易编年史(一六三五——一八三四年)》(第五卷),广东人民出版社,2016年,第70页。

法派出通常数目的船只,公司知道在此处更易搜购绿茶和生丝,而且购入的代价会低一些。①

杨总督自然不会对英国人的说辞有任何同情理解,他的态度"是坚决的",准许"大班按已签订的合约交易,根据已让步的办法获利",但是要求英国人在 1758 年 1 月 7 日前必须离开宁波。英商央求道台稍为延期,但对方称是总督严令,必须服从;又说英商明年来宁波贸易已成空想,他出示一份关于新税则的折子,洪任辉拿来仔细一读,发现"船钞一项为 3500 两(规礼银 1950 两除外),生丝、茶叶和瓷器的税率,比广州高达四倍"。英商只能在规定的最后期限离开,"翁斯洛号"于 1 月 20 日从定海起航,前往澳门。在离开之前,舟山官员又到船上宣布"明年不可再来,因总督已下令不准再接纳"。英商也感觉到总督"是坚决终止我们在此进行贸易"。②

在上奏乾隆的折子里,杨应琚并没有提及自己在宁波严令英商明年不得再来的举措。他先是报告了在浙海关的考察情况:"臣钦遵谕旨,于抵宁后即亲往该关口岸详细察勘形势,并体访番商来浙情由,缘番商欲置之货,向惟丝茶、绸缎、磁器为最多,而丝斤、绸缎即产自浙江,茶叶、磁器出自邻省江、闽,番商在浙就近置买,较之粤东价值轻重悬殊。"在他看来,尽管浙海关已加重了税饷,但与在广州相比,英商还是能获得较大利润,"上年更定关例只就各项税则议请增加,而货价之底昂未经计及"。为了实现乾隆计划让英商"所获之利在广在浙,轻重适均"的目标,他建议:第一,要继续提高浙海关的税收标准,"应再加楳头、钞银补税二项",甚至使浙海关的关税比粤海关高出一倍;第二,由于在浙江购买丝茶、绸缎、磁器,相较在广东可免去所经北新关、韶关、赣关等内地陆关税额,也节省了沿途水脚之费;而原先进口之哆啰、哔叽、羽毛、纱缎等类,如发往江浙销售,一路经过的韶赣暨江浙等陆关,都均有应征税饷。因此,浙海关的进出口货物即使没有经过上述陆关,也必须征收陆关关税;③第三,在粤海关贸易的船只有东洋船、西洋船、澳门额船和中国出洋船之分,原先的楳头、钞银西洋较东洋为重,后来酌定一体照东洋征收,这等于是减轻了西洋船的税饷,但是浙海关"未奉其例",应照

---

① ［美］马士著,区宗华译:《东印度公司对华贸易编年史(一六三五──一八三四年)》(第五卷),广东人民出版社,2016 年,第 70 页。

② ［美］马士著,区宗华译:《东印度公司对华贸易编年史(一六三五──一八三四年)》(第五卷),广东人民出版社,2016 年,第 71 页。

③ 龚缨晏:《洪仁辉事件与宁波》,宁波市社会科学界联合会编:《宁波市社会科学界首届学术年会文集》,宁波出版社,2010 年,第 89 页。

原例征收,重于西洋。①

杨应琚还从海防的角度告诉乾隆粤、浙两海关之优劣,他在奏折中写道:"番船收泊粤东贸易,自虎门横档而至黄埔停泊,在在设有官兵稽查押护,而横档地方两山门立中建炮台,尤为天生险隘。自横档至黄埔,又有沙淤水钱之处,番人未识水道,必须内地船只引带,始免搁浅疏虞。故番船进出未能自由,而稽查亦极为严密。"但是相比之下,宁波就没有这种优势,"若浙省定海泊船处所,洋面宽深,又无险隘,该处形势与所设官兵,均未若粤东之扼要"。杨总督的意思是,开放宁波就会威胁到国家的海防安全,而这恰恰是乾隆所忧虑的事情。对他来说,海防本就重于通商,王朝巩固稳定本就高于民生利益。

杨应琚又上奏说:"伏查粤省现有洋行二十六家,遇有番人贸易,无不力图招致,办理维谨,并无嫌隙。惟番商希图避重就轻,收泊宁波,就近交易,便益良多,若不设法限制,势必渐舍粤趋浙。再四筹度,不便听其两省贸易。现议浙关税则,照粤关酌增,该番商无利可图,必归粤省,庶稽查较为严密。"②杨应琚其实没有对乾隆说实话,他奏称番商与行商"并无嫌隙",但就在三年前,洪任辉等人就向他递交过禀帖,要求废除保商制度。

综上可见,杨应琚的目的就是要将洋商继续留在广州,阻止其赴浙贸易。这其实与乾隆之前希望他通过调节关税的手段达到英商"赴浙赴粤皆可,惟其所适"的目标是有所差别的。但此时,乾隆又回到了最初的主张,他称赞杨应琚"所见甚是",并说"本意原在令其不来浙省而已,非为加钱粮起见也",还从地方利益的角度考虑到"且来浙者多则广东洋商失利而百姓生计亦属有碍也"。其实如果让宁波成为对欧洲商人开放的港口,打破广州的外贸垄断地位的话,利益受损的又何止是广东行商,应该说是以粤海关为核心的广州海外贸易垄断集团,甚至包括杨应琚本人。③

据说杨应琚还上了一道"浙海关贸易番船应仍令收泊粤东"的密折,而正是"这件至今尚未发现的密折"④,进一步促使乾隆打消了开放宁波的念头,转而坚持将对西洋的贸易集中在广州一地。1757 年 12 月(乾隆二十一

---

① 陈东林、李丹慧:《乾隆限令广州一口通商政策及英商洪仁辉事件述论》,《历史档案》,1985 年第 1 期。

② 《清高宗实录》卷五四九,乾隆二十二年丁丑十月戊子。

③ 龚缨晏:《洪仁辉事件与宁波》,宁波市社会科学界联合会编:《宁波市社会科学界首届学术年会文集》,宁波出版社,2010 年,第 90 页。

④ 陈东林、李丹慧:《乾隆限令广州一口通商政策及英商洪仁辉事件述论》,《历史档案》,1985 年第 1 期。

年十一月），皇帝下达谕旨，之前杨应琚曾奏请勘定浙海关征收洋船货物酌补赣船关税及樑头等款并请用内府司员督理税关，本已交部议奏，但是现在"观另折所奏，所见甚是，前折竟不必交议"，决定"仍令赴粤贸易为正。本年来船虽已照上年则例办理，而明岁赴浙之船必当严行禁绝！"乾隆解释了做出这一决定的缘由，即："从前令浙江省加定税则，原非为增添税额起见，不过以洋船意在图利，使其无利可图，则自归粤省收泊，乃不禁之禁耳。今浙江省出洋之货，价值既贱于广东，而广东收口之路稽查又加严密，即使补征关税樑头，而官办只能得其大概，商人利析秋毫，但予以可乘，终不能强其舍浙而就广也。粤省地窄人稠，沿海居民大半借洋船为生，不独洋行之二十六家而已。其虎门、黄埔在在设有官兵，较之宁波之可以扬帆直至者，形势亦异。"

有趣的是，乾隆认为这种关涉贸易的小事不需要"重以纶音"（即再次下达诏令之意），而是讲了大概的意思，让杨应琚"以己意晓谕番商"：

> 以该督前任广东总督时兼管关务，深悉尔等情形。凡番船至广，即严饬行户善为料理，并无与尔等不便之处，此该商等所素知。今经调任闽浙，在粤在浙，均所管辖，原无分彼此。但此地向非洋船聚集之所，将来只许在广东收泊交易，不得再赴宁波。如或再来，必令原船返棹至广，不准入浙江海口。豫令粤关传谕该商等知悉。①

因为事涉浙、粤两地，乾隆命杨应琚行咨署理两广总督李侍尧在粤"行文该国番商，遍谕番商，嗣后口岸定于广东，不得再赴浙省"。此外，乾隆依然对地方奸民和天主教怀有戒心，他很肯定地说"看来番船连年至浙，不但番商洪任等利于避重就轻，而宁波地方必有奸牙串诱"，要求留心查察，"如市侩设有洋行及图谋设立天主堂者，皆当严行禁逐，则番商无所依托，为可断其来路耳"。②

---

① 《清高宗实录》卷五五〇，乾隆二十二年丁丑十一月戊戌。
② 从 1717 年（清康熙五十六年）发布禁教令起，历雍正、乾隆、嘉庆、道光诸朝，清政府禁止天主教在华传播，此一时期被称为"百年禁教"。五朝皇帝虽都下令禁教，但对天主教的态度和反教的轻重缓急却有着明显的不同。乾隆不像其父雍正那样仇教排教，对于西学中的绘画、音乐、建筑都有浓厚的兴趣，所以在这些因素影响下，他允许一些有一技之长的天主教传教士在宫廷服务，提出"收其人必尽其用，安其俗不存其教"的方针；面对郎世宁请求放宽禁教的上疏，乾隆还曾表示"朕未尝阻拦卿等之宗教，朕唯禁旗人信奉耳"。参见冯作民：《清康乾两帝与天主教传教史》，台湾光启出版社，1966 年，第 115 页。

从此,清政府将中国与西洋人的贸易限定在广州一口,或者说是确定了"一口通商"的政策。

三、洪任辉事件

"翁斯洛号"在驶抵澳门后,决定留下洪任辉和贝文。澳门的葡萄牙当局显然已经得到中国官方的知会,要求英商保证不再派遣或借船去宁波。李侍尧在接到杨应琚的咨文后立即采取行动,1758 年 2 月 16 日(乾隆二十三年正月初九),粤海关监督等官员向洋商宣布不准前往宁波贸易的禁令,商人大多较为恭顺,表示:"既蒙宪谕我等船只收泊黄埔口岸,在广贸易,不许再赴浙省。商等惟有仰遵宪谕,用番字译出赍送回国,遍行晓谕各商知道,以后自然不敢再往浙江去了。"只有洪任辉提出异议,说"该国贸易船只,往广往浙,俱系王家分派。本年商船已于上年十月内发行,其有无往浙船只,不能预知"。其实,洪任辉说的也是实情,虽然对外贸易限定于广州一口的决定已经被传达给在华的英国人,但是远在英国的东印度公司董事部在获知这个消息之前,已经决定尝试向宁波和舟山进行经常性的贸易。"为了此事,他们颁发详细训令给大班航行到这些口岸,并派当时在中国的洪任辉随同前往,由他代表将这个计划实行。"①而为了预防英船再到浙江,广东当局李侍尧不得不派中国商人前往噶喇吧,通知荷兰总督,如遇有英国商船寄碇,即转告他们"番船口岸定于粤东,不得再赴浙江"。②

1759 年,在东印度公司商船抵达中国内海后,驻广州公班衙的大班们欲与两广总督和粤海关监督交涉,要求减免关税和规礼,但未成功。6 月 13 日(乾隆二十四年五月十九日),洪任辉乘坐载重量仅 70 吨的小船"成功号"(Success)离开广州北上,于 6 月 24 日(五月三十日)驶抵舟山洋面,被清军巡洋把总谢恩发现。谢恩在双屿港追上英船,登船查验,发现有"夷商洪任并舵水十二名,内黑鬼一名,携带防护枪炮"。洪任辉称:"五月间由广东空船出口,货物银钱俱在后面大船上,欲往宁波贸易。"定海总兵罗英笏知悉后,立即派人前往定海,要求洪任辉立即回广东贸易,不许逗留。洪任辉回称:"因今年广东生意平常,先坐空船来访,今浙江既不准收泊,我们就开行回去","当即于六月初一日起碇回棹。"清方洋汛兵船"护送夷人于初三日至

---

① [美]马士著,区宗华译:《东印度公司对华贸易编年史(一六三五——一八三四年)》(第一卷),广东人民出版社,2016 年,第 341 页。

② 刘鉴唐等主编:《中英关系系年要录》(第一卷),四川省社会科学院出版社,1989 年,第 588 页。

本营外洋南韭山外,该夷船即乘风出境"。①

浙江巡抚庄有恭在奏折中称:"该番舶一闻晓谕,随即开行,尚知畏法,但事隔两年,辄思尝试,且既已收泊广东,何得复私行浙? 约束之道不可不豫。"②乾隆在看到浙江方面的报告后,谕军机大臣等:"番舶向在粤东贸易,不许任意赴浙,屡行申禁。乃夷商既往广东,借称生意平常,欲赴宁波,为试探之计,自不可不严行约束,示之节制。"他还命将庄有恭的折子抄寄两广总督李侍尧阅看,令其传集夷商等,申明严禁;同时又怀疑"其中更有浙省奸牙,潜为勾引,及该商希冀携带浙货情事,并应谕庄有恭委员留心察访,以杜积弊"。③

但是这两封奏折尚未向乾隆汇报一个情况,即洪任辉在离开浙江之前,还将一份事先拟好的汉文呈词交给负责押送的清军军官陈兆龙,要求其转交上司送达朝廷。陈兆龙于六月初四日返回营汛后将呈词上缴定海总兵罗英笏,后者又将呈词送交闽浙总督杨廷璋。杨总督阅后认为"词语字迹,似非出自番人之手",怀疑"有内地奸人为之商谋,即陈兆龙之接回呈词亦不无情弊"。④ 于是在六月十九日传调陈兆龙到闽查询,并命浙省官员"密访有无奸牙勾串情事"。闰六月二十六日,陈兆龙到闽,杨廷璋亲自讯问,了解到洪任辉在浙江投书详情,他向乾隆汇报陈兆龙等接回呈词的情况:

> 洪任见势不能留,随称:"要去不难,但我有呈词一纸,要众位收去,我即开船,否则仍必赴宁波投递,即出呈词给看,因询其:尔系番人,何来汉字呈词? 据复,系从别处写就带来。众人原不允其接收,而洪任坚欲将呈控交方去。彼时,急图番船迅速回棹,见理谕不遵,因随口允其接收,洪任等随即一面起碇,一面将呈留下,扬帆而去。……此系文武员弁六七人耳闻目击之事,实无别情。

作为管辖浙江事务的闽浙总督,为了澄清责任,杨廷璋还需要让乾隆相信,虽然洪任辉是在浙江投呈,但呈词并不是在浙江所写:

> 呈词之递自洪任,固无疑义,其所以不于寄碇时投递,而于开行时

---

① "浙江定海镇总兵官罗英笏奏英咭唎船已回广东折",《史料旬刊》,第 4 期,天字第 113 页。
② "浙江巡抚庄有恭奏洪任驶船来浙已命回广东折",《史料旬刊》,第 4 期,天字第 114 页。
③ 《清高宗实录》卷五八九,乾隆二十四年己卯六月丙子。
④ 《清高宗实录》卷五九二,乾隆二十四年己卯秋七月壬戌。

撩下者,其初意尚冀赴宁探视情形,及被兵船拦阻,坚谕开行,无计可施,方始将呈控交而去,情形亦确至。双屿港系在外洋,去定海尚远,距宁波更远。是日,官兵络绎,纵有奸徒,亦不能飞越。且查其呈内,年月既未填写,而纸色亦复蔫旧,其为他处宿构,更无可疑。①

所以他得出结论,"番商洪任投呈一事,在浙委无奸牙勾引代谋捉笔情弊"。乾隆也相信他的调查结果,认为"杨廷璋接阅该番商呈词,即往根究实情,所见甚是"。②

杨廷璋在调查洪任辉投呈的同时,也移咨两广总督李侍尧,告知其洪任辉来浙一事,李侍尧在收到咨文第三天(闰六月十五日),又接到军机处转寄乾隆对于浙江巡抚庄有恭奏折的朱批。他随即密饬粤东地方官员,如果洪任辉从浙返粤后,再乘船回国,则可毋庸置议;"倘仍借住冬之名,往来省会,难免故智复萌,应令其照例长住澳门。密饬地方有司及沿途税口人等,不时稽查,毋许再赴省城,庶不至于滋事"。所谓"住冬",即指来粤贸易的外国商船通常是在每年的九、十月份扬帆回国,当时有些洋商并不随船回去,而是前往澳门居住。但其中也有人借口货物未销或行欠不清等,留寓广州,"专事探听各省货价低昂,获利多寡,出本遣人前赴购买,冀获重利"。③ 因此,李侍尧才会提出不让洪任辉以住冬之名再留广州。在他后来提出的"防范外夷规条"第一条中,将此举措更加细化。

李侍尧又会同粤海关监督李永标传集广州英国商馆的大班和商人,言:"尔等船只俱到广东,历久相安,前因洪任舍粤就浙,曾经两省晓谕,若再赴浙江,定将原船押回。乃一年之后,洪任故违禁令,复赴定海,现被浙省查验逐回。尔等当知天朝法度,雷厉风行,从无游移两歧之事。……嗣后,尔等勿听洪任引诱,贸易只在粤东。倘再往宁波,亦如今岁逐回,徒劳往返,终无益处。"面对总督的诘责禁谕,英商倒是"言貌恭顺,并无异词",他们说:"我等自乾隆二十二年凛遵天朝晓谕,只在广东收泊。今闻本国王另有书信寄与洪任,令其先往宁波,随后即有大船开去,是以洪任照依前往,我等俱无干涉。今蒙吩咐,严明我等,即寄信公班,嘱其转达国王,往后切勿发船宁波,致被逐回,自然一体遵奉。"派洪任辉去宁波的当然不可能是英国国王,这不

---

① "浙闽总督杨廷璋奏洪任来浙投呈并无奸牙勾引代谋捉笔等情弊折",《史料旬刊》,第 4 期,天字第 116—117 页。
② 《清高宗实录》卷五九二,乾隆二十四年己卯秋七月壬戌。
③ 《清高宗实录》卷六〇二,乾隆二十四年己卯秋十二月戊子。

过是英商们找的借口而已,但李侍尧对这种解释似乎并无疑义。他向乾隆建议:"此次洪任赴浙,欲为试探之计,而船只已经驱逐;复又明示众商,纵有开港之心,断不能施其伎俩。则将来再赴宁波之举,似可禁绝。"①

李侍尧在奏折中大谈如何禁止洪任辉再去宁波,而洪任辉此时却已经北上天津,要赴京师"申冤"。原来,"成功号"在被驱赶出舟山海域后,并未返粤,而是倒棹北行。7月18日(六月二十四日),天津大沽营游击赵之瑛在大沽海口炮台外发现了"成功号",船上共有十二人,除了洪外,还有三名跟役,八名水手。洪任辉对前来查问的赵之瑛说:"人船俱是嗼咭唎国的,因有负屈之事特来呈诉,将我送到文官处,就明白了。"赵之瑛即将船上"炮位收藏海口炮台,令该船暂泊海口,派拨弁兵看守",同时"将洪任并该船番字执照一张专差押送查询"。洪任辉又向赵解释自己来此地的原因:"我系嗼咭唎国四品官,向在广东澳门做买卖,因行市黎光华欠我本银五万余两不还,曾在关差衙门告状不准,又在总督衙门告状,也不准,又曾到浙江宁波海口呈诉,也不准。今奉本国公班衙派我来天津,要上京师申冤。"②洪任辉之所以自称是"嗼咭唎国四品官",可能是因为他当时提出要面见道爷(Taw-yea),而道员的官阶一般为正四品,中国官场讲究对等原则,所以只有级别相当,才有可能与之交涉。赵之瑛经过与洪任辉交谈,发现两人以前竟然还在广州见过面。赵向洪提出,可以代他向各方面呈报,如天津的文武官员、盐政、总督,只要将事情从各方面张扬出去,官员们就难以向皇帝隐瞒。但如果这样做了,他也就得罪了所有官员,有被革职的危险,所以要洪付他五千两银子。洪认为数目太大,双方经过协商,降成两千五百两。最后,洪交给赵两千两,并同意事成再付余款。洪任辉显然是被赵之瑛讹了一笔,因为天津是拱卫京师的要地,此前从未有欧洲船只到过天津海口,所以洪任辉此来关系重大,当地官员哪敢隐瞒不报。

7月20日(六月二十六日),洪任辉连同两名跟役被送往天津,他的呈词也由天津道那亲阿和天津府灵毓呈送给直隶总督方观承,再由方"固封奏闻",上陈乾隆。其奏折称:"查洪任辉乃外洋嗼咭唎国人,阅其呈词,及所开条,疑有关内地需索贻累情事,虽系一面之词,但既据远涉重洋,口称欲赴京师伸诉,小国微番,若非实有屈,抑何敢列款渎呈?"③

洪任辉的呈文主要的控诉对象是粤海关监督李永标,称"迨关宪李莅任

---

①　"李侍尧奏遵旨禁止夷商洪任往宁波折",《史料旬刊》,第4期,天字第115—116页。

②　洪任辉的官话水平极为有限,因为他自称:"我只会眼前这几句官话,其余都写在呈子上了。"

③　"直隶总督方观承奏英吉利商人洪任来津投递呈折",《史料旬刊》,第4期,天字第114—115页。

以来,不察利弊,任纵关口刁索,年倍一年",在英船到宁波贸易后,"愈纵胥役苛刻,比前尤甚"。并且罗列了七款"负屈条款",主要内容包括:第一、关口勒索陋规繁多,且一船初货税外,先要缴银二十二四百两不等;第二、关监不循旧例准许外商禀见,以致家人、吏役多方勒索;第三,资元行故商黎光华欠外商银五万两,关监、总督不准追讨;第四,对外商随带日用酒食器具等苛刻征税;第五,外商往来澳门被苛索陋规;第六,除旧收平余外,又勒补平头,每百两加三两;第七,设立保商,外商货银多被其挪移,延搁船期等。①

乾隆在接到奏报后,认为问题严重,"事涉外夷,关系国体,务须彻底根究,以彰天朝宪典"。他命给事中朝铨带同洪任辉从天津赴广州、福州将军新柱从福建前往广州,与两广总督李侍尧会办此案。他还警告李侍尧不可徇私,"今夷商控告李永标各款在该督固不能辞其失察之咎。但其咎非有心自作,犹在可谅;若因而稍存回护之见,或于会勘时不虚心确审,则重自取戾,断非公罪可比。恐该督难以任受,想李侍尧断不出此也。……若稍有为李永标之心,是自取罪戾也"。②

乾隆对永标颇为恼怒,说:"历任管关之员,因何向俱相安,而至李永标遂哓哓多事乎?"所以要求新柱和朝铨,无论谁先到广州,"即传旨将李永标解任,其税务暂令李侍尧兼管,仍会同该督审讯。……李永标如果款迹属实,即应在彼正法,俾众知惩创"。③ 他又告诫新柱:"到粤著逐一严讯,务得实情,妥协办理。但不可因有此旨,惟归罪洋商而置李永标于不问,曲为开脱。"④当然,乾隆对洪任辉这样敢于四处控告的洋人也觉厌恶,说:"该商等在浙、闽、天津处处呈控,亦不无挟制居奇之意。不知外洋货物,内地何一不有?岂必借伊来贸易,始可足用?是在内地奸人果有为之商谋者,审出固当按法严治,而番商立意把持,必欲去粤向浙,情理亦属可恶,不可不申明国宪,示以限制。"⑤从乾隆这番言论来看,浙海关已无可能再对西洋商人开放。另外,对于洪任辉投呈一事,乾隆从一开始就怀疑"有浙省奸牙,潜为勾引,代夷商捏砌款迹,怂恿控告"。⑥ 在杨廷璋向其确认"在浙委无奸牙勾引代谋捉笔情弊"后,他还是很肯定地认为:"看其情形,必有内地奸民潜为勾

---

① 中山市档案局(馆)、中国第一历史档案馆编:《香山明清档案辑录》,上海古籍出版社,2006 年,第 728—729 页。

② 《清高宗实录》卷五九〇,乾隆二十四年己卯闰六月辛巳。

③ 《清高宗实录》卷五八九,乾隆二十四年己卯六月戊寅。

④ 《清高宗实录》卷五九二,乾隆二十四年己卯秋七月壬戌。

⑤ 《清高宗实录》卷五九二,乾隆二十四年己卯秋七月壬戌。

⑥ 《清高宗实录》卷五八九,乾隆二十四年己卯六月戊寅。

引。事关海疆,自应彻底根究,以儆刁风。"①实际上,乾隆在此时已经确定
了处理此事的方针和目标,即"使剥商贪婪者抵罪,内地勾引者亦不得免,则
办理允当,洋夷允服矣"。②

根据乾隆的谕旨,负责此案的官员对粤海关监督李永标、番商、内地民
众三方面予以严查。李侍尧在钦差大臣新柱和朝铨到广州之前,先向乾隆
上折,报告对李永标的调查情况:"查因官办克扣,及自买货物,全不酬价之
事,李永标实不至此。"而将主要责任推给其家人,称:"惟闻其家人遇洋船进
口,置买货物,不以实价给发,各行未免赔累。"③乾隆认为:"观此,则李永标
平日不能遵守权政,徇纵滋弊,已属显然。监督专司关务,非督抚公务殷繁,
一时耳目难周者可比。若家人渔利不法,不为整顿,则所办更有何事?而可
以寻常失察家人之罪为之开脱乎?"既然李永标"徇纵情事,已有实迹",于是
决定将其家产严查入官。可笑的是,乾隆竟然将海关的弊端归咎于对外贸
易,认为"看来海关积习,番商因货居奇,固所不免,然洋船货到,多系发行分
售,其中官买者原属无几。且内地何所不有,与其多购之洋船,而番商得乘
机挟制,其下又因缘为奸",甚至生出缩减中外贸易规模的想法,"不如嗣后
量从减半,尤为正本清源之计也"。④

钦差大臣新柱和朝铨到广州后,会同李侍尧审问李永标。李依然供称
是"家人书役得收陋规之处,伊毫无知觉。其余各款,供吐游移,坚未承认"。
考虑到"勒索外番陋规,国体攸系,非寻常失察犯赃可比",奏请将李永标革
职,请示李永标任所资财应否先行查封(朱批:自然)。⑤ 虽然李永标将罪责
推卸给家人,但乾隆认为"管关之人,非督抚可比,一应税物,势不得不用家
人。家人勒索,即主人勒索也,不可以失察开脱其罪"。⑥ 经过审理,新柱等
人认为,李永标虽"无违例、滥征、加平已入、短发价值诸情弊",但是身为监
督,"自应实力稽察,剔除积弊,抚恤夷商,以肃权政",而他"既不能约束于事
前,又不能惩究于事后,不独昏愦,显系纵容,罪无可逭"。结果,李永标被革
职,判"杖一百,流三千里,系旗人照例折枷六十日,鞭一百,解部发落",⑦任
内家产入官;家人七十三收受陋规,求索财物,鞭后发边省为奴;其他各犯分

---

① 《清高宗实录》卷五九二,乾隆二十四年己卯秋七月壬戌。
② 《清高宗实录》卷五九二,乾隆二十四年己卯秋七月壬戌。
③ 《清高宗实录》卷五八九,乾隆二十四年己卯闰六月丙午。
④ 《清高宗实录》卷五八九,乾隆二十四年己卯七月甲戌。
⑤ "新柱等奏请将李永标革职并查封任所资财折",《史料旬刊》,第 4 期,天字第 117 页。
⑥ 《清高宗实录》卷五八九,乾隆二十四年己卯八月丙戌。
⑦ "新柱等奏审明李永标各款折",《史料旬刊》,第 4 期,天字第 123 页。

别权流科罚,所得赃银,照追入官。行商黎光华所欠外商债务,在查清其福建晋江原籍家产确数后,按股匀还,以示平允。① 至于洪任辉所控粤海关七款,大多皆有所本,李侍尧也对其中几款进行了处置,但关键的三千余两规礼和保商制度则继续得以保留,并被纳入则例,英商在最主要的诉求上没有达到目的。

虽然乾隆原先曾有"李永标如果款迹属实,即应在彼正法"之厉语,不过终究还是饶了李永标一命。李侍尧本人也向乾隆请罪,称自己"奉命兼管关务,于监督李永标家人及各书役娄收陋规,未能察出,负咎实深,仰恳圣恩,将臣一并交部严加议处"。②

洪任辉四处告状,在清廷看来不过是"外夷无知,虽各处呈控,尚无别情,可以从宽曲宥",但在乾隆看来,最该引为大防的还是"串诱外夷,滋事生非"的内地"奸人"。最初,乾隆怀疑是英人在浙江有内应,密嘱闽浙总督杨廷璋"其饬有无内地奸民,勾引滋事,代为作呈之人"。③ 而杨经"再三密访,实无内地民人到彼商谋代笔情事,无从访究",不过他知会了在广州的新柱,"嘱其在粤就近查究",通过审问洪任辉,"即可得商谋主讼奸徒,为之按法严治,以戢刁风"。④ 新柱等人在广州审案过程中着力找寻所谓的内地"奸人",乾隆也发出指示,强调"代写呈词者,尤应严其处分"。其实在乾隆那里,查清洪任辉呈文中的指控是否属实可能还没有搜寻代写呈文之人重要。洪任辉在与朝铨赴广州的途中,向他供称"熟识宁波做买卖之郭姓、李姓、辛姓三人,复又供明郭姓为郭四观,李姓名李受观,辛姓名辛文观,其人已故,其弟现在,俱系福建人,在宁波开洋行生理"。关于这些人物,前文已做介绍。新柱等人推测,既然这些人是与洪任辉熟识,又开洋行,"恐有勾引往宁并唆使控告情弊,因飞咨浙省督抚转饬拘讯"。而关于洪任辉所提交呈文的作者,洪先前只是供称"是在噶喇吧地方烦内地人写的",在中国方面诘讯之下,又供:"作呈的人名叫林怀,是福建人,住噶喇吧年久,现已蓄发。呈子是他在海船上写的,今年三月坐喊离臣船进口,五月出口回噶喇吧去了。"新柱

① "新柱等奏审明李永标各款折",《史料旬刊》,第 4 期,天字第 120 页。
② "新柱等奏审明李永标各款折",《史料旬刊》,第 4 期,天字第 125 页。
③ 根据洪任辉日记载,7 月 28 日,当他还在天津时,就有府官询问其来此地的任务,对方想要查出"在宁波是否有中国人教唆我们采取这种办法来申诉的",洪任辉说:"不是中国人,也不是任何人,只是我们自己明白要到什么地方去。"参见[美]马士著,区宗华译:《东印度公司对华贸易编年史(一六三五——一八三四年)》(第一卷),广东人民出版社,2016 年,第 350 页。
④ "杨廷璋奏覆奏洋商委无浙省奸徒勾引折",《史料旬刊》,第 3 期,天字第 93 页。

等人虽觉得"此语亦难凭信"，但也只能"密究虚实"。① 后又"讯得在广与洪任辉来往之买卖人陈祖观、罗彩章、刘亚匾、叶惠等同供，伊等在广居住，只愿鬼子在广贸易，可以觅利，实无勾引往宁情事"。但是根据乾隆的旨意，是要找到"内地人代写呈词者"。嫌疑人被分别审讯，但都坚供实不知情。不过还是供出"有徽商汪圣仪同子汪兰秀曾借洪任辉资本作买卖。洪任辉前在宁波三年，伊父子俱代为包揽生理。及禁往宁波，汪圣仪仍来广东，彼此极其亲密，近又往江苏代为买货物，汪圣仪原是婺源县生员，或系是他指使告状"。于是，新柱等又怀疑洪任辉的呈词是由汪圣仪代笔，即"飞咨江省督抚转饬查拿，一面差员前赴江苏，协同拘缉并搜查字迹"。②

乾隆确信，"番商贸易内地，敢于滋事，必有潜行勾引者为之主持。汪圣仪父子，既与亲密，即不能无勾串唆使情弊"。③ 官方尚未来得及拘拿，汪圣仪已闻风而逃，不过搜查其家，"并无与番商洪任辉往来字迹"。汪圣仪后在江西乐平县被缉获。乾隆又对林怀代写呈文一说表示怀疑，说"林怀既在噶喇吧，住居三辈，蓄发已作鬼子，焉得复能熟悉汉字？且前阅原呈字迹，并不类外夷揣摩书写"，他要求"此中情节必须详悉根究，不得因该商等一面之词，草率了事。至徽商汪圣仪父子，既与洪任辉往来有素，或代为写呈，亦未可定"。又下旨给两江总督尹继善、江苏巡抚陈宏谋将汪氏父子押解来粤交与朝铨、李侍尧④等人审讯，"务得实情，完结定案"。⑤ 汪圣仪"坚供无唆使代写呈词事"，但乾隆认为，即便没有此事，也当"治以闻信逃脱之罪"，按交结外国互相买卖借贷财物例，将汪氏发边充军。⑥

乾隆有关"沿海奸民勾引夷人"的想法根深蒂固，而对于像林怀这样私自移居海外的沿海民众更是心存忧虑和戒备，他说："内地民人，私越外洋，例有严禁。林怀原籍闽人，从前何时潜往该国，而地方官并无觉察，且称在彼已住三辈，蓄留头发，作为鬼子，尤堪骇异。闽省民风，素称刁悍，设滨海居民，尤而效之，此风将何所底止。"乾隆甚至要求闽浙总督杨廷璋"即行悉心查访，林怀系从何时潜踪出境，其家属如有尚留内地者，一面密拘齐确讯，并将该犯设法召回治罪，毋令漏网"，⑦务使沿海刁民不敢重蹈故辙。

---

① "新柱奏覆奏内地有无奸徒勾引夷商现在查办折"，《史料旬刊》，第 3 期，天字第 92 页。
② "新柱等奏减办洋货及讯查代写呈词折"，《史料旬刊》，第 3 期，天字第 94 页。
③ 《清高宗实录》卷五九七，乾隆二十四年己卯九月癸亥。
④ 此时新柱业已丁忧，乾隆命其先行回京。
⑤ 《清高宗实录》卷五九七，乾隆二十四年己卯九月癸亥。
⑥ 中国第一历史档案馆：《朱批奏折·外交类》，第 37 号，乾隆二十四年十二月二十二日李侍尧奏折。
⑦ 《清高宗实录》卷五九七，乾隆二十四年己卯九月癸亥。

代写呈词的"奸人"终于被抓到。九月二十日,李侍尧奏报,已查明代洪任辉草拟诉状的是四川人刘亚匾。据广东行商蔡国辉禀称,曾听得洪将告状之事"在仁和行内与刘亚匾商量"。及审刘亚匾,供出其原名刘尹孚,今年有英商请他教书,四月内又请他写状,便"应允写了一张"。洪任辉也承认,公司在噶喇吧请林怀"将刘亚匾作的状子交其誊改了往宁波天津去递的"。李侍尧奏"按律应发边远充军",今请"从重立毙于杖下",①而乾隆却仍以为轻,谕令:"刘亚匾为外夷商谋砌款,情罪确凿,即当明正典刑,不得以杖毙完结。"要求李侍尧召集广州的洋商、保商,当众传宣谕旨,再将刘亚匾即行正法示众,"俾内地棍徒,知所儆惧,而夷商等共识朝廷威德"。② 刘亚匾不过是根据英商的意思,执笔作呈而已,却被处以极刑,广州的大班送银 300 两给其家人,以作安慰。

至于在宁波投呈、赴天津告御状的洪任辉,清廷也对其相当不满,认为其无视"止许广东收泊交易,不得再赴宁波"的谕令,"外借递呈之名,阴为试探之计",不过鉴于"现在此案所控情节尚属有因(朱批:公论),似难坐以罪名",乾隆最初的处理意见是:"即将洪任辉驱逐回国,则众番商亦断不敢再萌往浙另开港路之心矣!"③但没过多久,他又改变主意,加重处罚,"该商从前所告情节,在监督等既审有办理不善之处,即按法秉公处治。念尔外夷无知,虽各处呈控,尚无别情,可以从宽曲宥。现在审出勾串内地奸民,代为列款,希冀违例别通海口,则情罪难以宽贷。绳以国法,虽罪不至死,亦当窜处远方,因系夷人不便他遣,姑从宽在澳门圈禁三年"。④ 按照李侍尧在奏折上对乾隆的描述,他在 12 月 6 日(十月十七日),"提出刘亚匾,并传集在广洋商及保商人等面审,传洪任辉到案,将钦奉谕旨教谕宣传",洪任辉听到要将刘亚匾即行正法后,表现得很恐惧,但当听到自己被从宽,在澳门圈禁三年再逐回本国,"即变为喜,感激天恩,俯首服罪。即各夷商既闻圣明睿勘执法等情,亦靡不畏威怀德",⑤想必这个场景也是乾隆所乐见的。不过根据英方的记载却是:李侍尧命行商召见洪任辉,有几位商馆大班陪同其去了总督衙门,在内院大门口被迫摘下佩剑后带至总督面前,又被强迫按照中国人的礼节下跪,但英人不肯屈从,总督只得作罢,喝退手下。总督将洪任辉召

---

① 中国第一历史档案馆:《朱批奏折·外交类》,第 37 号,乾隆二十四年九月二十日李侍尧奏折。
② 《清高宗实录》卷五九八,乾隆二十四年己卯冬十月庚辰。
③ "新柱等奏晓谕各番商折",《史料旬刊》,第 5 期,天字第 162 页。
④ 《清高宗实录》卷五九八,乾隆二十四年己卯冬十月庚辰。
⑤ "李侍尧为遵旨办理刘亚匾洪任辉事折",中山市档案局(馆)、中国第一历史档案馆编:《香山明清档案辑录》,上海古籍出版社,2006 年,第 186 页。

到身边,向其出示皇帝谕旨,告诉其惩罚决定;并说那个替英人写请愿书的人已经认罪,于今日被斩首。总督还说,皇帝赞许英人控告海关监督的事项,因为俱是实情,海关监督确为坏人。12 月 9 日,法国、丹麦、瑞典和荷兰的大班聚集在英国商馆,抗议总督的行动,并宣称要各自通知本国公司。13日,英国大班向海关监督表示对总督惩处洪任辉决定的不满。① 清廷当然是要通过严惩洪任辉来警告全体在广州的洋商:"宁波地方是断不准再去,去必驱逐,亦属无益。倘不遵禁令,是自取咎戾了。"②

洪任辉事件之后,李侍尧认为此事"总由于内地奸民教唆引诱,行商通事不加稽察所致",又说"与其惩创于事后,似不若防范于未萌",③于 1759年 12 月(乾隆二十四年十月)提出"防范外夷规条"。乾隆接奏后,令军机大臣等议复,并亲自逐条核批,使之成为清政府第一个全面管制外商的正式章程。该章程共五条,主要内容包括:第一,禁止外商在省住冬,即有行欠未清,亦令在澳门居住;第二,夷人到粤,宜令寓居行商管束稽查;第三,严禁借领外夷资本及雇请汉人役使;第四,严禁外夷雇人传递消息;第五,夷船停泊处增加官兵巡查弹压。④ 这一章程的颁布,可以说是"乾隆闭关政策的具体体现,广州一口通商制度至此已彻底完备"。⑤

英国东印度公司原本希望通过洪任辉北上告状,引起清政府对于粤海关弊端的关注,加以查究,减少陋规、废除保商,恢复在浙江的贸易,不料目的没有达到,反而导致清政府采取更加强硬的管控中外贸易的措施。但是公司并没有放弃,还是希望继续与清政府沟通。1761 年 8 月 12 日(乾隆二十六年七月十三日),哥打船长(Capt. Nicholas Skottowe)指挥"皇家乔治号"(Royal George)抵达广州,他奉公司董事部之命,向两广总督控诉公司所遭受的种种委屈。9 月 28 日,他在要求谒见两广总督失败后,将一份英文禀帖转交给总督。12 月 17 日,久久等不到回复的哥打前往马德拉斯。这份禀帖是由东印度公司董事部起草的,主要包括:第一,年内释放洪任辉;第二,取消每船征收规礼银 1950 两、6％的出口税和 2％的银两补平;第三,取消保商制度,允许大班直接向粤海关交税;第四,大班在事务需要时有谒

① ［美］马士著,区宗华译:《东印度公司对华贸易编年史(一六三五——八三四年)》(第五卷),广东人民出版社,2016 年,第 95—96 页。
② "新柱等奏晓谕各番商折",《史料旬刊》,第 5 期,天字第 161 页。
③ 中国第一历史档案馆:《朱批奏折·外交类》,第 37 号,乾隆二十四年十月二十五日李侍尧奏折。
④ 《清高宗实录》卷六○二,乾隆二十四年己卯十二月。
⑤ 龚缨晏:《洪仁辉事件与宁波》,宁波市社会科学界联合会编:《宁波市社会科学界首届学术年会文集》,宁波出版社,2010 年,第 94 页。

见海关监督的自由。1762 年 1 月 18 日,英国商馆才收到一份下达给行商谕帖形式的回复书。从递禀到回复之所以耗费近四个月的时间,主要是因为两广总督苏昌、广东巡抚托恩多、粤海关总督尤拔世等人收悉禀帖后,还向乾隆上奏折并附上拟给回文稿,在皇帝训示后,才能回复。果然是"天朝体制,事无巨细,悉达宸聪"(李侍尧语)。在 11 月 7 日(乾隆二十六年十月十一日)的奏折中,苏昌等人一一驳回了英人在禀帖中的要求,仅对 6% 出口税提出一个变通方法。乾隆览后觉得很满意,认为"所办甚得正理",但又觉得"不准夷人进见,及拟发回文,词语未免迹涉迁懦,尚失严正削切"。所以在给这些官员的谕旨中告诫:"驾取外夷之道,夷商来粤贸易,惟在该监督等,饬令行商公平交易,不可图占便宜,俾得速为销售,早整归棹。若该商等稍有不知安分之处,仍宜严加约束,示之体制。"他还对英商在禀帖中提到"我们来广贸易与天朝有益之语"颇为在意,要求苏昌等人"不但当行文笼统驳饬,并宜明切晓谕,使知来广贸易实为夷众有益起见,天朝并不借此些微远物也"。① 乾隆的这一思想可谓是一以贯之,三十多年之后,在他给英王乔治三世的信中,还说:"天朝物产丰盈,无所不有,原不借外夷货物,以通有无。"收到乾隆谕旨后,苏昌等人将回文重新修改,于 1762 年 1 月 6 日"给发英吉利夷船大班巴兰收领讫",英人所提要求除第四项外,基本都被拒绝。哥打船长原先委托赠送给官员价值 1101 两的礼物也遭到拒绝。自此以后,直至马戛尔尼使团访华,英国暂时放弃了挑战广州一口通商体制。

对于清王朝这种闭关政策(或者说"限关政策")的危害性,戴逸先生曾作过精彩评价:"从表面上来说,闭关政策似乎也限制了外国侵略者的活动,具有一点自卫作用。实际上,这种落后的、消极的政策只能束缚中国人民,而不可能限制住穷凶极恶的外国侵略者。资本主义的本性就是要侵略别国。越是落后国家、落后民族,遭受的侵略就越是严重。中国能不能抵抗住外来侵略,或者能不能减轻外来侵略的祸害,决定于中国能否急起直追,迅速进步,改变中国和外国的力量对比,而绝不能依靠自我孤立、自我隔离的政策。因为这种政策既不能改变侵略者的本性,又不能妨碍侵略国家力量的增长,只能是作茧自缚,阻碍中国的发展,扼杀中国的生机和进取的精神,使得中国和西方国家的差距越来越大。闭关政策是慢性自杀政策,对国家和民族有百害而无一利。"②

---

① 《清高宗实录》卷六四九,乾隆二十六年辛巳十一月。
② 戴逸:《清代乾隆朝的中英关系》,《清史研究》,1993 年第 3 期。

　　但本书倒是认为,乾隆之所以实行"闭关政策",或者说"广州一口通商政策",并非出于反侵略的目的,而主要是为了防范内地人民,隔断其与外国的联系,维护清王朝的专制统治。

　　清王朝是一个多民族、多文化、贯通内陆和海洋的帝国。作为一个由少数民族建立的王朝,在入关之初不得不面对汉族人民的反抗运动和"儒学传统内部根深蒂固的夷夏之辨",①所以清朝统治者对于民众始终抱有戒心,也实行了残酷的专制统治。军事上,在全国战略要冲和重点城市设立八旗驻防,以监视地方、镇压民众叛乱;政治上,以满员监督汉员,屡兴文字狱,钳制言论、消灭思想。而在社会经济生活上,清初为了对付明朝残留在东南沿海的抗清力量,一度实行海禁政策。清朝统治者分析郑成功凭借占据的台澎金厦几个岛屿就可长期与清朝对抗的原因是"实恃沿海居民交通接济",所以要将"山东、江、浙、闽、广海滨居民尽迁于内地,设界防守,片板不许下水,粒货不许越疆",企图达到"海上食尽,鸟兽散矣"的目的。② 于是"沿海居民三十里,界外者尽徙内地,禁渔舟商舟出海"。③ 这一政策不顾人民生计,导致沿海数省经济凋敝。直至 1683 年台湾归清之后,海禁才被解除,设立四处海关,开展中外贸易。但是清政府对汉族民众始终抱有戒备心理,尤其是对曾经长期进行反清斗争的闽浙地区的人民,这点在 1716 年康熙的上谕里讲得很清楚,"如吕宋、噶喇吧等口岸,多聚汉人,此即'海贼之根'。海中东洋商船可往贸易,若南洋商船不可令往,如红毛等国之船使其自来"。清政府又于 1717 年正式下令禁止东南沿海人民往南洋贸易,这一禁令也可视为清朝闭关政策的萌芽。东洋、南洋俱是国外,为何东洋可去,南洋不可去,欧洲来船亦不禁止? 其根本原因还是南洋"多聚汉人",担心他们与沿海百姓相勾结,这也表明清朝统治者害怕的是汉族人民而非西夷。所以,即使是允许百姓出洋经商和外商来华贸易,清政府也做出诸多限制,如康熙时福建漳浦人蓝鼎元所称"一船下水,必有族邻乡保具结,地方官查验,烙号给予护照牌照,方敢外出贸易";④限制船只规模和载货类型,建立起从船只制造到出洋一整套严密的管理办法;又在《大清律》中明文规定:一切官员及军民人等,如有私自出海经商,或移往外洋海岛者,应照交通反叛律处斩立决。⑤

① 汪晖:《现代中国思想的兴起·帝国与国家》(第二部上卷),生活·读书·新知三联书店,2008年,第 537—538 页。

② (清)夏琳撰,林大志校注:《闽海纪要》,福州人民出版社,2008 年,第 58 页。

③ (清)徐鼒著,王崇武校:《小腆纪年附考》,中华书局,2010 年,第 769 页。

④ (清)蓝鼎元:《鹿洲初集》卷一《论海洋弥捕盗贼书》,文渊阁四库全书本。

⑤ 陈翰笙主编:《华工出国史料》(一),中华书局,1981 年,第 1 页。

为了加强对外商的控制,清政府又建立行商制度,使来华外商只能与官方指定的商人交易,阻隔与其他中国人的往来。出于对汉族人民的戒心,每每有百姓起来反抗专制王朝统治,清朝统治者却将阶级矛盾与民族矛盾混为一谈,认为是汉族人民不服管束,所以"防民",预防民众可能会出现的反叛才是皇帝所重视的。而至于夷人(或者说中外矛盾),乾隆虽然对海防安全有所顾虑,这也是他之前要放弃宁波将对外贸易集于广州的一个原因,但他对于清朝的国力充满信心,并不认为欧洲人有力量来入侵,所以才会有"岂有番商欲作反乎"之语。但是他对于可能引起内部变化的外来因素却十分敏感,尤其是"内地奸民串通勾引",正如马克思所说:"害怕外国人会支持很多的中国人在中国被鞑靼人征服以后大约最初半个世纪里所怀抱的不满情绪。由于这种原因,外国人才被禁止同中国人有任何来往。"①

清政府在处理洪任辉事件的整个过程中,明显表露出"防民甚于防夷,更防民夷勾结"的思想。洪任辉投呈,本是控告粤海关弊端,按照正常逻辑,只需查证所控是否属实即可。然而,乾隆在派钦差赴广州调查时却确定了两个调查方向:既要查呈词的指控内容,又要查呈词本身的产生、投递,目的是要"使剥商贪蠹者抵罪,内地勾引者亦不得免"。而且相较于官吏的腐败贪蠹,乾隆更痛恨的似乎还是内地"奸牙潜为勾引,代夷商控砌款迹,怂恿控告情事"。因为这就涉及中外势力相互勾结的情况,在他看来是威胁其统治的严重事情。此后对于代写呈词、预收茶资的中国民众的处理,也最为苛酷,竟然超过了被英商控告而且"徇纵情事,已有实迹"的李永标,乃至于被枭首示众。而"所控情节尚属有因,似难坐以罪名"的洪任辉也被圈禁三年。这种看似本末倒置甚至荒唐的处理方式背后隐藏着乾隆对于内地百姓与外国人"串通勾引"的巨大担忧。李侍尧后来在广州施行的"防范外夷规条",其实质还是要切断夷商与中国百姓的联系,而对于贸易本身并没有增加限制。一言以蔽之,"闭关政策"是清朝统治者极端狭隘性的体现。

如果以地域而论,浙江是清政府闭关政策的最大受害者。本来英国东印度公司已开始对宁波进行经常性的贸易,作为最高决策者的乾隆在一口通商与粤、浙两口通商之间也曾出现过游移态度,甚至还产生过听任洋商赴粤赴浙,"惟其所适"的想法,但最终还是选择了广州一口通商政策。这不仅让浙海关税收、地方利益受到损失,也让宁波和舟山丧失了发展成为像广州

---

① 马克思:《中国革命和欧洲革命》,中共中央马克思、恩格斯、列宁、斯大林著作编译局:《马克思恩格斯选集》(第 2 卷),人民出版社,1972 年,第 6 页。

那样的国际性港口的机会,更让浙江丧失了一次接触西方现代文明,率先走向世界的可能性。正如有些学者所说:"如果允许浙江开埠,中英贸易由于更加接近茶、丝生产地而获得发展,江浙富庶之区将被带动起来,广州的外贸垄断体制遭遇挑战,浙江和广东在招揽贸易方面将展开竞争,很可能会引起贸易规模和中外交往的迅速变化,产生有利的影响。"①

直到 1842 年英国人凭借武力敲开中国大门,迫使清政府与其签订《江宁条约》,广州一口通商政策才最终被废除,宁波才再度对外开放。此时距离洪任辉来浙江投呈已过去 83 年。

1763 年 1 月 7 日(乾隆二十七年十一月二十四日),在澳门圈禁三年之久的洪任辉期满获释,乘坐英商吗哟船回国。船经炮台,洪"尚知感畏,在船行礼叩谢,由虎门出口放洋而去"。②

---

① 戴逸:《当代学者自选文库(戴逸卷)》,安徽教育出版社,1999 年,第 534 页。
② 中山市档案局(馆)、中国第一历史档案馆编:《香山明清档案辑录》,上海古籍出版社,2006 年,第 189 页。

第九章　"阿美士德勋爵号"间谍船在浙江

为了打破清政府的贸易壁垒，从 18 世纪晚期至 19 世纪初期，在英国东印度公司的资助下，英国政府曾三次遣使来华，增开对欧贸易的商埠成为这些使团向中国谋求的重要权益之一。1787 年，卡思卡特使团得到的公司训令是，废除广州贸易制度，使中英关系立于条约基础之上，并且获得在华的商业特权，将英国贸易伸展于北华各埠，帮助公司排除中国大陆上劲敌之竞争，而使伦敦成为欧洲方面华货分播之中心。[①]　此次使华由于卡思卡特中途去世而没有完成。1793 年，马戛尔尼使团达到中国，英国外交大臣邓达斯在给马戛尔尼的训令中提出应向皇帝请求设立一个"位于北纬 27°至 30°之间"的商站，而东印度公司也认为"最重要之目标，即获取在广州以北各埠贸易之特许"，据此，马戛尔尼向中国提出开放宁波、舟山等地贸易，在舟山附近获得一岛供英商停歇和收存货物的要求，但悉数遭到乾隆帝拒绝。1816 年，英国又派遣前印度总督阿美士德勋爵（Lord Amherst）率使团赴华谈判，目的与马戛尔尼使团大致相同，他收到外相卡斯尔雷勋爵（Lord Castlereagh）的训令里也包括开通广州以北港口的内容。但该使团也由于觐见礼仪的问题，遭到清政府驱逐，连正式提出要求的机会都没有。而且清廷早有防备，在给负责接待的直隶总督那彦成的谕旨中说："如该贡使向该督言及有恳请赏给口岸贸易，如上次请于宁波互市等事，该督即先行正词驳斥，以天朝法度森严，不敢冒昧陈奏，绝其妄念。"[②]

英国政府两次派使与清政府直接交涉，尝试通过外交方式突破广州贸易体制的束缚，但最终都以失败告终。不过英国人并没有放弃，工业革命后大量的英国商品需要更多的消费市场，而具有巨大潜力的中国市场让英商充满希望。1832 年 1 月，英国东印度公司向该公司的高级大班林赛（H. Hamilton Lindsay）发出训令："查明这个帝国可以渐次对不列颠商业开放最适宜的北方口岸有多远，以及土著和当地政府对此事的好感程度。"[③]此

---

① 朱杰勤译：《中外关系史译丛》，海洋出版社，1984 年，第 192 页。

② 故宫博物院编：《清代外交史料》（嘉庆朝五），民国二十一年刊本，第 6 页。

③ ［美］马士著，区宗华译：《东印度公司对华贸易编年史（一六三五—一八三四年）》（第四卷），广东人民出版社，2016 年，第 372 页。

外,还要调查英国哪些货物在中国能有销路、具体价格如何;中国各地"茶、丝及其他中国商品的价格,以及装货和购货的方便与困难"。当年 2 月 26日,林赛乘坐"阿美士德勋爵号"(Lord Amherst)商船从澳门出发北上考察中国沿海,船上载有 70 多人,随船携带了印花布、呢绒、羽纱、铁等大量商品及一批关于政治和宣扬基督教的汉译小册子。为了避免清政府将他和英国东印度公司联系起来,林赛冒充是船主,并根据本人的受洗名 Huge Hamilton 给自己取汉名"胡夏米",还对中国官员谎称这是艘从"榜葛剌"(今孟加拉)开往日本的英国船。林赛负责主持调查工作,他还有两位重要的助手,一位是普鲁士籍传教士郭实猎(Karl Friedrich August Gützlaff,1803—1851),因为精通中文、熟悉中国情况而被聘请为此次航行的翻译和随船医生,并化名甲利;另一位是该船真正的船主礼士(Cap. Rees),他负责沿海海湾与河道的勘测工作,绘制航海地图。"阿美士德勋爵号"此行的首要目的虽是商业性的,但同时还对中国沿海海岸的具体情况进行调查,搜集有关中国政治、军事的情报,这其实就是类似于间谍的侦察行为。也是基于这个情况,本书将"阿美士德勋爵号"称为"间谍船"。

"阿美士德勋爵号"一路经过南澳、厦门、福州、宁波、镇海、上海、威海等地,于 9 月 5 日回到澳门。航行结束后,林赛和郭实猎各写了一份报告,并于 1833 年合为一本出版,题为《"阿美士德勋爵号"在中国北部港口航行的报告》。书中对该船在宁波和舟山的活动、与当地官民的交往有较为详细的记述,又可与中方的文献记载相互印证,是反映鸦片战争前浙江对外关系的重要西文史料。

根据报告记载,"阿美士德勋爵号"于 1832 年 5 月 24 日进入浙江舟山群岛洋面,次日在甬江口外的海上前往宁波。来自定海的中国水师进行拦截,胡夏米与登船的中方官员进行了交涉,他写道:

> 我告诉他们自己的意愿:立即亲自前往宁波,将请求允许通商的禀帖递交给合适的官员。两位头戴白色顶戴的官员,应该都是文盲,基本上读不懂他们自己国家的文字。同他们一起来的有位先生(seen-sang),或者叫老师,协助他们读写。两人问我的问题都属于那种极其愚昧的类型。对于我们的出现,他们感到非常惊讶和迷惑,尤其是在听到我们用他们国

家的语言说话的时候。之后也没有继续阻止我们的航行。①

水师官员给了胡夏米一份题为《汛官通知书》的书面通知,让其一行停止前进,等待中国官方的许可。这份材料现在仍保存在英国,内容如下:

敬启者:

我国设立关隘汛口,定有规例,凡遇各省各邦船只到口,必须以礼言阻留停泊,候汛官禀明大宪批准收口,方可进关。如未明批准,一经进关,我等官兵均有失守懈误之罪。今宝舟到此,望祈停泊勿进,候我等禀明大宪批准,我等接获宝舟进关上宁矣。特此告闻。②

这种近似恳求口吻的阻拦对"阿美士德勋爵号"没有任何作用,胡夏米不仅置若罔闻,还连夜赶写了一篇上宁波知府的禀文:

英吉利国的船主胡夏米恭禀宁波大老爷正堂。现在英吉利商船至此,船上装载洋布、羽毛、大呢货等,特意在贵府销卖之。盖康熙年间,我国的船曾到贵府,买卖不禁。今英吉利人意愿复结向来贸易的事,致贵府的尊商与远客彼此获利矣。万望应准之。况且贵府的船年年到大英国属地方,我国法律亦准买卖。据情禀恳大老爷俯念察夺施行,则远客感激无既。

道光十二年四月　日

胡夏米预料到自己的请求不会有一个满意的结果,"不过是借着递交禀文的机会能参观一下宁波城"。

5月26日,"阿美士德勋爵号"经镇海,沿甬江而上。中方又出动船只进行拦截,但毫无效果,胡夏米描写航行情况:

船向西约20英里便是江水的入海口,镇海恰好位于江口的位置,这条江实际上叫"大浃"(Tahae)。镇海县的县城建于一座半岛之上,一

---

① Hugh Hamilton Lindsay and Karl Friedrich August Gützlaff, *Report of Proceedings on a Voyage to the Northern Ports of China in the Ship Lord Amherst*, London: B. Fellowes, 1833, p.98.

② 许地山编:《达衷集:鸦片战争前中英交涉史料》,商务印书馆,1928年,第39页。

边是江,另一边是海。它受到一座宏伟石堤的保护(指镇海海塘——译者注),这座堤坝沿着海岸线延伸约5、6英里,在一定程度上就是一个坦荡的平面,堤后的城镇大大低于海水满潮时的水位线。

这个半岛的最高点是在一处高山,在此地建有一座广阔的要塞,但如同中国海岸的大多数要塞一样被拆的七零八落,而且没有驻防部队。当我们经过这个城镇时,许多船只驶过来,上面的人向我们喊话。另外有些船上满是低级官员,他们竭力劝说我们停下。这些人先是恳求,最后发出威胁。他们的船只跟不上我们的,所以有些人登上岸,顺着江堤跑,并试图呼喊一些满载乘客的大型船只挡住我们前行的航路,但是那些船并没有这样做。在我们为躲避潮水而近岸航行时,他们又派出一队男孩向我们投掷石块。我向他们招手,并且威胁说会告诉县令他们的这种野蛮行为。这些人赶紧制止男孩们再扔石头。①

就这样,"阿美士德勋爵号"顺利地行驶到宁波城下,一出中外交涉的好戏即将开演。

林赛在报告中这样回忆他们一行人入城去找宁波官府交涉的经历:

我们找到一处最近的登陆点,在大量人群的围观下登了岸,径直向宁波城走去,同时还对周围人说,我们想要去知府衙门,一些人立即就指明了道路。我们穿过宽阔的街道,两旁都是漂亮的商店(相比较来说,宁波的街道比我所参观过的任何其他中国城市的都要宽上几英尺,商铺也更加漂亮些。——原注如此),我还停下脚步向其中几家店内看了看。郭实猎先生和我都向人群讲话,告诉他们:"我们是他们的老朋友——英国人,曾经来这里进行过贸易,也给这座城市带来过巨大的财富。现在我们又来了,希望能够重建这种对双方都有好处的古老关系。"我还在那些最受尊敬的人当中散发小册子。在走了近一英里的路程之后,我们来到了知县衙门,官府里的人所表现出的惊讶程度超出了我们在福州府所见识过的情况。像之前一样,我们被问了许多问题,我也在他们中间散发了好几本小册子,就是为了传播一些他们似乎很想知道的、关于我们的信息。没过一会儿,知县来了并与我们交谈。当我

① Hugh Hamilton Lindsay and Karl Friedrich August Gützlaff, *Report of Proceedings on a Voyage to the Northern Ports of China in the Ship Lord Amherst*, London: B. Fellowes, 1833, pp. 99-100.

提到希望能够亲自去拜见知府、递交禀文时,他彬彬有礼地请我们跟他走,他会带我们去见知府。①

林赛等人在与鄞县知县程璋(字麟章,江苏宜兴人,生卒年不详)见面后,又在其引领下会见了宁波知府冀兰泰(字畹亭,山西平遥人,生卒年不详),并递交了"胡夏米上宁波府禀"。林赛描述了与知府见面的场景:

> 我们随同知县来到离县衙不远的一处空旷场地,在它的尽头有个放满了长凳的大殿,足以容纳下 2000 人。这是孔庙大殿,候选人为了获得文学荣誉每年都在这里参加考试。几分钟后,知府在众人的簇拥下到了,走到大殿上端一个凸起的平台,又来到台前,我走过去,将禀文和一份小册子递到他手里。知府是位上了年纪的人,有着一副吸引人的外表。他面带微笑,接过了我的禀文。在读完之后,他转向我说:"此事我们需要考虑一下,我会和提督商量。在此期间,你们可以在此地过夜。我手下的人会提供你们所需要的一切。你不觉得这样很妥当吗?"最后一句话,他用一种诙谐幽默的语气说了好几遍。于是我回应道,我对受到的盛情款待深表感激,而且非常钦佩大人思想如此地开明。这位老先生显得兴高采烈,问了我们各种各样的问题,然后特意指示他的一个随从,去看看还能为我们的安适和住宿做些什么。他向我们道别时,还不断地重复"关于你的事情,我们会商量的"。在围观的观众当中,还有不少警察,虽然手执鞭子,但他们完全没有能力将不断涌入大殿的人群挡在外面。人们很快挤满了殿内,肯定得有好几千人。②

冀兰泰安排林赛等人在宁波城东的天妃宫(福建会馆)过夜。林赛对中方的热情接待感到很满意,他写道:"知府的一个贴身仆人被派来,他以最恭敬的态度来照顾我们的起居,不断地问我们是否还需要什么东西,他会立即买来。唯一让我们感到有些不快的是那些络绎不绝的好奇访客,他们中很多人是下级官吏,还有一些是受人尊重的商人与店主,他们的问题和好奇心

---

① Hugh Hamilton Lindsay and Karl Friedrich August Gützlaff, *Report of Proceedings on a Voyage to the Northern Ports of China in the Ship Lord Amherst*, London: B. Fellowes, 1833, pp. 100-101.

② Hugh Hamilton Lindsay and Karl Friedrich August Gützlaff, *Report of Proceedings on a Voyage to the Northern Ports of China in the Ship Lord Amherst*, London: B. Fellowes, 1833, pp. 101-102.

似乎永无止境。每个人都请求我们赠予那本关于英国的小册子。于是,英国的名声就如同野火般迅速地蔓延开了。等到我们入室就寝时,已经是午夜时分。"①

5月27日清晨,冀兰泰就派出几名信使来了解情况。而根据林赛的说法,他们的问题主要都是围绕"那本关于英国的小册子里的各部分内容",比如"在广州遭到不公正待遇的说明,我们提到的英国在印度的属地差不多是与中华帝国接壤的情况",等等,信使将林赛等人的答复全部记录下来。看来冀大人着实认真地翻阅了林赛给他的那本小册子。

"阿美士德勋爵号"一行人的到来,也让宁波百姓感到十分新鲜。他们一大早就过来看热闹,将天后宫围了个水泄不通。林赛等人并不惧怕,反而很高兴,他们此行就是想多接触中国人,让他们了解英国。于是从天后宫走了出来,"为了满足中国人的好奇心"。上午的时候,鄞县知县带着一些军官前来拜访,林赛感受到对方表现出的"最明显的殷勤与关心",还在这次会面中认识了被称为"马大老爷"(Ma-talaon Yay)的军官,此人之后多次负责与英国人交涉。林赛写道:

> 我们之间举行了一场关于谁应该去坐荣誉席位的客套比赛,知县等人坚持让我们去坐,他们急于向我们这些来访者表示尊敬。知县看上去是一个年老体弱的人,说话含糊不清,好在马大老爷流利的讲话和优雅的举止充分弥补了他的不足。相较于一般的军官,马大老爷是一个例外,他品格高尚、值得钦佩。他的官衔是游击(Yew-keek),或者说是提督手下的上校。我们此后见了很多次面。他是一位50岁上下的英俊男士,具有十分明显的欧洲人相貌特征。他解释说其家族来自西藏,与我们在印度的领土相毗邻。马是一位穆斯林,他所掌握的一般学科的知识比普通中国文人所了解的要多得多。在说了一些赞美之词后,知县转达了知府的口信:因为提督外出,无法立即做出决定,故而不能答复我们的要求。已经派出信使去请提督回宁。知府计划在一些官员的陪同下,今天下午就出发去镇海,他们在那里会登上我们的船,大

---

① Hugh Hamilton Lindsay and Karl Friedrich August Gützlaff, *Report of Proceedings on a Voyage to the Northern Ports of China in the Ship Lord Amherst*, London: B. Fellowes, 1833, p. 103.

家共同商量一个将我们的请求呈送给皇帝的最佳方式。①

"阿美士德勋爵号"当时停泊在镇海,林赛等人在返回船上之前,又要求在宁波城内购买一些东西,其实是想借机进行商业调查:

> 我们走访了城内的几处售卖欧洲羊毛制品的商铺,它们的价格和在福州卖的一样。我非常希望去参观批发丝织品的货栈,却只看到了零售店。我和郭实猎先生都很努力地想去了解有关外国住宅是否还有任何遗存的消息(据说英国人曾在宁波建立过商馆——译者注),但是我们的寻找毫无结果,而且我们也没有时间或者空闲来继续搜寻了。但是这里每一个人对一个世纪之前外国人在宁波进行过贸易的事情都显得非常清楚,他们的城市从这种情况中获得了最大的好处。穿过城市,我们登上城墙,从位于一个城门顶的塔上可以很好地观赏这座人口密集的城市,发现在城墙内没有空闲的土地。从不同来源收集到的数据,我觉得城里人口约在 250000 至 300000 之间。城市和郊区的占地面积约超过广州的一半以上。城市旁的大江里满是船舶,多数是属于这个省的,也有不少是来自福建。大部分的福建船只似乎还留在镇海。②

林赛和郭实猎又在城里散发了约 50 份关于英国的小册子,他觉得这项工作对于增进中国人了解英国有着非常重要的意义:

> 作为这种小册子所产生的巨大影响的一个强有力证明:当我们刚到这里的时候,所有人都称呼我们为红毛,长着红色鬃毛的人;几位德高望重的人,没有丝毫不礼貌的意思,也会询问红毛国是否是我们的国家。我们对所有人的答复都是都是一样的,没有这样的国家。称呼红毛是一种对外国人不雅的,甚至有些粗鲁的表达方式,因为只有猪、狗、猫身上才长毛,而人长的是头发。就关于我们国家的知识而言,我相信

---

① Hugh Hamilton Lindsay and Karl Friedrich August Gützlaff, *Report of Proceedings on a Voyage to the Northern Ports of China in the Ship Lord Amherst*, London: B. Fellowes, 1833, pp. 104-105.

② Hugh Hamilton Lindsay and Karl Friedrich August Gützlaff, *Report of Proceedings on a Voyage to the Northern Ports of China in the Ship Lord Amherst*, London: B. Fellowes, 1833, pp. 107-108.

对很多中国人来说是新的。当离开宁波之前,我们很满意地听到人们在相互议论,"这些是英吉利人"。①

现在已经考证出来,林赛等人在宁波发放的中文小册子,名叫《大英国人事略说》,是一篇关于19世纪初中外交涉的重要历史文献。该书的原作者是英国东印度公司驻广州商馆的大班、特选委员会成员马治平(Charles Majoribanks,1794—1833),"阿美士德勋爵号"的此次来华探查也是由他极力促成。此书初以英文撰写,名为 *A Brief Account of the English Character*,由该公司翻译马礼逊(Robert Morrison,也是基督新教首位来华传教士)受命译成中文。清朝地方官员曾将该书抄呈给朝廷,并将其称为《大英国人事略说、英吉利国人品国事略说》,简称《事略说》。该书主要介绍了英国人的性格与对华的友善政策,扭转长期以来被中国曲解的英国形象,并且痛陈中英通商过程中英人所受的种种不公。中文译本分为十四段,先述英人航海之能、通商之利、属地之广,以展现其国家地位;再言英人来华志在通商,没有侵华意图;继列英人在广州所受官府民商之欺凌,以示其另觅口岸之正当性;最后宣传英国为中国最应亲善之对象,应友好和睦。该书为了博得中国人的好感,对中国多有赞美,但同时客观介绍了英国的情况,有的地方甚至是美化,其目的无非是想让中国人明白"清国人民为高明勤工兴旺者,但普天下非独清人为如此",西方国家也是具有高度发达的文明,希望能够获得平等的对待。不过,看过此书的中方高级官员对其内容并不感兴趣,浙江巡抚富呢扬阿斥之"款式间有悖谬,语句亦多不通",山东巡抚讷尔经额认为此书"率多谬妄难解"。虽然这本小册子也被呈送到道光帝那里,但他似乎没有看过。一方是主动了解中国、积极搜集情报;另一方则昧于世界大势,闭门塞听,妄自尊大。十多年后鸦片战争的胜负似乎在此时就已显出端倪了。

5月28日,"阿美士德勋爵号"停泊在镇海附近。东印度公司大班林赛和他的翻译郭实猎登岸,拜会了镇海知县郭淳章、马大老爷和其他一些官员。他们被告知,在提督和其他高级官员做出决定之前,"阿美士德勋爵号"不得随意在甬江里航行。不过,林赛对中国官府的要求置若罔闻,他找了个借口搪塞过去。5月29日上午,浙江提督戴雄带着三艘战船来到镇海,声

---

① Hugh Hamilton Lindsay and Karl Friedrich August Gützlaff, *Report of Proceedings on a Voyage to the Northern Ports of China in the Ship Lord Amherst*, London: B. Fellowes, 1833, p. 108.

势浩大。"阿美士德勋爵号"在三船经过时,特意鸣炮三响以示敬意。不过戴雄当天并没有接见林赛等人,或许还在和其他官员商量对策。

5月30日清晨,马大老爷带着一群官员到船上,邀请林赛和郭实猎二人去和提督等高级官员会面。为了摸清中方的态度,郭实猎已经顺利结交了一位孙姓水师军官。说来有趣,郭实猎曾经在东南亚一带的福建华侨中传教,由于具备极高的语言天赋,他很快就学会了一口流利的福建方言。为了方便日后来华活动,他在暹罗(今泰国)加入了一个来自福建同安的郭氏家族,取了中文名"实猎"。而这位孙姓军官也是福建人,真就把郭氏当作同乡,十分亲近;并且在与其交往的几日里,还接受了对方的医治(郭实猎懂医术),心存感激,一直想有所报答。所以当马大老爷与林赛谈话的同时,孙姓军官也在和郭实猎进行一番密谈,主要是透露了宁波官员对于"阿美士德勋爵号"来访的真实态度,并提醒他们在与中方官员交往时应当注意的一些事项。

在马大老爷离船后不久,林赛等人就登岸到了镇海城,这次他们依然没有见到浙江提督。中方负责交涉的是镇海知县郭淳章和定海知县王鼎勋。这两位都是在宁波历史上留下过一笔的人物,郭淳章是进士出身,官至广西横州知州。在任镇海知县期间,他曾于1833年(道光十三年)主持重修招宝山巅的海防要塞——威远城,并书"威远城"三大字,苍劲有力,今犹存。此事恰好发生在"阿美士德勋爵号"闯入宁波的第二年。王鼎勋时任定海知县,但他的官运实在是不够亨通,直到鸦片战争时期依然是知县,不过改为主政鄞县。1841年10月,英军抵达宁波城下,王鼎勋与宁波知府邓廷彩、浙江提督余步,弃城同奔上虞。战后遭到追责,因失陷城池被判为斩监候。

林赛前日已与郭淳章商谈过,但和王鼎勋是第一次见面,对其印象非常差,认为他是"极为傲慢自大的中国人,憎恶外国人,并且对我们的观点表现出明显的敌意"。林赛讲述了双方唇枪舌战的过程:

> 在谈话当中,王鼎勋声称以前确实设有一个茶行和一个丝行进行对外贸易,但时过境迁,这两个商行早就停办了,而没有它们,我们将很难在这里做生意。关于这一点,我说到,设立这种机构的初衷是因为外国人不会说中文,但是现在情况不同了,没有它们,我们依然可以很好地处理好自己的事务。就这个问题,他又拿出一张纸,上面有他们的文件摘要,以证明自乾隆时代起,就没有外国船只获准在宁波进行贸易。我重申,现在我的同胞们迫切希望重新开始以前的商业交往,既然他们

的船只经常出入我们的港口,那么也应当允许我们去访问他们的港口,这样才是公平合理的。王大老爷脾气不佳,已经说了好几句令人不愉快的话,现在他很肯定地否认了我的主张的正确性。但当郭实猎先生宣称他此前在新加坡经常看到宁波商船,一位中国军官插话道:"这位先生所言极是,从宁波出发的船只确实经常到你们国家,①但其船主一般都是福建商人。"②

王鼎勋见无法说服英国人,便与郭淳章简短商议了一下,后者随即拿出了一封信札交到林赛手中,告诉他"读完之后就能明白你们是不可能在这里进行贸易"。这两位官员的行为简直让人感到不可思议,因为他们出示的是一封密札!5月27日,宁波知府冀兰泰在会见完林赛等人后,立即致信郭淳章,要他吸取福建官员因没有妥当处置"阿美士德勋爵号"来访而丢官的教训,不许该船片刻停留,并严防林赛等人与中国百姓接触。信中表明了中方对于"阿美士德勋爵号"来访的态度与处置措施,在双方谈判当中本属机密,王、郭二人竟完全没有保密意识,直接向对方亮出了底牌。③

林赛瞥了一眼信上的文字,立即就发现了"它极具攻击性的话语",于是要求保存该信,当然遭到拒绝。郭实猎又提出要抄录一份,这时王、郭二人才慌了神,意识到自己惹麻烦了,林赛写道:"郭淳章变得相当焦虑不安,不断恳求不要抄信,因为他原本只是想让我们看一下信中内容,非常想把信再拿回来。"但已经迟了,"郭实猎先生退到桌边开始抄录信件,而我则稳住官员,和他们讨论别的话题"。就在会谈快结束时,马大老爷走了进来,发现气氛有些不对劲,询问林赛之后方知事情经过,也变得急躁起来,对他说:"这两个蠢人!""他们何必要给你们看这封札件,若是我当时在场,就绝不会让你们看到。"又将郭知县叫到一旁,训斥一番。但木已成舟,无法补救了。

那封由郭实猎强行抄录的密札后来被保存在英国,现在依然能看到它的全文。冀兰泰知府先是转述了闽浙总督兼福建巡抚魏元烺的札件内容,

① 新加坡于 1826 年成为英国的海峡殖民地,由英属印度当局管辖,故林赛向清方宣称新加坡是英国领土。

② Hugh Hamilton Lindsay and Karl Friedrich August Gützlaff, *Report of Proceedings on a Voyage to the Northern Ports of China in the Ship Lord Amherst*, London: B. Fellowes, 1833, pp. 113-114.

③ Hugh Hamilton Lindsay and Karl Friedrich August Gützlaff, *Report of Proceedings on a Voyage to the Northern Ports of China in the Ship Lord Amherst*, London: B. Fellowes, 1833, pp. 114-116.

里面谈到"阿美士勋爵号"在福建沿海活动,水师官员因防堵不力被摘去顶戴。又提到"查夷情狡猾,难保不来此遂窜。……严饬沿海各厅县、营严密探查,加意防范"。最后,冀兰泰用非常严肃的语气命令镇海知县郭淳章:"即速移会沿海各营严紧探查,加意防范。该夷船如有窜至,立即跟踪追逐,不许片刻停留。并杜绝奸民与之勾通接济。倘敢稍涉疏懈,定即指名参奏,决不宽贷。凛切!特札。"①

林赛对信札中的内容极为不满,他"用非常直白的语言表达了自己的感受,这种感受是因信札中毫无根据的不实之词和侮辱性的评论所自然激发出来的。……猛烈抨击高级官员隐瞒一切与外国人有关的真实情况的一贯制度,并向他们保证,总有一天,这些手段将不再奏效"。

实际上,让林赛等人难以接受的,除了中国官方在信札中所表现出的不允许他们在宁波交易的坚决态度外,还有不客气的用词,如称其为"夷",认为其"狡猾"。最让他生气的是,中方竟然将"阿美士勋爵号"此来称之为"像老鼠一样偷偷摸摸地溜进来"(creeps in like a rat),这是对他们的一种侮辱。查诸信札原文,笔者发现这是林赛对"窜至"一词的误译,该词虽有贬义,如流窜、骚扰等意思,但与老鼠又有何相干?想必是因为"窜"的繁体字为"竄",与"鼠"字形相近所导致的误会。在这一点上,他可是冤枉中国人了。

等到中方官员走后,心潮难平的林赛立即起草了一份禀文,准备次日会见浙江提督时递交给他。这份禀文的中文版已残缺不全,所幸英文版保存完好,现照译如下:

> 大英国船主胡夏米敬禀浙江提督大人:
>
> 据见招,今天上岸,致与大官员商量。或我船可进口,照例买卖。但恨未曾谒见大人,现各厅营县文武官已将开札,说我船是"甲板夷船",札文上还称"夷情狡猾",夷船如老鼠般偷偷到来,寻求"奸民与之勾通接济"。尽管我个人地位卑微,但这些言论都是针对我祖国的侮辱,而且都是不真实的。大英国人不是"夷",而是一个在世界上没有任何优越性的国家的国民。大英国人的性情并不狡猾,而是坦率、勇敢、有进取心。我的同胞们笃信宁死亦不愿受辱。此外,我们也不是像老鼠一样潜入港口,寻求与汉奸的联系。老鼠藏身于洞穴之中,而我们在

---

① 许地山编:《达衷集:鸦片战争前中英交涉史料》,商务印书馆,1928年,第41—42页。

青天白日之下来到这里,心怀坦荡、没有恐惧,又怎会与汉奸有勾连?

听闻大人品德高尚、聪明睿智,您一定明白这样侮辱性的言语必定会激起两个伟大国家之间的敌对情绪,而这两个国家的共同利益是成为朋友。

因此,我的船来到此地,船上约有价值 70000 到 80000 银元的货物。这倒是无关紧要的小事。若贵省的大官员认为宜向朝廷呈报此事实情,则可能会产生一种每年能够达到数百万银元的贸易。谨随函附上一本有关英国事情的小册子,请大人屈尊阅看并予以保留。①

5 月 31 日清晨,马大老爷与孙姓军官又来船上商谈与提督会面一事。林赛等人要求进行贸易,马大老爷要求"阿美士德勋爵号"再开得离宁波远一些。为了更好地表达意思,他还特意写下了文字说明,这张纸条被林赛称作"汛官密书",其原文现存后半段,前半段依据英文回译,是这样说的:"若贵船驶到外面去,商人们就能和你们做生意了;而在这个地方,现在文武官员云集,商人们就不敢出来与你们做生意了。"之后的原文是:

此客人亦不敢来,只可船开、官去,客人方能来船。但我们不便叫他来,我大清国官要遵律例,断不敢私自准交易,只可你们暗暗交易,文武不知道。意贵国人实在聪明智慧,仁义道德,君子之人者多,可欣可羡之至!②

文中的客人指的是商人。可以看出,最后一句本与此事无关,是马大老爷为了让林赛等人高兴,有意将英国人称赞一番。但好话再多也劝不走英国人,林赛的答复是"只要安排好我们的交易活动,我立马就将船开走",马大老爷只得应允,看是否能做些什么。

1832 年 5 月 31 日,宁波地方上的三位主要官员终于接见了林赛和郭实猎二人。他们分别是浙江提督戴雄、定海镇总兵陈步云和署理宁绍台道吕子班。在林赛的日记里,非常详细地描述了中英双方见面的场景,这也是一份反映鸦片战争前夕浙江地方官员对外交涉的重要史料,现全文照译如下:

① Hugh Hamilton Lindsay and Karl Friedrich August Gützlaff, *Report of Proceedings on a Voyage to the Northern Ports of China in the Ship Lord Amherst*, London:B. Fellowes,1833,pp. 118-119.
② 许地山编:《达衷集:鸦片战争前中英交涉史料》,商务印书馆,1928 年,第 42—43 页。

我们一到达镇海，就被领进一座寺庙的内殿，上次我们也来过这里。有位戴蓝色顶子的官员接待了我们。在这里待了约一个小时，我们也不觉得时间很长，因为在现场还有许多镇海和宁波城里最受尊敬的人，他们也获准来此地。我们走到这些人中间，回答他们的问题，这使得他们非常高兴。他们普遍表达了最为诚挚的愿望，即能与我们自由交往。最后，马大老爷来了，他告知，大人们已经准备接见我们了。我询问提督是否会让我们坐下，他的答复是肯定的。此前，我还告诉马大老爷会脱掉帽子然后再戴上，这是一种对大人的尊重。现在对方同意我们这样做，并且提督大人会拱拱手，并略微点点头作为回敬。所有的安排都相当令人满意，因此我们走到城外一片开阔的绿地上，那里已经支起了一顶帐篷。我们在两列士兵之间走入帐篷，此外还有许多全副武装、佩戴弓箭的军官。一些枪炮也摆放出来，上面装饰着漂亮的旗子，整个场面显得威武雄壮。

帐篷里坐着三位大人，提督居中，定海总兵官在其右边，道台在其左边，这个位置被认为很尊贵。马大老爷和孔大老爷，一左一右，将我引到前面，向提督报告了我的姓名，之后又介绍了郭实猎先生。我们的敬礼也得到了提督和总兵以最友好方式的回敬，但是道台看起来面带怒容。到目前为止，我们在和中国官员打交道的时候，总会遇到一个利用一切机会对外国人表示敌意和厌恶的人。环顾四周，我发现并没有为我们准备座位，于是马上向马提出来。提督听到我的话了，于是说道："如果你是你们国家的官员，我就让你们入座；如果不是的话，你们有座位就不符我国的体例。"我回复说："我们虽然不是官员，但是作为从遥远国度而来的客人，我希望贵方能展现出这种礼貌。"年迈的提督用一种熟悉的和善口吻说道："那你们在这方面的礼仪是怎样的？"我说："在我的国家，一个商人，如果他是一个体面人，在最高级别官员面前也是可以坐下的。我本人以前也常这样，我在本国官员面前一直是坐着的。"提督大声说道："拿椅子来，你们是官员，也是我们的朋友，请坐。"我再次以一种足够大的声音说道："我们不是官员，而是商人。"作为回答，他指了指放在桌子下面左手边的几把椅子，于是我们坐到了那几把椅子上。

在互相称赞几句之后，提督谈到："多年以前，在宁波确实有一处属于我国的商馆，但早已荒废不用，因此也无法立即重建使用。"他接着说："你们可以去广州交易，但在此地，任何的商业机会都不被允许。"我向他提到了在广州受到的冤屈与盘剥,并补充说,希望这个省的高级官员能向皇帝对事实作出有利的陈述,这或许能够在未来几年发生贸易。提督说:"让你们的国王写份文书呈给皇上,或许能够安排。"我表示希望能作出这样的安排,然后站起来,向他递交我的禀文。在这个方面,我犯了一个错误,让马事先知道了禀文中要表达的意图,因此他们肯定在这点上商议过了。提督现在很坚定但也很有礼貌地拒绝接收禀文,并且说之前呈递给知府禀文已经足够了,我们的事情也已报告给皇帝。为了证实这一点,道台拿出一份文件,递给我们看。这是一份福建总督呈给皇帝的报告抄件。……里面提到有两个夷人(barbarians),胡夏米和甲利略晓汉语……我请提督允许我们也抄录一份,他本来是准备同意的,我做了个手势,让郭实猎先生走到桌前开始抄写;但就在此时,道台在提督耳边低声说了些什么,他之后便说,让我们抄录呈送给皇帝的奏章,这与他们国家的体例不符。我便又重新提起自己那份在他们面前未被拆封的禀文,但是提督在道台的教唆之下,再次回复,他绝不会接收,并拿起禀文要递还给我。

在这种情况之下,我走到桌前,接过禀文,自己打开了,然后放在提督面前,请他来读,并且告知如果进行回复是违背了他们国家的体例,那我并不敢有所企求。正如我后来所听说的,这位提督大人在知识上相当欠缺,读写速度都很慢。我当时就相当怀疑,因为他把禀文递给了道台,而道台则很不情愿地接了过去,读给他听,脸上一直阴云密布。实际上,每当老大人说什么客气的话,道台总要在他耳边低语,显然是在反对他对我们的这种礼貌。在读完禀文之后,提督再一次与我们交谈,他否认与总督的那份侮辱性文件有关联,并且说了一些奉承我国的漂亮话。我说,自己绝不会忘记在宁波所受到的热情招待,但又表明,既然在这里读到了这份文件,我就不得不对文中所包含的错误之处表达愤慨。还说道:"据说您是一位勇敢而又受人尊重的战士,肯定能理解,在听到对自己祖国的侮辱之词而不愤怒是很难的。"这位年迈的提督笑容可掬,说道:"你讲的不错。"又补充说:"我们已经把你们当作朋友了,因为我们认为你们就是那样的人。即使两个国家在打仗(他将两个拳头碰击在一起用以形象说明),你作为客人来到这里,我们也会以今天同样的方式来对待。"我对这种慷慨大度的感情表示敬意,这时茶也端上来了。马和其他几位戴着蓝色顶子的武官也在场,不过都站着。马离我很近,当提督不太听懂我说的话时,便负责进行解释;他常走到三位大人面前说些什么,但声音极为低沉,我完全听不到。在茶水撤下之后,我再次谈到禀文的事情,而提督依然回复他不能接受。然而,我仍然非常坚决地拒绝拿回禀文,并且再一次向提督的礼貌招待表示感谢。我之后起身,鞠躬,然后退出帐篷。当我们乘上船正准备离开时,突然发现有个戴着玻璃顶子的官员正悄悄地将禀文放到船首。我对这种伎俩非常生气,立即拿着禀文跳上岸,以飞快的速度沿着码头向前奔,直至跑到之前会面的地方。但此时,大人们已经离开了。于是我将禀文放在几位武官中间的桌子上,又转身回船。禀文再次被送回来,我坚决不收。最后它被放到一位戴着金顶子的官员手里。

这次会见持续了约有半个小时,中间谈论了好几个话题。提督谈及他们担心人民会伤害我们,这也让我有机会讲述我们在完全没有保护的情况下,在各地所受到人们的友好对待。提督数次重复,你们的国王最好能呈送一份文书给皇帝,这样你们就能来此地贸易了,商人们还有其他所有的人都会很乐意见到你们。我们离开时感到如果所有的事务都可以与提督一起安排的话,一切将会很容易处理。但是很显然,因为道台的干预,提督受到相当大的限制,这点在此后也被证实了。提督还说他准备送给我们一些给养作为礼物,我回答得不够得体,表示希望他也能接受我们回赠的一些英国货物的样品。他的答复是:"我不敢,如果皇帝知道我接受了外国人赠送的任何礼物,我肯定会遭到降级贬官的处分。"①

在这次会面里,中英双方争执的一个焦点在于浙江提督是否接收禀文。或许在今天的人看来有些小题大作,但是在当时却是关涉中国对外关系体制的重要事情。禀文又称禀帖,原是清代官府间用的一种便函,是下级向上级正式行文前事先了解上意、疏通关系的一种文书。但在实际使用中,地方上的乡绅百姓甚至是外洋商人,向地方官员请示问题时,都可采用禀文形式。② 中国的对外贸易在 1757 年(乾隆二十二年)之后实际进入到广州一口通商时期,在"以官制商,以商制夷"的广州体制(Canton System)之下,西方国家的贸易代表向中国官员行文主要采用禀文形式,但其呈递方式比较

---

① Hugh Hamilton Lindsay and Karl Friedrich August Gützlaff, *Report of Proceedings on a Voyage to the Northern Ports of China in the Ship Lord Amherst*, London: B. Fellowes, 1833, pp. 121-127.
② 何新华:《清代朝贡文书研究》,中山大学出版社,2016 年,第 43 页。

特殊:必须先将禀文交给行商(由政府指定的垄断中外贸易的官商),再由行商这一中介上达中国官员。若西方人直接递送禀文给中国官员,中国官员则拒收。1831年(道光十一年),清政府在禀文递交方式上曾做出一定让步:若行商截留禀文,不予转呈,则允许两三个外商到城门口将禀文递交城门的守卫。[①] 在鸦片战争之前,英国东印度公司驻广州商馆的大班们都安于通过行商这一渠道转交禀文给中国官员。林赛在与浙江提督的会面当中直接递交禀文,实际上是想对西方人一直所抱怨的广州体制进行一次突破。当然,根据林赛本人的陈述,由于署理宁绍台道吕子班的阻拦,他的这个尝试并没有成功。

另外一个林赛在与中国官方交涉中十分在意的问题,就是中国的文书中是否用了"夷"字,他和郭实猎二人对这个字眼深恶痛绝,认为"夷"代表了"蛮",所以在两人的日记里明确地将"夷"字翻译成"barbarian",即"野蛮人、粗野的人"之意,认为这种称谓不仅是对他们个人的侮辱,更是对英国的国家荣誉和尊严的伤害。在他们呈递给中国官员的禀帖中都坚持用"远客"一词来自指。在刘禾看来,"夷"字曾有多种英译,比如 foreigner(外国人、远人)和 stranger(陌生人)等,当用于来华的外国人身上,本来并不带有任何贬损的含义,在中外交往上也并没有造成困难。在中英双方的共同理解中,夷人约略是"远人"的意思,所以即便是马礼逊在1815年至1820年间出版的具有权威性的汉英双语字典《华英字典》里,也依然沿用 foreigner 的译法。1832年"阿美士德号"的航行成为对于"夷"字诠释的重要转折点,郭实猎等人将"夷""夷人"等同于 barbarian(野蛮人),自此,东印度公司档案里也大量出现 barbarian,作为"夷"的翻译。于是,"夷/E/barbarian"这样一个超级符号诞生了,[②]经过广泛宣传后,英国人便认为大英帝国的颜面和尊严受到损害,继而支持发动战争,最终要在和约里禁止清方对英国使用"夷"字。[③]

王宏志认为刘禾的观点十分独特,"以一种清晰的反殖立场来阐述英国人怎样以政治话语来建构国家荣耀受到损害的假象,目的是要批判殖民主

---

① [美]马士著,张汇文译:《中华帝国对外关系史》(第一卷),上海书店出版社,2000年,第80页。

② 刘禾:《欧洲路灯光影以外的世界》,《读书》杂志编辑部编:《重构我们的世界图景》,生活・读书・新知三联书店,2007年,第71—73页。

③ 在1858年中英两国政府在第二次鸦片战争后所签署的《天津条约》里就有这样的一项条款:"嗣后各式文书,无论京外,内叙大英国官民,自不得提书夷字。"这充分反映了英国人对于长期被中国人称为"夷"的不满。

义和欧洲中心的历史论述"。① 但他就史实方面指出,早在 1814 年,东印度公司大班益花臣(John F. Elphinstone)在一次与广东布政使曾燠的会议中正式提出反对以"夷"字称呼英国人,比郭实猎与胡夏米的抗议早了约 20 年;而马礼逊正是由于清楚"夷"字在中国人的书写中具有贬低的含义,对它非常不满,所以在自己的翻译和写作中故意不用 barbarian。他认为马礼逊——还有当时的英国——早就知道中国人如何看待外人,也非常明白"夷"字所含的贬义,虽然抗议过,但不得要领,始终被中国人叫作夷,进行应对的办法就是不去承认,更不要进一步强化它的贬义,所以就把它译成foreigner(外国人)。②

实际上,长期以来,中国人对于西人较为普遍的称呼主要有"红毛""番鬼""夷人"等,这在史籍里经常会见到。"番"同中华方位律制中的四方种属"夷、戎、蛮、狄"归为一类,属"中心"外的非我族类,常与夷连用,指未开化的野蛮人。③ 西方人来华后,因为其体质特征与中国人不同,被称为"红毛番"。而华南民间又传言他们生性凶残,甚至有食人习性,故蔑称为"红毛番鬼"。"夷人"虽有贬义,但还较前述几个词更轻些。郭实猎始终对这些词汇表示厌恶,并力图澄清,甚至向中国人作反宣传。在他刊行于 1835 年的小说作品《是非略论》中讲述清代广州人陈择善到伦敦经商,成为"英国通",多年后回乡与朋友李金柄辩论英国的情况。郭实猎以陈择善之口说出,"普天下没有鄙薄红毛的人,独汝诞幻无稽之谈,抢白外国的人……又免得外国的人视我们如个无知也。至于番鬼二字,更觉无礼,惹人欺侮","称大英国人为夷人者,则貌乎其错矣",④提醒对方不要视外国人为红毛、番鬼或夷人。而他主编的《东西洋考每月统计传》更被视为"直接批评中国人'华夷'观念的阵地"。⑤ 可以说郭实猎是当时最积极反对中国方面对英国人使用"夷"字的人。

有关"夷"字所具有的贬义色彩的认识,虽然不是始于郭实猎或者林赛,但是他们在"阿美士德勋爵号"的航行途中,多次向中国官员提出抗议,反对

① 王宏志:《说"夷":十八至十九世纪中英交往中的政治话语》,陈思和、王德威主编:《文学·2016春夏卷》,上海文艺出版社,2016 年,第 211 页。
② 王宏志:《翻译与近代中国》,复旦大学出版社,2014 年,第 306—310 页。
③ 曲金良主编:《中国海洋文化研究》(第 1 卷),文化艺术出版社,1999 年,第 101 页。
④ 黎子鹏:《无上之国》,宋刚主编:《传播、书写与想象:明清文化视野中的西方》,复旦大学出版社,2019 年,第 129 页。
⑤ 吴义雄:《在宗教与世俗之间——基督教新教传教士在华南沿海的早期活动研究》,广东教育出版社,2000 年,第 399 页。

用"夷"字来称呼英人,这样的力度和频率是前所未有的。两人的航海日志被整理出版,广为传播。其中所记录的他们关于"夷"字翻译问题的交涉过程、对于以"夷"称呼英国人所体现出的在文化、道德等层面的歧视的解读,"夷"(barbarian)与"远人"或者说"外国人"(foreigner)在概念上的区别,等等,引导英国读者感受在"夷"的话语中被伤害到的个人与国家的尊严。

"阿美士德勋爵号"此来宁波,除了侦查当地情况,试探地方官府民众的态度外,还有一项重要使命就是出售货物,突破清政府将中西贸易限定在广州一个口岸的政策,因此船上装载了大量的洋布、羽纱、大呢等商品。虽然宁波官府不允许该船在当地交易,但是林赛还是找到了一个中间人来帮他们的忙,此人就是负责与英方进行日常沟通的马大老爷。这是一位值得注意的人物,我们现在已经无法了解此人的真实姓名和人生经历,只是通过林赛的描述,知道他是一位穆斯林,来自中国西南地区,当时的官职是游击,这个职位在清代绿营兵中次于参将,为从三品武官,分领营兵。虽然品级不低,但明清官场文尊武卑,他的地位还不如文官知府。从马大老爷和英国人的交涉过程来看,此人还是颇为精明的,他举止和善、谈吐幽默,易于博得林赛等人的好感,通过各种方式打探"阿美士德勋爵号"来宁波的真正目的;为了能让这些英国人早日离开宁波,他甚至私下答应林赛的要求,为其介绍福建商人购买货物;在他与英国人的交谈中,还有意无意间透露了自己对于清政府外贸政策的一些看法,这可能也代表了当时一些中国官民的认识。

1832年5月31日,林赛等人与浙江提督在镇海面谈后,马大老爷又到船上来找林赛商议,林赛记述了整个过程:

> 傍晚的时候,两位中国朋友又来拜访了。双方的交谈主要围绕贸易,马似乎急于想从为我们提供帮助的责任中摆脱出来,暗示如果被发现,他将面临危险。对于被迫暗中处置货物而非以合法方式进行交易一事,我表达了自己的遗憾。马之后说道"大清国定例不好",这是一位有地位的官员强有力的断言,从他后来证明这一点的方式来看,没有人能反驳他的说法。"但是考虑到",他说,"不公正的制度正继续执行下去;在福州,官员们因为你们的到来而遭到降职;在宁波也很有可能是这样;如果他们要阻挠你们,那么一场争斗就会发生,而他们就会遭到更严重的惩罚。你们上一次来华使团的事情,和公爷(Ho Kung-yay)还有很多一品大员就因藐视你们的大使而受到惩罚,但他们那时只是在依照朝廷的规矩办事而已"。他还对文官们通常所采取的含糊不清

的政策大加抨击,尤其是道台和知府两人。他告诉我们提督和知府因为我们的事而发生了争执,而且知府已经回宁波了。但提督原本是想来看望我们和我们的船,并以最大的善意来对待我们,但他现在也不敢按照这样的意愿来行事。马最后以一种诙谐幽默的方式说道,他已经厌倦了当官,很想和我们一起走,到我们的国家去看看。我建议他去当大使,然后被派到伦敦,在那里他会过得很开心。趁着刚好有风,我们将他送到岸上。他答应一旦我们的商业问题解决了,就立即劝说提督登船参观。①

马大老爷在谈话中提到了 1816 年(嘉庆二十一年)英国向中国派使一事,当年阿美士德勋爵(凑巧的是,林赛此次乘坐的商船就是以他的名字来命名的)被英政府指派出使访华,所以他的使团被称为阿美士德使团。来华后负责接待的主要官员之一就是理藩院尚书和世泰(道光帝母舅、世袭三等公爵),在觐见嘉庆帝之前,使团不接受清廷规定的下跪和叩头的礼仪要求,而和世泰却两面糊弄,先是对皇帝谎称"英吉利贡使连日演习礼仪,极为敬谨",又对阿美士德表示"跟随前往皇宫,不要求按中国礼节行礼的先决条件"。等到皇帝召见使团当天,阿美士德知道了真相,坚决不去觐见,导致嘉庆帝大怒,向使团下达驱逐令,和世泰等人也因办事不力而被革职,但并不像马大老爷所说,是因为藐视英国大使而受惩罚。

林、马二人此次谈话中最有趣的就是林赛建议马大老爷去当大使,派驻伦敦,这在当时自然是句玩笑话。但在 43 年之后,也就是 1875 年(光绪元年),清政府终于向英国派出了第一位公使——湖南人郭嵩焘。可惜的是,由于国人观念的保守,郭嵩焘的出使之旅自始至终承受了巨大压力和非议,遭受了诸多人为的障碍与挫折,最终失败而归。从中也可看出,中国走向世界的道路是曲折而艰难的。

1832 年 6 月 3 日,马大老爷在与林赛的交谈中直接表明了自己的担忧(其实也是所有宁波官员的担忧),即"阿美士德勋爵号"此行是来刺探天朝情报的,林赛写道:

他一再坦率地承认,他的想法是,我们来这里不是为了商业交易,

---

① Hugh Hamilton Lindsay and Karl Friedrich August Gützlaff, *Report of Proceedings on a Voyage to the Northern Ports of China in the Ship Lord Amherst*, London: B. Fellowes, 1833, pp. 127-128.

而是来搜集情报的。我们被派来执行这项特别任务。为了打消他的这个想法,我将其带到船舱里,把大捆的货物展示给他看,这时候他才说自己相信我们是来做生意的,但很显然,他的怀疑依然存在。我今天向他抱怨,反对在中国处处针对我们的同胞所抱有的狭隘怀疑,这也得到了他直言不讳的回答:"我来解释为什么会这样——我们害怕你们,对我们来说,你们太精明了。比如,你们的大船一到,就立即派出小船四处进行测绘,你们探查,你们绘制航图,在一周之内你们就像我们一样对所有地方了如指掌了。你知道吗? 去年有些遇到海难的朝鲜人在这附近登陆后,他们没有受到任何的限制,想去哪儿都可以。我们不怕他们,他们什么都看,但什么都观察不到。"我争辩道,尽管我们可能比朝鲜人观察地更多些,但除了贸易之外,并无其他不可告人的想法。我们国家并不希望通过损害你国皇帝的利益来扩大自己的实力。"如果能让他相信的话",马说道,"那就可以很容易获得贸易许可了"。①

实际上,马大老爷曾多次探问"阿美士德勋爵号"的来访目的,林赛说:"马和其他一些官员常常宣称我们是身负某些特殊使命的官员,这是从我们对于中国语言的掌握情况,我们手里的中文书籍(里面记载的一些数据资料,普通老百姓是无从获知的),还有其他一些结论性的理由所做出的判断。我总是坚决否认他的这一谬说,并向其保证,当我们国家的官员来到他们国家的时候,乘坐的就是战舰,而不是商船了。"这样一种带有威胁性的话语,没想到在几年后竟然一语成谶。1841 年 10 月,英国对华交涉全权代表璞鼎查亲率舰船攻占了宁波。

虽然马大老爷在与林赛的交往中显得彬彬有礼,甚至刻意迎合,但也并非一味妥协。"阿美士德勋爵号"上众人不经中国政府允许,强行闯入宁波港,在某种意义上来说,他们就是侵略者。6 月 4 日,林赛、郭实猎、礼士等人在甬江上测量河道,负有守土之责的中国官兵进行阻拦,双方发生冲突,而根据林赛的说法,中方的指挥者就是马大老爷,他写道:

> 在回来的途中,我们发现从中国战船上放下的小船在大量聚集,似乎是想跟我们动粗。其中有只比较大而重的船,上面差不多有 20 人,

---

① Hugh Hamilton Lindsay and Karl Friedrich August Gützlaff, *Report of Proceedings on a Voyage to the Northern Ports of China in the Ship Lord Amherst*, London：B. Fellowes, 1833, pp. 131-132.

它的船头正面冲击我们的船梁,折断了其中一根木料。还有一些人不顾我们的抗议,用船钩钩住我们的船身靠了上来。这与以前的状况大不相同,我把这种行为归因于我们忽视了在船上携带武器这一有益的预防措施,而在我们的船进入甬江后,对方的两艘船在旁边跟了几分钟就摸清了这个情况。然而,尽管我和郭实猎先生不断请求,但仍至少有15艘或更多的小船包围了我们,一些水手和低级官员甚至跃跃欲试,想要登上我们的船。采取一些坚定的措施来证明我们绝不会屈服于这样的侵略,在此时显得尤为必要。碰巧船上有一些棍子和备用的舵柄,我们便拿起来武装自己,并用它们赶走了一些强行进入船只的清军,还有两个戴着金顶子的低级军官也被扔进了水里。……当看到我们决心抵制他们的任何武力企图,他们的行动突然变了。马率领其他几位我们认识的官员过来,这些人都是之前站在最前面,指挥船只来与我们搏击的,现在却使出浑身解数来平息骚乱,大声命令所有船只立即离开。①

马大老爷曾答应林赛会介绍商人来与其贸易,他并没有食言。6月1日,就有商人登船看货,林赛日记中记载:

> 今天早晨,两个福建商人自称从省城来,但从交谈中我很快就察觉,他们是我们的朋友马派来的。他们仅仅查看了我们的货物,准确地计算了价格,并答应在一天之内会回来安排购买。他们急切地询问是否有鸦片,但当我们明确表态没有鸦片时,他们显得非常失望,并且有些不肯相信。还有件奇怪的事情,也很难解释清楚的是:他们竟然建议我们将船直接开到甬江上,并且说这将极大地便利我们的交易。②

6月3日,又有许多商人来到"阿美士德勋爵号",但林赛失望地发现,他们的真正目的还是想购买鸦片,他写道:"尽管我们说没有鸦片,一再说明我们来到这里的目的是进行合法的交易,没有带任何违禁品,但这一切都是

① Hugh Hamilton Lindsay and Karl Friedrich August Gützlaff, *Report of Proceedings on a Voyage to the Northern Ports of China in the Ship Lord Amherst*, London: B. Fellowes, 1833, pp. 133-134.
② Hugh Hamilton Lindsay and Karl Friedrich August Gützlaff, *Report of Proceedings on a Voyage to the Northern Ports of China in the Ship Lord Amherst*, London: B. Fellowes, 1833, pp. 128-129.

徒劳的。在他们看来,我们的这种解释显得非常荒谬可笑。他们在离开时依然深信,由于缺乏对他们的信任或者其他原因,使得我们无法公开承认到这里来还是为了贩卖毒品。"①

虽然为了扭转对华贸易逆差,英国东印度公司早在 19 世纪初就向中国大规模输入鸦片,这种罪恶的贸易给中国人民和社会带来了巨大的灾难。不过这一次,该公司所属的"阿美士德勋爵号"到宁波真的只带了英国的商品,没有鸦片。中国的商人反倒是不信了,他们上船来看货,最想购买的却是鸦片,历史的滑稽之处就在这里!

"阿美士德勋爵号"初到宁波的时候,林赛对在这里交易抱有很大希望,他说:"如果可能的话,我想在这个地方处理大部分的货物。"但是随着时间的推移,他发现由于中国官方的阻拦,这个希望很有可能要落空。

1832 年 6 月 7 日,刚返回宁波的宁绍台道方传穟就命手下的一位陆姓家仆送来文书,要求"阿美士德勋爵号"不得再逗留宁波,这份《宁绍台道谕胡夏米书》是"阿美士德勋爵号"自本年 2 月 26 日从澳门沿中国海岸线北上以来收到的第一份正式的官府谕文。虽然文中拒绝林赛在宁波贸易,但这早已在他的预料之中,林赛反而认为这份文书"不同寻常而且非常有趣",因为"即使是在中国皇帝致英国国王的信中,'夷'(野蛮人)这一充满攻击性的和极度无礼的用词也毫无例外会被使用",而这是"第一份也是唯一一份在行文中将'夷'字完全省略,而代之以'远人'(yuen-jin)"的官方文书。他将这一变化"部分地归因于之前与提督的谈话和与见到的各级官员(特别是马大老爷)有关这个问题的经常性讨论"。林赛还通过此事发现,实际上"不存在任何规章制度禁止中国政府官员与外国人直接进行对话,而此事在广州总是被拒绝,呈送给官员的禀文,仅仅是通过行商来转递"。

方传穟的谕文先是重申自乾隆二十二年(1757)起,贸易口岸定在广东,不得再赴浙港,并举例说在 1759 年,英商洪任辉等人来浙要求贸易,宁波官府谕知"业奉奏定广东,断难在浙成交",于是洪任辉"遵即开行赴广,径未敢故违禁约也"。其实,洪任辉压根就没有南下广东,而是在舟山挂帆北上,一直到达天津大沽,要向乾隆皇帝告御状。不知方道台是不了解这段史实,还是故意对林赛等人隐瞒不说。谕文最后以不留余地的口吻告知林赛:"谕到,该商当知我天朝法律森严,守土官惟知奉大皇帝旨,不能违禁开例。况

---

① Hugh Hamilton Lindsay and Karl Friedrich August Gützlaff, *Report of Proceedings on a Voyage to the Northern Ports of China in the Ship Lord Amherst*, London: B. Fellowes, 1833, p. 131.

宁波向无开设洋行商伢,亦不敢擅与交易;倘有奸徒串诱,断勿轻信其言,致与尔等有损无益。即速听劝开行,不可再事迟滞。我文武先后婉言开导者,无非仰体大皇帝怀柔远人之至意也。此谕。"[①]

直到此时,林赛才察觉之前负责与其交涉的中方官员让他看到的贸易希望,比如马大老爷介绍福建商人来船上看货,只不过是一种缓兵之计罢了。于是,林赛告诉送谕文的道台仆人"陆老爷"(Lo Leao-yay):"此前我们一直受到(你方官员)诱导,认为会得到官府的默许。所以现在,我们一旦卖掉了货物,马上就会离开;否则,我们的离开就很不确定了。"林赛此言让陆老爷感到非常失望,他声称浙江提督戴雄甚至因为"阿美士德勋爵号"的到来而忧虑成疾,看到林赛无动于衷,他跪到地上就要磕头,被林赛一把拉住。陆老爷还暗示,只要"阿美士德勋爵号"能够离开宁波,中国官员情愿送上一笔钱财作为礼物,但此提议遭到林赛拒绝。

陆老爷走后,林赛对目前的处境进行了一番分析,鉴于宁波官方的坚决态度,想在这里交易已不太可能了。更重要的是,需要赶紧将在中国沿海搜集到的消息传递回澳门,不能一直在宁波耽搁下去。于是林赛决定离开,他写下一封禀文,题名为《胡夏米上宁绍台道书》,作为对方道台谕文的回复,全文如下:

> 英吉利国船主胡夏米禀宁绍台兵备道大人。现在受谕,令远客沾感无尽。盖谕的礼言,满中心意,所以远客带回奉我大英国官员。况且远客至宁波府城之时,受正堂大老爷并文武官厚待,是以感激靡涯。我英国人虽今年不准进口买卖,但仰望明年至此,贵国大皇上准商等照例贸易,那时将见我国的人甘心凛遵公道的法度,并常守相安焉。先应验相约就开行,不应验相约不开行而已矣。胡夏米船主请陆老爷递此字奉尊武官而读之。[②]

道台大人收到禀文后很是高兴,赶紧趁热打铁,再次派人送来批文,要求林赛等人速速离开宁波,文中提到:"该商既知宁波不允进口买卖,所谕盖是礼言,应即开船前赴广东,照常贸易,诚为官商两便之举,切勿再延。以后总要恭奉大皇帝旨意,知照尔英国,由国王传谕尔等商人一体遵凛。不奉

---

① 许地山编:《达衷集:鸦片战争前中英交涉史料》,商务印书馆,1928年,第45页。

② 许地山编:《达衷集:鸦片战争前中英交涉史料》,商务印书馆,1928年,第47页。

旨,万不能行。所谓顺天者昌,逆天者亡,彼此皆不得擅自主张也。"林赛阅读该文后的感受是"它的整个基调都是特别温和与谦逊的",尤其是道台承诺会将整个事件报告给皇帝做决定,林赛表示"我不得不说这是非常令人满意的"。不过郭实猎却有着截然不同的感受,他说:"宁绍台道在文件的最后引用了习语'顺天者昌,逆天者亡'。在这里,他将中国政府的制度与上天的法则混为一谈。据此,一个人应该在政治上无条件地效忠。在外国人看来,这些理论可能会显得非常荒谬,可是,中国人正是根据这些基本原则来对待外国人的。在他们的外交文件中,充斥着盲目自大,并且滥用正义之名。但它们毕竟是中国人对待外国的主要原则。他们所说的,只能叫做大话;但是,一旦这些理论付诸实施,那么就会给另一方带来不公平的结果。"①

宁波官方一方面对林赛等人好言相劝,让其离开;同时又在甬江上设置障碍,对"阿美士德勋爵号"进行防堵。林赛观察到"在整个 10 号的早晨,中国人的战船上都异常忙碌。让我们感到吃惊的是,我们看到他们从岸上运来许多大圆木,并用粗绳将每一根圆木固定在两船之间。在他们的设想中,这样就可以有效地封锁甬江。在两艘最大的战船中间,他们搭了一条可移动的木筏,可以用绳索随意拉动它"。不过在他看来"向我们展示军事防御的目的是为了在精神上震慑我们,让我们通知己方的朋友们,这里已经准备好了令人生畏的防御工事,以阻止他们的接近。这个想法其实是值得怀疑的,但我认为这并非不可能是他们的意图。然而其效果却大不相同,仅仅表明他们无力对欧洲最小规模的军队进行有效抵抗"。

中国水师官兵组建的这道江上封锁线确实无法阻挡英国人的活动。"下午,礼士船长坐大艇出去查看中国战船的防卫情况,当他靠近时,大量的战船迎了上来,示意他不要前进,但没有一艘尽力去拦截他,于是他在两艘大船之间笔直地穿行过去。虽然大船上的人们竭力拉起竹筏想挡住他的去路,但这已经太迟了,反倒是将一些紧跟在礼士船长后面的那些中国船给困住了。"②

6 月 11 日,林赛、郭实猎和马大老爷等官员在镇海的一座庙宇中再次会晤。中方官员提出各种办法,诱使英国人尽快离开宁波。林赛写道:

---

① Charles Gützlaff, *Journal of Three Voyages along the Coast of China in* 1831,1832 *and* 1833, 1834,p. 268.

② Hugh Hamilton Lindsay and Karl Friedrich August Gützlaff, *Report of Proceedings on a Voyage to the Northern Ports of China in the Ship Lord Amherst*, London:B. Fellowes, 1833,p. 148.

　　我非常惊讶地听到,马大老爷在其他一些官员(其中有位还是抚院大人派来的)面前公开地向我保证,如果我们能驶离宁波到远一点的地方,大人们就会乐得视而不见,而我们也可以自由交易了。他强烈建议我们去上海,还高度赞扬了那个地方的富有。如果外国商船到宁波做买卖是非法的,那在上海也是同样的啊。对这种明显不一致的解释是,上海位于别的省,因此他们对于我们的到访会给当地的官员们造成什么样的麻烦,也就无所谓了。……马大老爷还说,大人们急于在一定程度上补偿我们因延误而蒙受的损失,因此希望馈赠我们 600 银元。……我告诉马,请他代我向其上司转达谢意,感谢他们的慷慨解囊。但是,即使是最小的一件礼物,我也不能接受。马听了我的顾虑后显得很惊讶,询问我原因。我回复道:“如果我国的商船在这里就如同乞丐一样接受施舍,这将会有损国家的名誉。”①

　　林赛认为“再耽搁下去也不可能达到目的了”,于是通知马大老爷“阿美士德勋爵号”即将离开宁波港,又请中方代为购买一些补给。宁波官员得知这一“喜讯”,均欢欣不已。6 月 12 日一大早,就备齐了林赛所列清单上的东西。镇海知县郭淳章命人送来水果等礼物,林赛予以回礼,“一段蓝色羽纱布、一段紫色平纹细布、一打甜酒和六罐利口酒”,对方原本不愿接受,但在其坚持之下,最后还是妥协了。6 月 13 日,定海镇总兵陈步云又送来礼物,林赛依然坚持回礼。他讲述了离开宁波前与官员们道别的情况:“这些天来与我们友好相处的所有官员都收到了各种各样的礼物,我们在离别时,都表达了彼此的善意。我方表示,希望来年再见到他们的时候,在宁波建立贸易的每一件事情都已谈妥,而官员们也都异口同声地说,他们所期待的与我们的完全一致。”其实,不论林赛这个时候说什么,宁波的官员们都会点头称是。当天中午,“阿美士德勋爵号”终于离开甬江,但并没有驶出浙江海域,而是到了金塘岛,在这里一直逗留到 6 月 16 日。在此期间,林赛等人除了出售货物外,还向民众分发各种小册子,测量周边的海域和岛屿,绘制地图。此后,“阿美士德勋爵号”又前往上海、山东沿海、朝鲜,后经琉球返回广东。9 月 5 日,抵达澳门,完成了这次长达半年的探查航行。

　　关于“阿美士德勋爵号”来浙,浙江巡抚富呢扬阿会同署闽浙总督魏元

---

① Hugh Hamilton Lindsay and Karl Friedrich August Gützlaff, *Report of Proceedings on a Voyage to the Northern Ports of China in the Ship Lord Amherst*, London: B. Fellowes, 1833, pp. 152-153.

烺、浙江提督戴雄在 6 月 17 日（五月十九日）的一份奏折中报告了此事：

> 旋准浙江提督臣戴雄来咨，据营员先后禀报，四月二十六日，该夷船由外洋乘风驶入旗头猫港，于二十七日漂至镇海，欲赴宁波海关销货，当督兵役驾船截回，在于游山洋面停泊。其时，提督臣戴雄及定海镇臣陈步云，正在长涂捕悉北洋督饬各将弁弹压防护，相去数百里，南风又盛，随带同弁兵星夜折戗，南抵镇海与该管道府驱令该夷船迅速开行。等因。并据定海、镇海等县以查得夷船内共有七十人，装载洋布、大呢、羽毛等物，将该夷人所呈旧刻夷书一本，并夷人胡夏米吁求该府准令通商恭禀一纸，呈送核办等情。
>
> 臣查阅夷书名为《事略说》，其款式间有悖谬，语句亦多不通。大抵故作粤东交易不公之语，以饰其舍彼来此之意，情殊诡谲。且该夷自乾隆年间，已不准其赴浙贸易；今值南风司令，遽行乘便来浙，希图获利，何能稍任嚣张，致违定例。当饬该道府明白晓谕，不准该夷船通商，并咨会提臣、镇臣分饬守口各员。一律巡堵，并遴委抚标中军参将汤贻汾、台州府同知石同福驰赴镇海，会同该道府严禁居民与之交易。一面随同提镇督率巡洋各弁驱逐该夷船迅速出境，毋许逗遛去后。兹复准提臣以晓谕该夷颇知悔悟，不敢停留，因连日风信不顺，未能行驶，于五月十五日候风稍转，即会同镇臣督令分巡各弁兵前往驱逐，该夷船当时挂帆开行放洋而去。镇臣又率带各兵船，随后追逐，务令即日出境。并开具巡洋各营弁职名，移咨核参前来。①

对照林赛和郭实猎所写的航海日记可以发现，富呢扬阿等人向道光帝汇报有关"阿美士德勋爵号"在浙江的活动内容非常有限，略去了相当多的情况，比如，他们没有提到该船在甬江航道上的侦测活动，中国水师所进行的软弱无力的对抗，也没有提到林赛等人实际上曾经到过宁波城，英船在离开镇海后还继续在浙东沿海活动数日，奏折上更看不到地方官员在与英国人交涉时的颠顸无能。这倒不一定是富呢扬阿等人故意隐瞒，因为他并没有与林赛等人实际接触过，他所获得的信息也是来自下面的官员。但这也恰恰反映了清政府在行政管理上的一个严重弊端：各级官员弄虚作假、欺上瞒下，以推卸责任为能事，报喜不报忧，到最高统治者那里的时候往往无法

---

① 中国第一历史档案馆编：《鸦片战争档案史料》（第一册），天津古籍出版社，1992 年，第 112—113 页。

获得准确有效的信息,从而做出错误的判断与决策。

所以根据富呢扬阿的奏折,道光帝能获得的信息就是,由于浙省官员处置及时,明白晓谕,"阿美士德勋爵号"在宁波未能通商贸易,而是"颇知悔悟"地离开。富呢扬阿又提出,"臣查浙省大洋东与江苏一带通连,难保该夷船不此逐彼窜,现又飞咨江南、山东、直隶督臣抚臣,饬属巡防,毋令拦入"。他还认为一些水师官员未能做到"事先预防,均属疏失",要求"交部议处,以肃洋政"。道光帝阅后颇为满意,朱批"所办甚是"。①

"阿美士德勋爵号"在浙江沿海的二十多天究竟获得了什么呢?作为一艘"间谍船",它主要做的是探查、收集情报的工作,其收获最起码有四个方面:

第一,通过勘查浙江沿海水文状况、测量甬江航道,进一步加强了对于宁波和舟山的港口、航路等情况的认识和信息的掌握。他们准备充分,带有以前来浙西人绘制的海图,并与此次实地考察的结果进行核对,发现原先达尔林普尔(Alexander Dalrymple,1737—1808)②所绘制的海图"在经度和纬度上都有重大错误","从外岛到旗头这部分海岸与镇海之间的位置标的都非常不准确,在旗头和附近的小岛之间,原先标注深度 100 英寻,但实际只有 45 英寻"。③ 而对于宁波的甬江航道,他们也进行了多次勘测,认为宁波内港的"碇泊条件完全与黄埔一样地好",并且否定了以往西人关于宁波内河不便通航进港的说法,认为"现在不论吃水多深的船只,都能极为轻易和安全地进入这个河道"。④

第二,通过与地方官员的接触与交涉,甚至是与某些官员建立特殊的关系,以此来了解当地官府对于英人来此贸易的态度。比如在宁波,林赛与郭实猎就分别与一位马姓官员和孙姓官员联系紧密。马姓官员作为浙江提督派来与英国人交涉的亲信,与林赛等人频繁接触,也不断将一些内情告知他们,甚至还充当中间人的角色,安排中国商人上船来与英国人贸易,当然他本人应当也从中谋取利益;孙姓官员因为接受过郭实猎的治疗,从而成为一

① 中国第一历史档案馆编:《鸦片战争档案史料》(第一册),天津古籍出版社,1992 年,第 113 页。
② 此人为苏格兰地理学家,曾受雇于英国东印度公司,从 1795 年起至逝世,在英国海军部担任首位水文专家,在职时成立了海军部水文处,收集并出版了许多有价值的海图。
③ Hugh Hamilton Lindsay and Karl Friedrich August Gützlaff, *Report of Proceedings on a Voyage to the Northern Ports of China in the Ship Lord Amherst*, London: B. Fellowes, 1833, p.97.
④ Hugh Hamilton Lindsay and Karl Friedrich August Gützlaff, *Report of Proceedings on a Voyage to the Northern Ports of China in the Ship Lord Amherst*, London: B. Fellowes, 1833, p.163.

个"中国官员当中愿意讲实话"的人。林赛说:"在我们逗留期间,我们经常从他那里获得准确的情报。"①此外,还通过向地方官员递交请求通商的禀帖,强行闯入内河测量河道等方式试探当地政府的反应。

第三,通过与普通民众的接触,了解民生状况,探查他们对英国人的认识。林赛和郭实猎一路上对于所接触的民众的反应都有详细记录。民众是否友善,对英国人的好奇程度如何,怎样看待英国人,等等。两人还利用各种机会向当地人散发小册子,比如《大英国人事略说》,以此来观察人们对英国人的态度。据说这些小册子引发了不小的反响,林赛等人暂居宁波天后宫时,"每个人都向我们恳求获得这本关于英国的小册子,该书的名声就如同燎原之火般蔓延开来"。② 马姓官员安排在宁波的福建商人到"阿美士德勋爵号"上购买布匹,商人还建议林赛等人要对中国官员采取更强硬的态度,甚至让他们将船直接开到甬江上去交易。

第四,通过与中国商人直接贸易的手段,了解各口岸欧洲商品的价格情况。此为"阿美士德勋爵号"来华探查的一个重点,林赛等人对于所到之处每个市场的外贸情况都进行了了解与观察。以宁波为例,当地商人最想购买的商品竟然是鸦片,不过此次英国人并没有携带。于是双方又在普通商品方面讨价还价:500 匹羽纱,中方原出价 34 元每匹,林赛还价到 40 元每匹,最后双方以 37.5 元每匹成交;特等宽幅绒和上等宽幅绒,中方分别以 31元和 26 元每匹出价,林赛发现宁波的商人与福州的一样,均抱怨特等宽幅绒的质量不如以前进口的,由于无法说服对方提高价格,林赛决定不出售这两样商品;1000 匹印花布,中方每匹出价 7 元,而在福州是 7.2 元;宁波的商人还想购买长厄尔绒,但是"阿美士德勋爵号"刚好没有载运,他们告诉林赛原计划以每匹 11 元的价格购买不同花色的该种商品。③ 通过这种将自带商品与各地商人进行直接交易的方式,"阿美士德勋爵号"掌握了英国主要销华商品在各口岸直接出售的价格,进而可以对英国商品经广州进口再转销其他口岸和不经广州直接在其他口岸出售这两种销售方式在价格上的差

---

① Hugh Hamilton Lindsay and Karl Friedrich August Gützlaff, *Report of Proceedings on a Voyage to the Northern Ports of China in the Ship Lord Amherst*, London: B. Fellowes, 1833, p. 112.

② Hugh Hamilton Lindsay and Karl Friedrich August Gützlaff, *Report of Proceedings on a Voyage to the Northern Ports of China in the Ship Lord Amherst*, London: B. Fellowes, 1833, p. 103.

③ Hugh Hamilton Lindsay and Karl Friedrich August Gützlaff, *Report of Proceedings on a Voyage to the Northern Ports of China in the Ship Lord Amherst*, London: B. Fellowes, 1833, pp. 136-137.

别有更为清楚的认识,以广州和宁波两个口岸为例,参见表9-1:

表9-1 广州口岸与宁波口岸英国商品出手价比较①

	特等宽幅绒	上等宽幅绒(两/码)	羽纱(两/码)	长厄尔绒(元/匹)	印花布(元/匹)
广州出手价(1831年价)	1.2	0.85	19	7.5	5
宁波出手价(1831年价)	1.3	1.1	37.5	11	7

可以看出,在宁波出售给当地商人的英国商品价格要明显高于在广州卖给行商的价格,其他口岸的情况也基本如此。这就意味着,在广州以外的口岸直销商品,英商获利更加丰厚。

林赛在日记中直言不讳地写道:"如果日后英国舰队司令带着他的部队到中国(此事我们在离开时就完全有理由期待会发生),那么我们一路上获取的有关中国海岸地区的知识,还有可能更重要的是,对当地政府极度虚弱和愚蠢的情况以及中国人民的友好态度的了解,将会被证明非常有用。"也就是说,他们为日后英国军队入侵中国搜集到了更为可靠的情报。1835年,英国东印度公司水文测量师霍斯伯格(James Horsburgh)依据"阿美士德勋爵号"在华非法勘测活动所获取的数据制作了中国东南沿海的新海图,这样的工作为英国对华经济、军事冲击的进一步展开奠定了基础。也是在同一年,林赛根据此次侦查的结果,致信英国外交大臣帕麦斯顿勋爵(Henry John Temple, 3rd Viscount Palmerston),提出武力侵华的建议,而他的建议又成为1839年英国议会制订对华战争方案的重要依据之一。看来,当年宁波的官员说"阿美士德勋爵号"是英国军队侵略中国的先锋,倒颇有些先见之明。

---

① 郭小东:《打开"自由"通商之路》,广东人民出版社,1999年,第279页。

下篇 战争与和平

从浙东战场到宁波开埠

第十章　第一次定海战役

一、先揍一顿，然后再作解释

在鸦片战争爆发前的半个世纪里，正如日中天的大英帝国与自认为是天朝上国、天下共主的中华帝国之间经历了一段由外交协商到武力冲突的曲折过程。英国分别于 1793 年和 1816 年派出马戛尔尼使团与阿美士德使团，希冀在华争取开放新的通商口岸与特殊待遇，但相继遭遇失败。1834 年律劳卑（William J. Napier）事件发生后，英国朝野上下对于在外交手段之外，采用武力手段扩展在华贸易空间、获取所谓的"贸易自由"开始逐渐形成共识。1839 年，随着清朝禁烟运动的深入和在华英人对于这场运动的抵制，中英关系处于极为紧张的状态，发生在九龙尖沙嘴的"林维喜事件"更加剧了双方的对抗情绪。当林则徐禁锢英商及商务监督以迫其缴出鸦片的消息传到英国之时，适逢帕麦斯顿勋爵（中文又作"巴麦尊"，Lord Henry John Temple Palmerston，1784—1865）担任外交大臣，此人主张对华采取强硬姿态；同时，英国的鸦片商们和工业资本家也鼓噪英国政府对华开战，用武力破开中国大门。1839 年 9 月 23 日，帕麦斯顿向首相麦尔本（Melbourne）提出 6 点与中国相关的"实际问题"，包括占领中国岛屿、迫使中国赔款、要求改变中国当局对在华英国官员的不敬态度等。10 月 1 日，英国内阁讨论中国问题，初步议定出兵中国。帕麦斯顿在会上提出"用一艘主力舰、两艘巡洋舰、两三艘轮船和几艘小型武装船就可以把从北京到广州的海岸封锁起来"，他的这个认识主要是源于胡夏米于 1835 年向其递交的《英华关系书》。9 月 19 日，伦敦商界和企业界代表开会讨论对华战争问题，决议成立由工业资本家拉本德和在华鸦片贸易的最大经销商查顿为首组成的"九人委员会"，负责推动政府的对华战争决策。委员会不仅向帕麦斯顿提出具体的作战方案，还提出应以武力强逼清政府签订通商条约，允许英国人自由到广州北部各口通商，如厦门、福州、宁波、上海等地。① 这些建议后来基本被英国

---

① 郭卫东：《转折——以早期中英关系和〈南京条约〉为考察中心》，河北人民出版社，2003 年，第 202 页。

政府所采纳。

1839 年 11 月 4 日,帕麦斯顿向驻华商务监督、皇家海军上校义律(Charles Elliot,1801—1875)发出密件,向其通报了英国政府拟向中国派出远征军,获得赔偿的意图,并告以英军将于次年 4 月左右到达中国,让其做好战争准备。他说:"对中国人打算采取的行动方式,多少有点类似中国人自己惯于采取的,那就是:先揍一顿,然后再作解释。"为达目的,主要采取三个措施:

> 第一个措施将是封锁珠江;当两广总督询问进行封锁的原因时,便可以交给他打算送往北京的那封信的副本,①并要求他将该副本转交他本国政府。下一个措施将是占领舟山群岛,并拦截沿海航行的船只。最后一个措施则将是舰队司令官在北直隶湾和白河口出现。②

可以看出,在英国政府将要采取的行动当中,占领浙江舟山是很重要的一环,这不仅是出于军事目的,还要将舟山作为抵押,迫使清政府给予定居地和同意开放更多的口岸。

在同一天,帕麦斯顿致海军部各长官的函件中将占领舟山的计划介绍得更为详细:

> 女王陛下很高兴地下达命令,派遣一支海军和陆军部队前往中国沿海。女王陛下政府的打算是,该远征部队抵达中国海面后,便着手占领中国沿海的某个岛屿,用来作为一个集结地点和军事行动基地。关于选择将要占领的岛屿问题,必须要允许指挥远征部队的舰队司令官根据他在当地可能获得的情报,自行斟酌决定;但是,他应当选择一个可提供良好而又安全的停泊船只的岛屿,它能够防御中国人方面的任何袭击,而且,如果情况变得有利于永久占领它的话,便可能予以永久占领。女王陛下政府倾向于认为,舟山群岛中的一个岛屿很适合于达到这个目的。那些岛屿的中间地理位置,即处于广州与北京之间的中途,而且靠近一些可航行的大河流的河口,从许多观点看来都将使那些

---

① 指"女王陛下外交大臣致中国大臣的一封信",即之后下发的《巴麦尊外相致中国宰相书》。参见胡滨:《英国档案有关鸦片战争资料选译》(下),中华书局,1993 年,第 527 页。
② 胡滨:《英国档案有关鸦片战争资料选译》(下),中华书局,1993 年,第 525 页。

岛屿成为一个很方便的总指挥部所在地。①

　　英国政府认为在华采取军事行动具有双重目的："首先,通过截断沿海贸易使中国政府感到苦恼;其次,尽量占有中国的财产,用来作为使中国政府接受对它提出的各项要求的担保品。"帕麦斯顿对于清方的军事实力极为轻视,认为"中国政府的水师在数量上是很少的,而且在性能和装备方面是极差的;因此,上述军事行动可以由一支很小的部队顺利完成……据那些很了解当地情况的人们声称,像我所说的这一军事行动,可以由具有双层甲板的两艘战列舰、三四艘快速帆船(其中至少有一艘是大型的)、两三艘汽船以及适当数量的较小船只组成的一支海军部队去完成"。

　　帕麦斯顿向海军部的长官们强调,对华军事行动只是为了强迫中国政府接受某些要求,除此之外别无目的;同时希望不对中国人民采取任何不必要的暴力行动。"如果没有必要或没有重大的挑衅行为,舰队司令官将不进攻炮台,不损害或破坏城镇,除了他将要占领的那个岛屿或那些岛屿之外,不对中国的任何部分领土采取任何积极的战争行动。"②可以看出,英国方面"初不过因禁烟而起冲突,继则因冲突而起报复(Reprisal),终乃流为战争"③。但其根本目的还是为了通商,以战促谈,就如同之前帕麦斯顿所言,是要"先揍一顿,然后再作解释";而在中国一方,最初的目的也只是禁烟,作为最高决策者的道光帝屡次谕明不可轻启边衅。及至中英战事兴起,清政府不明当时国际关系的惯例,认为不过是"讨逆""剿夷"而已,且道光帝的对英政策也在剿、抚之间游移。所以鸦片战争当中就出现了一些奇怪的现象,比如中、英双方均未发表宣战的正式公文,并且忽战忽和,或战于此处而和于彼处。④

　　1840年1月16日,维多利亚女王在国会演讲,谓正密切注意英人在华利益及国家尊严。2月20日,帕麦斯顿向远征军总司令兼全权代表懿律(George Elliot,1784—1863)和全权代表义律(为懿律的堂弟)发出详尽训令,并下发了《巴麦尊外相致中国宰相书》。1840年4月7日起,英国议会下院辩论对华战争军费案和广州英国鸦片商人赔偿案,经过3天的激辩,最后

①　胡滨:《英国档案有关鸦片战争资料选译》(下),中华书局,1993年,第526页。
②　胡滨:《英国档案有关鸦片战争资料选译》(下),中华书局,1993年,第529—530页。
③　蒋廷黻:《近代史》,华中科技大学出版社,2017年,第111页。
④　蒋廷黻:《近代史》,华中科技大学出版社,2017年,第110页。

以 271 票对 262 票的微弱优势,通过了内阁的提议。① 实际上,早在英国议会通过政府议案的半年之前,英国政府已经做出侵华决定。而当下议院的议员们正在唇枪舌战进行辩论的时候,英国侵略军正从英国本土、南非和印度等地赶往中国。1840 年 6 月 21 日,担任英国远征军海军司令的英驻东印度舰队海军司令伯麦(Gordon Bremer)率领由印度开来的舰队抵达澳门海面;6 月 28 日,英国远征军总司令兼全权代表懿律率由南非开普敦等处开来的舰队驶到。不久,英国侵略军全数到齐。其中有海军战舰 16 艘,东印度公司派出的武装轮船 4 艘,另有英国海军运兵船 1 艘和雇佣的运输船 27 艘。英国陆军 3 个团,即爱尔兰皇家陆军第 18 团、苏格兰步兵第 26 团与孟加拉志愿兵第 49 团,另有一个孟加拉的工兵部队和一个马德拉斯的工程部队,由乔治・布耳利(George Burrell,1777—1853)②准将担任陆军司令。地面部队约 4000 人,加上海军,英军总兵力共有六七千之众。③

帕麦斯顿在 1840 年 2 月 20 日致海军部各长官的函件中称,远征军应首先开往珠江口,以便在该地建立有效的封锁,但是"不试图在该地区的海岸上采取任何军事行动。广州距北京太遥远,从而使得在该地采取的任何军事行动不具有决定性的作用;我们必须在距京城较近的地方进行一次有效的打击"。④ 而在同日,他发给懿律和义律的指示中说,"女王陛下政府想要远征部队去做的第二件事情,是占领舟山群岛,并封锁那些岛屿对面的河口、扬子江口以及黄河口"。⑤ 英军在华的活动是完全按照帕麦斯顿的训令来执行的。6 月 22 日,伯麦在发布了一则从 6 月 28 日起封锁珠江口的告示后,便率"威厘士厘号"(Wellesley)等大小舰船 19 艘沿海岸线北上,直扑舟山;6 月 30 日,懿律、义律亦率军去与伯麦汇合。此后,广东沿海英军次第北上。虎门口外只有 4 艘英舰和 1 艘武装轮船执行封锁任务。⑥ 不过对于英军的这一舍近求远的作战姿态,清方的认识基本都是,林则徐在广东防备严密,英军无隙可乘,遂北犯定海。林则徐本人对此也深信不疑,当他得知定海失陷的消息后,还指责浙江方面未能如广东那样,早有准备。魏源在

---

① 茅海建:《天朝的崩溃(修订版)》,生活・读书・新知三联书店,2015 年,第 114 页。
② 此人原为爱尔兰皇家陆军第 18 团指挥官,战争经验丰富,在 1937 年 1 月 10 日获得少将的名誉头衔(major-general by brevet)。
③ Correspondent: Hostilities with China, *The Chinese Repository*, Vol. IX, 1840, p. 221;茅海建:《天朝的崩溃(修订版)》,生活・读书・新知三联书店,2015 年,第 145—146 页。
④ 胡滨:《英国档案有关鸦片战争资料选译》(下),中华书局,1993 年,第 537—538 页。
⑤ 胡滨:《英国档案有关鸦片战争资料选译》(下),中华书局,1993 年,第 531 页。
⑥ 茅海建:《天朝的崩溃(修订版)》,生活・读书・新知三联书店,2015 年,第 146 页。

《道光洋艘征抚记》中说，"洋船至粤旬月，无隙可乘，遂乘风窜赴各省"。夏
燮在《中西纪事》中也断定，"英人所憾在粤而弃疾于浙者，粤坚而浙瑕也。
兵法攻其瑕而坚者亦瑕"。[1] 周沐润在《后海上行》自序中写道："庚子，逆夷
畏粤督林公则徐，弃走浙，袭陷定海。"[2]近人著作中也多持类似观点，但此
种说法与史实不符。实际上，攻打舟山是英军既定的作战方案。

二、叹甬江、斗大耸孤城，难摧敌

若以 1840 年 6 月英军在广东洋面集结作为鸦片战争爆发的标志，而以
1842 年 8 月 29 日中英双方在南京签订《江宁条约》为战争终止之日，则这场
战事前后长达 2 年多的时间，多数学者认为战争分为三阶段，但是关于每一
阶段的起止时间却众说纷纭。有人认为，从 1840 年 6 月英军到达广东海面
至 1841 年 1 月琦善与英人订立《穿鼻草约》为第一阶段；从 1841 年 1 月 27
日，道光帝明发上谕，决心全力攻剿英军到 1841 年 5 月奕山向英求和订立
《广州和约》为第二阶段；从 1841 年 8 月开始，英军再度进攻厦门、宁波、定
海等地，直至 1842 年 8 月订立条约为第三阶段。而蒋廷黻则是以清方主政
者的变动来划分，他认为："第一期是林则徐主政时期，起自道光十九年
(1839)正月二十五日，即林以钦差大臣的资格行抵广东之日。第二期是琦
善主政时期，起自道光二十年(1840)七月十四日，即琦善与英国全权代表懿
律及义律在大沽起始交涉之日。第三期是宣宗亲自主政时期，起自道光二
十一年(1841)二月六日，即琦善革职拿问之日，而止于道光二十二年(1842)
七月二十四日的《南京条约》。"[3]其实，无论怎样划分，整个战争期间，英人
在浙江沿海的活动基本没有停止过。不仅如此，他们还曾一度攻克镇海、宁
波、慈溪等地，两次占领舟山(1840 年 7 月—1841 年 2 月，1841 年 9 月—
1846 年 7 月)，英军的侵略战争给浙江的人民带来了深重的灾难，也是浙江
与英国关系史上的黑暗时刻。本章将较为详细地讲述中英在浙东的交锋及
其影响。

1839 年 9 月和 11 月，中英在广东已经发生过九龙之战和穿鼻之战两起
战事，而道光帝也已向沿海各直省督抚降旨，"饬令严密防堵，不留去路"[4]。
所以浙江方面在 1840 年初已有所准备，巡抚乌尔恭额在 2 月 24 日(道光二

① 蒋廷黻：《近代史》，华中科技大学出版社，2017 年，第 119 页。
② 阿英：《鸦片战争文学集》，上海古籍出版社，1957 年，第 87 页。
③ 蒋廷黻：《近代史》，华中科技大学出版社，2017 年，第 111 页。
④ 文庆等修：《筹办夷务始末(道光朝)》卷九，中华书局，1964 年，第 261 页。

十年正月二十二日)的折子里对于防堵英夷表现得很有信心：

> 臣查浙江之温州、台州、宁波、嘉兴四府属，俱滨海疆，其洋面与闽、粤、江苏，一水相通，由闽南来，以温洋为门户，由浙北去，嘉兴之乍浦为要隘。其间分归温州、黄岩、定海三镇，按段管辖，舟师往来巡缉，不啻棋布星罗。其温州、台州各口或系浅水，或有板沙，极大海舶，不能拢岸。乍浦虽有拦口沙涂，因离洋较近，时有海船停泊。惟宁波之镇海口，并无沙礁，可由外洋直抵郡城，故闽、粤商船，云集于此。就浙洋情形而论，海防以宁波为要，乍浦次之，台州、温州又次之。是以提督坐镇宁郡，兼有定海总兵分驻宁属之定海县，相为犄角。①

而在 5 月 22 日(四月二十一日)的奏折中，乌尔恭额又汇报了浙江的战备情况，"合计外洋水师额船，共有二百六十余只。……防海利器，以炮为先，统计各营，红衣大炮共四百五十余位，西洋大炮共十八位，重自四五千斤至四五百斤不等。至重者移以防御海口，稍轻者用以配入兵船。即间有贮局年久身起铁锈之炮，已饬煨煅演洗。尚有劈山炮八百余位，均堪济用。此外军火器具，亦俱配足，是船械尚属整齐，可以有备无患"。道光帝告诫乌尔恭额，"设若稍有疏失，朕惟汝是问。凛之！慎之！"②

6 月 30 日，英军"康威号"(Conway)等舰船行驶至离南韭山洋面时即被清军发现，"本年六月初二日，有英夷火轮船二只兵船二十四只，在定海县南韭山外洋游奕"，不过该洋面只是英军经过的地方，按照英军的作战计划，船队先到舟山群岛最南端的牛鼻山岛(Buffalo' Nose)附近集结，因为这里的水道可以直通定海。③ 7 月 1 日，伯麦乘坐旗舰"威厘士厘号"率领"布朗底号"(Blonde)以及"皇后号"(Queen)和"阿特兰特号"(Atalanta)等武装轮船亦驶到汇合。

7 月 2 日，伯麦指挥船队进入到"舟山大岛附近的一处锚地"碇泊。但当潮水退去后，英国人发现船只竟然是抛锚在当地渔民"撒在海里那些覆盖了好几英里的渔网丛林之中"。一些渔民来到船上找英国人交涉，由于言语不通，随军的翻译也听不懂宁波话，只能通过笔谈交流，英军还强迫两位渔

---

① 炎明主编：《浙江鸦片战争史料》(上)，宁波出版社，1997 年，第 87—88 页。

② 炎明主编：《浙江鸦片战争史料》(上)，宁波出版社，1997 年，第 89 页。

③ Lieutenant John Ouchterlony, *The Chinese War*, London：Saunders and Otley, 1844, p. 41；Robert Jocelyn, *Six Months with the Chinese Expedition*, London：John Murray, 1841, p. 43.

民充当领航员。远征军的军事秘书乔林斯子爵（Lord Viscount Jocelyn）发现，渔民对于广东的战事一无所知，还以为船上的英国人只是商人，但当得知英国人"是要占领这里并赶走他们的官吏时，他们摇起手来，惊呼'不可，不可'"。① 不知这两人之后是否为英军效命。

7月3日（初五日），伯麦派"康威号"的白求恩舰长在"威厘士厘号"副舰长的陪同下，乘坐"阿特兰特号"蒸汽单桅船前去侦查港口，探测航道。② 英国人进入的是定海城南衙头港水面。有亲历者称：

> 一进港就在近岸发现了几艘战船，中国人对我们的到来毫无预备。但一旦确定舰队停泊在舟山港附近，姚知县就发出了一条愤怒的命令——他受到总兵（governor）的全权委托，可以在紧急情况下发布这类命令。然而，这条命令中只说到禁止买卖鸦片，但并没有提及对于夷人的敌对意图。为了确保服从他的命令，这位可敬的姚让城内外一些主要的商行对外国人任何的侵略行动负责，这实际上是从人民手中劫持人质，以确保入侵者的良好行为。
>
> 第一艘汽船的突然出现，在居民当中引起了巨大的轰动。成千上万的人涌到沙滩上，只为瞧瞧这艘奇怪的船。他们有足够的时间来做此事，因为它已经在沙洲上搁浅了，而且在水位上升到相当的高度之前，无法移动。……"威厘士厘号"副舰长沿着海岸测量水深，靠近塔山（Pagoda Hill）时，一个凶恶的清军军官挥动扇子示意其走开。……③

文中提到的姚县令即是定海知县姚怀祥，但此时他似乎还把这些英国侵略者当作是来此处兜售鸦片的英国商人。

中文史料记载，定海总兵张朝发在接到发现夷船的报告后，"统带兵船，配足炮火，出洋防堵"，他说在初三日（7月1日），英方船只"至旗头洋面，分作两帮，一帮窜入定港，一帮由猫港横水洋向西行驶，恐其窜入镇关。该镇因为定海孤悬海外，恐有疏虞，只得驶回定港，严守炮台港口。至西行一帮，势难兼顾，就近函商提督派兵防范镇海，并请飞调黄岩、温州两镇，督带兵船

① Robert Jocelyn, *Six Months with the Chinese Expedition*, London：John Murray, 1841, p. 45.
② *The London Gazette*, Dec. 15, 1840, *The Asiatic Journal and Monthly Miscellany*, Vol. 33, 1840，p. 382.
③ Reminiscences of Chusan, During its occupation by the British in 1840—1841, *The Chinese Repository*, Vol. X, 1841, p. 482.

飞驶前来,会同堵逐"。①

在英方侦查人员带回了"确定我们最大的船都可以靠近海岸"的信息后,4 日(初六日),伯麦乘坐"威厘士厘号"在"阿特兰特号"的牵引下,率领一众舰船驶入内港航道,但并不顺利,不仅进港持续了一天的时间,还有"许多船只搁浅,交通变得极其困难","威厘士厘号"还差点与它的牵引船相撞。最终,"威厘士厘号"、"康威号"、"短吻鳄号"(Alligator)、运兵船"响尾蛇号"(Rattlesnake)和两艘运输船都驶入舟山港碇泊集结。此时定海的防御情况则是,大小兵船有 21 艘,共配置 170 余门大炮,所有的水师兵丁为 940 多名。在岸上,有炮 20 多门,兵丁 600 名。②

乔林斯在船上对舟山港进行了仔细的观察,他写道:

> 进入到这个美丽的港口——它很漂亮,这一点无论如何讨厌它的人都得承认——在海滨及海边的高处似乎有着稠密的人群。
>
> 城郊平行地延伸至水边,形成了一个码头。沿着码头可以看见一大片商船。我们一进入港口,11 艘中方战船就向我们冲过来;但当我们再向前进时,对方便退去了,占据不同的位置,最后在商船前排成一列,保护海岸以防入侵。
>
> 这些粗陋的战船上彩旗飘扬、炮口通红、船尾着色,每艘船可乘载50 余人,很容易被辨认出来。
>
> 在我们的右手边有一座高 200 英尺的小山,山顶上矗立着一座庙宇。中国士兵已占据那里作为阵地,即便是简单设防和稍作安排,也会给我们造成一些麻烦。
>
> 在山上的军队,根据适当的估算,大约有 800 人。那里有 6 门大炮,但既没有对准目标也没有被放置在水平位置上进行瞄准。在城郊前面沿着码头一线还有另外 30 门同样的火炮,在左边的中心位置,还有一座小的圆形堡垒,配有 8 门火炮。这里的地面部队约有 600 人。但是由于有大批居民协助用粮食袋子加固城墙,很难说军队的实际人数是多还是少。③

---

① 炎明主编:《浙江鸦片战争史料》(上),宁波出版社,1997 年,第 96 页。
② 中国第一历史档案馆等编:《鸦片战争在舟山史料选编》,浙江人民出版社,1992 年,第 111 页。
③ Robert Jocelyn, *Six Months with the Chinese Expedition*, London: John Murray, 1841, pp. 48-49.

乔林斯所说的这座小山,叫"东岳山",又名"大椎山""关山",光绪《定海厅志》记载,"关山城南二里,圆峰耸矗,明隆庆元年,把总李诚立坊题东南第一关,故称关山"。山顶建有东岳庙(joss-house or temple),因此英人将此山称作"庙山"(Temple hill)。东岳山高不足五六十米,但却是这里唯一的制高点,清军在山上设置了炮台,即"关山炮台"。

7月4日下午,乔林斯与翻译郭实猎先生(时为驻华商务监督的第一汉文翻译)陪同"威厘士厘号"舰长弗莱彻(Captain John Vernon Fletcher)来到清军指挥官的船上,递交最后通牒,①要求对方在"六小时内"投降。乔林斯写道:

> 当我们与舰队司令(Admiral)的帆船并行时,他们推出了船舷上的大炮,但在他们准备好抵抗之前(如果他们真有此意的话),我们与翻译一同跳上了船,被仿佛从船上每个缝隙里冒出来聚集的人群包围了。那些在岸上看到我们登船的人们也从城里涉水而来。
>
> 他们表现出极大的敌意,但还是很礼貌地接待了我们,告诉我们舰队司令和此地其他高官都在岸上;但他们已经派人去通知了我们的到来。在等待期间,他们招待了茶水,但不像英格兰的女士们所喜欢的,因为中国人总爱喝淡茶,所以茶水里基本没什么颜色,这种植物的叶子构成了令人作呕的混合物的一部分。半小时内,总兵(Chumpin,总兵或者舰队司令,被认为是包括舟山及其周边地区最高的军事长官和海军长官。——原注如此)及其随从到了。他是一位老人家,脸上还带有吸食鸦片的痕迹;戴着红顶的帽子。根据不同的级别,其他官员分别戴着镶有蓝色或者白色顶子的帽子,这些是从皇帝以下区别等级的标志。
>
> 我们打开招降书,对方当着我们的面读了起来:低沉的吼声和越来越多的人加入其中,提醒我们是身处于一大群有敌意的人中间;从那一刻起,我开始怀疑此前在印度广泛传播的一种假想,即这里的民众痛恨他们的鞑靼统治者;但是只要我们有机会看到实际情况就会发现这种想法没有任何的基础。
>
> 劝降书声称无意伤害他们,我们来此发动战争只是为了反对他们的统治者及其臣仆所作出的不公正行为。他们似乎对此完全清楚,但

---

① *The London Gazette*, Dec. 15, 1840, *The Asiatic Journal and Monthly Miscellany*, Vol. 33, 1840, p.382. 而根据奥克特洛尼中尉所述,7月4日,先有中国舰队司令的特使登上旗舰,询问英人的意图。

是比起鞑靼统治者,他们更憎恨夷人的入侵。他们握紧的双手和焦虑的面庞证明了,那种认为我们是到一个"期待以外国人的标准来摆脱可憎的暴君枷锁"的民族中间的观念,是多么的错误!

乔林斯等人递交的这份劝降书,至今保存下来,这也是第一次鸦片战争时期,英方发出的第一份劝降书:

> 大英国特命水师将帅子爵伯麦、陆路统领总兵官布耳利,敬启定海城协镇大老爷知悉。
>
> 现奉大英国主之命,率领大有权势水陆军师,前往到此,特意登岸如友,占据定海并所属各海岛。至该岛居民,若不抗拒本国军师,大英国家亦不意欲加害其身家产业也。
>
> 夫粤东上宪林、邓等,于旧年行为无道,凌辱大英国主,特命正领事义律暨英国别民人,故不得不然,占据办法。现今须要保护本国船只弁兵,一均妥当。是以大老爷必须即便将定海并所属各海岛与其堡台一均投降,故此本将帅、统领招大老爷安然投降,致免杀戮。但不肯安降,本将帅、统领自应即用战法以夺据之。且递书委员,惟候半个时辰,俟致答复。此时完了,而大老爷不肯投降,并不答复,本将帅、统领即行开炮,轰击岛地与其堡台,及率兵丁登岸。特此启定海城协镇大老爷阅鉴。1840 年 7 月 4 日,即道光二十五年六月初五日启。

这封劝降书用词生硬,有些地方还不甚顺畅,想必并非出自华人之手,可能是由随军的马儒翰或者郭实猎所撰。文中的"半个时辰"原是指 1 小时,而根据乔林斯等人的叙述,英方的本意是 6 小时。[1] 所以《天朝的崩溃》认为是劝降书写错了时间。不过查诸该文献的英文版,上面赫然写着"信使只候 1 小时等待答复"。[2] 此外,7 月 4 日,应当是农历六月初六,劝降书上写成六月初五日。

在双方进行一番交流后,清方官员同意去英军旗舰谈判。乔林斯提出自己可以作为人质留在清军船上,但是"所有的中国人义愤填膺地加以拒

---

① 蒙哥马利·马丁在其《中国:政治的、商业的和社会的》一书中也提到,伯麦要求清方"在六小时内交出这座城市"。参见 R. Montgomery Martin, *China: Political, Commercial, and Social*, London: James Madden, 1846, p.41.

② John Quchterlony, *A Statistical Sketch of the Island of Chusan*, 1841, p. Ⅷ.

绝",并且告诉他,"我们相信你的话,不担心我们在你方船上的安全"。

不过,关于登上英舰的清方最高官员究竟是哪一位,中英文史料却有不同的说法,让人莫衷一是。中文史料所载与英方交涉的官员是姚怀祥,比如流传较广的夏燮所著《中西纪事》上说:

> 初五日,突有洋艘二驶至定海之衢头街,定海知县姚怀祥偕罗建功登舟诘之,则手出照会文书一角,胁大令献城。(有传其书者皆用汉字,内称"英国水师统领爵子伯麦、陆路统领总兵官布耳利敬启定海姚县主知悉:现水陆军师到此,须即将定海所属各海岛、堡、台一切投降,唯候半个时辰,即行开炮轰击"等语,是胁大令献城之证。)大令不答,退谋于总兵张朝发。张曰:"吾领水师,知扼海口而已。"时英人后至之舟业已连樯内进,罗建功等以外洋炮火利于水而不利于陆,请将水陆各兵一半撤至距城一里之半路亭扼要堵守,一半撤至城中登陴接应,张朝发不可。初六日,总兵复督水师出洋,方至港口,有夷人杉板舟一,径入总兵船上,投递信函。(此即声明粤东烧烟归咎林、邓,与天津所递之书大略相同。)张朝发不受,麾令军士开炮击之,夷舟乃逸。[1]

这段史料表明英军发出劝降书的对象是定海县令姚怀祥,而且姚县令还在中军游击罗建功的陪同下前往英舰交涉。定海总兵张朝发却缩于后方,"知扼海口而已"。需要说明的是,英军应当是给姚怀祥与张朝发分别投递了劝降书,但夏燮说张朝发不受并下令开炮攻击英船,此事不确。另外,罗建功在战后曾被多次提审,但均未提及曾与姚怀祥赴英船一事。

姚怀祥的幕友王庆庄在其《定海被陷纪略》一文中写道:

> 迨初六日,夷船又到六七号,沈家门、龟山外均有。过午,姚尹回明总戎,躬赴夷船,张乃派弁往。姚挈一张姓阍仆,令先传知县主来,闻夷人唤通事,张阍言:"尔系中国语音,即可为通事。"盖此中汉奸不少也。夷旋请登大船,与夷帅相见。船内军威颇壮。姚昂然入,帅方踞中座。姚俟其起立也,而揖之。帅作手势,若答礼状,命之坐,姚即从旁坐下。帅斟玻璃杯中碧色酒饷,先主而后宾,遍饮及从者。帅言有牒移知,限时献城,违即攻打。姚徐云:"事关民众,从容议之。"复引至两大船中,

① (清)夏燮著,欧阳跃峰点校:《中西纪事》,中华书局,2020年,第92页。

周阅炮械,辞别登岸。至总戎船,适已接夷文,限两个时辰投降,姚遂请总戎求提督援师,返署亦通禀告急,时夜漏动矣。①

根据这则史料也可以知道,姚怀祥是单独去见了英军,等他返回张朝发的船上时,张也收到了英军的最后通牒,但没有交代其是如何收到的。

两则史料在时间上有所冲突,夏燮说是六月初五日,也即 7 月 3 日,姚怀祥登上驶至定海衙头的英船,英人向其出示"照会文书"(也即劝降书)。但根据英方记载,这天只是派出了侦测航道的船只,并没有来投递文书。王庆庄说姚是 7 月 4 日赴夷船,倒是与英文中的相关记载一致。

受到中文史料的影响,后世的研究者也多认为上英船交涉的是姚怀祥而非张朝发。②

但是英文史料上的相关说法却与清方记载大相径庭。除了前述乔林斯在文中明确提到的总兵外,陆军司令布耳利在其致印度总督的信函上也称,乔林斯等人"与由两名官员陪同的海军舰队司令"来到"威厘士厘号"上。③马德拉斯工兵部队的奥克特洛尼中尉记载,"这一天,中国的海军中将和地方长官拜访了英国的军官们……从岸上来了一个代表团,由两个主要的官员和一群下级官吏和仆人组成"。④ 毫无疑问,无论是总兵、舰队司令还是海军中将,其实都指向一个人,那便是张朝发。

而根据《中国丛报》所刊登的英方亲历者的文章可知,张朝发是在他的旗舰舰长(flag-captain)和副官(aid-de-camp)的陪同下,马乔林斯一起登上"威厘士厘号"。而且在此之前,姚怀祥已经先行登舰,文中写道:"有段时间,地方长官姚(The district magistrate Yaou)骄傲地在甲板上踱来踱去,没有注意到其周围的任何东西。然而,当他一看到年迈的舰队司令登上甲板,没有说明任何理由,就立即离开了。"⑤如果所说无误,那么姚怀祥先于张朝发登上英船,而且他在看到张到来后就走开了,做出此举的原因不详。

在伯麦和布耳利两人联署的信中提到,乔林斯等人在向清方递交劝降

① 中国史学会主编:《鸦片战争》(三),神州国光社,1954 年,第 240—241 页。

② 如萧致治主编:《鸦片战争史》(第二版)上册,福建人民出版社,2017 年,第 359 页;茅海建:《天朝的崩溃(修订版)》,生活·读书·新知三联书店,2015 年,第 158 页。

③ Supplement to Asiatic Intelligence-China, *The Asiatic Journal and Monthly Miscellany*, Vol. 33, p. 346.

④ Lieutenant John Ouchterlony, *The Chinese War*, London: Saunders and Otley, 1844, pp. 47-48.

⑤ Reminiscences of Chusan, During its occupation by the British in 1840—1841, *The Chinese Repository*, Vol. X, 1841, p. 483.

书大约一小时后,"在海军中将、旗舰舰长(或驻埠舰长)、其他几位有等级的海军军官和军事官员、一位主要的民政官员(A chief civil magistrate)和其他政府人员的陪同下返回"。① 在 7 月 4 日当晚,伯麦与清方官员谈判时,陆军中校哈里·达雷尔爵士(Sir Harry Darell)还作了一幅纪实画,题献给伯麦。在英国国家海事博物馆收藏的一幅根据该画复制的石版画上,对画面右侧落座的三位清方官员的身份进行了文字标注(手写体),从左至右,分别是 Chinese Admiral(Governor of Chusan),His Flag Captain 和 The Chief Magistrate of Chusan,而且在后面的文字里说得很清楚,"海军准将伯麦与中国舰队司令张及其主要官员在'威厘士厘号'上举行的会议"。可以确定 admiral 就是张朝发,flag captain 意为旗舰舰长,可能是指护标左营游击钱炳焕。关键的问题,还是这位 chief magistrate(意为:主要的民政官员)究竟是谁? 如果是姚怀祥的话,为什么《中国丛报》上的文章说姚见到张朝发后就离开了,该如何解释? 如果不是姚怀祥,那么这位舟山的文职官员又会是谁呢?

　　本书认为,姚怀祥和张朝发两人都登上了英舰"威厘士厘号",至于后来是否一同与伯麦进行谈判,就目前的史料来看,还不得而知。不过对于中文史料里几乎不谈张朝发去和英方谈判的奇怪情况,本书给出的解释是:这固然与中文史料记载缺失的偶然性因素相关,但还有一种可能,由于姚怀祥确实登上过英舰,而且后来在定海城破后投水自尽,以身殉国,受到清廷褒扬恤典,人们自然也愿意宣传记录这位英雄与英军交涉的事迹;至于张朝发,虽然他在英军第一波火炮射击时,就已中弹落水,后内渡镇海伤重不治。但是浙江巡抚乌尔恭额却参劾张朝发"复谏撤守,以致丧师失城,其情罪实属重大",将其革职待罪。尽管张朝发在 8 月 2 日(七月初五)已经因为"火毒内攻身死",但后来钦差大臣伊里布经过调查后,认为其"先因愎谏丧师,迨受伤进城,复不设法固守,辄即遁回镇海,以致城被攻陷,实属咎无可逭",②因此身后没有得到任何的恤典。在时人眼中,张朝发已经开始以负面形象出现。比如怡云轩主人所辑《平夷录》中记载,定海城破后,"姚知县赴水,典史全福立于首门大骂,遂被害。镇台张朝发及所属营弁皆奔镇海",③张、姚二人形成了鲜明对比,张朝发似乎成了一个贪生怕死之辈的典型。中国传

① *The London Gazette*,Dec. 15,1840,*The Asiatic Journal and Monthly Miscellany*,Vol. 33,1840,pp. 382-383.
② 炎明主编:《浙江鸦片战争史料》(上),宁波出版社,1997 年,第 371 页。
③ 中国史学会主编:《鸦片战争》(三),神州国光社,1954 年,第 371 页。

统史学对于人物的研究,常常呈现脸谱化的特征,非黑即白、非忠即奸。所以,亲身赴敌营,大义凛然拒绝英军招降的事情,当然不会出现在张朝发这样一位被朝廷治罪之人的身上。

张朝发一行与伯麦、布耳利等人在宽敞的 74 号舱内开了一次会,由郭实猎担任翻译,于晚上 8 时左右结束。乔林斯参与了会议的全过程,他写道:

> 我们在这里重复了他们所知道的一切;解释了我们对此地采取军事行动的原因和目的。他们抱怨了为我们在广州所受到的不公正待遇的错误负责的困难,而且理所当然地认为:"你们应该对那些人开战,而不是我们这些从未伤害过你们的人;我们看到了你们的强大,并且知道对抗将是发疯之举,但我们必须恪尽职守,尽管这样做会招致失败。"
>
> 伯麦爵士提醒他们,在试图进行他们认为注定会失败的抵抗之前,应当考虑清楚。他们允诺会这样做,爵士给他们时间来协商、仔细考虑此事,直到第二天清晨。在离船之前,他们最后说的是:"如果你到日出前没有收到我方的答复,我们将自行承担后果。"
>
> 但来到战舰的甲板上时,除了一个人(后面我会谈到他的命运)以外,其他人对于该舰船的规模和配备的大炮,没有表现出任何的吃惊之情。这些人在会谈中也不吃我方提供的任何点心,只喝了一点甜酒,他们似乎很熟悉这种酒。①

伯麦说,"我通过郭实猎先生的翻译,努力使对方清楚地认识到,他们的官员对我方的侮辱和挑衅已经到了让人无法忍受的程度。这就迫使大不列颠女王陛下寻求赔偿。我的使命是采用军事手段占领这座岛及其附属岛屿,由于我所拥有的实力让他们没有任何能够成功抵抗的机会,所以我诚挚地恳请他们不要做出巨大的流血牺牲,立即投降"。② 可以看出,英国人对于自己的军事实力非常自信。

7 月 4 日这一夜对于中英双方来说都是不眠之夜,战争一触即发。伯麦听到整个晚上都响着"铜鼓声和其他好战示威的声音"。乔林斯也观察了

---

① Robert Jocelyn: *Six Months with the Chinese Expedition*, London: John Murray, 1841, pp. 52-53.

② *The London Gazette*, Dec. 15, 1840, *The Asiatic Journal and Monthly Miscellany*, Vol. 33, 1840, p. 383.

岸上的动静：

> 一整晚，海岸都呈现出最美丽的景象。周围的小山和郊区都闪烁着一大片移动的五颜六色的光。在中国，没有人晚上出门不带这些彩绘的灯笼，手里提着，或者是挂在段竹竿上。借助他们发出的光亮，我们可以看到，人们正在忙着加固那些简陋的堤坝，安置好抬枪和新运来的大炮。透过黑暗的阴影，可以看到商船拔起沉重的锚，悄悄地穿过舰队，商品货物堆得都到桅杆一半高了，船上挤满了妇女和小孩，这些船只被允许不受干扰地通过。①

到第二天天亮之时，伯麦在船上遥望定海港岸，发现码头和海岸上驻扎了大批军队。清军"在庙山上安置了一队人马，还有三门炮，有二十一门炮设在不同的码头上，排成一线。在一座坚固的圆形石头塔堡上，安置了五门炮。……（清军）收集了各式各样的武器，军官们整个上午都在给士兵分发"。伯麦似乎也感受到清军同仇敌忾的气势，他说："事实上，他们挥舞的旗帜和每次其他的示威方式，都显示出坚决对敌的精神。"②奥克特洛尼中尉发现，"从一大早开始，镇上、郊区和附近村子的大批居民，都带着他们的财物，涌向城内，这显然也预示着冲突的发生迫在眉睫"。③

中国方面，"战船整队完毕，船上全都是人"。英国方面，战舰排成一列，左舷排炮对着城镇，距离码头和山脚有 200 码远。它们包括载炮 74 门的"威厘士厘号"，28 门的"康威号""短吻鳄号"，18 门的"巡洋号"（Cruiser）、"阿尔及林号"（Algerine），10 艘横帆双桅船（gun-brigs）。早上 8 点时，即已举起信号，准备行动。④ 中午涨潮时分，英军大量的运输船驶入港内，但伯麦仍未下达进攻的命令，他似乎是要显示自己的"仁慈"，说"我仍然抱着这样的期望：当中国人看到准备全力以赴登陆的英军时，他们会谈判妥协"。当然，这是不可能的事情。中国官员已经明确告知英方"尽管他们弱小，英人强大，但是绝不会投降，也不会答应不开火——英国人必须得自己过来占领，而他们则必须战斗"。⑤

①　Robert Jocelyn, *Six Months with the Chinese Expedition*, London: John Murray, 1841, p. 53.

②　*The London Gazette*, Dec. 15, 1840, *The Asiatic Journal and Monthly Miscellany*, Vol. 33, 1840, p. 383.

③　Lieutenant John Ouchterlony, *The Chinese War*, London: Saunders and Otley, 1844, pp. 43-44.

④　Robert Jocelyn, *Six Months with the Chinese Expedition*, London: John Murray, 1841, p. 55.

⑤　Correspondent: Hostilities with China, *The Chinese Repository*, Vol. IX, 1840, p. 228.

　　下午 2 点，英军登陆部队乘坐小船离开运输船，在战舰后面排成两列就位，准备在炮火的掩护下强攻登陆。第一列部队包括爱尔兰皇家陆军第 18 团、皇家海军陆战队、炮兵，2 门 9 磅火炮和苏格兰步兵第 26 团；第二列部队包括孟加拉志愿兵第 49 团和工兵分队等。[①] 2 点半，"威厘士厘号"向清军阵地的圆形塔堡发射一枚炮弹，但按照伯麦的计划，只打到堡垒脚下，并未造成伤亡。其目的是震慑清军，让其投降。但是这一攻击行为"立即遭到全线的战船、堤道和山上大炮的回击"，不过似乎没有什么效果，有人描述说"他们的炮声就像鞭炮声，炮弹击中了'短吻鳄号'的几处地方，一发炮弹确实擦掉了一些油漆，另一发则让一条升降索掉了下来，第三发（说来也奇怪）竟然卡在了炮架上。这便是英国舰队所遭受的损失"，[②]无怪乎英军将清军的反击称为"软弱无力的防御"。英方舰船"对着定海城一侧的舷边排炮齐射，炮弹落处，梁木横飞，房屋倒塌，人们痛苦的呻吟声回荡在海岸。我方的火力攻击持续了 9 分钟，但即便是在停止后，仍然能听到一些未受损的中国帆船上发出的射击声"。[③] 而伯麦则说"炮击持续了 7 到 8 分钟，中国军队就逃走了。他们在海关码头前的排炮也被摧毁。四艘帆船被打得七零八落，小镇上不见一个人的踪影"。[④] 原来英军只用了不到 10 分钟的时间就将清军的前沿阵地全部摧毁。

　　乔林斯看到，"当硝烟散去，大片废墟呈现在眼前，那些前不久还有人声热闹的地方，现在只能看到一些伤者；远处的人群正四散奔逃。一些令人敬佩的人扛着船上的伤者进了城。我们的总兵朋友在之前轮射的行动中失去了一条腿，被几个忠诚的人背下了船。在这里顺便提一下，他被带到了正对着定海的宁波城，尽管由于英勇无畏却又徒劳的防守而获得了荣誉，但不久后就因伤重而亡"。[⑤] 总兵张朝发确实是"被炮轰伤左腿"，带伤逃到镇海上岸，又到达宁波。但却没有获得什么荣誉，相反地，先是被革职，后于 8 月 6 日（七月初九）被清廷判为斩监候，不过他已在 4 天前伤重而亡了。

　　英军陆续登岸，这对英国人来说是具有重大历史意义的时刻。伯麦说："2 点 50 分，我很满意地看到女王陛下的旗帜升起在中华帝国第一个被女

---

① Capture of Chusan, *The Annual Register*, 1841, p. 574.
② Reminiscences of Chusan, During its occupation by the British in 1840—1841, *The Chinese Repository*, Vol. Ⅹ, 1841, pp. 483-484.
③ Robert Jocelyn, *Six Months with the Chinese Expedition*, London: John Murray, 1841, p. 55.
④ *The London Gazette*, Dec. 15, 1840, *The Asiatic Journal and Monthly Miscellany*, Vol. 33, 1840, p. 383.
⑤ Robert Jocelyn, *Six Months with the Chinese Expedition*, London: John Murray, 1841, p. 56.

王军队占领的军事阵地上。"①而《中国丛报》通讯员的报道则更具煽动性，"伴着皇家礼炮的炮声，英国国旗冉冉升起。我们认为，此时此地，是以不列颠女王维多利亚陛下的名义对舟山加以占领。因此，在公元 1840 年 7 月 5 日，即道光二十年六月初七，大清王朝的一部分领土落入了外国人的手中。'中国必须屈服，否则就会崩溃'"。②

乔林斯发现，"从船上抵达的人在堤道上排成一长列，第 18 团沿着通往山上庙宇的台阶前进。一到了山顶，我们就看清楚了在船上看不到的内城。它坐落于山后的低地上，从高处鸟瞰景色优美。可以看到城墙上中国军队的旗帜，而中国人聚集在城墙上，他们也能看得到在山上的我们，于是敲锣打鼓，双手示意让我们攻击。他们用低劣的火炮开炮，从该炮的结构上看，它既不能移动也不能前推，而且由于使用的火药类型很糟糕，不能够对我方军队造成任何的伤害"。③

布耳利说："海滩、码头和庙山都被清理干净了，部队登陆没有受到任何阻碍，我立即占领了这座小山，从此地可以很好地看到 1500 码远的城市全景。等到第 26 团一登陆，我立即命令第 18 团、第 26 团推进到离城墙 500 码以内，城墙此时虽已破败，但仍难以进入，它的三面环绕着一条 25 英尺宽的深水沟和一连片被水淹没的平地。"

布耳利在和军官们商议后决定："攻破西大门附近的城墙，同时向西北角投掷炮弹，以便在大炮不足以攻破目标时，可以从西北角尝试架云梯登城。在不断进行炮轰削弱该地点防御的情况下，这个计划更容易被实现。"④不过由于夜晚降临，攻城时间推迟到第二天清晨。

下午 4 点左右，2 门 9 磅火炮运到岸上，被安置在离定海城墙 400 码以内的位置；当天夜里，另外 6 门 9 磅火炮和 2 门榴弹炮，连同 2 门迫击炮，都已部署完毕。前进的警戒哨也已设置好，"中国人从城墙上向侦察部队开火，不论是否看得到对手在哪里"，⑤一直打到临近午夜。英军的火炮也进行还击，但"不超过 8、9 炮，目的是压制对方，使其安静，没有造成任何伤

①　*The London Gazette*，Dec. 15，1840，*The Asiatic Journal and Monthly Miscellany*，Vol. 33，1840，p. 383.

②　Correspondent：Hostilities with China，*The Chinese Repository*，Vol. IX，1840，p. 229.

③　Robert Jocelyn，*Six Months with the Chinese Expedition*，London：John Murray，1841，p. 57.

④　Capture of Chusan，*The Annual Register*，1841，p. 574.

⑤　The London Gazette，Dec. 15，1840，*The Asiatic Journal and Monthly Miscellany*，Vol. 33，1840，p. 383；Robert Jocelyn，*Six Months with the Chinese Expedition*，London：John Murray，1841，p. 58.

害"。布耳利在视察阵地时也遇到清军炮击,他却嘲笑道:"这没有任何作用,不过是证明了中国人完全不懂操作枪炮。"

6日清晨,定海城变得异常安静,布耳利感觉情况不对,或许有变。但还是等到天亮才发出进攻命令。他发现城墙上的旗帜还与昨晚的一样,"但是随着光线变强,一个人都没有出现。头天晚上有成千上万的人在那里,这使得我们有理由判断(清军)已经撤离了"。布耳利派出蒙哥马利中校(Lieutenant-colonel Montgomerie)、芒廷少校(Major Mountain)等军官去靠近城墙侦查,确认清军是否真的撤退了。他们最后"通过在外面的建筑物中发现的梯子爬上了墙。有一两个手无寸铁的中国人出现在城门上,又在城墙上挂了一块告示牌,并且打手势表示拒绝他们入内,但没有提出其他反对意见"。①

虽然此时清军已经撤走,但英军并没有放松警惕,伯麦说,"在人口如此稠密的情况下,要估算士兵的真正人数几乎是不可能的,但我还是倾向认为,在郊区、山上和山后还有五六百人作为预备。而在这座城里,可能还有更多的人"。② 乔林斯看到,定海城南门外护城河上的桥梁已于昨晚被破坏,城门也设下障碍,围绕着城市的城墙也非常坚固,"城墙上满是长毛、火绳枪、一种发射火焰的火箭和箭镞;胸墙上一包包生石灰都已经打包好了,这是对方计划在夷人试图翻越城墙时用来弄瞎他们的眼睛"。布耳利"命令第49团一部占领定海城的主要城门,并且升起英国国旗"。英军派出一些工作人员在翻译的陪同下进入定海城,去安抚当地居民,但是部队大部分仍然部署在护城河外侧;又"迅速在各个城门布置卫兵,给予(当地居民)生命和财产的一切保护"。③

乔林斯进入城中,看到"主要的街道上已经空无一人,除了一些零零散散的被吓坏了的人在我们经过时叩头。大多数的房子上都贴着'饶命';一进到寺庙,就可以看到男人、女人和孩子们跪在地上,向神明烧香。尽管我们承诺保护他们,但对方的恐惧似乎一点都没有得到缓解"。最可恶的是,一些当地的强盗竟然趁火打劫,"很多人带着劫掠的东西,撤往通向乡村的黑暗小路"。这种情况给英国人留下很深的印象,布耳利也说:"我很遗憾,

---

① Capture of Chusan, *The Annual Register*, 1841, pp. 574-575.
② The London Gazette, Dec. 15, 1840, *The Asiatic Journal and Monthly Miscellany*, Vol. 33, 1840, p. 383.
③ Robert Jocelyn, *Six Months with the Chinese Expedition*, London: John Murray, 1841, pp. 58-59; Capture of Chusan, *The Annual Register*, 1841, p. 575.

在我军占领之前，城内有好几栋房子已经被一些下层的中国人洗劫一空。"

一行人在总兵府进行了参观，乔林斯写道：

> 在入口院子的门上画着丑陋的巨大画像，据中国人说这象征着正义与惩罚。院子里一侧的房屋是判案的大堂，地上放着夹棍和藤条。有条小路直通里面被称为祖先殿（Hall of Ancestors）的房间，这条路穿过开阔的庭院，周边都是政府职员的办公室。一些没有完成的信件和文件，表明他们撤离时非常匆忙。穿过庭院，我们进入到警卫室，再次经过篱笆，在其南端有座大厅。这里的长榻上放着抽了一半的烟管，以及一些装着还未来得及品尝的茶水的小杯子。外套、官帽和刀剑散乱地摆放着。继续搜查下来，我们终于到达女眷的房间。这些房间布置得很奇怪，各种类型和用途的衣服扔的到处都是。丝绸、扇子、瓷器、小鞋子、拐杖和上彩的罐子——中国女性的如厕用品——扔在地上，表明了令人伤感的混乱；许多这样神奇的鞋子被我们作为合法的战利品而占有了。[1]

乔林斯还去了之前递交最后通牒的那艘舰队司令（Admiral，应当是指总兵）乘坐的船上查看，发现"有 5 个受伤的人，没法与其战友一起逃走。舱板上覆盖着凝结的血块，司令的文件、碗和筷子仍放在他吃最后一顿饭的舱房内。有 2 人已经死亡，另外 2 人由舰队的医护人员实施了截肢手术；但第 5 个是曾陪同司令访问'威厘士厘号'的年轻官员，他在痛苦地翻滚着。看到了医生在给别人动手术后，他也指向了自己失去的肢体，然后双手紧紧地十指交叉，这是表示乞求他们做些什么来减轻其痛苦。但他的情况太过严重，用过了所有的治疗方法，几个小时后，他停止了呼吸。记得他比登上旗舰的其他中国人更加表现出对一切的好奇心与坦诚，曾给人们带来很多乐趣"。[2]

对于这一次战役的伤亡人数，中英双方统计数字有所差别。伯麦称清方至多阵亡 25 人，而且全部是士兵，都是英方舰队炮击中国战船和火炮阵

---

[1] Robert Jocelyn, *Six Months with the Chinese Expedition*, London: John Murray, 1841, p. 60.

[2] Robert Jocelyn, *Six Months with the Chinese Expedition*, London: John Murray, 1841, pp. 62-63.

地所造成的;而英方无战亡,仅有一名"康威号"上的水手在海战时受伤。[1]而根据裕谦在战后的调查,参战的 1540 余名士兵中,仅战死 13 人,受伤 13 人。定海失守时,除知县姚怀祥、典史全福不屈殉难外,余无死难官弁。[2]英军的坚船利炮给参战的清军士兵造成了巨大的心理恐慌,竟然临阵脱逃,使得定海城不攻自破。伯麦又一次表现出了他的"仁慈",说"想到在这个场合下失去的生命如此之少,我感到非常的欣慰"。[3]

清人陈干为悼念署理定海知县姚怀祥所作的《满江红》一词中,有"叹甬江、斗大耸孤城,难摧敌"的感慨,意思就是敌强我弱、实力悬殊,定海犹如一座斗大的孤城耸立在甬江上,难以抵挡敌人的进攻。姚怀祥明知事不可为,但是仍然坚持留在城墙之上做最后的抵抗。姚怀祥的幕僚王庆庄在《定海被陷纪略》中讲述了他逃离定海时看见的悲凉场景:"维时东西北三门已闭,吊桥拆去,南门仅扇开。于是各将行李寄库承家,仓皇南走,顾见居停姚尹立城头,不能通一语,但彼此拱别而已。出城未四刻,开炮声击发,山谷为震,踉跄疾奔,更不暇询城内事矣。"[4]据清朝官方记载,姚怀祥在英兵入城后,"出北门投普慈山下梵宫池死",体现了爱国的知识分子在面对外敌入侵时舍生取义的气节,他也是英国发动鸦片战争以来殉难的第一位清方文职官员。

全福之死,在时人黄安涛的《定海县典史死节状》一文的描述中更显英雄气概,他"见事不可为,作书叙出身履历及城破必死状,以一纸置诸怀。……遂诣县,路值难民素识者,出怀中纸授之,属事平赴郡投此,庶知我死也。至县则莫知同官及令所在,遂坐堂皇,以勺进酒而骂:'若曹独不受朝廷豢养恩,不死贼,甘死国法乎?'诟厉沾洒,赪颜裂眦,仆劝引避,则呵之退。未几城陷,夷众突入县门,见福坐堂皇状,逡巡错愕。福拔刀拍案曰:'我大清国典史也,誓杀贼,何有汝等小丑耶?'夷狼狈稍稍进,福下堂大呼,斫贼杀黑夷一,被贼矛攒遂死,年三十八"。[5]这段文字虽然生动感人,但并不可信。定海城陷后,浙江巡抚乌尔恭额向朝廷奏报"署定海县姚怀祥、典史全福不屈投水,被害身死",这可能更符合历史事实。但不论如何,姚、全二人

---

[1] *The London Gazette*, Dec. 15, 1840, *The Asiatic Journal and Monthly Miscellany*, Vol. 33, 1840, p. 383.

[2] 中国第一历史档案馆编:《鸦片战争档案史料》(三),天津古籍出版社,1992 年,第 443 页。

[3] *The London Gazette*, Dec. 15, 1840, *The Asiatic Journal and Monthly Miscellany*, Vol. 33, 1840, p. 383;炎明主编:《浙江鸦片战争史料》(上),宁波出版社,1997 年,第 147 页。

[4] 中国史学会主编:《鸦片战争》(第 3 册),上海人民出版社,1957 年,第 241 页。

[5] 中国史学会主编:《鸦片战争》(第 3 册),上海人民出版社,1957 年,第 242—243 页。

英勇不屈、壮烈殉国的事迹值得后世敬仰。

相较于英方史料里多位亲历者对于此次战役长篇累牍的记载，其中包括书信、新闻报道、回忆录等，极为丰富；清方的相关资料却甚为稀少，比较详细的要数钦差大臣伊里布通过审讯已革署定海镇中营游击罗建功等多位当事人，对清军接仗败退情形所做的调查：

> ……张朝发在港防守。共计大小兵船二十一只，每船所配兵自一百名至二十余名，炮自十余门至三四门不等，统计兵九百四十余，炮一百七十余门。张朝发又令罗建功带兵六百名，红衣等炮二十余门，在衛头地方驻扎。其定海县城，令该县姚怀祥督兵役守卫。……初六日，夷人乘坐杉板小船，至张朝发船上投递书词。张朝发因其言词甚悖，欲图攻剿。罗建功等因兵势单弱，与夷人众寡悬殊，又夷船甚大，夷炮甚多，水战断难制胜，衛头接近海滨，无险可遏，亦难抵御。会同文武悉心商酌，拟将兵丁炮械，一半撤至离城一里之半路亭地方堵住，一半撤至城内防守，俟夷人登岸，再行剿击，可期得手。当向张朝发剀切面禀。张朝发以夷情猖獗，不宜退避，坚执不允。罗建功等又令姚怀祥及各绅士，复往禀求，张朝发仍不允从。初七日，张朝发听闻夷船炮声，疑其出战，随令水陆各兵用炮轰击，夷船亦即开炮。奈我兵之炮不能久远，夷炮势甚猛烈，自卯至午，水陆各兵伤毙不知其数，船只亦多碎裂沉溜。张朝发被炮轰伤左腿，王万年亦被轰伤右肋，钱炳焕船被击沉，先后落水。姚乔泉与兵丁李必全将张朝发捞救上岸，抬送进城。张朝发因伤重不能督战，令姚乔泉等送至镇海请救，钱炳焕、王万年随波漂淌，经渔船捞救得生。时罗建功见官兵已败，恐全军沉没，即招呼残兵进城保护。乃行至城壕，姚怀祥将四门紧闭，塞以米袋，不能进城。夷众蜂拥登岸，罗建功先犹督兵绕城接战，至晚夷人登岸愈众，官兵力难抵敌，纷纷四散。夷人用大炮攻城，伤死城内兵民数名，房屋亦间被毁坏，合城慌乱，俱由北门缒下奔逃。至四更时分东门被夷人攻破。罗建功力无可施，随雇觅渔船至镇求救。钱焕炳、王万年在水中捞起之后，亦先后前至镇海。此罗建功、钱炳焕、王万年随同张朝发，与英夷接仗退败之情形也。①

---

① 炎明主编：《浙江鸦片战争史料》（上），宁波出版社，1997年，第147页。

伊里布与浙江巡抚乌尔恭额的看法比较一致,都认为张朝发"愎谏丧师",意思就是坚持己见、不听规劝最终导致失败。因为据罗建功称,在战前他与姚怀祥等人商议,认为英军"仗其炮火,止利于水,不利于陆",所以向张朝发建议分兵在城内外把守,但张不听劝阻,坚持港面攻击,最后招致战败。而且张朝发在受伤进城后,又不设法固守,就逃回了镇海,更是罪加一等。其实这样的指控对于张朝发来说是不公正的。因为无论是守城还是海上迎战,无非是防守策略的区别,很难说孰优孰劣。而且清军被英军的炮火吓破了胆,守城士兵四处逃散,重伤之下的张朝发又如何进行固守? 夏燮就曾为张朝发鸣不平:

> 至谓其愎谏撤守,据罗建功等一面之词,无论陆战未必可恃,而总兵所督者水师,防守洋面,正其专责,所谓纵之登岸则大事去者,固其料敌之明,欲求发之制。迫接战不利,则彼强我弱,众寡悬殊,据奏内收合之兵不过千余,岂能敌二十六艘之劲寇哉? 以是年厦门之役较之,则当日之误,误于浙洋之全无准备,奕突而来,措手莫及,岂总兵一人之罪哉?①

浙江巡抚乌尔恭额驻杭州,他于 7 月 5 日(六月初七)才知悉有夷船驶入定海洋面,于 6 日(六月初八)从杭州急赴宁波,准备"会同提臣祝廷彪暨定海镇臣张朝发,督率水师实力堵逐"。7 月 7 日(六月初九),在途中接到浙江提督祝廷彪咨函,才知道张朝发与英军接战,未能取胜。英军已经上岸,约有三四千人围攻城池。次日上折奏报此事,但浙江至北京路程遥远,道光帝于 12 天后(即 7 月 20 日)才知道,他很生气,因为前段时间所收到来自福建、广东的奏折,多是报告如何与英国鸦片船交战获胜,为何浙江如此不济? 于是朱批斥责:"浙江水陆营伍之废弛不问可知。区区小丑,胆敢如此披猖,文武大吏即张皇失措,平日岂竟知养尊处优耶?"同日,他又发布谕令:"前因查禁鸦片烟,广东省已断绝该夷贸易,叠经降旨令沿海各督抚严加防范,何竟毫无准备,形同木偶,致令登岸滋事!"直到此时,道光仍然受到林则徐等人错误的敌情判断的影响,认为窜犯定海的英夷,不过是在闽、粤受挫的鸦片贩子。② 他调战功显赫的福建陆路提督余步云带兵赴浙助剿,又

---

① (清)夏燮著,欧阳跃峰点校:《中西纪事》,中华书局,2020 年,第 382 页。
② 茅海建:《天朝的崩溃(修订版)》,生活·读书·新知三联书店,2015 年,第 162 页。

命沿海各省"加意防堵",防止英夷"分窜各地,肆行扰害"。

可是还有更坏的消息在等着道光。乌尔恭额于 7 月 9 日(六月十一)到达镇海口与祝廷彪会晤,惊悉定海已被英军攻破。此时,在镇海的清军只有二千余名,调兵尚需时间,因此在 7 月 11 日(六月十三)的奏折中向道光汇报,"此时利于固守而不宜于速战",在"要口县城及沿海一带驻扎防守","一俟大兵云集,再行合谋攻击,以期一鼓成擒"。道光此时才意识到这些攻城略地的英夷恐怕不是什么烟贩。他将乌尔恭额、祝廷彪革职留任,戴罪图功。又降旨,著闽浙总督邓廷桢酌派水师赴浙,会同浙江水师合兵会剿。8月 6 日(七月初九),任命两江总督伊里布为钦差大臣,要求"该督即行驰赴宁波查看情形,再定进剿"。① 此时的道光还是颇为自信的,他说:"此次英吉利逆夷滋事,攻陷定海,现经调兵合剿,不难即时扑灭。"甚至还预设了作战计划:"如果该夷占踞定海,我兵竭力攻打,朕意分兵两路:一路烧毁船只,断其归路;一路攻复定海,聚而歼旃,庶足伸天讨而靖海氛。"不过他也让伊里布到浙后相机审势,妥为筹办,"朕亦不为遥制也"。②

道光有两个疑惑,一是英军为何要攻定海;二是清军为什么会被打败。关于第一个问题,他说,"惟致寇根由,传闻各异:有云绝其贸易,有云烧其鸦片,究竟启衅实情,未能确切",要求伊里布密行查访。而第二个问题,乌尔恭额曾给出解释,是"英逆突拥大众入寇,官军猝遇交锋,以致定海失守",也即是说因为英军搞突然袭击,浙江方面准备不足,最后招致惨败。不过道光想得更多,他在看到英人投递的汉字揭帖后,说"逆夷文字不通中国,必有汉奸为之代撰",继而推论"且夷船多只闯入内洋,若无汉奸接引,逆夷岂识路哉"。③ 道光或许还不知道,"阿美士德勋爵号"间谍船早在 8 年前就已经勘测过浙东沿海的水文状况,甚至测量了甬江航道,根本无需内应。道光还听说了一个谣言:"福建已革举人陈姓,绰号'不得已',早经逆夷聘往为之主谋,与总兵张朝发同乡凤好。定海未破之前十数日,有投张朝发一帖导之从逆,如果属实,深堪痛恨。"④其实这话经不起推敲,因为正如后来张朝发之子张振声所说,其父"如果接收陈姓字帖,被诱从逆,当夷船窜入定港,何肯率兵堵剿致被轰伤毙命"。可笑的是,道光帝竟然还让邓廷桢去查拿这个连名字都没有的"不得已",自然不会有什么结果。伊里布到浙江后又审问在

---

① 炎明主编:《浙江鸦片战争史料》(上),宁波出版社,1997 年,第 93、97、103、117 页。
② 炎明主编:《浙江鸦片战争史料》(上),宁波出版社,1997 年,第 120 页。
③ 炎明主编:《浙江鸦片战争史料》(上),宁波出版社,1997 年,第 106 页。
④ 炎明主编:《浙江鸦片战争史料》(上),宁波出版社,1997 年,第 118 页。

张朝发署内负责传递往来信函的姚乔泉和张振声,并密加访察,均无所获。①

英军方面,按照作战计划,对东部沿海的厦门、宁波、长江口等重要出海口,都进行了封锁。②"短吻鳄号"与"巡洋号"(Cruiser)在甬江口,"威厘士厘号""响尾蛇号"等船在舟山。在注重商业贸易往来的西欧,采用海上封锁手段隔绝敌国与外界的联系,破坏敌方海上经济活动,削弱其战争实力本是一种常见的、有效的军事策略,但是英军将此方法施用于以自然经济为主体的中国,基本没有什么效果,只不过会对沿海百姓生计造成一定影响。而且,即便英军不这样做,估计清军也会实行坚壁清野、封锁海口的政策,防御入侵的敌人。

7月6日清晨,懿律乘坐"梅尔维尔号"(Melville)、③义律乘坐"窝拉疑号"(Volage)到定海,当"梅尔维尔号"沿一条航道进港时,却发生了触礁,损坏严重,懿律只能以"威厘士厘号"为旗舰。7月10日,英人扣住一艘鄞县商船,令船上商人转递帕麦斯顿外相致中国宰相书的副本给清方。据英文史料,在12日的时候,英人收到了巡抚和提督礼貌的回复。当天下午,由马儒翰、克拉克、白求恩船长等人组成的代表团在镇海上岸,并向两名官员递交了副本。不过乌尔恭额在给道光的奏折中称,他在收到"伪相书函"后,"知其居心叵测,即将原书掷还,加意防范"。这与英方说法不符。13日,清方又派人将副本送了回来,解释说不敢向朝廷呈送这样性质的文书。不过英方估计,副本应该已被中国人抄录并上报朝廷。英国人还注意到,这里的官员"没有表现出任何如同福建海岸那样的敌意",没有称他们为"夷人",而是用了"贵国"一词。④ 最终,英军在浙江没有达到投书的目的。

---

① 炎明主编:《浙江鸦片战争史料》(上),宁波出版社,1997年,第148页。

② 英军的一艘军舰还一度开到乍浦海口,于7月24日与防守清军"互相轰击,伤毙兵丁十余名",不过很快又退走。参见《清宣宗实录》卷三三六,道光二十年庚子秋七月癸巳。

③ 也有懿律是在7月7日到达舟山的说法。参见 Jocelyn, *Six Months with the Chinese Expedition*, London: John Murray, 1841, p.69.

④ Robert Jocelyn, *Six Months with the Chinese Expedition*, London: John Murray, 1841, p.73.

第十一章　释俘还地

英军按照原定计划,在完成封锁沿海和占领舟山两大军事行动之后,懿律和义律又率舰队北上,于 8 月 11 日抵达天津大沽口外;8 月 17 日向直隶总督琦善递交了《巴麦尊外相致中国宰相书》;8 月 19 日,道光帝看到了琦善进呈的这份照会。由于翻译的问题,照会汉译本严重扭曲了原意,让英方的表现显得"情词恭顺",使得道光帝误将领兵上门逞凶的敌人,当作蒙受冤抑、上京"告御状"申冤的外藩,从而也由原先的主"剿"政策转向主"抚"政策。① 8 月 20 日,道光谕旨让琦善向英人宣布,对于他们所求昭雪之冤,大皇帝早有所闻,"已派钦差大臣驰至广东,禀公查办,定能代申冤抑"。最可笑的是,道光帝竟然给英人下达了命令,"著即返棹南还,听候办理"。在这道谕旨中,道光还表示将派琦善为南下查办的钦差大臣。② 琦善在 8 月 22 日收到道光主"抚"的谕旨后,与英方多次往来照会,并于 8 月 30 日,直接同懿律、义律在大沽海滩面谈。9 月 13 日,琦善向懿律连发两道照会,劝英军南返;两天后,英军同意。③ 9 月 17 日,道光由内阁明发上谕,任命琦善为钦差大臣,驰往广东查办事件。④ 10 月 3 日,琦善南下。就这样,北方的危机解除,中英之间暂时停战,即将开始在广东的谈判。

而在浙江方面,已被道光派为钦差大臣,专办浙省军务的伊里布于 8 月 23 日抵达宁波,他的任务就是要"克复定海"。8 月 28 日,伊里布上奏要求道光调广东、福建两省水师各 2000 人,加上江、浙两省水师 5000 人,四省大军汇合,相继会剿。⑤ 这个计划并非伊里布赴浙后的新创,8 月 4 日,当他还在两江总督本任上,得知浙江巡抚乌尔恭额上奏恳钦派闽、广水师赴浙会剿时,也上过一道奏折,表示支持,同时提出进攻占据定海的英军,"以闽、广之

---

① 根据茅海建先生的观点,道光帝主"抚"政策的产生原因,还包括:"衅端"不能及时消弭、"国家财赋"经不起"消耗"、英方的要求在于"贸易"和"诉冤"等。本章在撰写的思路上受益于茅海建、龚缨晏两位先生的著作。参见茅海建:《天朝的崩溃(修订版)》,生活·读书·新知三联书店,2015 年,第 149—210 页;龚缨晏:《浙江早期基督教史》,杭州出版社,2010 年,第 61—77 页。

② (清)文庆等修:《筹办夷务始末(道光朝)》卷十三,中华书局,1964 年,第 392 页。

③ 茅海建:《天朝的崩溃(修订版)》,生活·读书·新知三联书店,2015 年,第 179 页。

④ 文庆等修:《筹办夷务始末(道光朝)》卷十四,中华书局,1964 年,第 465 页。

⑤ 中国第一历史档案馆等编:《鸦片战争在舟山史料选编》,浙江人民出版社,1992 年,第 67—68 页。

师攻其前,江、浙之师继其后,使强为弱者之倡,弱者为强者之援",这也是四省合击方案的雏形。由于该奏折是以普通速度传递,所以道光直到 8 月 23 日才看到,他认为此举并不可行,"征调非旦夕可全,若耽延既久,逆夷返棹,是徒劳兵力;或逆夷探知,舍浙而闽而粤,该省事同一律,又必请援,岂非终无一成,疲于奔命,成何体制?" 8 月 25 日,道光又收到伊里布在赴浙途中寄出的奏折,他指示,"现有夷船驶至天津,投递诉冤禀帖,已降旨,令琦善妥为办理。该大臣于抵浙后,必须访察明确,谋定后动,断不可急图收复,冒昧轻进。该夷人如有呈递字件,即著派员接受,将原件由驿驰奏"。① 可以看出,道光此时对"英夷"的态度已转缓和,虽然要求伊里布收复定海的任务不变,但并不急于求成,甚至隐约体现出视广东谈判结果而后浙江方面再行动的意思。伊里布对道光的想法心领神会,甚至可以说是正中下怀。因为他之前对进攻定海就极为谨慎,曾对道光说,"水陆两路兵数均属无多,自未便冒昧进攻,轻为尝试。必须厚集劲兵,然后伺贼之隙,分兵数路,水陆并进,虚实兼施,使其首尾不能相顾,方可操胜算而殄逆夷",即便不说其怯战,但最起码也是想拖延时间备战。他在 9 月 8 日的奏折中表示,既然现在英人已到天津禀诉,而皇帝又饬令琦善妥为办理,所以"浙省更不宜冒昧轻进,以致彼此相左"。他与前来增援的福建陆路提督余步云所筹划的策略是:其一,在浙江从严防范,"不令该夷窜入口内";其二,"将攻剿事宜密为部署,俟直隶如何办理,奉有谕旨,再行分别酌办"。② 很明显,伊里布是希望根据中英的谈判情况再做打算,当下却不准备进攻定海,而着意于防守镇海等处海口。9 月 17 日,道光发出谕旨,告诉伊里布等沿海各省督抚,英军"听受训谕,业经全行起碇南旋","赴粤乞恩",而"定海之兵,亦可先撤一半",又派琦善作为钦差大臣,驰驿前赴广东,查办事件。要求沿海各省对于南下英军"不必开放枪炮,但以守御为重,勿以攻击为先"。③ 这些话无疑向伊里布传递了一个信号,与"英夷"之间并非只有战争一端,亦可以进行和平谈判达到目的,但伊里布尚且缺少谈判的本钱。

就在此时,一批英国战俘的到来为他提供了机会。

1840 年 8 月,英军的武装运输船"鸢号"(Kite)从舟山出发,前往长江口,准备与"康威号"等舰船会合,然后测量长江内河。船上除了船员外,还有从"麦尔威厘号"上调拨的海军陆战队士兵 7 人,一等侍役 5 人,由的吉利

---

① (清)文庆等修:《筹办夷务始末(道光朝)》卷十三,中华书局,1964 年,第 400—401、409 页。
② 中国第一历史档案馆等编:《鸦片战争在舟山史料选编》,浙江人民出版社,1992 年,第 67、71 页。
③ (清)文庆等修:《筹办夷务始末(道光朝)》卷十四,中华书局,1964 年,第 466—467 页。

是海军上尉指挥该船,拿布先生担任副航务长,其妻拿布夫人(中文史籍称晏嗨哪哂,Anne Noble)和五个月大的儿子也在船上,总计 35 人。"鸢号"率先抵达目的地,但是由于其吃水深在测量内河航道时几无用处,所以在等到"康威号"后,于 9 月 12 日启程返回舟山,此时已有一名海军陆战队士兵和一名侍仆死于痢疾,在剩下的 33 人里,大部分也都因为痢疾而不能在船上工作。① 9 月 15 日中午,船只在顺风前进时,"撞在一块陷沙上,几乎就在同时,船向侧面倾覆,把大家都掷进海中",拿布和其婴儿均溺亡。船员斯科特"看见的吉利是和大副维特(Witt)将拿布夫人救下拖入小艇里,艇上还有两个印度侍役。小艇还与大船相牵,里面满是水,随时都有可能翻船。我把小刀扔过去,让他们割断绳索。绳子一断,他们的小艇就被浪卷走了。的吉利是上尉还大喊着让我们把那只还在甲板上的大艇划开",不过随着船体的下沉,这艘大艇也失去踪影,沉船上剩下的 26 人只能攀爬到依然竖立着的主桅上。② 下午 4 时,拿布夫人乘坐的小艇竟然又漂到沉船附近,她发现"船体大部分都已陷入沙里,只能看见主桅和紧紧地趴在上面的受难者们",③小艇试图接近沉船,但还是汹涌的海潮冲走了。

斯科特等人搜集材料,准备做一个木筏逃生。入夜,当木筏被制作成形的时候,船员们却惊讶地发现已经被清军船只包围。怀着"信任他们总比信任海浪要强"的态度,他们放弃抵抗,上了船。有趣的是,清军不清楚这帮人的身份,最初还不乐意让他们上船。斯科特等人当然不愿意离开这根救命稻草,坚持不再回到沉船,最终清军妥协。凌晨 3 点左右,所有英国幸存者都上了岸,中国人带他们走到一个小村庄,提供了食物。斯科特考虑到在宁波附近海域有两艘正在执行封锁任务的英国船,所以在天亮时向中国人提到宁波的名字,对方做手势表示带他们去。在途中,遇到一群又一群的中国人加以阻拦,船员们被分开、四处逃散,但最终被抓住、捆绑带至宁波。④

另一方面,拿布夫人等五人乘坐的小艇在海上漂泊了两天,他们"没有食物,没有水,没有帆,只凭着两支桨在敌国的大门口游荡",幸运的是,在几

---

① John Lee Scott，*Narrative of A Recent Imprisonment in China after the Wreck of the Kite*，1841，pp. 5-6.

② John Lee Scott，*Narrative of A Recent Imprisonment in China after the Wreck of the Kite*，1841，pp. 8-12.

③ Anne Noble，Loss of the Ship Kite，*The Chinese Repository*，Vol. X.，1841，p. 204.

④ John Lee Scott，*Narrative of A Recent Imprisonment in China after the Wreck of the Kite*，1841，pp. 15-21.斯科特后来才了解到,只有 4 人逃脱,其余的人全部被捉,2 名海军陆战队士兵在押解途中丧生。

乎陷入绝境的时候,遇到了一艘渔船,船上善良的中国渔民给了他们"一些干燥的大米,一些水,还有一张可以用来做帆的旧席子"。后来又在海上捡到了一个小南瓜,生食果腹。9月17日,拿布夫人等登上一艘船,请求船上的人将他们带到舟山,并允诺事后给予重酬。对方本来已经同意,不过还是遭到船老大的拒绝,但还是将他们引航至内河航道。小艇沿着河航行,在晚上来到一处不知名的地方停泊,有很多当地人围观,他们显得很友好,还送给英国人一些米饭。次日清晨,拿布夫人和同伴登岸,进入一户当地人家询问情况。对方说要给他们弄点吃的,然后带他们去舟山。之前中国人的热心帮助让这些英国人放松了警惕,他们跟着这些人来到一所寺庙避雨。这时,其中一个中国人离开,拿布夫人等人怀疑有问题,立即折返回船。果不其然,那人确实是去报官,就在英国人快到河岸之时,闻讯赶来的清军包围了他们,将其擒获并押解宁波,①拿布夫人由此成为鸦片战争期间第一个也是唯一一个女性俘虏。"摩底士底号"(Modeste)大副宾汉在他的《远征中国纪事》中讲述了拿布夫人等人的不幸遭遇:

> 他们的颈部被套上锁链,被人赶到或简直是拖到一座大城,从城中的街上游行而过,任群聚的野蛮人嘲笑叫骂,然后被带到一个庙堂。在此处,一个兵士强力地把拿布夫人的结婚戒指从她的手指上撸走。的吉利是海军上尉的双手被反缚,就这样被绑在一根柱子上。拿布夫人、大副、还有一名侍役又被向前拖了约二十英里。在所经过的几个市镇上展览。从后来的情形看,落在这些劫掠者(我不能称他们为勇敢的士兵)手中的拿布夫人,无疑是被当成夷人女王的妹妹了。
>
> 夜间,他们在另一个神庙里停下来,领到少量的食物和衣服。围在颈部的锁链系在监狱的墙壁上。他们在这里被拘禁两天,初次允许他们洗澡。对方把他们的形貌准确地记下来……两天以后,他们被领出来,进入一个庭院。院中放着三架笼子,高约三英尺,长约二英尺六英寸,宽约十四英尺。这些残酷的监牢要由顶部的一个可以开关的门进去。他们被迫进入笼内。锁链末端拴在盖上,一根竹竿在顶盖以下的格栏之间穿过。他们就在这种受难的情形下,被两个人抬着,从一城镇到另一城镇,像野兽一般地展览给群聚的人看……
>
> 到了宁波以后,中国人给了拿布夫人华丽的中式女装,又拨给她一

---

① Anne Noble, Loss of the Ship Kite, *The Chinese Repository*, Vol. X., 1841, pp. 193-194.

间狭小而极其肮脏的屋子,但是除了笼子以外,别无家具。晚上,笼子就成为她的床,白天是她的车,因为起初官员们常常请他们吃饭,这时她总是被扔进笼里。大家的情形也一样,直到官员们的好奇心满足了,这时军官们和这位女子都较为任其自便了。在这些场合下,官员们所问的问题最为可笑。他们非常急于知道这些被俘者与英国女王是什么关系,拿布夫人是否就是她的妹妹,对于否定的话一点不信。镣铐仍旧套着,直到 10 月 25 日才脱下来。①

　　求功心切的清朝官员凭空猜测拿布夫人是英国女王的妹妹,不过经过审讯后也明白了其身份。但是在民间,关于拿布夫人身世的各种版本却一直流传下来,及至民国时期,史学家陈怀在北京大学授课时所著讲义《中国近百年史要》上还称她是"女酋,为英皇第三女也。英将许还侵地,请还女酋"。此外,还有一个更加耸人听闻的说法——拿布夫人就是英国女王,此说出自夏燮所著《中西纪事》,该书卷五提及余姚当地民众在搁浅内滩的五桅大船中,"获白夷数人,内夷妇一人,装饰甚盛,有传其为外洋之公主者",伊里布听闻此事后,急命当地设宴款待,并派员将其护送入粤。后来上海知县黄冕得到了一张英国人绘制的朝仪图②(原指表现中国古代帝王临朝典礼的绘画——作者注),才发现这个"夷妇"(即拿布夫人)和画中的英国女王长得一样,竟然是"英国女主也"。夏燮还煞有其事地说:"予亲见其图说,女主之婿曰博雅那,同在朝班序列。凡大臣入朝,率屈一膝,以手执女主之手而嗅之。后见台湾所进图说及西人记载,皆与此同。"夏燮的著史态度可谓是"唯实是求",他自己就宣称"拾野史之诬,炫雷同之听,吾无取焉",十分重视史料的搜集与辨伪,却仍然将关于拿布夫人身份的谬说引为信史,由此可见此一说法在当时流传之广,受信程度之深。

　　拿布夫人的故事甚至远播日本,并且出现了更加荒唐的变化,她竟被塑造成为一名骁勇善战的女将。日本学者盐谷宕阴在 1847 年编纂的《阿芙蓉汇闻》里称拿布夫人"极其骁勇,被他打折枪刀数十根,乃知此女尹夷国第三公主也"。由于《阿芙蓉汇闻》被日本各界认为是关于中国鸦片战争情报最好的资料集,争相刊印,因而拿布夫人的"女战将"形象也广泛流传。到了1849 年,日本又刊印了《海外新话拾遗》,其中第二卷中有一幅插画名"女将

---

① J. Elliot Bingham, *Narrative of the Expedition to China*, Vol. 1, London: Henry Colburn, 1842, pp. 286-290.
② 夏燮在文中说"时白夷有善绘事者",此"白夷"应当是指在舟山被俘获的安突德上尉。

勇战之图",更是以直观的形式展现了拿布夫人的"神勇",作者还将其奋战的情况歌颂为"神变万化,轻盈巧妙之处犹如春天的蝴蝶戏花,秋天的红叶迎风翻飞",但"终为清兵擒获"。①

可笑的是,在9月28日(九月初三)伊里布给道光皇帝奏折中,他竟将"鸢号"失事一事吹嘘为清军击胜英船"拿获夷匪"的捷报,而且讲述的经过颇为生动:

> 八月十九日夜,据宁波府知府邓廷彩面禀,探有夷船数只驶入慈溪县观海卫洋面寄碇。奴才商之福建提臣余步云,以该处系腹里内洋,近接绍兴府属之余姚等县,现在浙省重兵分驻镇海一带,该处虽有兵勇防堵,而势较单弱,该夷既在彼停船,其心叵测,诚恐阑入内地。当令随营效力乌尔恭额,会同狼山镇总兵谢朝恩、寿春镇总兵王锡朋,分饬文武员弁,酌带兵勇驰往,相机堵御。旋据该府暨署余姚县知县汪仲洋先后禀报,该府邓廷彩会同江苏候补知府黄冕……于二十日行抵该处……该府等见五桅夷船一只在洋停泊,其舢板船二只业已驶至岸边,夷众蜂拥登岸。遂督兵勇奋力迎击,当在岸边用长矛戳毙夷匪七人,生擒白夷四名,其余各夷登舟逃逸。五桅夷船驶扰应援,开炮轰击,因正值大风,该舟颠荡不定,施炮无准,遂带同各船转舵西驶。

上述为捷报内容的第一部分,讲述了9月15日(八月二十日)清军在观海卫痛击登岸英军的故事,提到的"五桅夷船一只"应当就是"鸢号"了。但是根据诸多英文史料,该船并未与清军接战,而是在当天中午触沙沉没。不过在伊里布那里,这起事故并非偶然,是清军运用计谋的结果:

> 时余姚县知县汪仲洋会同县丞孙应昭……等,在利济塘地方防堵。汪仲洋令巡船两只,出洋哨探,并以该处塘边均属软沙,夷舟入水甚深,若驶入沙涂,势必陷住。谕令如与夷舟相遇,致被追袭,即设法诱令近塘,以便攻剿。是晚夷舟由慈溪驶至,见巡船配兵稀少,即向追逐。巡船当往塘边逃避,夷众不识地利,仍向尾追直至软沙之上,船果被陷。该夷先尚施放枪炮,至二十一日早,该船愈陷愈深,各夷张皇失措。该

---

① ［日］增田涉著,由其民、周启乾译:《西学东渐与中日文化交流》,天津社会科学院出版社,1993年,第71页。

员弁等即督兵勇,驾坐小船驶近其旁,跃入舱内,生擒夷匪二十二名,内二名因伤重旋即身死,余夷或跳至舢板船逃窜,或落海淹毙。兵勇又在船内起获铜炮二门,其余各炮因船没水中未经起出等情。①

按照前述斯科特的记载可知,"鸢号"船员在 9 月 15 日夜里遇到清军后,并未交战,反而乘坐对方的船到岸,还被带到一处村落的屋中吃饭休息;直到 16 日清晨,在去往宁波途中,才被中国人捆捉。这其实也算得上是一种智擒,但可能官员们觉得这种情况实在是显示不出己方的果勇与智慧,也与捷报第一部分交代的战斗背景不相符,因此编了一出诱敌深入、勇擒英夷的好戏!

与英军的战斗并没有就此结束,伊里布的奏折里又提到,上虞、会稽两地知县听说夷船在慈溪、余姚接战后,立即带人在本境之踏浦港和沥海所防堵,这两地近在咫尺,声息相通。在 9 月 18 日早晨,看到两艘英船由东驶至,"该县等与各员弁分督兵勇,开炮抵御。一船当时逃窜。一船被溜水所逼,直入内港,经两县兵勇用枪炮击毙十余人",把总倪涌带兵跳到船上,"拿获夷匪四名,夷妇一口"。就这样,伊里布向道光帝绘声绘色地讲述了一个浙江兵勇分路痛剿英夷,三战三捷的故事。他还很自信地表示,"该文武员弁督率兵勇,或以力擒,或以计取,生获夷匪多名,并获船只炮械等物,(朱批:豺狼之性,岂肯甘心受亏,如有周章棘手之处,朕有所问矣。)洵足振国威而夷寒胆,使其知所敬惧,(朱批:无理,勉强之言。)查办更易为力"。② 自战争开始以来,道光已经从林则徐、邓廷桢等疆臣那里接到过多个击退英夷的"捷报",所以朱批里显示出他对于浙江的小小胜利并不在意,也不认同伊里布所标榜的重要意义。随同伊里布这份奏折一同呈送给道光的还有一张被俘英人姓名年籍清单,包括拿布夫人等 29 人,全部来自"鸢号"。

除了因为船只失事而被擒的这批人以外,浙东军民也陆续俘获了一批英军士兵、水手和汉奸,其中属广东香山人布定邦和英国军官安突德最为重要。

布定邦又作布亚连,原在广东"经地方官给予牌照,与西洋各国贸易",而且"充夷人鸦片经纪",1839 年,广东官府指控布定邦"私通外夷",拘捕了他的亲戚,而布定邦闻讯后,逃匿到广州一个鸦片贩子抹地臣家中躲避,又

① （清）文庆等修:《筹办夷务始末（道光朝）》卷十五,中华书局,1964 年,第 501—502 页。
② （清）文庆等修:《筹办夷务始末（道光朝）》卷十五,中华书局,1964 年,第 503 页。

由其转荐至英国人晏臣船上,充当厨役,"与义律、郭实猎皆属认识"。在英军占领舟山后,他也随船而来,"专管采买牲畜"。7 月 23 日(六月二十五),①他到定海城北门外为英军采购活牛等食材,被当地乡民拿获,并被送到宁波官府。② 此人极受英军重视,乔林斯说:"他一直在军队里发挥最重要的作用,他帮我们采购牲畜等必需品;作为一名中国人,他熟悉当地的风俗习惯;在我们缺乏更好的翻译的情况下,他还经常使用广式英语,充任翻译。"③ 布定邦的被捕,让定海的英军极为震惊,立即派出三组人马分别寻找,义律本人也亲自指挥军舰在海上搜寻,期望能在海道上拦截目标,④英军指挥官甚至提出,万一没有获得关于布定邦的消息,可以将居民中最受尊敬的人和地方首脑作为人质,以此确保其安全。乔林斯与翻译罗伯聃也一同参与了搜救行动,但是一无所获,他很沮丧地表示"如果能给他(指布定邦——译者注)足够的保护,这样的不幸本可以避免。而且,如果中国人在这类行动中的第一次就失败的话,毫无疑问,他们或将会终止类似的行动"。⑤ 布定邦的被捕对英军来说是一个巨大打击,再也没有像他这样的中国翻译能够负责采购新鲜食物,而派出的采购小组,"因为缺乏翻译,在当地人看来,更像是强盗",⑥不受欢迎。加之"宁波操权官宪常川挑拨定海居民,强行使之不肯卖食物",⑦使得英军的军需供应出现严重问题,这也导致士兵们的健康状况进一步恶化。宾汉说,"这引起了军队的后来的全部苦痛。因为居民既然看出英人不肯或是不能逼迫宁波当局把他交出,他们完全失去信心,离开了我们的附近,挤到岛的内部或是宁波去了。后来我们得便讯问他们为什么这样做,回答是'没有生命或财产的安全,我们可能被我们的政府人员捕捉,因叛逆通敌而丧命'"。⑧ 可以看出,布定邦的被捕对于那些有可能与英军合作的当地居民起到了震慑作用。

---

① 根据英国侵略军军事秘书乔林斯的回忆,布定邦的被捕日期是 7 月 17 日,他于 7 月 18 日早晨 4 点,与第三组搜救队出发寻找布定邦。
② (清)文庆等修:《筹办夷务始末(道光朝)》卷十五,中华书局,1964 年,第 493—494 页;中国第一历史档案馆编:《鸦片战争档案史料》(三),天津古籍出版社,1992 年,第 340 页。
③ Robert Jocelyn:*Six Months with the Chinese Expedition*,London:John Murray,1841,p.77.
④ Mrs. Armine S. H. Mountain ed. , *Memoirs and Letters of the Late Colonel Armine S. H. Mountain*,1858,p.173.
⑤ Robert Jocelyn:*Six Months with the Chinese Expedition*,London:John Murray,1841,p.78.
⑥ Robert Jocelyn:*Six Months with the Chinese Expedition*,London:John Murray,1841,p.121.
⑦ 炎明主编:《浙江鸦片战争史料》(上),宁波出版社,1997 年,第 183 页。
⑧ 中国史学会主编:《鸦片战争》(四),神州国光社,1954 年,第 123 页。

可笑的是,正当英军四处寻找布定邦之时,他们的这位好朋友已经在宁波战战兢兢地录了一份口供,不仅介绍了英军的军事实力,甚至为了活命还向官府"献计破红毛",提出"舟山城内并无居民,只用十来个人身带火药乘夜扬火便可破县城,若要破他的船只,用十来只小船假作向他买卖,暗装火药撑到船边,一点就走,他们大船密排在舟山衙头,港内窄小可以一烧尽净"。①　他在被囚期间充当英方被俘人员的翻译;在"释俘还地"(详见下文)的关键时刻,英军仍因清方不交出布定邦,迟迟不肯撤出定海,但最终布定邦还是被清方留下。后来,钦差大臣裕谦几次审讯布定邦,虽然认定其"并无攻城打仗奸淫抢夺情事",但还是按照谋叛律将其斩首示众。②

9 月 16 日(八月二十一日),驻扎在定海的马德拉斯炮兵上尉安突德(P. Anstruther,当时中文译名为"晏士打喇打厘")带着一名印度老仆离开营帐,在城西的青林岙测绘地势时,遭到当地民众围攻,并在仓皇逃窜中被村民包祖才等人擒获,此事是鸦片战争期间中国民众自发组织抗击英军侵略的著名案例,③具体经过是这样:

> 安突德……又走下路的西段……许多武装的中国人跟着他和他的仆人,而他置若罔见,转向左边,还要上山。——但当他刚要上山时,印度老仆就被一个持着锄头的中国人猛击。……安突德陆军上尉看出他唯一的机会是从一条通城的长谷中打出生路,因此他从谷中慢慢前进,不时转身截阻追者。由于进攻的人敲锣呐喊,把谷中的居民都惊动了,这样在一个峡谷里集合了强有力的一队,逃走差不多是没有希望了。……他们一棒打在他的头上,他终于仰卧在地上,于是暴徒向他一涌而上,把他双手反缚,双膝并捆,把一大块东西塞到他的口中。④

光绪《鄞县志》中所述与英文史料详近,称:"英将安突德登青岭岙山巅海岛绘图,义民包祖才结村人毙其仆,安突德颇勇,且斗且逃,失足陷田中,

---

① 全国公共图书馆古籍文献编委会编:《夷匪犯境闻见录:鸦片战争史料集》,中华全国图书馆文献缩微复制中心,1995 年,第 59—65 页。

② 中国第一历史档案馆等编:《鸦片战争在舟山史料选编》,浙江人民出版社,1992 年,第 222—223 页。

③ 根据对包氏后人所做口述史调查,包祖才等活捉安突德一事,并非有组织、有计划的活动,属"偶然巧遇,见贼勇擒"。参见章凤池、邵尧明:《包祖才其人和活捉安突德经过》,《浙江社会科学》,1990 年第 4 期。

④ 中国史学会主编:《鸦片战争》(五),神州国光社,1954 年,第 107—108 页。

遂擒之,囚诸宁波。"①但是在伊里布向道光奏报此事的折子里,却是另外一种说法:

> 八月二十二日,据宁波府鄞县等巡哨丁役,在定海县属青林岙地方,瞭见白夷一名,手执铜规纸笔,在山上测绘地图。又有黑夷数名,在旁拥护。当与兵勇密至山上,四面围捕,将白夷捡获,并戳毙黑夷一名,其余黑夷四五人,均各逃走。当将白夷解郡审讯。②

牟安世《鸦片战争》一书批评此说法"把中国农民打击侵略者的功劳记到官勇账上,是不符合事实的"。③ 其实也未必是伊里布故意隐瞒,有可能是兵勇冒功,而且此说法确实存在漏洞,当时定海已被英军占领,为何鄞县的巡哨丁役会到该地,甚至能够"四面围捕"安突德? 实际上,这个情况很快就被调查清楚,钦差大臣裕谦在 1841 年 5 月的奏折中就称安突德是"为定海县民包祖才等拿获解郡"。④ 包祖才叫了一些人将安突德抬至岑港渡口,⑤又亲自押送至镇海大营。⑥ 安突德在宁波的状况是这样的:

> 第二天,他在该城上岸,被人抬到知县面前。知县在问他有关舟山的兵员、舰船等等数目之后,他的双脚上被套上重铐,被投入监狱。一到狱中,颈部又被套上一个铁圈,加上手铐,手铐拴在一根长约一英尺的棍子的末端,而棍子又拴在他的颈部的铁圈上。然后他被关进一个木笼,从格子外边量,高度长度各为一码,宽为两英尺。他在笼子里的

---

① 中国史学会主编:《鸦片战争》(四),神州国光社,1954 年,第 409 页。
② 炎明主编:《浙江鸦片战争史料》(下),宁波出版社,1997 年,第 318 页。
③ 牟安世:《鸦片战争》,上海人民出版社,1982 年,第 191 页。
④ 炎明主编:《浙江鸦片战争史料》(下),宁波出版社,1997 年,第 363 页。
⑤ 根据钦差大臣伊里布的调查,当时只是定海城被英军占领,但是民众仍可以从岑港、白泉、岱山等处乘坐渔船内渡镇海之昆亭、新碶、骑头山等地,"因该数处路较僻静,尚可往来"。参见中国第一历史档案馆等编:《鸦片战争在舟山史料选编》,浙江人民出版社,1992 年,第 83 页。
⑥ 据包氏后人称,事后英军还进行了报复,去青岭村烧毁民房 10 余间,抓捕包姓亲属 30 余人,只有包祖才兄祖林逃脱。英军将被抓之人关押在定海城关灯笼桥(英军营房内),包祖林雇佣一位夏姓绿林豪客,在某夜将 30 余人全部救出。此说实在过于传奇,难以取信。根据中文史料记载,在安突德被擒获解郡后,时任定海"民政长官"郭实猎向汉奸杨见梴查问,才知是包祖才等人获解。郭实"立许给洋银五十元,令其引领至包祖才家,将包祖才家属大小十一名口掳捉进城,关禁沈姓空屋。因包祖才等正身未被掳,止给洋银十二元"。最后,包家亲戚陈永福等人乘英人昏睡之时,拆开墙壁,将这些人救护回家。参见中国第一历史档案馆编:《鸦片战争档案史料》(三),天津古籍出版社,1992 年,第 339 页。

时候,中国人又把一根链条从笼子的旁边拴到他的脚上。为了夜间更易保险起见,狱卒随时带着一盏灯笼,挨着笼子睡觉。安突德就这样过了四个星期以上。

他到宁波的第二天,又被带去见知县。知县问了很多有关轮船的问题,被捉去的买办担任翻译。安突德自请画个样子给他们看。知县看了之后很高兴,就请他和翻译吃了一餐,又供给热水,他才得以把身上的血迹污泥洗掉。安突德上尉以其画技巧妙,大得官员们的欢心,以至不久他们就给了他一个新笼,实长三英尺六英寸,宽二英尺一英寸,这样就比较舒服。他们发现他的艺术才能以后,常常请他发挥他的天才,画他们所不知道的各式各样的东西或动物。据推测,许多他的素描呈过御览。①

清末著名思想家魏源的友人黄冕,时为钦差大臣伊里布幕僚。安突德被俘获后,魏源受黄冕邀请到镇海军中,亲询安突德,了解英国情况,又旁采其他材料,写成《英吉利小记》一文。小记虽只 2300 多字,却涉及英国的地理概况、物产税收、军队建制、礼仪婚俗以及英国女王的有关情况,言简意赅、提纲挈领,充分显示出魏源对于西方世界的重视,也是他此后致力于西学研究的先声,该文后被收录于魏氏巨著《海国图志》。

1840 年 9 月 20 日,驻舟山的英军司令伯麦咨会浙江巡抚和提督,要求"将武官安突德与其跟班并所前称实仆立即送回",并且威吓"设使一名一毫受害,本国兵弁义然严行报仇"。② 文中所称"实仆"就是指布定邦,不过当时英人尚不清楚安突德的印度老仆已被杀,更不知道"鸢号"失事、船员被俘的情况。伊里布在 9 月 22 日看到咨文后,立即敏锐地察觉到收复定海的机会来了。9 月 24 日,他以浙江巡抚乌尔恭额的名义照会伯麦,告知对方钦差大臣伊里布和福建提督余步云已经"来浙查办"。为了增加谈判的筹码,清方主动告知不仅俘获了安突德和布定邦,还"另有陆续拿获之白黑夷人二十余名、白夷妇一口",宣布释俘的条件是英军"撤退兵船,将定海县城献出"。另外还承诺,此前英方投文中所要求的"通商之事",钦差大臣也可"代

---

① 中国史学会主编:《鸦片战争》(五),神州国光社,1954 年,第 108—109 页。
② 中国第一历史档案馆等编:《鸦片战争在舟山史料选编》,浙江人民出版社,1992 年,第 85 页。

为奏请"。① 清方复照时,恰巧伯麦不在舟山,由"伯兰汉号"船长辛好士(Humphrey Fleming Senhouse)上校主持军务。辛好士于 9 月 25 日照复,要求清方提供"各获到人之名及其情形",并准寄信往来;同时提出"各国向化,从未拘留敌国之女",请求立即释放女俘拿布夫人。至于归还舟山等事,称将等到伯麦回营后再"转呈阅查"。28 日,伊里布发照给辛好士,告知己方优待俘房,但如要释放俘房则"必须恳乞天恩",即获得道光帝同意。由于伯麦不在舟山,"定海之事未能议复",故释放妇女一事也需要等其回来后"缕晰具复,再行酌议"。在照会末尾,伊里布称皇帝已派琦善赴粤查办,"贵国如迅速退兵,交还定海,返棹粤东听候办理,不但所获各男妇得以克日释回,即通商之事,亦可及早议定。从此永享无穷之利,不致旷日持久,劳而无功。本大臣亦当贵国恭顺之情专折具奏,大皇帝必深嘉奖"。②

　　也是在 28 日这一天,伊里布向道光上了一道奏折。他首先表明自己抵浙之初就已定下"水陆夹攻之策",但以海战为虚、借示牵制,"全在陆战攻击,方能取胜"。其意是向道光表明自己一直在为收复定海积极准备,并不怯战;接着,又谈到英人在天津禀诉,经琦善奉旨剀切晓谕后,已"起碇赴粤,听候查办。是其俯首帖耳,已有向化之忱,浙省更不宜轻于攻击,致误事机",(道光后来读到此语,颇为嘉许,朱批:"甚合机宜,不负任使,可嘉之至。")所以他的策略是"守卫仍旧谨严,招抚一无格疑",以此符合道光"弭衅息兵"之意;最后,他才提出了"释俘还地"的策略,表示等伯麦回舟山后,将会"相度机宜,妥为劝谕,令其迅速撤兵,归我疆土,以免劳师费饷"。伊里布"由五百里恭折驰奏",奏折于 10 月 7 日到达北京,由于"释俘还地"之策符合道光帝的想法,立即获得批准,同时要求"如果该夷确系退兵交地,始可将擒获之人全数交还"。由于此时他已经决心主"和",所以特意嘱咐伊里布向英方说明"前在定海系因言语不通,以致互相攻击,伤我文武各员。此次我

① 清方照会所称"通商之事",指英军在 1840 年 7 月向浙江巡抚乌尔恭额投递巴麦尊致中国宰相书一事,不过当时乌尔恭额将来书掷还。在伊里布看来,这次导致英军"复至天津禀诉"。所以"此次该夷来文,虽不述及此事,而乌尔恭额等给与回文,不妨一并叙入,以示劝动"。参见中国第一历史档案馆等编:《鸦片战争在舟山史料选编》,浙江人民出版社,1992 年,第 83—84 页。道光帝对于乌尔恭额之前不接收投书一事很是气恼,他或许觉得自己若能早点看到"夷书",就能"洞悉夷情,辨别真伪,相机办理"(在裕谦奏折上的朱批),早定主"抚"大计,也能避免此后许多周折。道光帝终究不能释怀,于 10 月 7 日下令将已经革职的乌尔恭额拿问解京,交刑部审讯,罪名是"不将夷书呈奏,遽行掷还,以致该夷船驶往各处,纷纷投诉"。参见文庆等修:《筹办夷务始末(道光朝)》卷十五,中华书局,1964 年,第 475—506 页。
② 中国第一历史档案馆等编:《鸦片战争在舟山史料选编》,浙江人民出版社,1992 年,第 87 页。

兵擒获该夷官兵多人,亦系因该夷直逼口岸,先放枪炮,是以力加防御"。①

　　还是在 28 日这一天,侵华英军总司令懿律在结束天津谈判后返抵舟山,在看到伊里布的照会后,于 29 日复照,他压根不理会清方所提"释俘还地"的建议,态度强硬,声称己方也拘留了 30 多艘中国帆船,船上装有贵重物品,"须到中国当局以友好的精神释放所有被抓的人,我才放行这些船只",如果清方不释放俘虏,就视作"敌意行动"。而且事情已经发展到严重的地步,英方"可能会采取某种使我遗憾的行动",中国要"单方面承担其责任"。② 伊里布于 10 月 1 日(九月初六)接到来文,发现"语含挟制,而于撤兵归地之事并不复及一语",隐有交战之意。急忙复照,声明英人被俘之事是在奉到钦差大臣琦善赴粤查办之明谕以前,不应视作交战之举,还对"交还定海与久踞定海之利害详加开导"。此时,英全权代表义律正在镇海叩关求见,于是照会被送到他的船上。义律阅后付给回文,称"定海一事可以酌商",伊里布"见其语意,似有可乘之机,传令进见"。

　　10 月 2 日,义律带同翻译马儒翰(中文史料称马礼逊)等二人,坐小船进入海口,与伊里布、余步云等会于海滨。英方要求先释俘再另行商办归地,而清方则要求先归地,然后对安突德等人"必不稍事羁留"。伊里布在奏折里向道光吹嘘,在自己的"反复晓谕"之下,"义律理屈词穷,声言伊等原不欲久踞定海。察其词色,颇有感动之意"。只是这时,"马儒翰从旁向义律忽作夷语,义律遂更易其词,言交还定海一事,俟晏士打剌打厘(即安突德——笔者注)释回之后从缓商办"。③

　　伊里布的家人张喜也亲历了此次会谈,这位小人物所记录的双方谈话内容颇为生动,可能更加接近当时的真实情况:

　　　　义律欲以扣留商船换安突德,中堂不许,谕令速赴广东听候查办。义律云:"不释放安突德,终不赴粤。"中堂云:"大皇帝格外施恩,准尔通商,尔等将何以报答。"马礼逊云:"通商是两国皆好,不是专为英国。"中堂又与言通商之事,彼云:"通商乃是小事,两国罢兵修好,然后凡事皆可商议。"又云:"前已相好二百年,以后还相好八百年。"中堂云:"以后好里还要讨好。"马礼逊再求释放安突德,中堂云:"释放安突德,必须奏请旨。"马礼逊云:"再请旨亦易,此处至京不过十几天,不比吾国有半年

① 炎明主编:《浙江鸦片战争史料》(上),宁波出版社,1997 年,第 190 页。
② 中国第一历史档案馆等编:《鸦片战争在舟山史料选编》,浙江人民出版社,1992 年,第 497 页。
③ 中国第一历史档案馆等编:《鸦片战争在舟山史料选编》,浙江人民出版社,1992 年,第 90 页。

路程,即不能释放,但望好为看待。"中堂又言定海,彼云:"定海小事,我们不要定海。"中堂再言通商之事,马礼逊云:"我等不为通商而来,为伤国威而来,伤我们船又伤了我们人,都是贵国大宪作的事,如何讲法?"中堂云:"林大人办理不善,已经革职。"彼连云:"不敢,不敢。此是贵国之事,似不与我们相干。"中堂云:"尔等称兵犯顺,占我城池,伤我官员,大皇帝不加计较,已是格外施恩。况又准尔通商,更当何以报答圣恩?"彼俱语塞。中堂云:"我们办事,必令你们下得去,亦必令你们回得国,复得命。你们亦须教我们下得去,教我们奏得大皇帝,教我们大皇帝下得去。"义律即脱帽举手称谢。临别,义律等欲见安突德。中堂云:"见安突德无话可说。"彼云:"不过安慰其心。"中堂不许,中堂令回去好好斟酌,再作商量。该夷等遂归。①

在伊里布与义律的对话中有两处值得注意。一处是伊里布问对方:"大皇帝格外施恩,准尔通商,尔等将何以报答?"在他甚至是道光帝看来,"通商之事,尤该夷之本意……(朱批:朕早料及,故定志如此办理。)"。通商(或者说"乞恩")是英人来华的根本目的和主要诉求,既然皇帝已经同意,如此"地厚天高"的圣恩,英人"自当力图报答"。那么何以报答呢? 结论当然是"将定海交还,亦可以稍酬万一"。② 马儒翰看出了伊里布的心思,所以提出不为通商,而是为伤国威而来。第二处是伊里布提出:"我们办事,必令你们下得去,亦必令你们回得国,复得命。你们亦须教我们下得去,教我们奏得大皇帝,教我们大皇帝下得去。"这句话才是反映了伊里布的真实想法,给彼此台阶,双方都能"下得去",他将中国官场惯常采用的世故手段搬到了中英的谈判桌上。此人绝非道光帝所认可的那个"必以朕之识见为是""想卿亦以为然也"的奴才,而是一个手段老辣圆滑的官场高手。双方会谈毫无结果,伊里布让义律回去与懿律相商。10 月 3 日,懿律派人送来一份照会,伊里布于次日复照。仍是英方要求释俘,清方要求归地,双方各自坚持立场,无法达成共识。

中英双方都各有盘算。9 月 28 日,懿律和义律回到舟山后,即接到"关于部队健康状况的令人苦恼的报告",军营中正病疫流行,乔林斯说"疾病使

① 中国史学会主编:《鸦片战争》(五),神州国光社,1954 年,第 335—336 页。
② 中国第一历史档案馆等编:《鸦片战争在舟山史料选编》,浙江人民出版社,1992 年,第 83、90 页。

得部队有四分之三的人不能履行职责,新鲜食物也十分缺乏"。[①] 1840 年 7 月 13 日至 12 月 31 日,英军住院者达 5329 人次,死亡 448 人。甚至有人统计,在英军撤离舟山岛的前 8 个月里,有 600 人被安葬,1000 人因伤被送走。[②] 但在广东与琦善的谈判没有结果之前,英军也不能轻易放弃舟山。懿律和义律于 9 月 29 日给外相帕麦斯顿写了一份报告,谈及撤出舟山的条件是"早日达成一项暂时协议,包含赔偿烟价,很可能获得靠近广州的一个岛屿,以及在广泛的、稳固的和改善的基础上开放该地的贸易",而且认为争取到这些不会有很大困难。[③]

伊里布发现,自安突德被捕以来,已有伯麦、辛好士、懿律等人四次发出文书,义律甚至亲赴镇海谈判,这让他坚信,安突德是"与该夷目等大有瓜葛之人",而英人如此强烈要求将其释放,"必有万不得已之情",所以留下安突德,就等于牵制住了英人。此外,伊里布还获知英方在天津交涉时曾对清方官员有"定海兵船可以先撤一半"之语,但后来在给直隶总督琦善的照会中并无此语,而且在离津南返时又强调"定海之兵不能即撤",他认为这是英人"反复不定",所以尽管懿律等人"词语之间多方要挟",还是不能即刻释放安突德,以防其不守承诺。不过他也考虑到,若英人"日后渐就驯顺",真的"撤兵一半,驶过闽洋",那他也会"酌量释放"俘虏,以便其"即赴粤东,听候查办"。[④] 他将接到懿律照会、与义律会谈的情况以及自己的筹划撰成千字长文,于 10 月 4 日具折上奏。道光在 10 月 13 日览后,谕令伊里布与英人交涉时,"上则不伤国体,下则不开边衅"。[⑤] 这等于是要求伊里布在浙江既要保持"和"的局面,同时还要收复定海,所以与英军停战谈判就成为伊里布唯一的选择。

10 月 5 日(九月初十),懿律在收到伊里布的照会后,回复称,双方在先前的交涉中存在误解,他说自己没有注意到,在安突德被捉时,伊里布还没有收到"不得相拒交战"的谕旨。提议若对方现已收到谕旨,则他也会对部下发出类似命令,意为双方之间暂时停止敌对行动。有关归还舟山一节,懿

① Robert Jocelyn, *Six Months with the Chinese Expedition*, London: John Murray, 1841, p. 121.

② Lieutenant John Ouchterlony, *The Chinese War*, London: Saunders and Otley, 1844, p. 54; Henry Taylor, *Autobiography of Henry Taylor*, New York: Happer & Brothers, 1885, p. 355.

③ 胡滨:《英国档案有关鸦片战争资料选译》(下),中华书局,1993 年,第 690 页。

④ 中国第一历史档案馆等编:《鸦片战争在舟山史料选编》,浙江人民出版社,1992 年,第 90—91 页。

⑤ 道光先是在奏折上朱批"总要上不伤国体,下不闻边衅",并于同日发出上谕。参见中国第一历史档案馆等编:《鸦片战争在舟山史料选编》,浙江人民出版社,1992 年,第 91、100 页。

律认为将此事放在与琦善的谈判中,连同其他问题共同解决。最后还询问琦善是否到宁波,何时来。① 懿律所说道光谕旨中"不可相拒交战"一语,应当是指英军自天津南返时,道光下令沿海各省对南下英军"不必开放枪炮",但这并不包括占领定海的英军,更加不意味着双方停战,可能是懿律自己理解有误。

伊里布于 10 月 6 日晚间接到照会后,发现"情词较前两次已觉恭顺",但同时也判定之前英方所说定海撤兵一半,"不过信口诳言,并非实有其意",对此不抱希望,而且认为,即使英方果真撤兵一半,沿海防守清军仍不能全行撤退,劳费仍不能免;又担心英人因为占领定海而在广东谈判时会多所要求。所以在其复照中坚持要求英方"全撤兵船,交还定海",他再"恳求天恩",将安突德等人释放。② 伊里布对于懿律来文中有关双方停战的建议未做反应,在给道光的奏折中亦未提及。有可能是他没有注意到,或者因为英方照会文理不通,他没有理解。③

懿律于 10 月 13 日(九月十八)照会伊里布,此次他不再谈及"交还定海之事,亦不吁请释放各夷",而是直接询问是否奉旨"著令戢兵"。直到此时,伊里布才明白懿律的真实意图,于次日复照,"将所奉不得攻击谕旨明白宣示,谕令安心赴粤,并催令起碇"。他向英方保证"本大臣现仍严束士兵各守口岸,如果贵国不相侵扰,断不称兵相向"。但这其实是对此前道光要求其武力收复定海旨意的违背,也是对其本人提出的释俘换地策略的搁置。伊里布将这份照会进呈后,道光帝竟朱批"所谕甚是"。因为此时,皇帝主"和",他当时对与英方交涉的基本判断是"彼志图贸易,又称诉冤,是我办理得手之机,岂非片言片纸远胜十万之师耶"?④ 所以,一方面寄希望于琦善在广东的谈判,要求伊里布对英人要"剀切开导,去其惊疑,令其退出定海,前往广东,听候琦善查办";⑤另一方面,又对伊里布吹嘘的"释地还俘"策略抱有期待。伊里布告诉道光英人极为重视安突德,"屡次求释,情甚迫切",所以"欲乘此令其全退兵船,交还定海,以期各海口防兵得以全撤"。道光对

---

① 中国第一历史档案馆等编:《鸦片战争在舟山史料选编》,浙江人民出版社,1992 年,第 98—99、498 页。
② 伊里布于 10 月 7 日收到道光发于九月初四的上谕,内容系询问其"在浙夷船是否全行退回,并敕将前获夷匪二十余名,俟有商船赴粤之便,解赴广东,交琦善办理"。他上奏道光,建议如英人归地退兵,就在浙江释放英俘,否则就将英俘解交琦善。他在复照懿律时,也提出了这一计划。
③ 中国第一历史档案馆等编:《鸦片战争在舟山史料选编》,浙江人民出版社,1992 年,第 97—100 页。
④ 中国第一历史档案馆等编:《鸦片战争在舟山史料选编》,浙江人民出版社,1992 年,第 89 页。
⑤ 中国第一历史档案馆等编:《鸦片战争在舟山史料选编》,浙江人民出版社,1992 年,第 101 页。

此设想尤为鼓励,朱批"若能如卿所言,厥功伟矣"。①

懿律收到照会后,不知何故,直到 10 月 23 日(九月二十八)才回复。他说为表示友好,已释放因为安突德被抓而扣押的 30 多艘中国帆船,还说愿意到广东与琦善会面。但关于停战,提出三点要求:第一,清方不得禁止或阻碍舟山与大陆间的贸易往来;第二,停止向舟山和附近岛屿派遣军队和密探,停止煽动岛上民众反抗;第三,舟山和附近岛屿在英军占领期间,应视作属于英女王。他宣称,如果清方同意这些要求,就发布告示,宣布全面停战。②

伊里布看到这份照会后,觉得"词语支离庞杂,多不可解",似乎难以理解其中内容,仅能看出懿律要求他"出示","谕令定海居民,不得向该夷滋扰,以便伊前赴粤省等语"。伊里布向英方谎称已经"谕知将士及定海居民不得再拿贵国之人",同时告知,琦善不日即可抵粤,敦促英方早日南下。③伊里布感觉仅是文书往来,英方难以领会清方的意思,徒费时间,须派"一明白解事善于说辞之人前往晓谕",同时也可打探英方的意图。但又担心英军将他派去的文官扣留,徒增事端。于是选派了"尚有口辩"的心腹家人张禧(即张喜,化名张士淳,冒充六品官)同此前负责向英方送照会的千总谢辅陛、浙江镇海营外委陈志刚等三人。张喜原属"奴隶之俦,不足爱惜",没有政治身份,却在特定的历史背景下,扮演了重要的角色,成为折冲樽俎的"使臣"。他留下了两部记录自己交涉活动的著作——《探夷说贴》与《抚夷日记》,具有很高的史料价值。前者即是讲述他奉伊里布之命数次赴定海与英人面谈的经历,内容极为详细。

10 月 25 日(十月初一)和 27 日,张喜两次渡海。第一次登上英方"火轮船",见到义律和马儒翰,并且参观了该船。第二次是以"犒师"为名登上英舰"威厘士厘号",懿律设宴款待。次日,张喜借口要去瞧看点交牛羊的情况,乘机去英军占领下的衢头探查,并且参观了英军舰队:

> 禧欲探看衢头情形,即托言欲至衢头瞧看点交牛羊。懿律即派副译官吴士利同禧下三板船,用桨十六把,其行如飞。禧向该译官言,拟观贵国船只,以广识见。该译官即命黑夷荡桨,各处游行。大夷船三桅九篷,三层炮眼。次等者二桅九篷,二层炮眼。小者二桅四篷,一层炮

① 中国第一历史档案馆等编:《鸦片战争在舟山史料选编》,浙江人民出版社,1992 年,第 98 页。
② 中国第一历史档案馆等编:《鸦片战争在舟山史料选编》,浙江人民出版社,1992 年,第 499 页。
③ 中国第一历史档案馆等编:《鸦片战争在舟山史料选编》,浙江人民出版社,1992 年,第 102 页。

眼。又有三桅九篷,大炮稀少者,系该国商船。遂由竹山门至于衢头,竹山门一带,俱有夷人白布帐房,竹山门内堆有炮子数堆。定海战船,多被夷人拆毁;其未拆者,俱有黑夷居住。过竹山门二里,即是衢头。衢头约长二里,临水处安设夷炮四门,店房多被拆毁,其未拆者,俱夷人在内。定海城在衢头之北,只能见西北一带城墙,并镇署旗杆。禧欲进城探看,该译官指禧之顶帽云:"自六月至今,数月以来,未见如此打扮,惟恐英国人见之惊慌。"禧亦恐别生事端。是以中止。①

从衢头回到"威厘士厘号"上,懿律询问是否可以释放安突德,张喜按照伊里布的指示,回复"拿获安突德之后,已经入奏,此时不能释放。如要安突德,必须约还定海",又要求懿律速赴广东,并称安突德在关押期间不会受到伤害。28日(十月初四)早上,懿律提出只有清方先出告示,让中国兵民不行扰害,才能赴粤。他又取出定海地图,"指明地界,暂归夷人管理,俟广东事定之后,即行纳还",并且让张喜将这幅划界地图带回交给伊里布。当天,张喜坐英方火轮船在马儒翰、罗伯聃的陪同下回到镇海,也带回了英方的照会。伊里布"查阅来文,仍系求出告示,别无他语",他于10月30日上奏道光帝,提出虽然已经费尽心力,设法劝谕英方"以地易人",但"该夷终不为我所诱",现在又向张喜言明,"欲得码头,再还定海"。"其意已牢不可破,若再向理说,未必即能听受"。伊里布在此时已基本放弃"释俘还地"的策略,但是安突德不可放,仍要扣留。为了能让英人赴粤,伊里布同意出告示,并且向道光作出解释,舟山陷落后,浙江向民众悬赏"查拿夷众",不过现在"该夷业已驯服,自不再拿该国之人,以致别生枝节"。道光在看到伊里布的奏折后,不似以往多有褒语,而是不作评论。他本来对"释俘还地"抱有很大的希望,此时却获知该策已无法实现,心中定是不满,但亦别无他法,只能默认伊里布的处理结果。

10月30日,伊里布复照懿律,告知其"已缮就告示十道,发往张贴",释俘一事须等到懿律与琦善在广东的会议完竣,并且在英军交还定海后方可办理。伊里布所颁发的《晓谕定海士民告示》要求定海民众"各安耕读,自保身家,如果夷人并不向尔等扰累,尔等不得复行查拿也"。11月4日,懿律照会伊里布,称"已先撤船二只,现又拟撤八只,于本月中旬起碇赴粤",并称

---

① 中国史学会主编:《鸦片战争》(五),神州国光社,1954年,第339页。

"已谕禁所属,不得将船驶至大港巨河,惊动士民"。① 11 月 6 日,英方发出通告,宣布浙江停战。有学者认为:"浙江停战是伊里布的'杰作'。他以'臣子'的身份,巧妙地改变了道光帝'圣旨'规定的任务。停战使他避免了毫无胜利希望的武力进攻定海的战事,避免了难有中意结果的外交谈判,而原来由他承担的收复定海的责任,此时竟不动声色地转移到负责广东谈判的琦善身上。"②这一观点很有见地,但需要补充的是,真正能改变道光旨意的恐怕还是皇帝本人。武力收复定海是道光最初交代给伊里布的任务,但是随着事态的发展,道光确定了主"和"的对英外交策略,也对琦善在广东和英人的谈判抱有厚望。伊里布固然不愿意与英军作战,但他无论提出所谓的"释俘还地"还是"浙江停战",均是迎合圣意,特别是在道光告诫其与英人交涉须"上则不伤国体,下则不开边衅",但英人又坚决不同意撤出定海的情况下,伊里布除了停战似也别无良策。

11 月 15 日,懿律等率部分英军从定海起航。抵达广州后,与钦差大臣琦善进行了多场谈判,但是进展并不顺利。道光的态度也开始由主"抚"向主"剿"转变,他在 12 月 26 日(十二月初三)的上谕中说"现据琦善奏称,此次英夷自浙回粤,更加傲慢等语。该夷包藏祸心,狡焉思逞,恐后此无厌之求益无底止","现在自仍以开导为先,但恐事有变更,如有不得不攻剿之势,则兵贵神速,不可稍有迁延,坐失事机",告诫伊里布等人"责在守土……倘有如定海失守者,则为乌尔恭额前鉴俱在,朕必不稍为宽贷也!懔之!"③12 月 30 日,道光谕令伊里布"本日据琦善奏,英夷情形渐就迫切等语。已降旨一面羁绊,一面豫备攻剿……定海夷船未退,该夷借为负隅,或竟扰及宁波一带地方,不可不急为防范,著伊里布严饬将弁加意防堵,倘竟怙恶不悛,侵犯口岸,著即痛加攻剿,无稍示弱,特不可与之在洋接仗,致有疏虞"。④1841 年 1 月 4 日(十二月十二日),谕令伊里布如果接到琦善知会"该夷业已猖獗",则必须用兵"分路近剿";如果英人在浙江动兵,滋扰各隘口,则亦应"统兵并力会剿,毋稍迁延"。在道光看来,伊里布已经驻浙数月,对于"进兵路径及何处战守一切情形,均已熟悉,所需枪炮船只,自必预为储备",所以

① 中国第一历史档案馆等主编:《鸦片战争在舟山史料选编》,浙江人民出版社,1992 年,第 105—106 页。
② 茅海建:《天朝的崩溃(修订版)》,生活·读书·新知三联书店,2015 年,第 200 页。
③ 负责审讯乌尔恭额的军机大臣穆彰阿与刑部最初拟将其"从重请旨发往新疆充当苦差",但道光认为"尚不足以示惩儆",改为绞监候。炎明主编:《浙江鸦片战争史料》(上),宁波出版社,1997 年,第 224—226、236—237 页。
④ 炎明主编:《浙江鸦片战争史料》(上),宁波出版社,1997 年,第 237 页。

应当"熟筹妥办,勿令坐失机宜,是为至要"。① 只隔了1天,道光帝在1月6日的上谕中说"本日据琦善驰奏筹办英夷情形一折,逆夷要求过甚,情形桀骜,不容不痛加征剿,以张国威",命令伊里布对于自粤回浙的英船以及留驻定海的英军,只要有可乘之机,不必再等琦善从广东发来的情况通报,"即行相机剿办"。② 同时,伊里布的同僚们也对其在浙江停战表示不满,纷纷上折要求武力进攻舟山。如湖广道监察御史石景芬奏称,英军"在定海筑城、建炮台,实无退志,不过以求市为名,牵制我师",应当"速饬任事大臣,一意进剿,合江、浙两省兵力,驱逐一无根岛夷"。③ 江苏巡抚署两江总督裕谦上奏,提出:"各省皆可议守,而浙江必应议战,且必应速战。盖浙江不战,则定海不复。"道光将这些奏折内容均谕知伊里布。

1841年1月7日,英军攻陷广州沙角、大角炮台;1月26日,强占香港。情况愈加紧张,道光决心尽快武力收复舟山。1月25日(道光二十一年正月初三),道光帝谕令伊里布:"逆夷日肆猖獗,胆敢直扑虎门,轰击炮台,计惟痛加剿洗。""现在镇海防兵将近万人,兵力不为不厚,前谕招募水勇计已赶紧妥办。现当北风司令之时,该大臣务当一鼓作气,乘时进发,或潜师暗渡,或据险出奇,相机制胜,克复定海,以夺该夷所恃,万勿观望,坐失机宜。"④1月27日(正月初五),道光再发上谕,要求伊里布、琦善分别进兵歼敌,他称英军"逆天悖理,性等犬羊,实复载所难容,亦人神所共愤。惟有痛加剿洗,聚而歼旃,方足以彰天讨而慰民望",并将这份宣战书"晓谕官民人等,人思敌忾,志切同仇"。⑤ 伊里布原本是想将收复定海一事与广东谈判相联,这样也可把自己的职责分散到琦善身上,但没想到,由于谈判失利,道光帝又恢复到主"剿"的策略上。不断催促其进攻英军的谕旨,朝野上下的非议,应当对伊里布造成极大的压力。但他仍然不愿武力收复舟山,以种种借口搪塞皇帝。⑥ 道光帝在2月6日(正月十五)的上谕中明确表示"朕惟一意主剿",要求伊里布"遇有可乘之隙,即行进剿",并且严厉警告他:"倘借口广东来信,稽迟时日,以致贻误事机,惟伊里布是问,恐不能当此重咎也!"⑦ 伊里布在看到这份谕令之前,于2月2日上奏,称广东谈判尚未有最终结

① 炎明主编:《浙江鸦片战争史料》(上),宁波出版社,1997年,第243页。
② 炎明主编:《浙江鸦片战争史料》(上),宁波出版社,1997年,第246页。
③ 炎明主编:《浙江鸦片战争史料》(上),宁波出版社,1997年,第240页。
④ 中国第一历史档案馆:《鸦片战争档案史料》(三),天津古籍出版社,1992年,第3页。
⑤ 中国第一历史档案馆:《鸦片战争档案史料》(三),天津古籍出版社,1992年,第10—11页。
⑥ 茅海建:《天朝的崩溃(修订版)》,生活·读书·新知三联书店,2015年,第203—204页。
⑦ 炎明主编:《浙江鸦片战争史料》(上),宁波出版社,1997年,第270页。

果,浙江"贸然进剿,无论胜负难期",如获胜,则在粤英人会"更肆滋扰";若失利,则"于大局殊有关碍"。此外,"江、浙两省之兵柔脆者多,劲勇者少,潜师进剿,非实在精锐之兵不能集事",所以"浙省暂缓进兵"。道光帝看到这份奏折后,极为愤懑,朱批:"不料汝如此游疑畏葸,何能为国宣力也?"①2月10日,他免去伊里布钦差大臣的差事,任命主战最力的裕谦驰赴浙江镇海军营,接任钦差大臣,"会同余步云专办攻剿事宜"。②

就在伊里布左右为难之际,事情竟然出现了转机。2月7日,琦善从广东发来的咨文,称英军将"遵照缴还定海"。伊里布闻讯后,喜出望外,于当日奏报道光帝,并且说了自己的安排:"奴才现将粤省送到义律所给胞祖(Thomas Bourchier)等信件专弁赍交,催令速将行装什物,搬运下船,择期起碇。一面派委镇将带兵前往县城,弹压防范,以备不虞。"准备在英军开船离开之时,将安突德等所有英俘押至船内交还。伊里布仍旧派出家人张喜去舟山,商议"释俘还地"的具体事宜。③

张喜于2月8日(正月十七)抵达定海,登上胞祖上校指挥的"布朗底号"军舰,遇见翻译罗伯聃,对方很是惊讶,问:"老先生来做什么?"张喜回道:"来与尔等送喜信。"罗伯聃又问:"喜从何来?"张喜告知琦善与英军已经在广东议和,原来此时定海的英军尚未收到这个消息。张喜进舱与胞祖会面,递交了伊里布的照会和义律给胞祖的三封信,④又询问英军"退地起碇之期",胞祖答复:"须上岸与众人商议,再来回话。"又称:"我们广东差来船,还未到此。俟我们船到来,方能定局。"说来也巧,当天下午有一艘英国船从广东开到,带来数十封文书给胞祖,张喜发现内有琦善发给伊里布的咨文与"义律盟会文书一件"。当晚,张喜宿于舰上,而罗伯聃则进入城内,与"现管定海"的郭实猎商谈。2月9日,张喜询问:"何日纳还城池?"罗伯聃答:"我们什物甚多,十天二十日不定。中堂要来则尽管请来,不来,胞祖老爷还要到镇海与中堂见面。"张喜问去见面有何话说,罗伯聃答:"定海人多与我们往来,我们去后,中堂若要查办,彼等必要骂我们,故此欲见中堂说明。"原来

---

① 炎明主编:《浙江鸦片战争史料》(上),宁波出版社,1997年,第268页。
② 炎明主编:《浙江鸦片战争史料》(上),宁波出版社,1997年,第271页。
③ 中国第一历史档案馆等编:《鸦片战争在舟山史料选编》,浙江人民出版社,1992年,第185—186页。中英双方的交涉还涉及照会中的抬头不齐,在舟山代售英货等细微问题。因为义律在照会内还提到"该国商人将货物带到定海行销,恳令宁波商人收买,俾免亏折等语",伊里布认为是英人有在浙江通商之意,所以让张喜"谕知胞祖,严为拒绝"。
④ 随琦善的咨文一起送到的还有义律致伊里布的照会以及致英军胞祖上校的三封英文信件,义律在其照会中也明确表示"愿将定海献还"。

英军担心撤走后,清方会惩办之前曾与英军合作过的汉奸。2 月 10 日,张喜回到镇海销差。

2 月 17 日(正月二十六),英方派火轮船来镇海送文书,并请张喜赴定海面谈。19 日,张喜赴约前行,船至横水洋,遇到罗伯聃乘坐的火轮船。罗伯聃告诉张喜,他由胞祖派去镇海索要安突德,而且"退地还人之事,统帅大人委了胞祖老爷,现在委我,此事亦属我管"。张喜见此情况,便坐上火轮船,同去镇海,趁机与罗伯聃谈判。张喜看到对方带来的文书上说要清方"派兵五十名守城,文官一员收仓库",问是何意。罗伯聃答:"派兵看守城门,以免别生事端。库内无物,惟仓内有谷。"如此看来,当时英方似乎是准备退还舟山,只是双方在先释俘还是先交地的问题上还是各执己见,"尔恐我不交人,我恐尔不交城"。张喜说:"设或我交人,你不交城,中堂若归罪于我,如何担得起。"罗伯聃甚至"以手指天"发誓:"我们最敬天,如欺了你,即是欺天。况且我们离家七万余里,如何敢作欺天之事。"其实像"释地还俘"这样的重要事情本应由伊里布、懿律等中英高级官员商定,但在特殊的背景下,竟是由伊里布的家奴和英方的翻译来谈判,也堪称近代中外关系史上的一幕谐剧。谈判依然没有结果,罗伯聃让张喜带回两张字条给伊里布,一张上写着"依贵大臣来文,起碇有期,即将人送至我们船上。今差火轮船特来迎接",另一张上写"候至明日十二点钟,若不交人,即当回去,仍守定海,一面差人赴粤请示"。伊里布看到字条后,仍然无法决定,于 2 月 20 日(正月二十九)派翻译江彬去停泊在镇海的英船上再谈退地交人之事。罗伯聃此时态度更趋强硬,说"如送人来则已,不送人来,不必再议",江彬又将伊里布"初四日,一面交城,一面交人"的建议告诉对方,罗伯聃让其带信回来,内称"是中堂失信,初四日不必差人收城",而且威胁伊里布"将来如有征战,非大英国无信,皆贵国大臣自招之也"。[①]

也就在 20 日这一天,伊里布收到了新任钦差大臣裕谦的咨文,才知其已被免差,裕谦还提出"安突德等不可释放,本大臣尚须查讯"。此时的伊里布清楚自己已经惹怒了道光帝,而亲自收复舟山不失为一种补救措施。何况当时与英方的谈判已见端倪,[②]他也不愿意将到手之功让给裕谦。

2 月 22 日(二月初二),伊里布与余步云、张喜等密商至二更,最后决定

---

① 中国史学会主编:《鸦片战争》(五),神州国光社,1954 年,第 343—348 页。

② 2 月 22 日,张喜让去英船取回信的陈志刚探问罗伯聃:"初四日,一面交人,一面交城,如果可行,我们张老爷亲送人来,两相交换何如?"罗伯聃对于张喜印象颇佳,答复"如张老爷来,似乎可行"。参见中国史学会主编:《鸦片战争》(五),神州国光社,1954 年,第 348 页。

抢在裕谦到来之前采取行动：一方面，由张喜带领拿布夫人和"鸢号"大副维特先行前往舟山释放，[1]劝英军退出舟山，"并暗探其中有无更变"；另一方面，由葛云飞、王锡朋、郑国鸿三位总兵领兵三千在后跟进，"以备攻用，设或夷人有变，再作道理"，并由葛云飞部押送最为重要的战俘安突德。虽然伊里布说"进兵不胜，其罪轻；按兵不动，其罪重"，但他内心深处想必是愿意相信可以通过和平方式完成"释俘还地"的交易，所以他安排的这三千人马只是用来应变和接收定海城，并不是要与英兵交战。[2]

2月23日清晨，原先关押在宁波城里的英国战俘（除四名已经病毙外）被悉数从监狱提出送往镇海，于黄昏时到达，又在晚上被转运至海边的军营。伊里布前来看望了战俘们，并且告知：他即将离开宁波，会有另外一位钦差大臣来接替其职位，如果在此之前不释放战俘们，则他们将再无机会离开。伊里布还请的吉利士转告舟山的英军指挥官，望其信守承诺，在战俘们回到舟山后，立即撤走英军士兵和舰船，清军随后就会入城收复失地。夜里12点多，战俘们前往岸边，登上不同的船只前往舟山。英方所记载的时间与中方史料里基本相符合。张喜称他于2月23日夜间同谢辅陛、陈志刚等押送英俘登船，24日清晨抵达定海，并且登上在东岳宫附近停泊的"布朗底号"，与胞祖见面。接下来的场景就很有戏剧性了："众夷齐问安突德来否，禧云：'未来。'又问来与不来，禧云：'你们叫他来，他就来，不叫他来，他就不来。'该夷不解所说。禧云：'晏那拿布业已释放，是我中堂宽宏大度，并不失信。尔若即刻交城，安突德即刻至此；若不交城，我们将安突德杀了，就与尔等打仗。'众夷甚有难色。"[3]正当张喜"大义凛然"地与英军辩难之时，突然听见英人齐声叫喊："安突德来矣！"张喜随英人登上船顶，果然看见安突德和的吉利士两位英军军官乘坐小船驶来。原来，葛云飞命部下署守备陆昌言和千总包成二人押送安突德，行至竹山门遭遇大队英军，结果安突德被劫走。张喜当时不知此情况，但还颇能随机应变。罗伯聃对他说："安突德业已收到，即请回去销差。"张喜立即要求英方退出舟山。但罗伯聃回答："尚有布定邦未至，故不能交城。"张喜与其争论，罗伯聃蛮不讲理地说："此时只

---

[1] John Lee Scott, *Narrative of A Recent Imprisonment in China after the Wreck of the Kite*, 1841, p.113.

[2] 据英俘观察，这些清兵缺乏军人气质，制服宽松，看上去就像杂牌军。清兵被分为三组，一组持长矛，一组拿弓箭，一组带剑。每排士兵后面放一尊大炮，但炮口壁很厚，装不下大口径的炮弹。而据陈志刚向定海渔人打探的消息，当时在定海城内尚有夷人二三千兵，另有停泊在港的炮舰。若伊里布要用这三千人马攻城，则毫无胜算。

[3] 中国史学会主编：《鸦片战争》（五），神州国光社，1954年，第349页。

讲要人,不与尔辩理。"就在此时,陆昌言、包成也到船上,张喜急忙询问二人带多少兵来,两人竟说没带兵来。张喜"心中焦急",只能继续"与该夷言交城之事"。经过一番艰难的争执,英方终于同意归还舟山。可此时,三总兵率领的三千人马尚无踪影,清方也没有派出接收定海的正式官员。于是,只有张喜、陆昌言、包成等人来负责接管,由郭实猎领着进入定海,张喜对这一交接过程有详细的描述:

> 郭士力等,并管城游击,及两都司、四千总,同禧等一齐进城,至城南门财神庙内。郭士力等即遣人分赴四门,及各处夷兵,俱至此处取齐。郭士力命摆坐,在戏台上,郭士力向禧云:"此是戏台乃演戏之所,我们今日之戏,乃千古所未有。"禧云:"既扮角色,亦不得不唱。"郭士力笑云:"先生是好角色。"至二点钟时,将各处夷兵,传至南门,该夷官率领夷众,一齐出城南门。郭士力云:"城已交还,仓内有谷,文庙内有衣服,县署内有书籍,我已交代明白,请先生自去检点。我去后恐被匪人盗去,先生可速派人管理。"言毕出城而去。禧即晓谕众百姓云:"中堂差人收复城池,大兵随后即至,夷人明日启程,尔等不必惊惶,从此就可安居乐业矣。"禧欲守城池,恐三镇台谓禧有居功之心,遂将城与署守备陆昌言、千总包成管守。①

若大的定海县城只交由区区数人把守,当时已经有乱民冲进孔庙抢劫存在该处的货物。② 陆昌言、包成只得在城里四处寻找熟人看管城门、仓库等地。张喜则准备赶回镇海去向伊里布报告英军交城的喜讯,他在路上又遇见了郭实猎。张喜问郭实猎何时启程离开舟山,郭实猎回答说:"明日六点钟,即可起碇,替我转禀中堂,定海城内,并无遭害。"张喜说:"自当代达。"最后,"郭士力将红旗一招,诸夷一齐上船"。③

张喜于2月24日夜回到镇海,见到伊里布,禀告英军交城,但清军却尚未抵达。而此时,裕谦也发来咨会,称2月27日到职接印。伊里布"即发令箭,催三镇火速进兵",却迟迟没有收到三总兵的消息,于是又派张喜渡海探信。原来,三千清兵于26日全部到达定海。王锡朋的寿春镇兵旋即入城,郑国鸿为其子争功,而葛云飞又为陆昌言等争功,以至于军报一直无

① 中国史学会主编:《鸦片战争》(五),神州国光社,1954年,第351页。
② 中国史学会主编:《鸦片战争》(五),神州国光社,1954年,第136页。
③ 中国史学会主编:《鸦片战争》(五),神州国光社,1954年,第351页。

法定稿上报。①

就在派张喜等人去与英军交涉"释俘还地"的同时,伊里布也上奏道光,称英方已派人来约,要于24日交还舟山。他在与提督余步云商议后,"一面遣人谕令该夷人地两交,一面即调拨官兵,选派将弁,将收复及攻剿各事逐一部署",并且已告知浙江巡抚刘韵珂等文武官员,定于24日收复城池。可以说是万事俱备,但是裕谦尚无抵浙确期,若等他到来再办,须与英方另改期约,不仅会让对方生疑,而且筹备已久的进兵计划也有可能泄露,此后将难期得手。自己不能因为交替在即就推诿责任、错失机会,所以仍如期收回舟山。伊里布本是为了与裕谦抢功,却将自己的行为描绘的如此义不逃责,果然好手笔!为了取信于道光帝,同时也是为回应之前一直让他进兵收复定海的严旨,伊里布于同日专上一折,详述自己"收取定海并密筹攻剿"的计划:派三总兵统率三千人赴舟山接收城池,同时将英俘交给带往,等到复城之后即行释放,并且催令英人即刻起航离开。但又担心英人有诈,所以也准备了武力进攻舟山的策略,即捐银一万两,交人在舟山密雇乡勇,采购火攻器具,在定海县城一带埋伏;若英军不交城,则三千清兵与乡勇趁其不备,同时并举,尽力攻城,并将安突德等人正法,鼓励士气;若不能取胜,则在岛上据险分驻,以图后举。又在沿海口岸严加守卫,防敌滋扰,等等。② 这封奏折的内容虚虚实实,本是在仓促之间决定派兵接收定海城,却被他夸大成为周密部署的一整套计划。

道光帝尚不知道英军已经撤出舟山,他在2月25日收到裕谦在赴浙途中所上的奏折,裕谦在折子中发出"奴才到浙后,即当会同余步云设法进兵,歼除丑类,以伸天讨而泄民愤"的豪言,道光帝深以为是,朱批:"无可再议,一意进剿。"又想到伊里布"迭次催令进兵,并不遵旨剿办,株守数月,观望迁延",心中愈加愤懑,谕令"将畏葸不堪之伊里布交部严加议处"。③ 当时身在镇海大营的伊里布自然不知这道谕旨,他在2月27日确知清军已经接收定海城之后,再次上奏道光帝,生编硬造了一段收复详情:

> 我兵于初四日午刻齐抵定海,该夷半在城内,半在船中,是我兵到彼,胞祖即缴纳城池,城内各夷立即纷纷退出,我兵整众入城,登陴看守,并将城外衢头地方该夷盖草房全行撤毁。郑国鸿等传宣恩谕,将夷

① 中国史学会主编:《鸦片战争》(五),神州国光社,1954年,第352页。
② 中国第一历史档案馆等编:《鸦片战争在舟山史料选编》,浙江人民出版社,1992年,第194页。
③ 中国第一历史档案馆编:《鸦片战争档案史料》(三),天津古籍出版社,1992年,第153页。

俘晏士打剌打厘(即安突德)等释令领回,并饬赶紧起碇。胞祖等免冠服礼,声称伊等将城池交献后,即于初五日全数撤退等语。①

这段内容可以称得上是谎话连篇,但毕竟收复舟山是实,所以伊里布有底气敢如此糊弄道光帝。然而让他料想不到的是,道光帝在读了这样一封迎合圣意的奏折后,竟勃然大怒,对其加重处分,"革去协办大学士,拔去双眼花翎,暂留两江总督之任,仍带革职留任处分,八年无过,方准开复,以观后效"。因为奏折里所描述的情况让道光帝觉得"逆夷并无能为",若伊里布当初能够遵旨进兵,本可"一鼓作气,四面兜擒,复我故土,歼除丑类",英军又怎会"占据定海,已更数月",所以伊里布是"庸懦无能之至"!这真可谓是聪明反被聪明误。四个月后,道光帝又将伊里布两江总督的职位革去,"发放军台效力赎罪,以示惩儆"。②

至于英军撤出舟山的原因,当然也不是琦善、伊里布等人所说的"该夷自知悔悟,畏罪输诚,情愿撤兵纳土",而是因为英军调整了侵华策略,将占领目标从舟山转移到香港。③

英军退出舟山后,在广东又发起了一系列大规模的军事行动。1841年2月26日,英军攻陷虎门,广东水师提督关天培战死;5月21日至26日,清军又在广州附近遭遇惨败,被迫与英方签订协议。但英国政府仍不满足,改派璞鼎查为全权代表来华,决意扩大对华战争,攫取更多权益。1841年8月21日,英军舰队从珠江口出发北上,26日攻破厦门,旋即北进浙江。9月25日到达舟山洋面,10月1日攻陷定海,葛云飞、郑国鸿、王锡朋三总兵战死;10日陷镇海,钦差大臣裕谦自杀殉国,总兵谢朝恩战死,提督余步云逃跑;13日占宁波。时英军兵力不足,遂停止进攻,等待后续部队。浙东沦陷后,道光帝又派侄子奕经为扬威将军赴浙,筹划反击。1842年3月10日,清军积四个多月的努力,实施水陆反攻,企图一举收复宁波、镇海、定海三城,这也是鸦片战争中唯一一次收复失地的反攻,但却以失败告终,英军趁势反攻,清军撤往绍兴、杭州。浙东之战后,道光帝应对策略又在"剿""抚"之间游移,而在他尚未下定决心之时,英军于1842年春季发动扬子江战役,为弥

① 中国第一历史档案馆编:《鸦片战争档案史料(三)》,天津古籍出版社,1992年,第160—161页。
② 中国第一历史档案馆等编:《鸦片战争在舟山史料选编》,浙江人民出版社,1992年,第213、251页。
③ 郭卫东:《转折——以早期中英关系和〈南京条约〉为考察中心》,河北人民出版社,2003年,第263—279页。

补兵力不足,于5月上旬撤离宁波和镇海,仅在镇海城外招宝山保留少量军队,主力部队北上,于5月18日攻陷有八旗兵驻防的乍浦;5月28日,英军全体撤离乍浦,继续北上,于6月16日发起吴淞之战,江南提督陈化成阵亡,两江总督牛鉴逃走;7月21日,英军以7000余人的优势兵力攻打镇江,遭到城内1600名八旗兵的顽强抵抗,战事尤为激烈,但英军最终还是占领了镇江。8月4日,英军舰船进逼南京下关江面,在坚船利炮的威慑之下,钦差大臣耆英、伊里布和两江总督牛鉴秉承道光帝旨意与英方谈判议和,最终,双方签订《江宁条约》,结束战争,恢复和平,而中国的大门也由此被打开。

第十二章　宁波开埠

一、罗伯聃履职与浙江筹备开埠

1842 年 8 月 29 日（道光二十七年七月二十四日），清朝代表耆英、伊里布、牛鉴与英国代表璞鼎查签订《江宁条约》（又称"南京条约""万年和约"），标志着第一次鸦片战争的结束。根据条约第二条之规定，清朝向英国开放广州、福州、厦门、宁波、上海五处为通商口岸，允许英人居住并设派领事，这也预示着"五口通商"时代的到来。此后，中英双方又就通商口岸的各项制度继续谈判，1843 年 7 月 22 日，双方达成《中英五口通商章程》（下文简称《通商章程》），附《海关税则》；1843 年 10 月 8 日，签订《五口通商附粘善后条款》（又称《虎门条约》）。① 研究者对上述条约向来重视，王尔敏就认为："《中英五口通商章程》之重要，代表中国自古以来对外贸易制度之重大改变，实开商贸体制之新纪元。"② 而这些条约都与一位英国翻译有着妙不可言的缘分，此人就是罗伯聃（Robert Thom），他不仅是条约的谈判者、翻译者、制定者，甚至还是具体执行者，集如此多的身份于一身，除他以外，别无二人。

罗伯聃出生于苏格兰商人家庭，曾在格拉斯哥和利物浦度过六年的学徒生涯，在业余时间，他也展现出独特的文学才能，成为多家杂志的撰稿人。罗伯聃在来华之前有着丰富的游历与经商的经验，从 1828 年起，他先在加拉加斯（Caracas）度过三年时光，在那里学习了西班牙语并与许多天主教传教士成为朋友。此后一年半的时间生活在墨西哥，有时也在美国逗留。后来他回到欧洲，并从波尔多前往中国，于 1834 年 2 月抵达广州。他为臭名昭著的鸦片商怡和洋行工作，负责布匹买卖，还学习了中国的语言与文字，据说十分用功，不放过任何与中国人交谈的机会。1838 年，他在广州翻译

---

① 《通商章程》和《海关税则》于 1843 年 7 月 22 日由英方率先在香港公布，故为独立条约，亦有学者将其视为《五口通商附粘善后条款》的一部分。

② 王尔敏：《晚清商约外交》，中华书局，2009 年，第 37 页。

出版了《意拾秘传》；1840 年出版《意拾喻言》。① 这两本书均是有关《伊索寓言》(Aesop's Fables)的中译本，而罗伯聃的翻译目的就是要帮助来华的英国人更好地学习中文。1839 年 3 月 18 日，钦差大臣林则徐在广州发出谕令，要求全部商人缴出鸦片，以后也不准夹带鸦片来华，这份谕令就是由马儒翰和罗伯聃共同翻译的。3 月 23 日，他在陪同外商与林则徐会晤时表现出色，获得林的称赞，在其奏折中还特别提到"该夷担(指罗伯聃)等回禀之言尚为恭顺"，并"当即赏给红绸二匹，黄酒二昙，着令开导众夷，速缴鸦片"。② 不过此时的罗伯聃并非正式的译员，只是因为中文说得好而额外承担了这一工作。鸦片战争爆发后，他为侵华英军服务，充当翻译的角色。1840 年 6 月 30 日，英国远征军总司令懿律和全权代表义律带领后续到来的英军北上舟山，与伯麦、布耳利率领的军队会师。7 月 2 日途径厦门时，派军舰"布朗底号"向当地官员送交帕麦斯顿致中国宰相书的副本。该舰先是向清方递交了一封信，称欲明日拜访地方长官，送交公函，但此信被退还。7 月 3 日，该舰派出翻译罗伯聃乘坐小船、高举白旗，准备登岸，但由于清军不明白旗的含义，对他射箭，小船在匆忙退走时，罗伯聃跌倒，刚好一箭飞来，他幸运地避过，最后只能离开。③ "布朗底号"随即向岸上清军阵地开炮，双方发生一场炮战。④ 罗伯聃后来报告称，英军狠狠地教训了清军。而清方官员在呈报给道光的奏折里，都说放箭"射中能作官音夷人，仰跌船内"，⑤ 这个夷人指的就是罗伯聃。1841 年 8 月至 10 月间，罗伯聃参加了英军攻打厦门和镇海的战役；1841 年 10 月至 1842 年 5 月，他是镇海临时代理的最高官员。1842 年下半年，他又与郭实猎、马儒翰等翻译一道参加了《江宁条约》的谈判与签订。在约翰·普拉特(John Platt)上尉描绘"皋华丽号"(Cornwallis)战舰上签署《江宁条约》情况的油画上，画的中间是一张桌子，签字就是在这上面进行的。同清政府代表耆英、伊里布、牛鉴等人同坐在桌旁的唯一的一个欧洲人就是罗伯聃。

　　罗伯聃在《通商章程》和《虎门条约》的谈判和起草过程中更是发挥了巨大的作用，费正清认为"罗伯聃是真正的关税起草人"。他拟订的税率"甚至

---

① 有学者认为《意拾秘传》是《意拾喻言》初版的可能性是很大的，参见沈国威、内田庆市、松浦章编著：《遐迩贯珍》，上海辞书出版社，2005 年，第 75 页。

② 王宏志：《翻译史研究》(第二辑)，复旦大学出版社，2012 年，第 35—38 页。

③ Anonymous, "Hostillities with China", *The Chinese Repository*，Vol. IX，1840，pp. 226-227.

④ 茅海建：《天朝的崩溃(修订版)》，生活·读书·新知三联书店，2015 年，第 154—155 页。

⑤ 中国第一历史档案馆编：《鸦片战争档案史料》(三)，天津古籍出版社，1992 年，第 166—167 页。

比商人自己敢提的要求还更有利于进口商",①以至于璞鼎查都怕中国人反对。罗伯聃在《海关税则》方面的主要谈判对手黄恩彤对他的评价是:"其人本英国巨商查顿之司事,久在粤东,兼迪汉文华语,谙悉商税事宜,璞使倚为谋主者也。"②

《通商章程》的初稿原由马儒翰草拟,共有 13 款,再由罗伯聃修改后交给清朝当局,清方将 13 款改为 16 款,其英文版本由罗伯聃以同意或反对的方式对每一条款做出评论,璞鼎查据此章程草案,改定为 15 项条款,双方才达成共识。《虎门条约》被称为是"支撑这种英国新秩序的法律拱门的冠石",③在中英双方起草条约的过程中,英方全权代表璞鼎查爵士(Sir Henry Pottinger)身体欠佳,而他的首席翻译马儒翰也于 8 月 29 日病逝,只有罗伯聃作为代表到广州与清方进行谈判,璞鼎查在澳门与其保持联系,中英文条约文本的统一工作均由其以一己之力完成。尽管在费正清看来,罗伯聃并非合适人选,他虽是个"和善可亲但能力极为有限的人",而且根本不是一个中国通。④ 费正清对于罗伯聃的批评或许不无道理,他作为翻译的能力实属平常,否则怎么会出现条约中文文本中的一些关键点却没有体现在英文文本上的情况。⑤ 但在当时翻译人才奇缺的情况下,英人能有一个罗伯聃做翻译,已经十分不易,更无从选择。

罗伯聃于 1843 年 10 月 1 日被正式任命为英国首任驻宁波领事,这其实也是英国政府对他在战争中出色工作的一种酬劳。不过他需要等到郭实猎接替其翻译职位,才能赴宁波就任。⑥ 鸦片战争期间的经历、战后的一系列谈判让罗伯聃积累下丰富的经验,他熟谙与中国官员的交涉之道,他也将在宁波领事任上运用这些经验,为英国在这一口岸谋取更多的权益。同时,作为《虎门条约》的主要起草人之一,他如何在宁波口岸实践自己参与制定

---

① [美]费正清著,牛贯杰译:《中国沿海的贸易与外交:通商口岸的开埠(1842—1854 年)》(上),山西人民出版社,2021 年,第 167 页。

② 中国史学会主编:《鸦片战争》(五),神州国光社,1954 年,第 421 页。

③ [美]费正清著,陶文钊编选:《费正清集》,天津人民出版社,1992 年,第 107 页。

④ [美]费正清著,牛贯杰译:《中国沿海的贸易与外交:通商口岸的开埠(1842—1854 年)》(上),山西人民出版社,2021 年,第 173—174 页。其实有很多例子可以说明这个问题,比如前文提到1841 年 2 月 8 日,张喜上英船交涉归还舟山事宜,递交伊里布致英方文书,时任翻译的罗伯聃还询问张喜,伊里布的职衔下"有红带子三字是何讲究?";又如,伊里布认为英方发来的照会文书"多不可解",其中的一些文书可能就是出自罗伯聃之手。

⑤ [美]费正清著,牛贯杰译:《中国沿海的贸易与外交:通商口岸的开埠(1842—1854 年)》(上),山西人民出版社,2021 年,第 174 页。

⑥ 耆英咨照:浙省交易事宜,须俟郭施拉调回,再换罗伯聃前来。参见(清)文庆等修:《筹办夷务始末(道光朝)》卷十七,中华书局,1964 年,第 2776 页。

的条约细则,是一个有趣的议题。

针对宁波开埠,道光帝给出的指导意见是:"浙省海口纷歧,此时甫议通商,自以严杜偷漏为第一要务。"严查"走私透漏之犯",要求浙江巡抚和宁绍台道等"于夷商到海口之时,查照耆英现定章程,妥为办理"。① 因此,对于浙省官员来说,如何将《虎门条约》的相关条款定则落实于宁波口岸,是他们所关切的问题。闽浙总督刘韵珂认为浙江与广东不同:"向未与外夷交易,官民人等均属生手。……即如雇佣引水,派拨押船丁役,查验进出货物,召募输税银号等款,皆可为浙省所未谙。兹一旦创所未经,必须于该夷开市之先料理妥协,以资遵守。其有情形不同,应于耆英等定章之外稍加变通者,尤须体察宁波等处地势民情,与该夷先申要约,俾免胶执贻误。"②此外,根据《虎门条约》的规定,各口岸的英国领事均需参与中国的海关行政,担保英商纳税,负责约束英国水手。其实,在鸦片战争之前(广州一口通商时期),协助海关行政,担保英商约束外人等事,是行商的责任。所以可以说是领事代替了行商。③

在听闻罗伯聃被"派为浙省领事,有八月初一日至浙开市之说"后,刘韵珂于1843年9月25日(八月初二日)驰抵宁波,查看情形,亲自筹办。不过当时罗伯聃未至,"来浙之信尚属杳然",④刘韵珂不能久待,但"雇募银号引水小船等事,皆须豫办,当即会饬宁绍台道备办",并对宁绍台道陈之骥、署宁波知府李汝霖二人"详加指授","俟罗伯聃到宁,面与要约,妥议章程"。⑤又至杭城与浙江巡抚管通群面商,两人将应议各节,逐一商酌,意见相同,并且决定"将来俟陈之骥等将与该夷要约情由具详到日,即由该抚覆明可否,分别准驳,再行缮折奏报"。也即是说,清方由宁绍台道和宁波知府负责与罗伯聃进行交涉,但是双方订立的章程最后还需要由浙江巡抚审核批准。中国官方其实也期盼罗伯聃能够早点履职,当时在闽、浙等地多有英、美等国船只游弈,皆为等候开市之货船,甚至有外国船只驶至浙江乍浦洋面,欲图贸易的事情发生,所以"惟期及早贸易,借免乘机偷漏"。⑥

真是千呼万唤始出来,罗伯聃于12月16日才乘坐汽船"驾驶者号"

---

① (清)文庆等修:《筹办夷务始末(道光朝)》卷六十八,中华书局,1964年,第2739页。
② (清)文庆等修:《筹办夷务始末(道光朝)》卷六十八,中华书局,1964年,第2725页。
③ 蒋廷黻编著:《近代中国外交史资料辑要》,东方出版社,2014年,第111页。
④ (清)文庆等修:《筹办夷务始末(道光朝)》卷六十九,中华书局,1964年,第2737页。
⑤ (清)文庆等修:《筹办夷务始末(道光朝)》卷七十,中华书局,1964年,第2775、2790页。
⑥ (清)文庆等修:《筹办夷务始末(道光朝)》卷六十九,中华书局,1964年,第2738、2744页;卷七十,第2776页。

(Drivers)抵达舟山,19日早晨乘坐"美杜莎号"(Medusa)驶向宁波,当天下午到港。清政府早已选定现任宁绍台道陈之骥、宁波知府李汝霖和已革宁绍台道鹿泽长,与罗伯聃商办一切通商事宜。第二天,罗伯聃在英国皇家陆军切斯尼上校(Colonel Chesney R. A.)、二桅纵帆船"鹈鹕号"船长贾斯迪斯(Captain Justice H. M. Brig Pelican)等人的陪同下会见了宁绍台道,双方立即约定在1844年1月1日开市,并且发布了通告。浙江提督李廷钰对罗伯聃的印象不是太好:"该夷前此在宁波经年,汉语汉字俱皆谙晓。凡有会议,类多面从,而机心自用,疑虑过深,所以往往不能自决。"①不过,耆英倒是对罗伯聃持较为肯定的态度:"臣复查宁波夷目罗伯聃先在广东会议税则,察其居心尚知持平,较马礼逊之一味狡诈者略有不同。"②罗伯聃抵宁后,与当地官员进行了艰难的磋商,1844年1月20日,罗伯聃致信英国驻华商务总监璞鼎查,随信附上了他在宁波开埠后发布的各项文件(Public Documents)。其中的第一项 Copy of Regulations for the wholesome restriction and government of such British subjects as may resort to Ningpo for commercial, or other purposes,此项文件虽然日期上为1月1日,但实际上是在他写信前几日才公布。原因是"地方当局希望能划定非常狭窄的界限,这是我绝对不能同意的!(I could not possibly accede to them.)地方当局在这一点上最终向我让步,现在这一章程被颁行"。③

二、领事馆与商船停泊地的确定

正如费正清所言,每一位英国领事的首要任务是建立领事馆,选址首先不是考虑优越便捷的地理位置,而是通过在行政城市的城墙内升起英国国旗以保障英国的特权。但是由于地方官民的激烈反对,这种努力常常遭遇

---

① 中国第一历史档案馆编:《鸦片战争档案史料》(七),天津古籍出版社,1992年,第373页。
② 中国第一历史档案馆编:《鸦片战争档案史料》(七),天津古籍出版社,1992年,第388页。
③ F. O. 228/31, p. 448. 笔者在英国国家档案馆(The National Archive)查阅了大量原英国驻宁波领事馆档案。这批档案均归属于英国"外交部档案"(Foreign Office Records),简称为"FO档案"。该档内容庞大,有"外交与领事服务""外交部一般通讯""外交大臣与外交官报告""条约、委员会与会议""杂件"等分类,一般用 F. O.(外交部的缩写)加上组号(class numbers)来表示,共计1113组。以中国而言,英国驻华使馆的专属类号是 F. O. 228 与 F. O. 229,后者为前者文件的副本。此外,F. O. 230 至 F. O. 233(1759—1951)为 F. O. 228 之补充与延续。英国驻宁波领事馆与英国驻上海总领事馆、英国驻华使馆之间的通信及相关中英文文件都保存于 F. O. 228,分散在108卷中,时间跨度从1843年首任领事罗伯聃被派至宁波直至20世纪20年代。以 F. O. 228/31, p. 448. 为例,本书中凡是使用到该档案,所作注释的形式是:F. O. 228("外交部档案")/31(卷数),p. 448(引文出自该卷的页数),下同。

挫折。比如在广州,外国人"入城"问题引起轩然大波,甚至直接导致了第二次中英战争的爆发;而在福州,英国领事馆先被地方官安排设在南门外闽江上的南台岛,但遭到首任领事李太郭的强烈反对,他以"坚决抗争"的强硬方式,最终将领事馆迁至城内乌石山。但是罗伯聃似乎是一个例外,他并没有执着于将领事馆设立于宁波城内。商人出身的他更加关注的是贸易事宜,将领事馆设于宁波城外英国商船易于停泊之处,反而更便于其行使职责。

当然,罗伯聃将领事馆设立于宁波城外也具有一定的偶然性。他最初在宁波寻租房屋遇到相当大的困难,虽然有宁绍台道派人陪同找房,在"宁波的街道上来回找寻数日,但是无论是何种房屋,无论是在何处,均不获成功。我发现宁波人不愿意将房屋租予洋人,有一两次我还遭遇到粗鲁对待"。① 在来宁波之前,璞鼎查也告诫罗伯聃不能采取任何强制性或者暴力手段在宁波立足。就在罗伯聃寻租无果,准备返回舟山之时,他发现了一处空置的木材行,名叫"通生行",还带有一个屋子。此地位于甬江东岸三官堂,属于一个姓沈的人,但是沈氏说什么也不同意租房给罗伯聃。道台在知道这一情况后告诉罗伯聃,如果他真的想要这处房子,不管房东愿不愿意,自己会承担一切后果,将他安排在那里。罗伯聃别无他法,同意道台建议。于是道台派人强行占据通生行,让罗伯聃入住,此事发生在 1843 年 12 月底。这个木材行也就成为英国领事在宁波最初的办公场所。不过罗伯聃对此地不甚满意,认为屋内房间狭小,在冬季尤为不舒服,于是进行了装修,但也只住到 1844 年 2 月底,就搬到了新的住所。② 此地位于宁波城和义门外姚江(又名慈溪江)北岸卢氏房屋,共有 50 间房,年租金洋银 700 元,分四季交清,同时签订十年契约,期内不得加价或转租。③ 此后十余年间,这里便一直作为英国驻宁波领事馆。这份珍贵的租房合同保存至今,全文如下:

租契

立租契英国领事罗伯聃,情愿租到江北岸地方,坐落甬东十图,土名鸣珂里卢松房,坐北朝南,九架平屋参全椽,东畔墙外小屋壹埭,共计四十五间。屋后余地壹方,小屋五间,大门壹座,四围门扇壁络俱全。凡系外面屋脊之类并渗漏等情,均请卢松房修补。三面议定,每年计租洋银陆佰捌拾圆正,作四季交清,不致少欠。议明拾年之内,每季租银

---

① F. O. 228/42, p. 55.

② F. O. 228/42, pp. 55-56.

③ F. O. 228/31, pp. 534-544. 根据英文合同可知,此时这处房屋用作茶行(Keen fa Tea Hong)。

交清,不得加租别召。倘或立意搬到别处,于六个月之前通知房主,任凭迁移,亦不得留阻。今欲有凭,立此租契存照。计开每年应付小租洋银贰拾元正,亦作四季付交,并照。当付探租洋银叁佰伍拾元正,并照。外附合同交单壹纸,并照。

道光二十四年正月初壹日,立租契英国领事罗伯聘(R. Thom)

见租　徐鲁新

代笔　沈香亭

将房屋出租给英国人的卢氏家族,在宁波历史上也是一个望族,称"江北卢氏"。有明以来,该家族出过多位进士、举人,其中的一些人还颇具声望。如成化元年进士卢瑀曾"劾巨珰梁芳等窃柄,引用奸僧继晓,以术罔上。直声大振",又有被列为"明州四杰"之一的卢澋。① 不过此时,卢氏家族已经破败,所以只能出租房屋获取收入。此后,该家族甚至将宗祠租给美国长老会传教士,用以开办印刷所——华花圣经书房。王尔敏强调领事馆选址的重要性在于"盖官方所在,往往成为英商群趋集中之地,为形成租界关键"。但在宁波领事馆所在的姚江一线主要聚居的是欧美传教士,美、法驻宁波的领事馆也相继开设,可以说这里是江北岸外人居留地的发源。

虽然罗伯聘的领事馆设在江东的通生行仅仅两个月,但还是造成了重要的影响。因为根据罗伯聘所拟《英国船只往来宁波章程》(*Regulations to be observed by British vessels trading to or from Ningpo*)第二条之规定:"英国船只抵达宁波后,需尽可能靠近英国领事馆抛锚停泊,但不得妨碍已经停泊的船只或当地船只。如有可能,需派一人上船,引导该船停泊于指定位置。但断乎不可溯江而上超过领事馆旗杆所在之正横方向。"② 宁绍台道函告罗伯聘,目前领事馆所在之位置是江东岸的三官堂,而在江的北岸与领事馆正好隔江相对的地方叫作上白沙,此处江面宽广,适宜船只停泊。但要求英国商船须分两条线停泊,一条沿江东的三官堂,另一条沿江北的上白沙。不得超过这两处地方驶向江上游,也不可在江中抛锚,阻碍来往船只。

根据《海关税则》的规定,英国商船一经到口停泊,需向中国海关报关并接受检查。浙海关设立于清康熙二十四年(1685),其关口设在甬东七图,也即江东的"包家衕头",称浙海大关,俗称税关。不过罗伯聘认为关口位置不

---

① 徐兆昺:《四明谈助》,宁波出版社,2000 年,第 1102—1103 页。

② F. O. 228/31, pp. 493-494.

便,所以在他最初所拟的章程中规定,英国船只可以在江的北岸某地、海关、领事馆和江的东岸某地卸货、下货。① 但是这样做显然不利于海关的管理,因此宁波官方提醒罗伯聘"在任何地方设立海关的目的在于,货物应当在这里接受检查,并且只有在这里纳税;所有的货物只有在这里,无论是从商船上卸下或者是装上任何商船,然后通过海关,这样才是确当的"。② 针对罗伯聘的意见,宁波官方在江北岸租了一块地,时人称为"李家衢头",③并且搭建了棚子,便于海关查验货物和船只上下货物。道台特别向罗伯聘声明,此事已经向上司报备在案,所以"以后无论何时都不能变更",而且不论英国领事是继续留居通生行还是搬到其他地方,"英国船只只能停泊在现在议定的地方"。④

罗伯聘对于限定停泊地点表示反对,其理由是中外船只差异较大,锚泊方式尤为不同,所以应当让船长自行决定最佳停泊地点,但"不得向江上游行驶,超过英国领事馆现在所处的位置"。⑤ 不过等到罗伯聘搬迁至姚江北岸后,原先作为标志物的英国领事馆不在,他通告所有来港商船"当船与左舷岸边最后一座冰厂齐平时,就不得再向江上游行驶,否则就违反了港口管理章程"。⑥ 浙东渔业发达,夏季鱼获需要用冰保鲜,而冰厂就是储存天然冰块的地方,通常选址于江边高地,既方便排水又利于渔船就近充冰,减少人工运输费用。冰厂多以泥石、稻草和竹木搭建,外形肖似金字塔,高者可达十余米,极为醒目。清代甬江东岸,冰厂栉比而立,罗伯聘应当是选取冰厂作为标志物,倒也适合。

对于宁波官府指定在李家衢头检查货物的主张,罗伯聘表示支持,认为此举甚是方便,只是建议应当尽快建设棚子放置货物,应对糟糕天气。他还补充规定,英国船只准于每日上午 8 点至下午 4 点之间,在李家衢头卸货或上货。若未经特别许可,在其他时间、其他地点卸货、上货,均视为违禁行为,货物一概没收入官。⑦

罗伯聘的这些意见最后都被清政府所接受,也产生了重要影响。由于检查货物的唯一地点设在甬江北岸的李家衢头,为方便起见,此后来宁波的

---

① F. O. 228/31, p. 500.

② F. O. 228/31, p. 500.

③ 衢头即是码头之意。

④ F. O. 228/31, p. 494.

⑤ F. O. 228/31, p. 502.

⑥ F. O. 228/31, p. 536.

⑦ F. O. 228/31, pp. 509-510.

外国船只基本都沿甬江北岸一线的码头停靠,外国商人所设立的洋行为了上下货物便利也沿此一线设立,这便是现在所谓"宁波老外滩"的源起,同时也直接导致 1861 年专征对外贸易之税的浙海新关定址于江北岸。

宁波官方还指定了当地"久安""源和""久和"三家钱庄作为代理机构,向外国商人征收税银,并分任职员叶金鋐负责"久安",生员钟光建负责"源和",职员郑瑞檀负责"久和"等处税收。若缴纳的税款是洋银,则关税税率与广东的海关相同,并另付 1.2% 的火耗费。①

三、关于英人在宁波活动范围的争论

根据《虎门条约》第六款之规定:"广州等五港口英商或常川居住,或不时来往,均不可妄到乡间任意游行,更不可深入内地贸易,中华地方官应与英国管事官各就地方民情地势,议定界址,不许逾越,以期永久彼此相安。"罗伯聃到宁波后,草拟了《英人居住或游历宁波章程》(*Regulations to be Observed by All British Subjects Residing at or Resorting to Ningpo*),并送交宁绍台道陈之骥审核。该章程共有 8 款,主要是对英人在宁波的居住和到周围地区活动等问题作出详细规定,现翻译如下:

> 第一款 所有的英国臣民在抵达宁波后,必须立即向该地领事馆报告,同时说明其职业、居住地等情况以及拟在该城留居时间;
>
> 第二款 英人在未向本国管事官通报的情况下,不得以任何借口进入距离宁波城 3 英里或者 10 华里以外的乡间,管事官有权自行决定是否允许。在任何情况下,管事官一旦同意,则将向提出申请的人或者一方提供一名向导,而该向导须陪伴申请人或申请方直至返回宁波城为止;如申请不被批准,而申请的人或一方仍违背管事官意愿进入乡间,将会视情节严重的程度受到严厉的惩罚;②
>
> 第三款 所有英国臣民欲前往乡间打猎,无论距离远近,须以同样方式在宁波领事馆报告此事并获得相关许可,否则将受到同样严厉的惩罚;

---

① 福建和广东的海关与领事李太郭商定征收 1.2% 的火耗,罗伯聃在宁波也同意如此操作,但是英国驻上海领事巴福尔却加以拒绝。参见[美]费正清著,牛贯杰译:《中国沿海的贸易与外交:通商口岸的开埠(1842—1854 年)》(上),山西人民出版社,2021 年,第 291 页。

② 罗伯聃最初给清方的章程草稿中,该款并无"under any pretence to go into the country"(以任何借口进入乡间)之语。参见 F. O. 228/31, p.511.

第四款 英人在乡间时,尤其不得在未征得屋主同意的情况下,擅自闯入其住宅,不得对中国人的庙宇或偶像肆意不敬,不得亵渎或破坏坟墓,不得拆毁篱笆或者践踏地上的防护。简言之,不仅要做到对中国民众不造成正面伤害,而且要防止做任何可能会导致其产生偏见的事情;

第五款 英人在未获得管事官和该地区高级官员的特别许可之下,不得前往宁波附近的城市、镇(cities or towns)甚至大型村庄;

第六款 英人在未获得特别许可或明确邀请的情况下,不得进入该地区的公共机构;

第七款 居住在宁波的英人,若要改变居住地,须得在领事馆做出明确的报告;

第八款 所有的英国臣民在离开宁波之前皆须同抵达宁波之时一样,立即向领事馆报告。在此地居住了一段时间,并与当地人有商业往来的英人,必须至少提前 48 小时发出通知,才能被允许离开。①

上述 8 款为正式公布时的内容,但在此之前,中英双方也经过了一番争论,焦点在第二款。陈之骥对该条款有关英人在宁波活动界限的规定不满意,认为:"贵领所言之 3 英里或 10 里,不过是粗略估计,没有在任何一个方向划定界限,所以该计划缺乏明确性。"②他的主张是应当清楚地标明具体的边界,他先假定在宁波城外只有三处地方适合中英商人进行交易,即:江下、江东和江北,再在这三处活动地点划定明确的界限,要求英人不得逾越。③ 王尔敏在《五口通商变局》中引用这段文字,用来说明罗伯聃"考虑了宁波各地情况,在开市之始,尚未租定馆址之前,曾做过详细记录。对于当时宁波地理环境相关位置,交代十分清楚"。④ 其实他理解有误,这段文字是宁绍台道致罗伯聃公函中的译文,表明清方所提的划界意见,并非罗伯聃在宁波的调查结果。这反而可以说明,宁波官方在开埠之前就已经详细考虑过如何限定英人活动范围了。

陈道台认为英国领事"会为这样的划界感到高兴并回复我们表示同意,

① J. R. Morrison, *A Chinese Commercial Guide*, consisting of *A Collection of Details and Regulations respecting Foreign Trade with China*, Third Edition, Canton, Printed at the office of the Chinese Repository, 1848, pp. 228-229.

② F. O. 228/31, p. 512.

③ F. O. 228/31, pp. 512-514.

④ 王尔敏:《五口通商变局》,广西师范大学出版社,2006 年,第 267、289—290 页。

同时告诫英人应当完全尊重这些边界线,不要试图越界,以期彼此长久相安"。① 至于罗伯聃所订章程第二款中提到"英人有确当理由可进入距离宁波城 3 英里或者 10 华里以外的乡间,但须由管事官指派持重之人陪同其出行并返回等语",②宁波官方指出这完全违背了《虎门条约》中"议定界址,不许逾越"(British subjects shall not be allowed to overpass the boundaries agreed upon.)的规定,③表示不能同意。陈道台还对英人要去乡间表达质疑,他的理由是:"英人来宁波除了贸易,没有其他合理或适当的目的,而远至乡间并无贸易可言,所以英人完全没有必要去乡间,应当对此行为严加禁止。如此便可免生事端、彼此相安。"④

宁波官方的设想很明确,即:不让英人进入宁波城或者到周边地区活动,将其限定在城外沿江的划定区域进行贸易。罗伯聃对此表示强烈反对,认为划定英人活动范围的建议"不可能付诸实施"。但由于无法从条约层面进行合理的辩解,所以只能从民族性格和文化差异的角度来解释:"我们英国人从婴儿时期直到老年都习惯于积极锻炼,无一例外。他们有人喜欢打猎,有人喜欢到乡间采集花朵和植物,还有人乐于欣赏美丽的风景,而且所有人都认为运动对于享受健康不可或缺。这样的消遣和娱乐没有什么可以被称作是不正当,也没有哪一项被认为是违反贵国的法律。"⑤何况自己还会派向导来回陪同有正当理由去超过 3 英里的乡间游历的英人,这样可以避免与当地人发生"不愉快的冲突"。⑥

他还提出假设:"若我真的向贵道让步,同意设立这样的界限。就在发布命令的第一天,贵道的所有时间都将花在听取有关英人越界的控告上,而我也不得不将手上重要的事情放在一边,除了审理和惩罚我这些违反所谓规定的同胞,什么也不用做了。"罗伯聃甚至吓唬宁绍台道:"假若有些军官到附近打猎,再假如他来到了划定的边界,贵道治下民众粗鲁地驱其返回,这将会导致严重的动乱。为了一件微不足道的小事而引起严重后果。"所以,罗伯聃总结:"贵道的建议不过是纸上谈兵而已,难以付诸实施。"⑦在函件末尾,罗伯聃还表露威胁之意:"如若贵道不满意我的方案,如若贵道被告

---

① F. O. 228/31, p. 511.
② F. O. 228/31, pp. 514-515.
③ F. O. 228/31, p. 515. 但在《虎门条约》英文本中似并无此语。
④ F. O. 228/31, p. 515.
⑤ F. O. 228/31, p. 515.
⑥ F. O. 228/31, p. 516.
⑦ F. O. 228/31, pp. 516-517.

知您自己的计划断不可行,却依然坚持而且还希望我对它的结果负责,那么我不得不说贵道乃是自欺欺人,我会立即拒绝承担这样的责任。"①

罗伯聃与宁波官府在章程第二款上的意见分歧其实根源于《虎门条约》第六款中英文译本之间的巨大差异,这直接导致了双方对于条款理解上的偏差和关注点之不同。查诸英文本,第六款为:"It is agreed that English merchants and others residing at, or resorting to, the five ports to be opened, shall not go into the surrounding country beyond certain short distances to be named by the local authorities, in concert with the British Consul, and on no pretence for purpose of traffic."而中文本则为:"广州等五港口英商或常川居住,或不时往来,均不可妄到乡间任意游行,更不可远入内地贸易,中华地方官应与英国管事官各就地方民情地势,议定界址,不许逾越,以期永久彼此相安。"

英文本只是规定英人不准超过地方官府与英国领事议定的"一定的短程距离"(certain short distances)到乡间,因此罗伯聃在章程中提到的 3 英里之限并没有问题;而在中文本里的"界址"(boundary)一词,其实是指划定的范围四至,所以宁绍台道为英人设定活动范围也没有错。② 中文本里绝对禁止越界行为,有"议定界址,不许逾越"之厉语,可是英文本里没有。所以罗伯聃才提出超过 3 英里之限应当如何处理的问题,而这点在清方看来,其实是不需要考虑的。

罗伯聃虽然负责《虎门条约》(即《五口通商附粘善后条款》)中英文本的统编工作,但确实出现不少失误。他自己也承认:"我不记得在这之后是否比对过中英文本,实际上没有一个同事或学生帮我,我的部门只有我一个人,当时我对这种境遇非常失望。"③想必他是没有比对过中英文本。我们也可以发现,罗伯聃在宁波制订章程也试图来弥补之前《虎门条约》上出现的一些漏洞。

罗伯聃在送给陈之骥两份公函的同时,又附上一封"半官方的"私人信件,④还是谈如何解决双方在两份章程上的分歧,他最后建议道:"我已经在这两个重要问题上阐述了自己的看法,依旧请贵道加以考虑。若贵道还是

---

① F.O. 228/31, p.518.
② 他翻译道台提到的"议定界址,不许逾越"(British subjects shall not be allowed to overpass the boundaries agreed upon.)一语表明罗伯聃清楚地了解 distance 和 boundary 之间的区别。
③ [美]费正清著,牛贯杰译:《中国沿海的贸易与外交:通商口岸的开埠(1842—1854 年)》(上),山西人民出版社,2021 年,第 174 页。
④ F.O. 228/31, p.518.

坚持之前的主张,我们两人之间再互通冗长的信件也是徒劳。最好的方法就是贵道将我们之间通信的副本提交给钦差大臣耆英,而我也以同样的方式提交给璞鼎查阁下,由这两位高级官员来讨论这个问题,我们二人则避免伤了和气,只要静候他们的决定即可。"① 最终,罗伯聃的建议被保留,这也使得西人在宁波城周边地区游历所受到的限制较少。1845 年 5 月,"茶叶大盗"福钧(Robert Fortune)在罗伯聃等人陪同下来到天童山采集植物,并且借宿天童寺多日。② 比他稍迟来到宁波的英行教会传教士四美发现:"宁波有关界限的规定是根据地方而非时间制定的。我们意欲参观的景点,在外国人允许的区域之内,因此不必当天,甚至几天之内就返回宁波。"③ 而同一时期的上海在这方面的规定则更显严格,中英双方于开埠时也根据《虎门条约》第六款议定:"外人行走之地,以一日往还,不得在外过夜。"所以在1848 年"青浦教案"发生后,清方就认为三位英国传教士从上海到相距 90里的青浦县城散发布道书,来回 180 里,"穷日之力,断难往返",这显然违反了规定。④ 相较而言,宁波的规定更具有灵活性。

此外,关于西人在通商口岸的居住问题,中英《江宁条约》第二款已经允许英人携眷留居五口,《虎门条约》第七款则对英人租赁土地、建屋居住方面作出更多细节化的规定,如"中华地方官必须与英国管事官各就地方民情,议定于何地,用何房屋或基地,系准英人租赁"等语。⑤ 尽管《虎门条约》的中英文本中继续延续了《江宁条约》中英文本关于"港口"和 cities and towns(直译为:城市与镇)的差异,广州入城问题便与此相关。但幸运的是,在宁波并没有人提出异议,甚至这一情况都不在罗伯聃与宁波官方的讨论范围之内。其实早在 1842 年 12 月,英国伦敦会传教士美魏茶就来到宁波城内,前后居住长达 7 个月的时间。宁波开埠之后,1845 年 7 月,英行教会传教士四美在宁波城内东门与盐仓门之间的某处租到一处房屋,预交了 6个月租金作为押金;⑥英国女传教士马利姑娘携养女蕾丝克于 1844 年 7、8月间抵达宁波后,先在英国领事馆附近设立女塾,这两人是最早的一批英国在宁波的侨民。1851 年,马利姑娘又将学校迁至城内祝都桥。⑦ 可以看出,

① F. O. 228/31, p. 520.
② [英]罗伯特·福琼著,敖雪岗译:《两访中国茶乡》,江苏人民出版社,2015 年,第 100 页。
③ [英]施美夫著,温时幸译:《五口通商城市游记》,北京图书馆出版社,2007 年,第 145 页。
④ (清)文庆等修:《筹办夷务始末(道光朝)》卷七十九,中华书局,1964 年,第 3141 页。
⑤ 王铁崖编:《中外旧约章汇编》(第一册),生活·读书·新知三联书店,1957 年,第 32 页。
⑥ [英]施美夫著,温时幸译:《五口通商城市游记》,北京图书馆出版社,2007 年,第 136 页。
⑦ 田力:《中国近代第一所女子学校若干问题新探》,《宁波大学学报(教育科学版)》,2020 年第 4 期。

西人在城内租房建屋没有受到官方的限制。

四、关于《通商章程》第六款"税银扫数输纳全完"的争议

《通商章程》第六条规定："英国商船运货进口及贩货出口,均须按照则例,将船钞、税银扫数输纳全完。"而英文本上对应文字是："all duties incurred by an English merchant-vessel, whether on goods imported or exported, or in the shape of tonnage-dues, must first be paid up in full."中英文的含义基本相同,但是在具体实践这则条款时却遇到了问题。

厦门于1843年11月2日开埠,是在《海关税则》公布后最先对外开放贸易的口岸,英国首任领事是船长记里布。12月8日,当时在厦门的罗伯聃与记里布联名致函厦门官府,提出："厦门地势僻远,非商贾聚集之区,夷商贩来货物,不能按船全销,请照销数输税,余货贩至他口分销。"记里布本非英领最佳人选,只是临时任命。与其交涉的福建布政使徐继畬也评价他"心地不甚明白,又不通汉文汉语,于通商善后各条款,不能讲解明晰"。①这封函件其实是由罗伯聃所拟,他在给商务监督璞鼎查的信中承认:"'税银扫数输纳全完'的确切含义就是应当将每一件货物都从船舱中卸下,所有货物都须要完税。造成这个重大错误的责任在于翻译,作为唯一幸存的翻译,我认为自己必须对这一后果负责。"②

实际上,真正的问题不在于翻译,而是英人在制定条款时没有预料到外国商船运货到口岸后,在货物不能全部销售的情况下该如何交纳关税。罗伯聃也进行了辩解,称:"我要指出的是,在为一个新制度制定规章时,很难针对每一个偶然事件作出规定。考虑到这样的工作事属创始并且极度困难,所以希望这一错误和日后出现的同类错误都可以得到谅解。"③这个问题确实让罗伯聃感到烦恼,但也是他在宁波领事任上不得不解决的。在与宁波官员商议此事的通函中,罗伯聃的策略是不过多提及《通商章程》中的规定,而是"从合理和经验的基础上来谈这个问题"。当时,英船"爱德华·瑞安爵士号"(Sir Edward Ryan)和美船"奥斯卡号"(Oscar)到宁波口岸后,都有一些货物没有售卖出去,罗伯聃向宁波官方提出这两艘船会将在宁波未能售出的货物分别带到广州和厦门,很有可能在那里出售并完税。浙海关也同意了罗伯聃的请求,允许两船将未售货物驶离宁波港。罗伯聃认为,

① (清)文庆等修:《筹办夷务始末(道光朝)》卷七十一,中华书局,1964年,第2803、2837页。
② 《虎门条约》的另一重要译者马儒翰已于1843年在香港病逝。
③ F.O. 228/31, p.483.

只要这两艘船"到了广州或厦门都没有遇到麻烦,那这个问题就可以被认为是获得圆满解决"。① 他还在最初草拟的《英国船只往来宁波章程》中提到,"货物因为在该口岸卖不出去,则可以被再次带离该口岸"或"一部分货物可以被载到其他口岸"。②

宁波官方对《通商章程》进行了深入研究,也发现了第六款规定与实际情况之间的矛盾状况。所以虽然同意让两船离港,但并没有搁置不言,而是与罗伯聘进行交涉:

> 《五口通商章程》上载明,英国商船一经到口停泊,其船主需赴领事署中,将船牌、舱口单、报单各件交与管事官查阅收贮。管事官即行文通知该口海关,由海关查验明确后,准予开舱卸货。若船主不遵章程,投递假单,或若于未奉官准开舱之先,遂行开舱卸货,除罚银外,并将擅行卸运之货一概查抄入官。上述条款请贵领补入所拟的宁波口岸章程中,使其与《通商章程》中的规定相一致。至于所提到的有关某船"所载的货物是要运到其他口岸"或者某船"所载的货物由于在该口岸的价格极低而不能出售,因此需要再次将货物运出港口,同时如实说明货物情况,以供海关核实等语",我们发现,《通商章程》第三款规定领事应即行文通知该口海关,将该船所运来货物之详情(原文是该船大小可载若干吨,运来系何宗货物)逐一声明,以凭抽验明确,准予开舱卸货,按例输税等语,以及第六款规定,英国商船运货进口及贩货出口(all duties incurred by an English Merchant vessel whether on goods imported or exported),均须按照则例,将船钞、税银扫数输纳全完,由海关给发完税红单,该商呈送英国管事官验明,方准发还船牌,令行出口。很明显,两则条款所称之"运货进口之所有税银"及"扫数输纳全完"("all duties on goods imported" and "paid up in full")就意味着所有进口货物都要完税(the whole cargo shall be landed,and duty paid upon all of it.)。如果按照贵领所言,"一部分货物可以被载到其他口岸"或"货物因为在该口岸卖不出去,则可以被再次带离该口岸",为何只字不提前面两则条款?贵领所订章程显然与《五口通商章程》不符,我方实难遵从。③

试想,一般商船在进入宁波港之前,肯定会事先了解该地市场的状

---

① F.O. 228/31, pp. 484-485.
② F.O. 228/31, p. 498.
③ F.O. 228/31, pp. 497-498.

况和(容纳)能力。不可能有这种情况,即一艘船载着一批货物盲目地驶入某个市场(不确定自己是否能处理掉这些货物),即使假设货物进港后市场价格会有所涨跌,但大部分货物会以高价售出,少数货物以低价售出后,其实并不足以影响最终计算结果。再者,假设一船货的十之八九已经售出,而手头上只剩下十之一二;或者任何一项货物的十之八九已经售出,又假如由于价格太低,剩下的十分之一或之二的货物要再运出口岸,船要开到其他口岸去贸易,这本已经产生较大费用,且每进入一个新口岸,又要支付新的船钞(吨位税),即便这十之一二的货物在新口岸能以更高的价格出售,也不过是顾此失彼。而且这五个口岸的货物价格都差不多,所以若商船所取的其他港口,货物价格不涨,则其损失会更大。总而言之,商人们的这种处理方式和想法是最不合理的。因此,我们敦请贵领提醒贵国同胞应当谨记,必须按照《通商章程》之规定,将进口货物悉数卸下并税银扫数输纳全完。如此则公私利益兼得。

其实《通商章程》第六款在各口岸都存在争议,针对前述有关记里布与罗伯聃向厦门官方提出的"按销货输税"的请求,闽浙总督刘韵珂也认为"厦门地方褊小,商贩本不甚多,夷船载来货物,势难全销","记里布所称厦门销货不旺之处,委系实在情形",但是考虑到"惟按销货输税,为原议条款所未载,事关数省大局,自应筹议尽善,画一办理,未便先由闽省创议更改,致涉纷歧",于是行文钦差大臣耆英,询问如何办理。同时又派徐继畬往厦门相度情形,徐继畬经过调查后提出:"厦门销货未旺,委难责令全纳税银,禀请量予变通,以示体恤。"闽省官员正在商议之时,收到耆英咨文,原来上海口岸也出现类似情况,该口处理方法是:"将报验起卸之货按则征输,其未检未卸者免其纳税,准赴他口销售",并且提出"闽省事同一律,嘱令照办。"① 有趣的是,在刘韵珂的奏折中并没有提到宁波的情况,或许是浙省地方官员未将矛盾上报,而是相机办理,与罗伯聃在这一问题上进行了妥协。在罗伯聃所订章程的第五条上反映了双方关于此问题的解决方案:"英国商船船主或押运员须在本管事官署中出示他们带进江口的所有货物的报单,并宣誓证明;如果商船不卸下所有货物,当中国海关官员希望检查货物时,他们必须向其展示留在船上的未卸货物。"

---

① (清)文庆等修:《筹办夷务始末(道光朝)》卷七十一,中华书局,1964 年,第 2803—2804、2817 页。

　　中英双方在宁波开埠问题上所达成的共识,确定的一系列规章,可以视作对《江宁条约》《虎门条约》相关内容的细化。这也让我们认识到,国家层面所签署的条约,当它落实在不同的通商口岸,会出现一些共性和个性的问题;所以在地方层面,中英双方仍然需要对具体问题进行商榷甚至博弈,最后加以变通与解决。因此,条约的地方性实践也是一个动态的发展过程。

结　语

在中国的对外关系史上,中英关系占据极为重要的地位。虽然英国不是最早来华的西方国家,但是从 17 世纪末开始,英国逐渐取代葡萄牙与荷兰在中西商业往来中的地位,成为最大的对华贸易国。而到了广州一口通商时期,英国东印度公司更是一家独大,占据了广州贸易的主导地位。也正是英国率先发动了鸦片战争,使用武力手段轰开了中华帝国的大门,启百年来中华民族遭受列强侵略之开端。整个晚清时期,在列强发动战争、签订不平等条约、赔款割地、迫使开放口岸、占据租界和租借地、划分势力范围、攫取在华各项特权等方面,英国基本上都扮演了主要的角色。直到抗战爆发前夕,无论是在政治、经济还是文化上,英国在华的势力较之其他列强,依然具有相当的优势。所以,中国近代史上最早睁眼看世界的代表性人物魏源,在他那本寻找救国出路的名著《海国图志》中写道,"志西洋,正所以志英吉利也","故今志于英夷特详",[①]也即是说认识欧洲的目的就是为了认识英国,希望国人勿忘国耻,"塞其害,师其长",最终战胜仇雠。在中国人民要求摆脱列强压迫,争取民族解放的岁月里,仍然有人呼吁:"中国国民革命最紧要的工作,是要打倒帝国主义。帝国主义之侵略,尤以英国为烈。所以要打倒帝国主义,必须研究中英关系。"[②]

中英关系史研究领域内容丰富、资料庞杂,本书只能限定时间节点和区域,庶几可以进行一番深入的个案研究。需要注意的是,尽管在早期的中英关系史中,似乎英国是处于主动的一方,从积极探索通往中国的新航路,到来华贸易、派使谈判,再到发动战争、打开中国大门、迫使清政府缔结不平等条约;而中国方面则一直被动应对。在笔者看来,这主要是由于文化类型和政府政策的差异所导致。以中国大陆文明为代表的东方文化具有封闭、保守、内敛、墨守成规、以自给自足的自然经济为主的特点;而以英国海洋文明为代表的西方文化则具有扩张、开放、进取、热衷冒险、以商业经济为主的特点。另外,清初的海外贸易政策虽然有所起伏变化,但基本上是趋于保守与

---

① (清)魏源撰,陈华等点校注释:《海国图志》卷三十七,岳麓书社,2021 年,第 1124 页。
② 陈其鹿:《英国对华商业》,商务印书馆,1930 年,第 1 页。

封闭;而英国自都铎王朝末期开始就采取重商政策,鼓励发展海外贸易。因此,当中、英两种文明进行接触时,就不可避免地出现一方主动,另一方被动的局面。当然,这也只是一种外在的表现形式而已,作为关系主体的中、英双方都是平等的,相互作用与影响。

在 1842 年鸦片战争结束后,宁波成为清朝对外开放的"五口通商"城市之一,浙江也因此被推至迎接全球化挑战的最前列。为数不少的英国人(还有其他西方国家的人士)纷纷来到浙江,他们也将西方的文化带到这里,对中国人的知识体系、社会观念、道德规范、价值取向、行为方式等产生剧烈的冲击。面对这样的冲击,浙江通过不断地吸收外来先进文化而实现了自我的革新转变。可以说,浙江的这样一段对英交往历史也是中国从封闭走向开放、从传统向现代转型的一个缩影,具有重要的研究价值。因此,鸦片战争后以浙江为中心的中英关系史将是作者的下一个研究主题。

参考文献

(清)嵇璜等纂:《皇朝文献通考》,浙江书局,1882 年。

(清)李卫等修,傅王露等纂:雍正《浙江通志》,中华书局,2001 年。

(清)文庆等修:《筹办夷务始末(道光朝)》,中华书局,1964 年。

(清)张廷玉等修:《明史》,中华书局,1974 年。

《宫中档乾隆朝奏折》第 15 辑,台北故宫博物院印行,1983 年。

故宫博物院文献馆编:《史料旬刊》,京华印书局,1930 年。

故宫博物院编:《清代外交史料》,1932 年。

《钦定大清会典事例》,台湾中文书局,1963 年。

《清实录》,中华书局,1986 年影印本。

《皇清职贡图》,文渊阁四库全书本。

《皇朝通典》,文渊阁四库全书本。

《皇朝文献通考》,文渊阁四库全书本。

乾隆《大清一统志》,文渊阁四库全书本。

[意]艾儒略:《职方外纪》,文渊阁四库全书本。

[比]南怀仁:《坤舆图说》,文渊阁四库全书本。

阿英编:《鸦片战争文学集》,上海古籍出版社,1957 年。

爱汉者等编,黄时鉴整理:《东西洋考每月统记传》,中华书局,1997 年。

陈翰笙主编:《华工出国史料》,中华书局,1981 年。

胡滨:《英国档案有关鸦片战争资料选译》,中华书局,1993 年。

宁波市社会科学界联合会、中国第一历史档案馆编,炎明主编:《浙江鸦片战争史料》,宁波出版社,1997 年。

《宁波海关志》编纂委员会编:《宁波海关志》,浙江科学技术出版社,2000 年。

全国公共图书馆古籍文献编委会编:《夷匪犯境闻见录:鸦片战争史料集》,中华全国图书馆文献缩微复制中心,1995 年。

上海书店出版社编:《清代档案史料选编》,上海书店出版社,2010 年。

许地山编:《达衷集:鸦片战争前中英交涉史料》,商务印书馆,1928 年。

中国第一历史档案馆等编:《鸦片战争在舟山史料选编》,浙江人民出版社,1992年。

中国第一历史档案馆编:《鸦片战争档案史料》,天津古籍出版社,1992年。

中国第一历史档案馆、澳门基金会、暨南大学古籍研究所合编:《明清时期澳门问题档案文献汇编》,人民出版社,1999年。

中国第一历史档案馆编:《英使马戛尔尼访华档案史料汇编》,国际文化出版公司,1996年。

中国史学会主编、齐思和等编:《鸦片战争》,神州国光社,1954年;上海人民出版社,1957年。

中山大学历史系中国近代史教研室编:《林则徐集·奏稿》,中华书局,1965年。

中山市档案局(馆)、中国第一历史档案馆编:《香山明清档案辑录》,上海古籍出版社,2006年。

中研院近代史研究所编:《近代中国对西方及列强认识资料汇编》第一辑,乙编,中研院近代史研究所,1972年。

《马克思恩格斯全集》,人民出版社,1961年。

《马克思恩格斯选集》,人民出版社,1972年。

陈思和、王德威主编:《文学·2016春夏卷》,上海文艺出版社,2016年。

戴逸:《戴逸自选集》,学习出版社,2007年。

戴逸:《当代学者自选文库(戴逸卷)》,安徽教育出版社,1999年。

董少新主编:《感同身受——中西文化交流背景下的感官与感受》,复旦大学出版社,2018年。

《读书》杂志编辑部编:《重构我们的世界图景》,生活·读书·新知三联书店,2007年。

樊树志:《国史概要》(20周年纪念版),复旦大学出版社,2018年。

范存忠:《中国文化在启蒙时期的英国》,译林出版社,2010年。

方豪:《中西交通史》,上海人民出版社,2015年。

方行等主编:《中国经济通史·清代(中)》,中国社会科学出版社,2007年。

方重:《英国诗文研究集》,商务印书馆,1939年。

冯作民:《清康乾两帝与天主教传教史》,台湾光启出版社,1966年。

复旦大学历史系,出版博物馆编:《历史上的中国出版与东亚文化交流》,上海百家出版社,2009 年。

高鸿志:《近代中英关系史》,四川人民出版社,2001 年。

高鸿志:《英国与中国边疆危机,1637—1912》,黑龙江教育出版社,1998 年。

耿相新:《汉籍西传行记》,中国书籍出版社,2018 年。

葛剑雄:《读万卷书:葛剑雄自选集》,鹭江出版社,2018 年。

龚缨晏:《求知集》,商务印书馆,2006 年。

龚缨晏:《浙江早期基督教史》,杭州出版社,2010 年。

郭廷以:《近代中国史》,上海书店出版社,1941 年。

郭廷以:《台湾史事概说》,台北正中书局,1967 年。

郭卫东:《转折——以早期中英关系和《南京条约》为考察中心》,河北人民出版社,2003 年。

郭小东:《打开"自由"通商之路:19 世纪 30 年代在华西人对中国社会经济的探研》,广东人民出版社,1999 年。

何高济译:《海屯行纪、鄂多立克东游录、沙哈鲁遣使中国记》,中华书局,2000 年。

何新华:《清代朝贡文书研究》,中山大学出版社,2016 年。

何新华:《中国外交史(从夏至清)》(下),中国经济出版社,2017 年。

胡逢祥,张文建:《中国近现代史学思潮与流派(1840—1949)》,商务印书馆,2018 年。

胡丕阳,乐承耀:《浙海关与近代宁波》,人民出版社,2011 年。

黄顺力:《中国近代思想文化史探论》,岳麓书社,2005 年。

黄鸿钊:《香山商澳:镜海风云》,广东人民出版社,2019 年。

黄国盛:《鸦片战争前的东南四省海关》,福建人民出版社,2000 年。

蒋廷黻:《近代史》,华中科技大学出版社,2017 年。

金国平译注:《远游记》,葡萄牙航海大发现事业纪念澳门地区委员会等,1999 年。

李长傅:《李长傅文集》,河南大学出版社,2007 年。

李德霞:《17 世纪上半叶东亚海域的商业竞争》,云南美术出版社,2009 年。

李天纲:《中国礼仪之争:历史、文献和意义》,中国人民大学出版社,2019 年。

林雄主编：《明清广东稀见笔记七种》，广东人民出版社，2010年。

刘鉴唐等主编：《中英关系系年要录》（第一卷），四川省社会科学院出版社，1989年。

梁嘉彬：《广东十三行考》，广东人民出版社，1999年。

罗桂环：《近代西方识华生物史》，山东教育出版社，2005年。

马廉颇：《晚清帝国视野下的英国——以嘉庆道光两朝为中心》，人民出版社，2003年。

茅海建：《天朝的崩溃（修订版）》，生活·读书·新知三联书店，2015年。

牟安世：《鸦片战争》，上海人民出版社，1982年。

祁美琴：《清代榷关制度研究》，内蒙古大学出版社，2004年。

全汉昇：《中国社会经济通史》，北京联合出版公司，2016年。

曲金良主编：《中国海洋文化研究》（第1卷），文化艺术出版社，1999年。

任访秋：《中国近代文学大系（1840—1919）·散文集》，上海书店出版社，1991年。

任继愈主编：《国际汉学》（第14辑），大象出版社，2006年。

邵慧峰：《中西法律文化新论》，知识产权出版社，2018年。

宋刚主编：《传播、书写与想象：明清文化视野中的西方》，复旦大学出版社，2019年。

束世澂：《中英外交史》，商务印书馆，1933年。

汤锦台：《大航海时代的台湾》，如果出版社，2011年。

汤开建：《澳门开埠初期史研究》，中华书局，1999年。

田汝康：《十七—十九世纪中叶中国帆船在东南亚洲》，上海人民出版社，1957年。

王尔敏：《晚清商约外交》，中华书局，2009年。

王宏志：《翻译与近代中国》，复旦大学出版社，2014年。

王宏志主编：《翻译史研究（2012）》，复旦大学出版社，2012年。

王宏志主编：《翻译史研究（2018）》，复旦大学出版社，2020年。

王中江：《近代中国思维方式演变的趋势》，四川人民出版社，2008年。

王寅生编订：《西方的中国形象》，团结出版社，2015年。

汪熙：《约翰公司：英国东印度公司》，上海人民出版社，2007年。

汪晖：《现代中国思想的兴起·帝国与国家》（第二部上卷），生活·读书·新知三联书店，2008年。

万明:《中国融入世界的步履——明与清前期海外政策比较研究》,社会科学文献出版社,2014年。

魏俊:《清代广州十三行的兴衰:白银供应的角度》,广西师范大学出版社,2018年。

吴振强:《厦门的兴起》,厦门大学出版社,2018年。

吴义雄:《在宗教与世俗之间——基督教新教传教士在华南沿海的早期活动研究》,广东教育出版社,2000年。

吴忠匡校订:《满汉名臣传》,黑龙江人民出版社,1991年。

萧致治主编:《鸦片战争史》(第二版),福建人民出版社,2017年。

萧致治、杨卫东编撰:《西风拂夕阳:鸦片战争前中西关系》,湖北人民出版社,2005年。

徐兆玮著,李向东、包岐峰、苏醒标点:《徐兆玮日记》,黄山书社,2013年。

杨宪益:《译余偶拾》,生活·读书·新知三联书店,1983年。

姚贤镐:《中国近代对外贸易史资料(1840—1895)》(第一册),中华书局,1962年。

叶向阳:《英国17、18世纪旅华游记研究》,外语教学与研究出版社,2013年。

张国刚:《从中西初识到礼仪之争:明清传教士与中西文化交流》,人民出版社,2003年。

张国刚:《胡天汉月映西洋——丝路沧桑三千年》,生活·读书·新知三联书店,2019年。

张星烺编注,朱杰勤校订:《中西交通史料汇编》,中华书局,2003年。

张芝联:《法国史论集》,生活·读书·新知三联书店,2007年。

张忠民:《上海:从开发走向开放》,上海社会科学院出版社,2016年。

赵少峰:《西史东渐与中国史学演进(1840—1927)》,商务印书馆,2018年。

郑绍昌主编:《宁波港史》,人民交通出版社,1989年。

《中国近代文学大系》总编辑委员会编:《中国近代文学大系(1840—1919)》,上海书店出版社,2012年。

中国社会科学院考古研究所编辑:《夏鼐文集》,社会科学文献出版社,2000年。

中国野史集成续编编委会、四川大学图书馆:《中国野史集成续编》,巴蜀书社,2000 年。

朱杰勤译:《中外关系史译丛》,海洋出版社,1984 年。

朱政惠主编:《海外中国学评论》(第四辑),上海辞书出版社,2012 年。

周荐等著:《西词汉译的形和义》,吉林大学出版社,2016 年。

周一良编:《中外文化交流史》,河南人民出版社,1987 年。

邹雅艳:《13—18 世纪西方中国形象演变》,南京大学出版社,2016 年。

邹振环:《晚明汉文西学经典:编译、诠释、流传与影响》,复旦大学出版社,2011 年。

邹振环:《疏通知译史》,上海人民出版社,2012 年。

(明)郭棐主修:《广东通志》,万历三十年刻本。

(明)茅瑞徵:《皇明象胥录》,台北华文书局,1968 年据台大图书馆藏明崇祯刻本影印。

(明)叶权、王临亨、李中馥著,凌毅点校:《贤博编、粤剑编、原李耳载》,中华书局,1987 年。

(明)叶向高:《苍霞余草》,明万历天启间递刻本。

(明)熊明遇:《文直行书诗文》,清顺治十七年熊人霖刻本。

(明)张燮:《东西洋考》,清惜阴轩丛书本。

(明)朱之瑜:《舜水先生文集》,日本正德二年刻本。

(清)包世臣:《安吴四种·齐民要术》,光绪十四年重校本。

(清)陈伦炯撰:《海国闻见录》,嘉庆艺海珠尘本。

(清)蓝鼎元著,蒋炳钊、王钿点校:《鹿洲全集》,厦门大学出版社,1995 年。

(清)蓝鼎元:《鹿洲初集》,文渊阁四库全书本。

(清)梁廷枏撰,袁钟仁点校:《粤海关志(校注本)》,广东人民出版社,2014 年。

(清)梁廷枏:《海国四说》,中华书局,2013 年。

(清)林则徐:《林文忠公政书·使粤奏稿》,中国书店,1991 年。

(清)史致驯、黄以周等编纂,柳和勇、詹亚园校点:《定海厅志》,上海古籍出版社,2011 年。

(清)魏源撰:《魏源全集》,岳麓书社,2004 年。

(清)魏源撰,陈华等点校注释:《海国图志》,岳麓书社,2021 年。

(清)魏源撰,韩锡铎、孙文良点校:《圣武记》,中华书局,1984 年。

（清）王大海：《海岛逸志》，嘉庆丙寅年刊本。

（清）王锡祺辑：《小方壶斋舆地丛钞》（再补编）第十一帙，杭州古籍书店1985年影印。

（清）王之春著，赵春晨点校：《清朝柔远记》，中华书局，2008年。

（清）夏燮著，欧阳跃峰点校：《中西纪事》，中华书局，2020年。

（清）夏琳撰，林大志校注：《闽海纪要》，福建人民出版社，2008年。

（清）徐兆昺著，桂心仪等点校：《四明谈助》，宁波出版社，2000年。

（清）谢清高口述，杨炳南笔录，冯承钧注释：《海录注》，中华书局，1955年。

（清）薛福成：《浙东筹防录》，文海出版社，1982年。

（清）徐鼒著，王崇武校：《小腆纪年附考》，中华书局，2010年。

（清）徐继畬：《瀛寰志略》（近代文献丛刊），上海书店出版社，2001年。

（清）徐继畬著，宋大川校注：《瀛寰志略校注》，文物出版社，2006年。

（清）姚莹著，施培毅、徐寿凯点校：《康輶纪行、东槎纪略》，黄山书社，1990年。

（清）印光任、张汝霖：《澳门纪略》，乾隆西阪草堂刻本。

［法］李明著，郭强等译：《中国近事报道》，大象出版社，2004年。

［美］费正清、刘广京编，中国社会科学院历史研究所编译室译：《剑桥中国晚清史：1800—1911年》，中国社会科学出版社，2007年。

［美］费正清著，牛贯杰译：《中国沿海的贸易与外交：通商口岸的开埠（1842—1854年）》，山西人民出版社，2021年

［美］费正清著，陶文钊编选：《费正清集》，天津人民出版社，1992年。

［美］马士著，区宗华译：《东印度公司对华贸易编年史（一六三五——一八三四年）》，广东人民出版社，2016年。

［美］马士著，张汇文译：《中华帝国对外关系史》，上海书店出版社，2000年。

［美］唐纳德·F·拉赫等著，许玉军译：《欧洲形成中的亚洲》（第三卷），人民出版社，2013年。

［美］王国斌著，李立凡译：《鉴往知来：中国与全球历史变迁的模式与社会理论》，台湾交通大学出版社，2019年。

［美］巫鸿著，肖铁译：《废墟的故事：中国美术和视觉文化中的"在场"与"缺席"》，上海人民出版社，2017年。

[美]张馨保著,徐梅芬等译:《林钦差与鸦片战争》,福建人民出版社,1989年。

[日]松浦章著,李小林译:《清代海外贸易史研究》,天津人民出版社,2016年。

[日]沈国威、内田庆市、松浦章编著:《遐迩贯珍》,上海辞书出版社,2005年。

[日]增田涉著,由其民、周启乾译:《西学东渐与中日文化交流》,天津社会科学院出版社,1993年。

[西班牙]帕莱福等著,何高济译:《鞑靼征服中国史、鞑靼中国史、鞑靼战纪》,中华书局,2008年。

[意]路易吉·布雷桑编著,姚建根译,王红霞校:《西方人眼里的杭州》,学林出版社,2010年。

[英]爱尼斯·安德逊著,费振东译:《英国人眼中的大清王朝》,群言出版社,2001年。

[英]格林堡著,康成译:《鸦片战争前中英通商史》,商务印书馆,1961年。

[英]马戛尔尼原著,刘半农原译:《1793乾隆英使觐见记》,天津人民出版社,2006年。

[英]乔治·马戛尔尼、约翰·巴罗著,何高济、何毓宁译:《马戛尔尼使团使华观感》,商务出版社,2015年。

[英]马礼逊:《大英国人事略说》,马六甲英华书院,1832年。

[英]莎士比亚著,朱生豪译:《莎士比亚全集》(第1卷),人民文学出版社,1978年。

[英]斯当东著,叶笃义译:《英使谒见乾隆纪实》,上海书店出版社,2005年。

[英]威廉·亚历山大著,赵省伟等编译:《中国衣冠举止图解》,北京理工大学出版社,2016年。

[法]杜赫德编,郑德弟、吕一民、沈坚译:《耶稣会士中国书简集:中国回忆录》,大象出版社,2005年。

[法]佩雷菲特著,王国卿等译:《停滞的帝国:两个世界的撞击》,生活·读书·新知三联书店,2016年。

陈东林,李丹慧:《乾隆限令广州一口通商政策及英商洪仁辉事件述论》,《历史档案》,1985年第1期。

陈友冰:《二十世纪中期以前英国作家笔下的中国形象及特征分析》,《华文文学》,2008 年第 2 期。

戴逸:《清代乾隆朝的中英关系》,《清史研究》,1993 年第 3 期。

傅衣凌:《清代前期厦门洋行考》,萨士武等编著:《福建对外贸易史研究》,艺声图书印刷所,1948 年。

龚缨晏:《洪仁辉事件与宁波》,宁波市社会科学界联合会编:《宁波市社会科学界首届学术年会文集》,宁波出版社,2010 年。

黄鸿钊:《16—19 世纪果阿与澳门的关系》,《"一国两制"研究》,2013 年第 1 期(总第 15 期)。

黄一农:《龙与狮对望的世界——以马戛尔尼使团访华的出版物为例》,《故宫学术季刊》,第 21 卷第 2 期。

计翔翔,《西方早期汉学试析》,《浙江大学学报(人文社会科学版)》,2002 年第 1 期。

康士林:《向近代早期的英语读者介绍中国:17 世纪卫匡国〈鞑靼战纪〉的英译研究》,《比较文学与世界文学》,2015 年第 2 期。

赖永祥:《台湾郑氏与英国的通商关系史》,《台湾文献》,卷 16,第 2 期。

茅海建:《虎门大战》,虎门镇人民政府编:《虎门文史》(第三辑),广东人民出版社,2015 年。

欧阳哲生:《鸦片战争前英国使团的两次北京之行及其文献材料》,张西平主编:《国际汉学》(第 25 辑),大象出版社,2014 年。

邱克:《闭关时代中国人的西方知识——鸦片战争前中国人对英国的认识》,《暨南学报(哲学社会科学版)》,1988 年第 2 期。

孙广圻:《论洪任辉案》,《海交史研究》,1988 年第 1 期。

夏志刚:《清代镇守舟山定海总兵官考略》,《浙江海洋学院学报(人文科学版)》,2017 年第 1 期。

王永杰:《〈职方外纪〉成书过程及版本考》,《史林》,2018 年第 2 期。

杨联陞:《传统中国政府对城市商人之统制》,《清华学报》,新第 8 卷第 1/2 期(1970 年 8 月)。

查忻:《1640 年代台湾荷兰改革宗教会策略之改变》,《台湾文献》,第 60 卷第 3 期。

章凤池,邵尧明:《包祖才其人和活捉安突德经过》,《浙江社会科学》,1990 年第 4 期。

张西平、胡文婷:《十七世纪汉字在欧洲的传播》,澳门文化司署编译:

《十六和十七世纪伊比利亚文学视野里的中国景观》,大象出版社,2003 年。

张轶东:《中英两国最早的接触》,《历史研究》,1958 年第 5 期。

赵欣、计翔翔:《〈中华大帝国史〉与英国汉学》,《外国问题研究》,2010 年第 2 期。

周海霞:《清初广东市舶司的建置与沿革》,《湖北社会科学》,2014 年第 10 期。

邹雅艳:《透过〈曼德维尔游记〉看西方中世纪晚期文学家笔下的中国形象》,《国外文学》,2014 年第 1 期。

[意]保罗:《17 世纪耶稣会士著作中的地名在中国的传播》,张西平,杨慧玲编:《近代西方汉语研究论集》,商务印书馆,2013 年

[英]苏珊·里德·斯蒂夫勒著,刘美华等译:《英国东印度公司广州商馆的汉语学生》,《国际汉学》,2016 年第 1 期。

英国国家档案馆(The National Archive)藏"外交部档案"(Foreign Office Records,简写为"F. O.")

Imperial Gazetteer of India, 1908.

Quarterly Review, 1817.

Scottish Geographical Magazine, Volume IV, 1888.

The Annual Register, *or A View of the History*, *and Politics*, *of the year* 1840, 1841.

The Asiatic Journal and Monthly Miscellany, Vol. 33, 1840.

The Asiatic Quarterly Review, Volume III, January-April, 1887.

The Chinese Repository, 1840—1842.

Adrian Hsia, *The Vision of China in the English Literature of the Seventeenth and Eighteenth Centuries*, Hong Kong: The Chinese University Press, 2014.

Alexander Hamilton, *A New Account of the East Indies*, Edinburgh: Printed by John Mosman One of His Majesty's Printers, and sold at the King's Printing-house in Craig's Closs. 1727.

Alvaro Semedo, *The History of that Great and Renowned Monarchy of China*, London: Printed by E. Tyler for John Crook, and are to be Sold at his Shop at the Sign of the Ship in St. Paul's Church-yard, 1655.

Anthony Jenkinson and Other Englishmen, *Early Voyages and Travels to Russia and Persia*, Vol. 1, London: Printed for the Hakluyt Society, 1886.

C. R. Boxer, *The Great Ship from Amacon: Annals of Macao and the Old Japan Trade*, 1555—1640, Lisboa: Centro de Estudos Históricos Ultramarinos, 1963.

C. Stuart Houston ed., *To the Arctic by Canoe*, 1819—1821: *The Journal and Paintings of Robert Hood, Midshipman with Franklin*, Montreal &. Kingston-London-Buffalo: McGill-Queen's University Press, 1994.

Clements R. Markham, *The Lands of Silence: A History of Arctic and Antarctic Exploration*, Cambridge: Cambridge University Press, 2014.

David Beers Quinn, "The Northwest Passage in Theory and Practice". In John Logan Allen (ed.). *North American Exploration*, Vol. 1, *A New World Discovered*, Lincoln: University of Nebraska Press, 1997.

E. Charlton: *New General Collection of Voyages and Travels*, Vol. 1, London: Printed for Thomas Astley, 1744.

Earl H. Pritchard, *Anglo-Chinese Relations During the Seventeenth and Eighteenth Centuries*, Urbana: The University of Illinois, 1930.

Earl H. Pritchard, *The Crucial Years of Early Anglo-Chinese Relations*, 1750—1800, *in Britain and the China Trade*, 1635—1842. Vol. VI. Selected by Patrick Tuck, 2000.

Edward Maunde Thompson ed., *Diary of Richard Cocks, Cape-merchant in the English Factory in Japan*, 1615—1622, Vol. 1, London: Printed for the Hakluyt Society, 1883.

H. G. Rawlinson, *Narratives from "Purchas his pilgrimes"*, Cambridge: Cambridge University Press, 1931.

Hugh Hamilton Lindsay and Karl Friedrich August Gützlaff, *Report of Proceedings on a Voyage to the Northern Ports of China in the Ship Lord Amherst*, London: B. Fellowes, 1833.

Jajirō Murnkami, *Letters Written by the English Residents in Japan*,

1611—1623, Tokyo: the Sankosha, 1 Mitoshirocho-Nichome, Kanda, 1900.

James McDermott, *Martin Frobisher: Elizabethan Privateer*, New Haven and London: Yale University Press, 2001.

Jerry Brotton, *The Sultan and the Queen: The Untold Story of Elizabeth and Islam*, Penguin Books, 2017.

Johannes Nieuhof, *An Embassy from the East-India Company of the United Provinces*, London: Printed by John Macock for the Author, 1669.

John Lee Scott, *Narrative of A Recent Imprisonment in China after the Wreck of the Kite*, London: W. H. Dalton, 1841.

John Mandeville, *The Voiage and Travaile of Sir John Maundevile, Kt*, Now publish'd entire from an Original MS in the COTTON LIBRARY. , London: Printed for Woodman, and Lyon, 1727.

John Quchterlony, *A Statistical Sketch of the Island of Chusan*, London: Pelham Richardson, 1841.

John Ouchterlony, F. G. S. , *The Chinese War: An Account of All the Operations of the British Forces from the Commencement to the Treaty of Nanking*, London: Saunders and Otley, 1844.

John Ramsay McCulloch, *A Treatise on the Principles, Practice, & History of Commerce*, London: Baldwin and Cradock, 1833.

John Shaw, *Charters Relating to the East India Company from 1600 to 1761*, Madras: Printed by R. Hill, at the Government Press, 1887.

Joyce E Chaplin, *Round About the Earth: Circumnavigation from Magellan to Orbit*, New York-London-Toronto-Sydney-New Delhi, Simon & Schuster Paperbacks, 2013.

Kenneth R. Andrews, *Trade, Plunder and Settlement: Maritime Enterprise and the Genesis of the British Empire*, 1480—1630, Cambridge University Press, 1984.

Robert Jocelyn: *Six Months with the Chinese Expedition; or, Leaves from A Soldier's Note-Book*, London: John Murray, 1841.

Margaret Whiting Spilhaus, *The Background of Geography*, London: G. G. Harrap & Company, Limited, 1935.

M. C. Ricklefs, *A History of Modern Indonesia Since c.* 1300, 2nd Edition, Stanford: Stanford University Press, 1993.

Marguerite Eyer Wilbur, *The East India Company: And the British Empire in the Far East*, New York: Richard R. Smith, 1945.

Martino Martini, *Bellum Tartaricum, or the Conquest of the Great and Most Renowned Empire of China*, London: Printed for John Crook, and are to be Sold at his Shop at the Sign of the Ship in St. Paul's Church-yard, 1654.

Michael Greenberg, *British Trader and the Opening of China, 1800—1842*, Cambridge: Cambridge University Press Library, 1951.

Michael Householder, *Inventing Americans in the Age of Discovery: Narratives of Encounter*, New York: Routledge, 2016.

Montague Paske-Smith, *Western Barbarians in Japan and Formosa in Tokugawa Days, 1603—1868*, Hong Kong: J. L. Thompson & Company (retail) Limited, 1930.

Mrs. Armine S. H. Mountain ed., *Memoirs and Letters of the Late Colonel Armine S. H. Mountain*, C. B., London: Longman, Brown, Green, Longmans, & Roberts, 1857.

P. Du Halde, *The General History of China*, 2vols, London: Printed by and for John Watts at the Printing-Office in Wild-Court near Lincolns-Inn Fields, 1736.

Percy Molesworth Sykes, *The Quest for Cathay*, London: A. & C. Black, 1936.

Qiong Zhang, *Making the New World Their Own: Chinese Encounters with Jesuit Science in the Age of Discovery*, Leiden-Boston: Brill, 2015.

R. Montgomery Martin, *China: Political, Commercial, and Social*, London: James Madden, 1846.

Ram Chandra Prasad, *Early English Travellers in India: A Study in the Travel Literature of the Elizabethan and Jacobean Periods with Particular Reference to India*, Delhi-Varanasi-Patna: Motilal Banarsidass, 1980.

Rogério Miguel Puga, *The British Presence in Macau, 1635—1793*,

Hong Kong: Hong Kong University Press, 2013.

Roswell S. Britton, *The Chinese Periodical Press* 1800—1912, Shanghai: Kelly & Walsh, 1933.

Sir Clements Robert Markham ed., *Ocean Highways*: *the Geographical Review*, London: N. Trübner and Co., 1874.

Sir Francis Draket, *The World Encompassed by Sir Francis Drake*, London: Printed for the Hakluyt Society, 1854.

Stephen Alford, *London's Triumph*: *Merchants, Adventurers, and Money in Shakespeare's City*, New York: Bloomsbury USA, 2017.

Thomas Herbert, *A Relation of Some Yeares Travaile*, *Begunne Anno* 1626, London: Printed by William Stansby, and Jacob, 1634

Thomas R. Dunlap, *On the Edge*: *Mapping North America's Coasts*, New York: Oxford University Press, 2012.

W. E. Soothill, *China and West*: *A Sketch of Their Intercourse*, London: Oxford University Press, 1925.

William Dampier, *A New Voyages Round the World*, London: Printed for James Knapton, 1697.

William Lytle Shurtz, *The Manila Galleon*, New York: E. P. Dutton & Company, 1939.

William Ross, *The story of Anne Whateley and William Shaxpere as revealed by 'The sonnets to Mr. W. H.' and other Elizabethan poetry*, Glasgow: W. & R. Holmes, 1939.

后　记

　　我本人对于中英关系史有着浓厚的兴趣,即将付梓的这本书就是我近年来有关这一问题的研究成果之一。不过中英关系史是一个较为宏大的题目,涉及政治、经贸、文化等多个方面,由于学力有限,我难以全面把握,因此只能突出重点,限定时间与区域。我选取了几个十分重要但同时可以驾驭的小方向加以研究,按照大的主题框架分为了"现实与想象""交流与碰撞"和"战争与和平"三部分。特别需要说明的是,本书将浙江作为讲述早期中英关系发展的核心地区,主要是因为学界之前关注的重点是中英在广州、澳门、香港等地的关系与交往,并且成果已经极为丰硕。而实际上,浙江的舟山、宁波等地在广州一口通商体制确立之前,一直是英国来华贸易的重要区域,而且直到鸦片战争爆发,英国人始终对浙江沿海有着浓厚的兴趣;鸦片战争期间,这里是中英博弈的主战场之一,战后又成为最早对外开放的地区之一。遗憾的是,到目前为止,学界并没有给予足够的重视,更缺少以浙江为中心的中英两国关系史的专门作品。基于上述理由,本书想做一个小小的尝试,即在全球史与中国史的双重背景下,将国家交往与地方叙事相结合,将文本研究与史事钩沉相融合,将线性史述与个案分析相补充,这或许也是本书的特点所在。

　　为了避免写成教科书式的、面面俱到的通史,同时也希望本书能够有自己的特色与性格,我采取了"因地制宜"的方式,即根据所选定的研究专题的性质特点,在篇章结构上,或以编年方式简述史事、或对重大事件加以细节描述、或关注文本介绍;在写作方法上,或归纳总结再提炼观点,或节选翻译再深入分析;在研究程度上,既有在前人学术成果上的深化推进,也有自己的独家创见;在史料运用上,坚持中英文资料的互相映证,尤其重视使用档案文献。

　　本书撰写的时间并不长,但前期的准备工作却花费了数年,主要就是因为收集文献,而且此事还颇有些"无心插柳"之意。几年前,我曾受宁波市档案馆委托,搜找近代欧美出版的有关宁波的书籍,又在《宁波晚报》上开设专栏撰写文章加以介绍,前后长达三四年的时间,在这一过程中,我对研究中英关系史的英方史料有了较为全面的掌握。2017年底我赴英国访学,又在英国国家档案馆查阅了大量有关中英关系的文献资料,尤其是清末英国驻宁波领事馆档案。有了这些第一手史料的"加持",我对于写作一部中英关系史的著作有了较大的信心。那次英国之行对我的学术研究意义重大,除了收集资料,我个人一直觉得到历史古迹凭吊一番,"摅怀旧之蓄念,发思古之幽情",是培养历史感觉、激发写作热情的好方法。所以在英期间,也试图寻找一些反映中英历史关系的蛛丝马迹。我长期"蹲点"的英国国家档案馆的隔壁就是世界文化遗产——邱园(Kew Garden),在这家著名的皇家植物园里耸立着一座仿照南京大报恩寺琉璃塔建造的中式风格宝塔,这是 18 世纪"中国趣味"在英国流行的明证;我在大英博物馆里数次寻找"宁波大钟"(Ningpo Bell)的下落,它们是在第一次鸦片战争中被英军从宁波掠夺出海,奉献给维多利亚女王,几经周转落户于此;我在格林威治的皇家海军学院追寻曾在此留学的严复等人的足迹,到当地的海事博物馆参观"卡蒂萨克号"帆船(Cutty Sark),据说这是目前存世的唯一一艘在清代往返于中英之间的运茶快船;我在海关史研究专家蔡维屏博士(Dr. Weipin TSAI)的陪同下到巴克夏郡马洛镇寻访晚清著名的洋客卿——赫德(Robert Hart)的遗踪,在爱丁堡的城堡里目睹过陈列着曾经侵略中国的苏格兰军人的物品,在各地古董商店里随处可以见到中国的外销瓷器……让人印象深刻的还有英国女作家简•奥斯汀(Jane Austen)故居里的一张中式桌子,螺钿镶嵌的工艺,应当是来自清代江浙地区。这些经历让我不禁感慨,虽然相隔万里,中英两国的联系在 17 世纪初建立后,就从未间断。将中英之间从陌生到熟悉的过程通过文字方式展现出来真是一件有意思、有意义的事情!凭着这样的信念,我在回国后不断克服自己的惰性和琐事的干扰,最终完成了写作。

感谢业师龚缨晏先生。我自 2007 年投入先生门下,一直聆听教诲,先生的学术风范与道德人品是我毕生学习的榜样。这十多年来,无论是学业、工作还是生活上都一直得到先生的关怀帮助,让我感到尤为幸运。先生睿智博学、学术视野广阔,也曾写过有关早期中英关系史的文章,这也使得本书在某些方面的研究直接受益于先生的前期成果,即便是有所推进,也不过是在先生所勾勒的学术延长线上。

感谢我的父母,他们对我所做的研究或许并不了解,但是对我走学术道路一直以来都极为支持并引以为傲。父亲的勤劳踏实、母亲的宽容善良让我身处在一个充满温暖和爱的家庭环境中,并受益终生。感谢内子杨正馨女士一直以来对我的支持,让我能够安心学术。她还是书中一些篇章最早的读者,从她的鼓励话语中我也增强了继续写作的信心。虽然学术研究的过程有时不免枯燥，但是有家人的陪伴、尤其是看到尚在咿呀学语的稚子田桢那可爱的模样，真让人感到心情愉悦。

我还要感谢本书的责任编辑蔡帆博士，借由他的全力帮助和专业建议，让这本小书避免了不少错误，而且能够及时出版。

鉴古知今，我们发现中英关系史既是一部东西方文明互通互鉴的历史，也是两个具有重要影响力的大国相遇相知的历史。只要能够坚持对话与合作、摒弃狭隘与偏见，中英关系就能够稳步向前！

田　力

2021 年 7 月于宁波江北岸